U0770928

工程化学基础

（第四版）

主　编　胡吉明　陈林根

副主编　李　宁

参　编　厉　刚　陈卫祥　王从敏

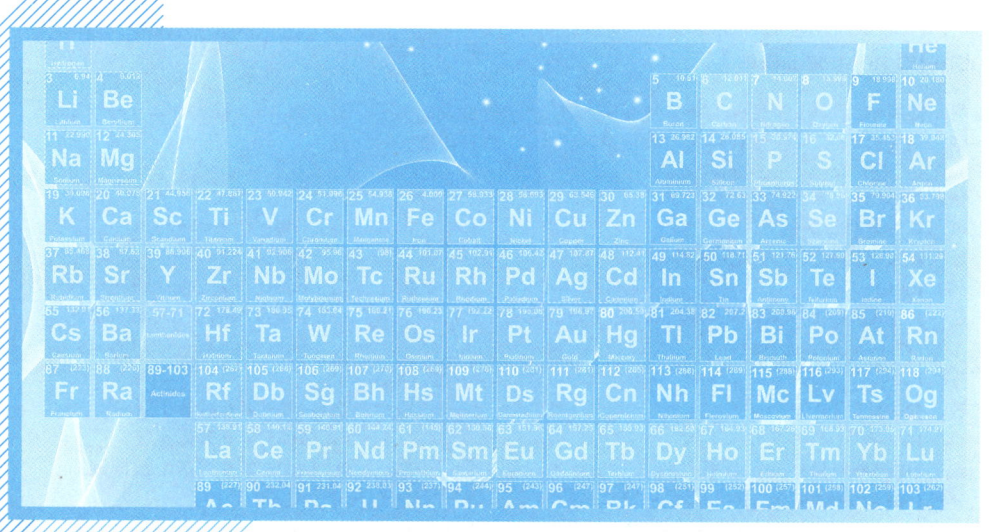

中国教育出版传媒集团

高等教育出版社·北京

内容提要

本书是在陈林根教授主编《工程化学基础》(第三版)基础上修订而成的。全书在保持前三版特色的基础上,重新梳理了章节内容,体现时代前沿,在叙述化学原理的基础上紧密联系工程实际。全书共8章,包括绪论、物质结构基础、物质的化学组成、物质的聚集状态、化学反应基本原理、水溶液中的化学反应和水体保护、氧化还原反应与能源的开发和利用,以及化学反应与材料保护。

本书可作为普通高等学校非化学化工类专业的"工程化学"课程教材,亦可供社会学习者参考。

图书在版编目(CIP)数据

工程化学基础 / 胡吉明,陈林根主编. --4 版.
北京 : 高等教育出版社,2025. 6. -- ISBN 978-7-04
-065067-9

Ⅰ. TQ02

中国国家版本馆 CIP 数据核字第 20259PB495 号

GONGCHENG HUAXUE JICHU

策划编辑	郭新华	责任编辑	沈晚晴	封面设计	王 琰	版式设计	马 云
责任绘图	马天驰	责任校对	窦丽娜	责任印制	刁 毅		

出版发行	高等教育出版社	网 址	http://www.hep.edu.cn	
社 址	北京市西城区德外大街 4 号		http://www.hep.com.cn	
邮政编码	100120	网上订购	http://www.hepmall.com.cn	
印 刷	河北翔驰润达印务有限公司		http://www.hepmall.com	
开 本	787mm×1092mm 1/16		http://www.hepmall.cn	
印 张	18			
字 数	420 千字	版 次	1999 年 6 月第 1 版	
插 页	1		2025 年 6 月第 4 版	
购书热线	010-58581118	印 次	2025 年 6 月第 1 次印刷	
咨询电话	400-810-0598	定 价	41.00 元	

第四版编者的话

　　本书在陈林根教授主编的《工程化学基础》（第三版）基础上修订而成。 自 1998 年第一版出版发行以来，本书得到了全国化学界和非化学类工科专业学生的肯定和接受，2002 年荣获全国普通高等学校优秀教材二等奖，并列入普通高等学校"十五"国家级规划教材，凝聚了以陈林根教授为主编的编写团队的智慧和心血。

　　历经前面三版的建设，本书的内容体系和逻辑层次已相对稳定和成熟，具有了自己的特色：在内容上形成了经纬相衬的知识体系，在经线上强调物质的组成、结构、反应等基本原理，在纬线上突出这些基本化学原理在材料、能源、信息、环境、生命等领域的应用；在内容组织上，与多数同类工程化学类教材将纬线部分的内容（即相关工程应用领域）单独成章不同的是，将纬线内容与经线相互交织而不单独成章，因为从逻辑上说经纬线相互交织更加接近事物本质；在育人理念上，提倡"以人为本"，强调"学无止境"，并特别注意提高非化学类工科专业学生学习化学的兴趣。

　　本次修订是在充分继承教材前三版经纬相衬、经纬交织的内容特点，并结合编者多年的教学实践和近年来所开展的课堂教学改革的基础上展开的。 与之前的版本相比，本版教材具有以下特点：

　　第一，增加了两获诺贝尔化学奖的"超分子"、2023 年获诺贝尔化学奖的"量子点"（"固体的能带理论"一节）、"双碳目标"（"全球性大气变化"一节）等前沿性知识点；不再将"自由基"单独成节。 同时将第三版中相对过时的知识进行了更新，充分展现时代性。

　　第二，重新梳理并对相关章节内容做了较大的调整。 为符合教师教的一般性习惯和学生学的一般性规律，本书采用"基本原理在前，相关应用和拓展在后"的原则，对第三版中经纬过于交织的章节内容进行了较大幅度的调整。 第一章绪论没有做大的改动；第三版的第二章先介绍物质的组成，本次修订对此进行了调整。 第二章介绍"物质结构基础"（包括最基础的原子结构、分子结构及分子间的作用力），然后第三章介绍"物质的化学组成"，第四章介绍"物质的聚集状态"，第三、四章均为在第二章基础上衍生出来的相关拓展；第五章介绍"化学反应基本原理"，第六章作为第五章的衍生介绍"水溶液中的化学反应和水体保护"；第七、八章作为两个重要的工程专题，分别介绍氧化还原反应与能源的开发利用，以及化学反应与材料保护，其中，将第七章的内容单独成章体现了当前社会发展对新型能源的迫切需求。 从内容结构上讲，本版的最大特点是将第二章和第五章作为化学基本的

原理单独成章，而将第三版第三章（物质结构基础部分）中涉及各类物质和材料相关的内容全部提到新版的第三、四章，而将第三版第四章（化学反应）中涉及能源利用的内容作为新版的第七章单独成章。 从编者近几年的教学实践看，这样的内容结构调整，有利于教师更好地教和学生更好地学。

第三，加强数字化和智慧课程的建设。 在本次修订过程中，编者同步根据教材的内容和组织结构建设了 MOOC（大规模在线开放课程），部分章节的 MOOC 视频在书中提供了二维码，供学习者扫码观看；同时，该课程还建设了基于课程知识图谱的智慧课程并在"智慧树"平台上线，欢迎读者登录后学习。 再版教材充分体现了以学习者为中心的教学理念，并充分激发学习者的自主学习热情。

参加本次修订工作的均为来自浙江大学化学系的教师，包括胡吉明教授（第一、七、八章），李宁副教授（第二章），厉刚副教授（第三、四章），陈卫祥教授（第五、六章，第七章的部分内容），王从敏教授（第四章的部分内容），他们都是长期在本校承担"工程化学"课程一线教学的教师。 本次修订工作是根据教学中发现的问题，并充分参考本校学生和其他使用本书为教材的教师的意见与建议，经过编写组数十次的教学研讨而做出的改革尝试，希望第四版教材能在保持原本特色的基础上更加利于教师的教和学生的学。 本书前几版的编者，特别是担任主编的陈林根教授对教材的编写提供了很多宝贵的意见。 浙江大学化学系的王彦广教授审阅了全书。 感谢高等教育出版社郭新华副编审、浙江大学教务处教材管理科的李娜、方媛媛及化学系教育教学科的陈颖颖等在本书出版中给予的支持与帮助。

由于编者水平有限，错漏和不合理之处在所难免，敬请批评指正。

编者

2024 年 12 月

第三版编者的话

　　本书是在普通高等教育"十五"国家级规划教材《工程化学基础》(第二版)基础上修订而成的。 全书力争保持前两版的风格，通过文字结构调整和内容删补，使其无论是在知识单元体系的完整性方面，还是在科学表述文字的严谨性方面均有一定的提升。

　　修订后的第三版，增加了石墨烯、青蒿素（并由此扩充为"药物化学"一节）、充电桩等应用和对暗物质的认识，删除了蛋白质分类阐述等，全书有以下四个特点。

　　第一，强调和明确了工程化学基础对化学的定义：化学是探究原子和原子结合态单元的组成、结构和性质变化及其应用的自然科学。 众所周知，自然科学包括物理学、化学、生物学、天文学和地质地理学等，化学不仅与这些学科紧密相关，而且处于中心学科位置。

　　第二，修订时编者更注意在内容安排上坚持理论联系实际的原则。

　　第三，本书的修订还特别注意原子及其结合态的组成结构对物质性质和应用"变化"的影响。 物质可在虚构、无终无始又无边无际的时空（宇宙）中存在；也可以进一步分解成原子核和电子，原子核带正电荷，电子带负电荷；原子核还可分为中子、质子和更小的夸克等基本粒子；夸克和光子一起称为量子。 量子的动能、势能不确定，是时至今日才发现有暗物质大量存在于宇宙中的根本原因。

　　第四，全书"以人为本"，遵循人的认识规律。 过去在跨行业、跨学科调研的基础上，站在认识自然、认识社会和认识自己三个方面的思维高度，形成了工程化学基础；今天则在修订中强调"学无止境、人生有限"这一真理的前提下，鼓励学子和读者奋发图强。

　　参加本次修订工作的有陈林根教授（浙江大学，第一、四章）；黄建国教授（浙江大学，第二章）；王从敏教授（浙江大学，第三章）；冯炎龙副教授（浙江农林大学，第五章）；张嘉磊博士（浙江大学，第六章）。 王彦广教授（浙江大学）审阅了全书。 杭州"神马搜索"公司的吴俊峰先生、浙江工业大学的张丰盛同学等人在采集资料、书稿录入等方面对编者提供了许多帮助；参加历届工程化学研讨会的诸多高校领导和教师、高等教育出版社的编辑、第二版的全体作者、进行"工程化学"课程教学的浙江大学姚加副教授和李宁副教授（同时为第二版编者）等，以及时任浙江大学化学系党委书记马晓微和副主任的胡吉明教授都对本书做出了一定贡献，在此一并致谢。

　　编者水平有限，错误与不足之处难免，敬请批评指正。

编者

2018. 1

第二版编者的话

《工程化学基础》定位于非化类工科本科生的基础化学教学。 第一版由陈林根编写，为面向21世纪课程教材和普通高等教育"九五"国家级重点教材。 它在教学实践中被广大化学教师和工科学生所接受，2002年荣获全国普通高等学校优秀教材二等奖。 2002年，本书的第二版被列入全国普通高等学校"十五"国家级规划教材。 本次修订保持了第一版的定位，发展了第一版的特色：

在化学原理（经线）的表述上，明确提出化学讨论研究的对象是原子和分子等原子结合态单元，各种宏观物体，均由原子和原子结合态单元组成。 原子和原子结合态单元是介观粒子而不是微观粒子，它们在空间范围和时间进程中相互作用，千变万化。 它们的组成、结构和性质的变化与高速运动的电子和充满整个宇宙的光子紧密相关，高速运动的电子和光子均属微观粒子。 电子自旋可从相对论和量子论来理解，电子在化学变化中起着重要作用。 这样的表述目的是有利于非化类化学教学在一级学科上综合并接受其他学科的渗透，有利于提高非化类工科学生学习化学的兴趣。 还明确指出：教学中对化学原理不求深入展开，只求通俗易懂，这有利于工程技术学科接受化学学科的渗透，感到化学教学有用。

在化学应用（纬线）的几个方面，增加和更新了不少在材料、能源、信息、环境、生命等科学技术领域中的应用实例，比如金属材料的腐蚀与防护，高分子材料的老化与防老化，大气、水体的污染与控制，固体废弃物的再生利用，超临界流体及应用，可燃冰的存在与目前应用的困难，DNA和基因的关系，SARS等病毒的存在和杀灭，纳米材料及其应用……应用实例不求多，只求精，重点阐述原子及其分子等结合态单元组成、结构和性质变化的条件与电子、光子关系的内涵。

文字组织力求表达确切，例如把"电子绕核运动"改成"电子在核周围出现"；力求定性描述多于定量计算；增加了插图，减少了计算例题，力求深入浅出，拓展广度。 这一切都是为了增加人们对化学的亲和力和启发学生的创新思维。

全书共六章。 参加修订工作的有陈林根（主编，第一章）、方文军（副主编，第二章）、谢玉群（第三章）、张培敏（第四章）、边平凤（第五章）、李宁（第六章）。

在本书修订过程中得到了闵恩泽、徐如人、金松寿、朱自强、李明馨等前辈指点；吸取了全国使用《工程化学基础》的老师在教学实践中的经验和教训；得到高等教育出版社，浙江大学教务部、理学院、化学系有关领导的有力支持；教育部前普通化学教学指导小组组长

何培之、浙江大学化学系主任王彦广、高等教育出版社郭新华先生审阅了全稿，还有沈富良、刘子阳、瞿晶先生对本书质量的提高提出了许多建设性意见；浙江大学城市学院侯圣梅为本书附录，计算机学院的王涛同学为本书稿打印、校正、绘图等做了很多工作。在此，我们谨致深切的谢意。

　　由于编者水平所限，定有许多不足和错误之处，敬请各位老师和同学批评指正。

编者

2004.9 于求是园

第一版编者的话

工程化学是普通化学教学改革的一个成果。 它是高等学校非化工类各专业培养现代工程技术和管理人才的必修基础课。 本课程的目的主要是帮助学生建立物质变化的观点和能量变化的观点，提高学生的基本素质和创新能力。

工程化学从物质的化学组成、化学结构和化学反应出发，密切联系现代工程技术中遇到的如材料的选择和寿命、环境的污染和保护、能源的开发和利用、信息传递、生命科学发展等有关化学问题，深入浅出地介绍有现实应用价值和有潜在应用价值的基础理论和基本知识，使学生在今后的实际工作中能有意识地运用化学观点去思考、认识和解决问题。

在长达 15 年的工程化学教学研究和实践中，得到了我国化学界的老前辈和普通化学课程指导小组委员们的大力支持和热情指导，特别是兄弟院校众多教师的积极配合并共同研究，使工程化学不断完善和提高。 浙江大学出版社出版发行的《工程化学》教材对支持教学改革的尝试、开展普通化学课程教学改革起到了积极作用。

国家教委在制定"九五"教材规划时，计划出版一本《工程化学基础》教材，经过高等教育出版社组织有关专家论证，确认由笔者承担此项任务。 但明确指出：要在普通化学课程教学指导小组的指导下，在众多兄弟院校的工程化学教学研究和实践基础上，拟定新的大纲，按照重点教材的要求进行编写。

新编《工程化学基础》教材力求体现以下特点：

① 以化学原理为经，从物质的化学组成、化学结构和化学反应三条主线展开，突出能量变化；以化学在工程实际中的应用为纬，从材料、能源、环境、信息、生命五个领域入手，突出化学原理、化学知识的应用；加强化学与工程学的相互渗透、相互联系、相互糅合。

② 在教材体系和教材内容的取舍上突破化学学科体系；根据学生未来工作的实际需要和提高教学效益的可能来组织体系和取舍内容，适应时代发展的变化；注重基础、突出重点，利于创新能力的培养。

③ 有利于教学方法和教学手段的改革，给教师留有更大空间，特别在联系实际方面，为教师把教学搞活提供方便。

④ 尽力使学习要求、正文、习题、思考题和索引有机配合。 学习要求是明确学生对课程内容应该掌握的程度；习题是检查学生是否达到课程的基本要求；思考题是引导学生举一反三，扩大学习效果，培养创新思维；索引便于重要概念查考。

在世纪之交，普通化学课程教学改革和教材建设的任务艰巨而繁重。浙江大学校、系领导和为工程化学教材奋斗的校内外广大教师、工矿企业、浙江大学图书馆、有关资料室、浙江大学出版社的同志对书稿形成作出了积极贡献；西安交通大学何培之教授、清华大学丁延桢教授、天津大学杨宏秀教授和高等教育出版社蒋栋成教授、朱仁编审，给予了热情指导并对书稿提出许多宝贵意见，使我受益匪浅；侯圣梅、刘静、陈万喜、路映虹、张延志等同志在试教过程中给予了热情帮助和合作。对此，我本人深表诚挚的谢意。

由于编者的水平限制，加之时间匆促，定有许多不足之处，错误在所难免，敬请各位使用本教材的老师和同学批评指正。

编者

1998 年 7 月 1 日

目录

第四章　物质的聚集状态 /75

第八章 化学反应与材料保护 　　　　　　　　　　　　　　　　/217

附　录

主要参考书

索　引

元素周期表

第一章
绪论

学习要求

1. 了解化学学科的地位和作用,明确学习"工程化学基础"的要求。

2. 了解物质层次及其运动理论;明确原子和分子等原子结合态单元是介观粒子的概念。

3. 理解系统和环境,聚集体和相等概念,明确敞开系统、封闭系统、孤立系统及相的划分。

4. 明确化学反应中的质量守恒和能量变化,掌握化学计量数的概念。

5. 明确反应进度的概念,掌握物质的量的符号、单位及有关计算。

化学是什么? 为什么要学习"工程化学基础"? 怎样学习"工程化学基础"? 哪些基本概念和知识是学习"工程化学基础"所必须首先掌握的? 这是每位初学者必然提出的问题,也是本书开篇需要说明的问题。

绪论

§1.1 化学与科学技术

1.1.1 科学与技术

科学是人类探索自然、社会和自身思维三个方面的知识系统;技术泛指根据自然科学原理和生产实践经验而发展的各种工艺操作方法与技能,还包括相应的工具和设备。

自然,也称"天地"或"宇宙",它由物质组成,分有机物和无机物两大类。

人类自身,由父母的精子和卵子中的 DNA,在母亲体内相会,并经化学酶切割成片段后,又形成子女辈的新 DNA;子女辈的 DNA 又和其他物质组成新的细胞(即干细胞),并发育成胚胎。胚胎在母亲的子宫内孕育 300 天左右分娩,可爱的小生命在阳光、雨露等自然环境中成长。当进入 40~50 岁年龄段后,人类对自身居住的地球,对临近地球大气层的气体,对地球上的水、土壤、岩石(含金属、非金属等矿物)和动植物等需求,都有所改变;对自然的适应性也有所降低,表现出很多老化现象,直至死亡。

人类又组成社会。由于父母的不同,千千万万个你、我、他(她)的差异更大。人类与其他灵长类动物如猴、猿的主要区别是人类能主动发现、发明及创造工具、设备,创造文字

和文化。文字和文化替代语言表述人类自身喜怒哀乐的情感。这种情感由自然、社会和自身的相互影响产生,随着人类社会进入智能时代,这种情感也更多样复杂。

工具、设备、文字和文化记载着人类对自然、社会和自身三方面分门别类的探究,并逐步形成了自然科学、社会科学和生命科学。自然科学又分物理学、化学、生物学、天文学、地质地理学与现代工程技术学等。"工程化学基础"的教育教学,特别强调探究以上三个方面。

工程技术学科的发展离不开工具和设备,而工具、设备的发现与制造离不开机械和人类智慧的设计。被称为电脑的电子计算机,以及手机,更离不开机械和人类的智慧,它们都造福人类和人类社会。

人类在探索自然、社会和自身三方面时,往往是逆向进行的,并且在相互交错中发展和提高。科学多思维,技术多实践,它们在互动中发展,并构建了文明繁荣的现代社会,现代社会进一步推动着当代与未来科学和技术的发展。

1.1.2 化学与现代科技

化学是从原子和原子结合态单元(如分子,晶胞、有机物、无机物等分子片段,超分子体系)层次上来探究物质的组成、结构、性质变化及其规律的自然科学,它处于科学的中心环节,是一门具有实用价值并富有创造活力的一门古老而又充满生机的学科。

人类自使用火以来,便开始了化学之旅。例如,金属的冶炼,陶瓷品的烧制,药物、染料和香料的制备和提取,塑料的合成和加工等都与化学有关。材料的使用、能源的开发、信息技术的进步、环境的保护、生活质量的不断提高更离不开化学。同时,化学的发展、兴盛也离不开其他学科的发展和技术的进步。元素周期律的发现,原子结构模型及相对论和量子力学的创立,都为化学发展打下了扎实的基础,并翻开了崭新的一页;电子计算机、(微)电子、激光等技术的进步也离不开对化学奥秘的探究。

化学在其发展的过程中逐步形成了自己的学科体系,研究对象和研究目的也越来越明确。传统的化学大致可分为六大分支学科,即化学的二级学科。它们分别是① 无机化学和② 有机化学:主要研究无机物和有机物的组成、结构、性质和变化及其过程;有机物主要指碳氢化合物及其衍生物,也有人称有机化学为"碳的化学"。③ 高分子化学:主要研究有机高分子化合物的结构、性能和反应,以及合成、加工、成型的方法,它是有机化学的发展。④ 分析化学:主要研究测量和表征物质组成和结构的方法。⑤ 物理化学:集中研究物质的化学变化的原理、规律。⑥ 结构化学:集中研究物质的原子和原子结合态单元结构与性质的关系。更传统的四大化学分类为① 无机化学、② 有机化学、③ 分析化学和④ 物理化学。

随着各门学科的全面繁荣,化学分支学科之间、化学与其他学科和技术之间的交叉与渗透也在不断扩大和深入,同时萌发出许多如药物化学、地球化学、环境化学、生物化学、材料化学等新的分支学科和如化学物理、化学生物,还有与化学有关的环境科学及工程、材料科学及工程、信息和光学科学及工程、生命科学及工程等新的交叉学科。众多新兴学科及工程技术的涌现,极大地丰富了化学科学的内容,拓展了化学研究和发展的空间;同时新兴学科的发展和高新技术的进步也离不开化学的基础,没有化学的进步,就不可能有相关新兴学科的发展和进步。

化学是一门应用性极强的学科。例如,化肥的生产,高效、低毒农药的合成和广泛使用,为农业的丰收提供了强有力的保证;各种新药和生命化学单元的研究为人类战胜疾病、延长寿命提供了物质基础;而新材料的发明和制备为高新产品的生产提供了不可缺少的条件,它们极大地改善了我们的生存质量和生活方式,这些都是人类在化学等学科发展和技术进步中创造的成果。然而,人类在其创造活动中也带来了不少人为的困难和灾祸。例如,废水、废气、废渣和噪声、辐射的污染,臭氧层的破坏,资源的枯竭等,要解决这些问题必须加强科学管理,其中化学科学和相应的技术进步十分重要。化学与其他学科这样的渗透交叉,出现了综合更综合、分化更分化的趋势。

总之,化学是重要的基础学科之一,它在生物学、环境学、天文宇宙学、地质地理学、材料学等物质科学发展中起着中心环节的作用;在技术进步中没有一个学科可以替代它;它与人们的日常生活及社会活动息息相关。

§1.2 "工程化学基础"的教学对象和教育目的

当今社会以人为本,科学和技术在迅猛发展,各学科知识在爆炸性增长,技术在日新月异地创新,学科在进一步分化交叉中趋向综合;中学教育内容在变化更新;要适应这样的新形势和新局面必须进行改革,精选教育内容和使用现代教育手段。大学本科化学教育教学该怎么改变?我们在对社会需要、国内外科研教学现状、教师和学生知识结构等问题上经过长期深入具体的调查研究后,提出了"工程化学基础"教育教学理念。我们认为:教育教学更应当体现以人为本的思想,因材施教。本科化学教育教学,可分成三个大类:一、化学理论研究类;二、化学品生产类;三、非化学理论研究及非化学品生产类。能源、信息、环境、军事、航空航天、交通运输等工程类专业及物资流通、管理等专业对化学的需求均属第三大类。当今,第三大类的学生,量多面广;将来真正从事化学品生产的不多,从事化学理论研究的更少。对第三大类的学生,若向理科化学靠近,进行系统的纯化学教学,必然会产生"知识过剩";但忽视化学基础,随意搜罗一些工程实例,又会因随意性太强和盲目无序而导致"知识不足";前者使学生盲目跟从,后者使学生不得要领,两者都会诱发学生厌学。显而易见,第三大类学生,如果没有必要的化学知识和思维做支撑,他们就不可能知道如何选择材料、使用材料和保护材料,不可能知道如何减少或进一步杜绝污染及有效地保护生态环境,实现可持续发展,也不可能知道如何应对当前"双碳"目标下新能源的开发和利用。第三大类的学生、未来的工程师只有接受一定程度的化学基础及相关知识的学习,才能为未来的工作中有所发现、发明和创造打下坚实的基础。

《工程化学基础》是为上述第三大类学生设计和编写的。它以化学原理为经线,以化学在材料、信息、能源、环境、生命诸领域中的应用为纬线编织而成。

通过教学,要求工程类本科学生在化学理论和知识方面加深理解以下三个方面的内容:① 五彩缤纷的物质世界,性能各异的各种材料,包括支配、管理、使用材料的人类自身,其组成无论多么复杂,它们都是由原子及其结合态单元排列组合而成的。② 它们在空间范围和时间进程中的运动、排列组合和相互作用都来自电子运动状态的改变。③ 材料、

生物体内的化学单元的组成结构及其功能紧密相关;它们在不同的条件下可以发生不同的化学变化;化学变化时能量与质量紧密联系,不可分割,能量是物质存在的又一种表现形式。

通过教学,还要求本科学生从物质的化学组成结构、反应理论中加深对辩证唯物思想的理解,确立具体情况具体分析的观点,破除形形色色的迷信观念和行为,如盲目追求"长生不老"的观念,无序、无约束的"自由竞争"的行为等;确立"服务""尊重人"的人生观和价值观。通过教学,更要求学生在技术创新中碰到相关的化学问题时有较好的理解能力,并能达到简单问题自己解决,复杂问题知道找谁解决的目的,即用化学的视角理解工程中的化学现象,洞悉相关工程中的化学规律,并能解决一般工程中的化学问题。

§1.3　教学中怎样使用《工程化学基础》教材

学习和讲授"工程化学基础",与学习和讲授其他任何一门课程一样,学生和教师必须转变教学中的"教师中心论""课堂中心论"和"教材中心论"。具体来说学生不能依赖教师,教师不能照本宣科,学生和教师都不能急于求成。这不等于"教师无用""课堂教学无用""教材无用"和"慢慢来",更不是取消教学,而是对学生学习、教师讲授、课堂活动组织等提出了更高要求:抓住关键,突出重点,透析基础,与时俱进。

无论是学生还是教师都要明确学海无涯,认知有"循序渐进"和"突变飞跃"两个特征。化学理论博大精深,工程实例广阔繁杂,学生的中学基础参差不齐,教师的经历特长各异,教材受篇幅和教学受授课时间限制,所以面向非化类的工程化学课程,在授课时总感到对很多化学内容或工程实例都很难切入或很难讲透。我们必须明白:单科知识过多和不足都无法使未来人才在认识上循序渐进,更不能突变飞跃;因此《工程化学基础》教材及其教学不求化学内容的完整和工程实例工艺过程的完美,只求从讨论物质的化学组成、结构和变化与光、电、磁种种现象的联系,来明确它们在工程技术实际和人类生活实际中的应用;只求沿着物质运动的循序渐进和突变飞跃的两大特性来启迪学生思维,建立认知的循序渐进基础,促进抓住突变飞跃机会能力的培养。

本书采用了经纬结构和难点分析的方法,精炼组成结构反应,突出问题导向和应用,各校教师可根据实际需要灵活地组织教学内容和教学方式。教材仅提供框架和可发挥的空间,为教师和学生立足现在,了解过去,为未来在工作中的创新准备必要的基础知识。

教材的经线,包括物质的结构、组成及其反应原理,纬线包括化学原理在材料、能源、信息、环境、生命等领域中的应用。需要指出的是,国内外同类工程化学教材多数将化学原理在不同工程领域中的应用(即上面所说的"纬线")采用专题的形式分别独立成章,而本书在内容组织上却有所区别:除了第二章、第五章分别独立介绍物质结构基础和化学反应原理等"经线"内容外,在其他各章中均采用经纬线相互映衬、相互交织的形式进行章节内容的组织,即纬线内容几乎遍布全书。我们认为,这样的内容组织方式(即经纬相互映衬、相互交织),可能更符合事物的内在本质。

基于上述分析,在本书的第一章,归纳了科技发展和化学的基础地位及目前大学教育存在的问题;综述化学由原子及其结合态单元组成数和量的关系及一些基本概念。第二章重点介绍物质结构基础,包括最基础的原子结构和分子结构及分子间的作用力,特别从化学键的描述中,揭示出物质间相互作用(即"力")和"能"的关系,如真与假、"虚"与"实"、"正"与"负"的关系,提高和加深对化学键的认识。第三章分门别类地介绍了原子结合态单元的组成、性质及相关应用;第四章介绍物质的三种聚集状态(气体、液体、固体)、基本性质和相关应用,这两章内容可看作第二章的延续和拓展。第五章重点介绍化学反应原理。第六章讨论水溶液中的几类平衡,讲述水资源、水体保护的意义及方法,是第五章内容的应用与延伸。第七、八章分别从氧化还原反应和材料的化学反应出发,介绍能源的利用和材料的腐蚀老化与保护,是化学在典型工程领域中的两个重要应用。特别是,与第三版相比,本版将第七章氧化还原反应与能源的利用单独成章,更是对当前"双碳"战略目标下新能源的开发和利用的紧迫需求的应对。

化学原理中涉及的原子及其结合态单元的组成结构和反应的经线,在《工程化学基础》中力求深入浅出,通俗易懂;而涉及化学原理在材料、能源、信息、环境、生命等领域中应用的纬线,《工程化学基础》则对应用实例的教学不求多和全,只求简和明。简和明在于抓住它们的实质:组成、结构性质、反应与能量及应用的关系和内涵,要举一反三,这样才能突出基础,克服教学上的随意性;才能使学生在未来工作中综合应用,实现创新。

经纬线中都以知识点作基本单元。知识点有层次、层面和角度之分,有难易之别,有时又相互交叉渗透。教材尽力按循序渐进原则将难点分散。链接知识点的依据是观念。观念和知识是能力的基础。更新观念、增加知识、提高能力都是"工程化学基础"教育教学的出发点和落实点。教材附录后的索引指出了重要知识点、观念、术语、数据和链接语中的关键注意点。

每位学生的经历、阅历不同,对自己未来要求各不相同,因此对教材难易和兴趣的感受亦必然不同,学习时一定要根据自己认识思维习惯、未来需要和现在短缺,抓住重点,理解难点。必要的记忆是需要的,但死记硬背导致记得快,忘得也快;理解了才能记忆深刻,举一反三。每节都有学习要求,都有练习题,这是检查学习效果所必需的;思考题,一方面供教师备课,另一方面也拓宽学生的视野。

使用《工程化学基础》进行教学时,教师可根据教学学时数、学生水平和培养目标等,在授课时应尽力将重点、难点进行分散讲授,并不断进行知识的综合和分析。例如,教材中分散在各章的有关金属材料、高分子材料的组成、结构和反应及其应用可分别综合到金属材料和高分子材料两个综合知识点中。又如,活性炭的比表面积大,吸附能力强,具有催化作用;气溶胶和光化学反应产生烟雾事件毒害人类,气溶胶既可吸附病毒传播疾病,但又可与光氧一起催化杀灭病毒;O_2 结构中的未成对电子具有化学活性;O_2 参与氧化还原反应,使金属发生吸氧腐蚀和使生物大分子、高分子老化。这些分散在各章节中论述的内容要联系和综合起来。也可联系重大的科技实例,例如对 SARS、新型冠状病毒及其他病毒感染的积极防范,还可对宇宙飞船、桥梁等材料的腐蚀、老化积极地想方设法保护,以提供科学的认知基础。另外,有些内容,如"石墨烯""手性分子",它们的性质奇特,应用重要,其成因可能与特定的光辐射环境下的电子运动有关,但我们只能提及而未展开,只能作为思考,启示创新。为丰富感性认识,有兴趣的教师和学生可进一步参考有

关文献。

　　无论学生或教师均要确立辩证唯物思想和认识发展无止境的观念。教材把物质划分为几个层次,指定系统和环境,分成固态、液态、气态和晶态、非晶态、玻璃态、高弹态和黏流态,把反应分成酸碱反应、配位反应、沉淀溶解反应、氧化还原反应等,都是相对的,只是我们为了讨论问题方便才这样做的。它们之间、之外还有过渡类型,一定要具体情况具体分析,不能被概念限制住我们的思维。有些问题,如非水溶液及无机高分子材料,教材中涉及不多,它们不是不重要,而是我们掌握的资料和规律不多,不要因此而限制了我们的思考。有些内容,例如碳纳米管,早在各种烟道气颗粒物中存在,只是过去没有发现,现在随实验手段和认识的提高才发现。我们没有发现和认识的物质还有很多很多,只要注意观察,认真思考研究,还有很多物质及其组成结构和性质的应用,例如石墨烯薄膜的很多性质和应用,我们可以去发现,去利用,去创造。有些工艺,例如制备一面镜子,可以用金属材料将其表面磨光制得(黑漆古铜镜),也可用银镜反应制得,还可用气相沉积、等离子溅射制得,关键在表面的光洁度;还有相对低熔合金可作焊接材料,黏流化温度相对较低的高分子材料也可作焊接材料,关键在它们的单体能否黏合……学习永无止境,我们必须读书而又不唯书,积极投身实践,加强观察和思考,与时俱进。

　　大量事实说明,基础知识十分重要,但一定要理解其内涵,例如物质层次,各类单质、化合物或簇合物,临界温度、临界压力等概念,不理解它们的内涵就无法理解纳米技术、超临界技术等高新技术高新在何处,这样才能在实践和应用中不因迷信科技而上当受骗。基础理论的重要性也表现在实践和应用中,例如选材、护材的方法可有很多很多,但关键是既要考虑物质的性能质量,又要考虑生产成本。我们必须既要虚心学习人类已有的知识积累,更要有勇气创新;继承是前提,创新是目的。创新是教育教学的永恒主题,是人类对物质及其运动认识的深化,是人类进步的不竭动力。多数学生虽然将来不从事化学品生产,更不从事化学理论研究,但有了化学知识和化学思维方法,他们就有可能在将来的工程实践中去运用、去思考和解决工程实际问题,成为应用化学、技术创新或管理创新方面的专家。

§1.4　一些基本概念

1.4.1　物质的层次

　　物质在空间间隔和时间进程中运动;可人为地将物质从小到大划分为微观、宏观和宇观三个层次。近年来,随着实验技术的进步和人类认识水平的不断提高,人们发现在上述三个层次间和层次外还可有其他层次和亚层次。我国著名科学家钱学森于1989年对其归纳总结,增加了胀观和渺观两个层次。表1.1列出了物质层次的尺度范围和相应的理论解释。从表1.1还可明确地知道,化学讨论的"原子和原子结合态单元粒子",其空间尺寸大小在 $10^{-10} \sim 10^{-7}$ m(10^{-6} m = 1 μm),它们不属于宏观物体,也不属于微观粒子,而是介于宏观和微观之间的介观粒子。描述大量宇观、宏观物体及介观和微观粒子行为都可用统计力学。人本身也是宏观物体,人类对物质的认识,总是从自己开始,在深度和广度上逐步深入和无限发展。深入到化学单元时,必然涉及原子的核和电子的结构,涉及电子和光子的相互作用。高速运动着的电子和光子才称得上微观粒子。

表 1.1　物质层次的尺度范围、实例和理论

层次	典型尺寸/m	过渡尺寸/m	实例		理论	
胀观	10^{40}				?	统计力学
		3×10^{30}				
宇观	10^{21}		银河系	太阳系	广义相对论	
		3×10^{11}				
宏观	10^{2}		篮球场		牛顿力学	
		3×10^{-10}		原子,分子		
微观	10^{-17}		基本粒子		量子力学	
		3×10^{-27}				
渺观	10^{-36}				超弦(?)	

人们曾经把凡是用肉眼能看到的和空间尺寸大于毫米级(10^{-3} m)的极多原子组成的物体称为宏观物体;把飞机、火箭等在空间飞行,机床、零件、车辆或微生物、花草树木、鱼虾、猿猴和人在地上移动的现象称为宏观现象;它们用广义相对论或牛顿力学予以解释。而把空间尺寸小于微米级(10^{-6} m)的,包括分子、原子和基本粒子称为微观粒子;把微观粒子和电、磁等在极小范围内运动,如有明显波动的电子在核周围运动及与光子作用的现象称为微观现象,它们用量子力学解释。微观粒子间作用具有不确定关系,不确定关系又称不确定原理。这个关系或原理认为,一个微观粒子的物理量,如位置和动量或方位角与动量矩不可能同时具有确定的数值,其中一个量越确定,另一个量的不确定程度就越大。时间、空间和能量也服从不确定关系,即微观粒子存在于某一状态的时间越短,则这个状态的能量确定程度越差。

人类在对自然的长期观察、实践和思想过程中,化学家和物理学家一起,创立了原子-分子运动学说,这是科学技术的进步。在测量技术有限的条件下,把波动性不明显,可以较长时间确定其状态和能量的原子和分子等原子结合态单元作为微观粒子,这是人类认识过程中可以理解的错误。但随着技术的进步,测试手段的提高,今天的人类已能在空间尺寸 $10^{-10}\sim10^{-7}$ m 或纳米(1 nm = 10^{-9} m)级的范围内利用扫描隧道电子显微镜(STM)直接操作和安排原子来创新物质的组成和结构,中国科学院用探针拨出硅晶体表面的硅原子,拼列成汉字——中国,如图 1-1 所示。现代人类已在 200 fs(1 fs = 10^{-15} s)的时间间隔内用激光闪烁技术测定了原子和原子结合态单元及能量变化。这些事实已经充分说明,原子及其结合态单元粒子,不仅在空间尺寸上,而且在时间和相互作用力或能量方面都不能归属于微观粒子。

把原子和分子等原子结合态单元粒子从微观概念中分离出来,将使电子、光子等微观粒子的概念更加明确清晰:微观粒子具有波粒二象性,具有(狭义)相对论效应。这为正确认识原子中的电子运动、原子结合态中原子与原子间的结合力(化学键)、分子间力提供了更深入浅出的理解(详见第二章)。

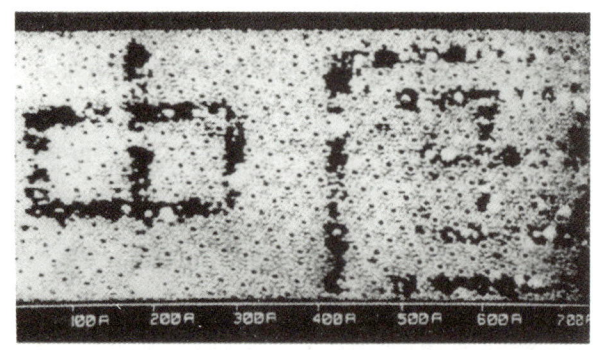

图 1-1 用硅原子排列的两个汉字——中国（放大约 180 万倍）

把原子和分子等原子结合态单元粒子确认为介观粒子,就能深入浅出地理解和应用已经建立的化学理论:化学热力学及其平衡理论。原子和分子不是微观粒子,而是介观粒子。它们运动时具有动能;当相互作用达到势均力敌时,相对静止,即达到平衡,有静质量又具有势能。化学变化中能量变化可以用原子和分子等原子结合态单元的动能、势能相互转化来解释。这对进一步理解和促进化学动力学研究的发展和应用十分重要。

物质在永恒运动,静止是短暂的偶然事件,物质运动可用时间间隔和空间间隔来度量,来认识。度量和认识既无限又有极限。从宏观物体到宇观星球,它们的间隔越来越大;从宏观物体、介观粒子到微观粒子,它们的尺寸越来越小,静质量越来越小,运动速度越来越快,存在于某状态的时间越来越短,以至于不能同时测定其位置与动量,状态与能量的确定程度也越来越差。这正如对宇观星球,人类只能用光年这一时间和空间合一计量单位来描述一样。

在化学教学中确认原子和分子是介观粒子的概念,不仅深化了对物质的认识,而且也使工程技术把光、电、磁、热等更好地与化学变化联系起来。物质运动有循序渐进和突变飞跃的规律,人的认识也必须遵循循序渐进的规律,这样才能抓住突变机遇求发展。

1.4.2 系统和环境

客观世界中,任何物质总是和它周围的其他物质相联系的。为方便讨论,我们把某一部分作为讨论的对象,并将它与周围的物质区分开来,这部分讨论对象就称为系统,也称体系。系统以外与之直接联系的部分,则称为环境。

系统和环境是一个整体的两个部分,根据它们之间有无质量(习惯上说有无物质)交换和能量传递,可将系统分为下述三类:

敞开系统 系统与环境间既有质量的交换,又有能量的传递。

封闭系统 系统与环境间没有质量的交换,而只有能量的传递。

孤立系统 系统与环境间既无质量的交换,又无能量的传递。

绝对意义上的孤立系统是不存在的,地球和宇宙中的任何星球及星球上的任何系统,包括人体在内,都不是孤立系统,整个宇宙充满多种辐射。必须注意原子和原子结合态单元物质有静质量。爱因斯坦早在 1905 年从光电效应等事实中总结出了质能关系 $E = mc^2$,其中 c 为真空中的光速,m 为任何物质的质量,E 为它的能量。但人们习惯上总是误认为只有静质量的物质才称物质;把光和辐射称为能量;把气态分子、原子间视为没有相互作用,并错误地认为-273.15℃为绝对零度;这就产生了所谓暗物质的问题。

孤立系统仅是一种理想化了的抽象,然而这种科学的抽象对研究和讨论实际问题带来了极大的方便,对认识的发展和工程技术的进步有重要意义。

如果把地球上的人类和生物作为系统,那么与人类和生物有关的周围的固体、水、大气等物质都称为环境。一般环境科学中所指的环境泛指以人类为中心的整个生物圈外的所有物质。对于人体,西医将其区分为运动系统、呼吸系统、消化系统、神经系统、生殖系统、淋巴系统等,如果以其中的一个系统作为研究对象时,其他各部分就是这个系统的环境。

在讨论工程实际问题时更要注意具体情况具体分析。例如,常用的工业设备烧结炉(图1-2所示),在其中放置两块难熔金属片(如铁片和银片),其间放有低熔点合金(如含锡和铋合金),在可控还原气氛(如氨和氮、氢的混合气体)保护下加热,则两块难熔金属将被烧结在一起。在这个例子中,如果要讨论烧结工艺的有关问题,就可把整个烧结炉作为系统,它包括金属片、低熔点合金和气体介质,而烧结炉外空间中的物质则均为环境。如果想研究烧结炉内可控保护气体间发生的反应,那么就可把下述化学反应当作一个系统加以讨论:

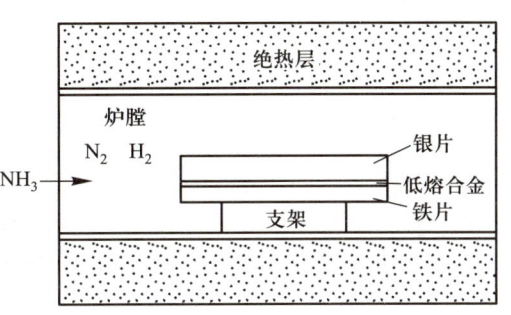

图1-2　反应烧结炉示意图

$$2NH_3(g) \Longrightarrow N_2(g) + 3H_2(g)$$

这个"化学反应系统"包括了氨、氮和氢三种气体,而炉膛内的支架、难熔合金片、低熔合金等物质及绝热层均为环境。烧结炉在材料制备和加工中被广泛使用。

系统和物质层次都是重要的概念,在宇宙这个大系统中要注意宇观星球、宏观物体、介观粒子、微观粒子四者之间相互作用的区别与联系;在系统划分中往往把微观粒子视为能量,因为它静质量很小而被忽略。

1.4.3　聚集体和相

物质,如无特殊指明,本教材均指习惯上所说的有静质量的宇观、宏观物体,介观粒子;能量则指被忽略了静质量的微观粒子。物质在一定的温度和压力条件下所处的相对稳定的状态,称物质的聚集(状)态,它们构成的系统习惯上称为聚集体。地球上常见的聚集状态有固态、液态和气态三种,通称物质的三态。它们在一个系统中研究,又统称聚集体(系)。比如,常压下,随温度由低到高,"水"可能发生三种聚集状态的变化:

$$H_2O(s) \longrightarrow H_2O(l) \longrightarrow H_2O(g)$$

式中,s,l,g分别表示固体(solid)、液体(liquid)、气体(gas)。这些变化过程中,物质化学单元的组成、结构、数目都没有发生变化,所以称为物理变化。冰、水和水蒸气有时又分别称为水的固态、液态和气态。

相则定义为:大量原子和分子等原子结合态单元分散均匀,且可用机械方法分离出来的部分。相与相之间存在明显的界面。实验研究表明,在 273.16 K(即 0.01℃)和 611.73 Pa 的条件下,冰、水、水蒸气三相长期平衡共存,故把这个温度和压力条件称为水(H₂O)的"三相点"。

气态物质,不管是化学组成单一的纯物质,还是混合物,由于气体分子间均可无限均匀混合,因此,系统内无论各有多少种气体,均为同一相。例如,大自然中的空气,虽由不同气体组成,但它们之间相互均匀混合,形成均一的气相。

液态物质,如果彼此互溶,也形成一个相。例如,由乙醇和水形成的酒精就是一个相。如果彼此不互溶,则形成多相,相间有明显的界面。例如,水和油互不相溶,将它们混合在一起时,形成两个不同的液相。

氯化钠溶于水中仍为一相,但若加入硝酸银溶液,则氯化银沉淀从溶液中析出,系统便形成了固、液两相系统。

固态物质的情况更复杂,有晶态和非晶态。晶态又可拥有多种结构,不同结构属于不同的相。例如,由碳元素所形成的石墨、金刚石和球碳(C_{60}),它们是碳元素所形成的三种不同形式的单质(结合态单元),互为同素异形体,分属不同的相。又例如,纯铁在室温下,原子在空间立体排布成体心立方结构,称为 $\alpha\text{-Fe}$;而当温度升至 910℃,$\alpha\text{-Fe}$ 可转变为另一种空间排布,即面心立方结构,称为 $\gamma\text{-Fe}$。这意味着 $\alpha\text{-Fe}$ 和 $\gamma\text{-Fe}$ 分属两种不同的相。因为此时 Fe 原子所处的形态不同,$\alpha\text{-Fe}$ 和 $\gamma\text{-Fe}$ 是两种不同的物质,也是两相。同一种固态物质,不管分成多少部分还是一相,比如纯的氧化铁粉末虽然有无数颗粒但还是一相,相结构对固体材料的性能有着重要的影响。

一般教科书中所称的聚集体和相都是指大量介观粒子或聚集或均匀分散的介观、宏观系统。

1.4.4 质量守恒和能量变化

如果用 P、Q 表示反应物,用 Y、Z 表示生成物,用 p,q,y,z 分别表示它们的化学计量数,则一般的化学反应方程式可表示为

$$pP+qQ \Longrightarrow yY+zZ \qquad 或 \qquad 0=-pP-qQ+yY+zZ$$

化学反应通式可表示为

$$0=\sum \nu_B B$$

式中,ν_B 为物质 B 的化学计量数,相应指定物 B 可以是反应物 P 或 Q 等,也可以是生成物 Y 或 Z 等。通式的写法不仅要符合数学规则,而且还要符合化学事实,所以反应物的化学计量数 ν 取负值,以示在反应中是减少的;生成物的化学计量数 ν 取正值,以示增加。

化学反应通式表述了化学反应的两个特征:

(1)质量守恒。在化学反应系统中,物质的总质量不会改变。这意味着化学反应前后,有关元素的种类和原子数目保持不变。可形象地描述为:化学反应不生产新的原子,而仅仅是原子的搬运工。

(2)能量变化。化学变化是反应物化学键断裂和生成物化学键形成的过程。破坏化学键需要吸收能量,而形成化学键则要放出能量,由于各种化学键键能不等,所以不同反

应吸收或放出的能量也不同。利用化学反应中的能量变化,可以作为加热、制冷、放电、充电的能量来源。

1.4.5　物质的量

无论是质量守恒,还是能量变化,都需要选择一个化学的基本量来进行化学计量。1971 年,第 14 届国际计量大会(CGPM)通过了物质的量作为 7 个基本的物理量(① 长度、② 质量、③ 时间、④ 电流、⑤ 热力学温度、⑥ 发光强度和 ⑦ 物质的量)中的一个物理量,用以计量原子、分子和电子、光子等物质的量。

通过中学的学习,我们已经知道,物质的量的符号记为 n,单位为摩尔(mol)。n 与阿伏伽德罗常量 N_A 和粒子数 N 的关系是 $n = N/N_A$,其中 $N_A = 6.02 \times 10^{23}$ mol^{-1}。我们还知道某物质的摩尔质量(符号为 M)是该物质的质量(符号为 m)与该物质的物质的量(n)之比:$M = m/n$,它的单位为 kg·mol^{-1}(读作千克每摩尔)。

在使用物质的量时,基本单元必须指明。基本单元可以是原子、分子、离子、电子及其他粒子,或者是这些粒子的特定组合。所谓的特定组合,不必限于那些已知的或想象存在的独立单元,或含有整数原子的组合。当我们说($1/2H_2O$)、($H_2 + 1/2H_2O$)、($H_2 + 0.234O_2$)、C(石墨)、C(金刚石)、AgCl(s)、$Fe_{0.9}S$(s)、$1/5\ MnO_4^-$(aq)、$1/2H_2SO_4$ 或($KCl + 123.4H_2O$)的物质的量时,都是正确的。相反,如果说"氢的物质的量""氯化汞的物质的量"就不明确了,因为它们可以是 $n(H)$,也可以是 $n(H_2)$;可以是 $n(HgCl_2)$,也可以是 $n(Hg_2Cl_2)$,因氯化亚汞有时统称为氯化汞。因此在使用物质的量的时候,必须指明基本单元。在一般性的讨论当中,可用 B 代表基本单元;对于具体的基本单元,则用化学式表示。基本单元 B 或具体物质的化学式,不仅在表示物质的量时必须给出,在表示含有物质的量的导出量时也必须给出。例如,用 m(B)表示 B 的质量,用 x(HCl)表示氯化氢的摩尔分数。所谓特定组合在后面的讨论中将会得到进一步明确。

1.4.6　反应进度

化学反应进行的程度可用反应进度这个物理量来表述,反应进度的符号用 ξ 来表示,具有与物质的量相同的量纲。人们可采用反应系统中任何一种反应物或生成物在反应过程中物质的量的变化 dn_B 与该物质的化学计量数 ν_B 的商来定义该反应的反应进度。其表达式为

$$d\xi = dn_B/\nu_B$$

若反应未发生时的反应进度为 $\xi = 0$,则上式可表示为

$$\xi = \Delta n_B/\nu_B$$

必须注意反应物的化学计量数为负值,生成物的化学计量数为正值。根据反应进度的定义,它只与化学反应的方程式有关,而与选择反应系统中何种物质来表述无关。例如,合成氨反应:

$$N_2(g) + 3H_2(g) \Longrightarrow 2NH_3(g)$$

当反应进行到某阶段、反应进度为 ξ 时,若刚好消耗掉 1.5 mol H_2(g),即 $\Delta n(H_2) = -1.5$ mol,按

反应方程式可推算出同时消耗掉的 $N_2(g)$ 的物质的量为 $0.5\ mol$，即 $\Delta n(N_2) = -0.5\ mol$，同时生成了 $1.0\ mol\ NH_3(g)$。按反应进度定义式得

$$\xi = \Delta n(H_2)/\nu(H_2) = (-1.5)\ mol/(-3) = 0.5\ mol$$
$$\xi = \Delta n(N_2)/\nu(N_2) = (-0.5)\ mol/(-1) = 0.5\ mol$$
$$\xi = \Delta n(NH_3)/\nu(NH_3) = 1.0\ mol/2 = 0.5\ mol$$

由此可见，不管用反应系统中何种物质来表示该反应的进度，均为 $0.5\ mol$。也就是说，当反应 $N_2(g) + 3H_2(g) \rightleftharpoons 2NH_3(g)$ 的反应进度为 $0.5\ mol$ 时，消耗掉 $1.5\ mol\ H_2$ 和 $0.5\ mol\ N_2$，生成 $1.0\ mol\ NH_3$。如果化学反应方程式不同，那么它的反应进度也不同，这在后面的章节中将进一步明确。

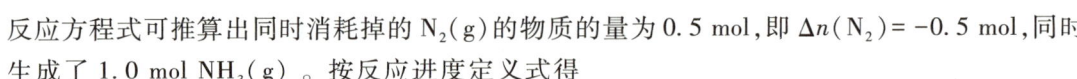

练 习 题

1. 判别下列表述的正确与否，正确的在后面括号内用"√"错误的用"×"表示。

（1）1 摩尔氧。（　　）

（2）$1\ mol(4OH^-)$。（　　）

（3）化学反应通式可表示为 $\sum \nu_B B = 0$。（　　）

（4）在宇宙中找不到绝对意义上的孤立系统。（　　）

2. 选择题（要求将正确标号填入括号内，多选与单选自己判断）。

（1）下列物质中属微观粒子的是 _____ 。

A. 分子　　　　B. 原子　　　　C. 高速运动的电子　　　　D. 光子

（2）下列说法中正确的是 _____ 。

A. 1 摩尔氧的质量是 $8.0\ g$

B. 原子和分子的空间尺寸分别为 $10^{-10}\ m$ 和 $10^{-7}\ m$

C. 原子和分子的空间尺寸在 $10^{-10} \sim 10^{-7}\ m$

D. 我们能同时看到远处打雷发出光和听到打雷发出的声音

（3）下列表述中错误的是 _____ 。

A. $18.0\ g\ H_2O$ 的物质的量是 $1\ mol$

B. $1.0\ mol$ 氢的物质参加了反应

C. $1.0\ mol$ 的 (H_2) 参加了反应

D. "反应进度"说明，认识物质变化，必须考虑时间变化

3. （用恰当的文字或符号填入空格）计量反应进行程度的物理量是 _____ ，它的符号是 _____ ，单位是 _____ 。这个单位还可方便地计量介观粒子和微观粒子的物质的量。

4. 在 $0℃$ 时，一只烧杯中盛有水，水上面浮着两块冰，问水和冰组成的系统中有几相？如果撒入食盐，保持系统的温度仍为 $0℃$ 不变，直至冰和食盐全部溶解（此时冰点降低，详见§4.2所述），此时系统中有几相？如果再加入一些 $AgNO_3$ 溶液，有什么现象发生？此时系统有几相？如果还加入一些 CCl_4，又将发生什么现象？此时系统为几相？

5. 高温水蒸气对钢的化学腐蚀特别严重。其反应如下：

$$Fe+H_2O(g) \Longrightarrow FeO+H_2(g)$$
$$2Fe+3H_2O(g) \Longrightarrow Fe_2O_3+3H_2(g)$$
$$3Fe+4H_2O(g) \Longrightarrow Fe_3O_4+4H_2(g)$$

试问,如把上述三个反应作为一个系统来研究,这个系统共有几种聚集状态? 几个相?
(用化学符号表示出系统内各物质所属的聚集状态和相。)

6. 已知某 HCl 溶液的质量为 216.5 g,其中 H_2O 为 180 g,求所含 HCl 物质的量。(要求:运算过程中要写明单位。)

7. 已知化学反应方程式:$CaCO_3 \Longrightarrow CaO+CO_2(g)$,求 1 t 含有 95% 碳酸钙的石灰石在完全分解时最多能得到氧化钙和二氧化碳各多少千克?

8. 已知化学反应方程式:$3/2H_2+1/2N_2 \Longrightarrow NH_3$,试问:当反应过程中消耗掉 2 mol N_2 时,该反应的反应进度为多少? 分别用 H_2、N_2、NH_3 进行计算。如果把上述化学方程式改成:$3H_2+N_2 \Longrightarrow 2NH_3$,其反应进度又为多少?

9. 已知化学反应方程式:$O_2+2H_2 \Longrightarrow 2H_2O$,反应进度 $\xi = 0.5$ mol 时,问消耗掉多少 H_2? 生成了多少 H_2O?

思 考 题

1. 从知识结构需要和单科知识过剩两个角度,以及对科学和技术关系的认识,谈谈对"工程化学基础"教学的希望及准备怎样学习"工程化学"这门课程。

2. 物质层次有哪些? 各层次物质运动适用的理论是什么?

3. 举例说明学习化学中观念和知识的关系,说明定性和定量的重要性及辩证关系。

4. 以人体或烧结炉为例说明系统和环境的划分和确定不是绝对的,而是相对的。

5. 以人体为例,简述系统和环境的关系。

6. 20℃的实验室内,把一只盛有水和冰的但没有盖的瓶子作为一个系统来研究,那么该系统称为什么系统? 它可与环境交换些什么? 若盖上盖子密封,则情况怎样? 这个系统称为什么系统? 若将这个瓶子用绝对隔热(实际上是不可能的)石棉布包裹,情况又如何? 这个系统称为什么系统? 如果把整个实验室作为一个孤立系统来讨论,此时需要什么条件?

7. 一般的化学式和化学反应式有没有表示出原子和原子结合态单元的结构和结构变化?

8. 摩尔(mol)是物质的量的单位,使用时应注意什么问题?

9. 水和水分子在物质层次观念上有什么区别? 从 1 mol 水分子和 1 个水分子来理解宏观系统中物质性质是来自介观粒子性质的统计结果。水分子和 O 原子、H 原子有什么联系和区别?

10. 反应进度的物理意义是什么? 能不能随意改动化学反应方程式? 生成一定量的 H_2O 时,反应 $1/2O_2+H_2 \Longrightarrow H_2O$ 与反应 $O_2+2H_2 \Longrightarrow 2H_2O$ 的反应进度是否相同?

第二章
物质结构基础

世界是由物质组成的,物质是由分子构成的,分子又是由原子构成的。化学是在分子、原子层面,研究物质的组成、结构、性质与变化规律,并致力于创造新物质的学科。物质的组成与结构决定物质的性质,而物质的性质又决定着物质的用途。化学变化的实质是物质的化学组成、结构发生了变化,所以要认识物质世界,创造新物质必须从根本上了解物质的结构,了解原子结构、分子结构和晶体结构的相关知识。本章介绍物质结构的基础知识。

§2.1　原子核外电子运动状态

 学习要求

1. 了解几种传统的原子结构模型,明确核外电子运动的基本特征,理解微观粒子的基本性质:波粒二象性,认识理论的发展过程和认识的相对性。
2. 了解波函数表达的意义,理解原子轨道、电子云的含义。
3. 掌握四个量子数的符号和表述的方法。
4. 明确基态、激发态含义,掌握电子跃迁与光子等能量子的定性关系,了解原子光谱分析法的原理和应用。

原子由带正电荷的核和核周围出现并带负电荷的电子组成。核相对于电子来说,其质量是电子的1840倍左右,且在化学变化中可视为稳定不变,这就显示了电子运动状态的重要性。电子运动状态又与光子相互关联,高速运动的电子、光子等物质属微观粒子,它们的运动规律与宏观物体和介观粒子有着本质区别。

2.1.1　传统的原子结构模型

为理解上述问题,我们先来介绍几种传统的原子结构模型。

人类对原子结构的认识是在实践和探索中不断修正和完善的,先后经历了道尔顿的原子模型、汤姆孙的原子枣糕模型、卢瑟福的原子有核模型、玻尔的氢原子模型,以及薛定谔的量子力学模型。

　　说到原子,不得不提现代化学之父法国化学家拉瓦锡。他打破了"燃素说",创立氧化学说,确证质量守恒定律,第一次使化学从定性向定量转变。拉瓦锡在 1789 年出版的《化学基础论》中提出元素的概念。拉瓦锡的化学革命为原子的提出奠定了思想基础。

　　英国化学家和物理学家道尔顿在 1803 年提出的原子模型,认为所有物质都是由原子构成的,原子是最小单位,不可再分,在化学变化中保持不变。同时,不同的原子通过化学变化组合在一起形成化合物,化学变化会释放或吸收能量。这个理论模型是唯物论的具象化,是哲学层面的伟大飞越,因此道尔顿也被称为是近代化学之父,道尔顿原子模型,标志着近代化学的开始。但并没有明确给出原子内部的具体结构。

　　英国物理学家汤姆孙在 1897 年在研究阴极射线时发现了电子,在 1903 年提出了由正电荷和带负电荷的电子均匀地镶嵌在原子当中的原子模型,该模型也称作枣糕模型。汤姆孙精确地测量了电子的质量,是原子的 1/1837。因为这一贡献,他获得了 1906 年的诺贝尔物理学奖。

　　1909 年英国物理学家、诺贝尔化学奖得主卢瑟福在研究 α 粒子散射实验时发现,当 α 射线轰击厚度为微米级的金箔时,绝大多数的 α 粒子都照直穿过薄金箔,偏转很小,但大约有 1/8000 的 α 粒子偏转角大于 90°,甚至观察到偏转角等于 150° 的散射,比汤姆孙模型所预言的偏转大得多。根据这些现象,1911 年卢瑟福提出原子的有核模型,他认为与正电荷相关的质量集中在原子中心形成原子核,电子绕着核在核外运动,由于核外的空间很大,因此电子几乎占据了整个原子。这个模型推翻了汤姆孙提出的原子中的正电荷连续分布于原子范围而电子镶嵌在其中的观点。卢瑟福的原子模型精准地预测了原子核在原子中心,原子核密度很大、质量很大的事实,但仍然没有解决核外电子如何排布的问题。

　　1913 年诺贝尔物理学奖获得者、丹麦科学家玻尔在卢瑟福的原子有核模型基础上,根据普朗克量子理论(1900 年)和爱因斯坦的光子学说(1905 年),提出了玻尔原子模型。根据玻尔的理论,① 电子是在一些特定的可能轨道上绕核做圆周运动的,离核越远,能量越高。② 核外电子在上述轨道上运动时,电子的角动量 L 是量子化的,$L = n\dfrac{h}{2\pi}$($n = 1, 2, 3, 4, \cdots$),即 L 必须是 h 除以 2π 的整数倍,其中 h 为普朗克常量,其数值为 6.626×10^{-34} J·s。$n = 1$ 时,氢原子处于能量最低状态,称为基态,其余为激发态。③ 当电子从低能级的轨道跃迁到高能级的轨道时,原子处于激发态,不稳定,将通过电磁波的形式向外界释放能量,电磁波所辐射的频率和能量之间的关系为:$E = h\nu$,其中 ν 为电磁波的频率。玻尔原子模型也称为量子轨道模型,该模型指出电子在核外的运动在空间上并非连续的,而是在特定的量子轨道上。

　　玻尔原子模型可以定量解释 H 原子光谱。根据不同轨道上单个电子的能量的数学表达式 $E = -2.179 \times 10^{-18}/n^2$ J,当 $n = 1$ 时,电子的能量为 -2.179×10^{-18} J;$n = 2$ 时,电子能量为 -0.545×10^{-18} J。当电子从 $n = 2$ 的轨道回落到 $n = 1$ 的轨道时,电子释放出的能量为 $\Delta E = (2.179 - 0.545) \times 10^{-18}$ J,原子光谱的波长 $\lambda = \dfrac{hc}{\Delta E} = 121.6$ nm;当电子从 $n = 3$ 的轨道回落到 $n = 1$ 的轨道,释放的能量为 $\Delta E = (2.179 - 0.242) \times 10^{-18}$ J,原子光谱的波长 $\lambda = \dfrac{hc}{\Delta E} = 102.6$ nm,以此类推。当电子分别从 $n = 3$、$n = 4$、$n = 5$、$n = 6$ 的轨道回落至 $n = 2$ 轨道时,释放出的电磁波的波长恰恰是 4 条在可见光区的氢原子光谱,且与理论的计算值相等。

　　图 2-1 是根据玻尔理论,将紫外区的莱曼(Lyman)系、可见光区的巴耳末(Balmer)系、

近红外的帕邢(Paschen)系和远红外的布拉开(Brackett)系等线系所代表的不同能级之间的跃迁示意图。

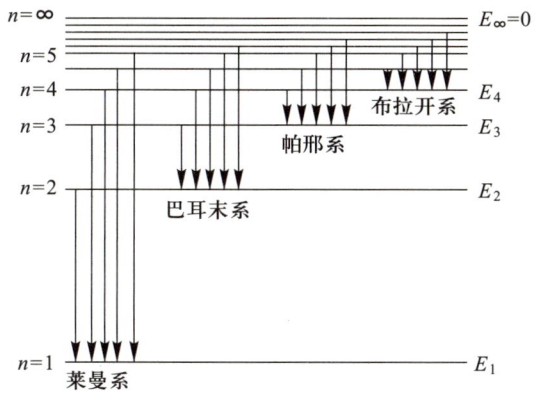

图 2-1 氢原子光谱中各线系谱线产生示意图

玻尔理论虽然很好地解释了氢原子光谱和一些单电子离子(又称类氢离子,如 He^+,Li^{2+},Be^{3+} 等),但无法解释多电子原子光谱,也无法解释氢原子光谱中每条谱线实际是相距很近的双线,也即氢原子光谱的精细结构。玻尔理论并未跳出经典力学的范畴,电子在固定轨道上绕核运动的模型不符合微观粒子的运动规律。微观粒子的运动规律又是如何的呢?

2.1.2 微观粒子的波粒二象性

19 世纪末的三大发现,即 X 射线(1895 年)、放射性(1896 年)和电子(1897 年),揭开了对原子认识的序幕。1900 年,普朗克(Planck M)为解释黑体辐射,提出辐射源能量量子化的概念;1905 年,爱因斯坦(Einstein A)根据光电效应的实验事实,提出了光量子的概念;1913 年,玻尔(Bohr N)把普朗克和爱因斯坦的量子化概念用到卢瑟福(Rutherford E)原子结构模型,提出量子态的观点,并对氢原子光谱做出了满意的解释;在 1925—1928 年期间,海森伯(Heisenberg W)、玻恩(Born M)、薛定谔(Schrödinger E)等人建立了量子力学。1921 年施特恩(Stern O)和格拉赫(Gerlach W)首先用实验观察到银原子射线在非均匀磁场中只有两个取向的事实,1925 年乌伦贝克(Uhlenbeck G E)和古兹米特(Goudsmit S)又提出了电子自旋假设,1928 年,狄拉克(Dirac P A M)从相对论量子力学原理出发,自然地给自旋量子数以明确的意义。这些都极大地促进了原子物理学的研究,也解释了很多实验事实,但人类认识还在发展中。

关于光子的波粒二象性,爱因斯坦在 1905 年和 1917 年已明确提出,并为康普顿(Compton A H)实验所证明。1924 年,德布罗意(de Broglie L)进一步将它推广到所有的物质粒子,提出了物质波假设,并提出了著名的德布罗意关系式:$\lambda = \dfrac{h}{P} = \dfrac{h}{mv}$,式中 m 代表粒子的质量,v 为粒子的运动速度,普朗克常量 h 将粒子的粒子性和波动性定量地联系起来,表 2.1 列出了不同半径物质粒子在不同速度下的德布罗意波长,可见粒子的半径越小,其波动性越明显。

表 2.1 物质粒子的半径和其德布罗意波长

粒子	质量/kg	速度/(m·s^{-1})	波长/m	半径/m	波动性
电子	9×10^{-31}	10^6	7×10^{-10}	10^{-17}	较明显
		10^8	7×10^{-12}	10^{-17}	
氢原子	1.6×10^{-27}	10^3	4×10^{-12}	10^{-10}	不明显
		10^6	4×10^{-13}	10^{-10}	
枪弹	$\sim 10^{-2}$	10^3	6×10^{-35}	10^{-2}	基本没有

1927 年,德布罗意的物质波假设被戴维孙(Davisson)和革末(Germer)的电子衍射实验所证实,如图 2-2 所示。当一束电子流经加速并通过金属薄片(利用金属晶体中质点按一定方式排列,作为一个光栅)。可以清楚地观察到电子的衍射图样。根据电子衍射图计算得到的电子射线的波长,与通过德布罗意关系式计算所得的波长完全一致。因此微观粒子的波粒二象性得以确立。

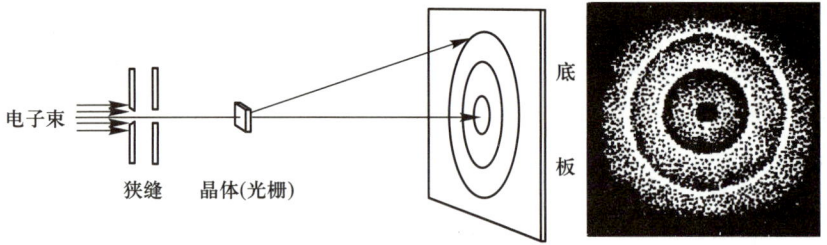

图 2-2 电子衍射示意图

从相对论、量子力学及最新的物理学研究成果,可得到这样的认识:原子及其结合态单元的尺寸在 $10^{-11} \sim 10^{-7}$ m,它们是介观粒子。核尺寸大小约为 10^{-11} m,质量在 $10^{-27} \sim 10^{-25}$ kg;电子尺寸尚未精确测定,远小于 10^{-15} m,质量约为 9×10^{-31} kg。核相对电子来说静质量较大,速度不快,其运动可以忽略。电子等微观粒子,其尺度接近 10^{-17} m,运动速度极快,接近光速,静止质量极小,不能同时测定它的动量和位置,即微观粒子存在不确定关系,这就是海森伯不确定原理,其数学表达式为:$\Delta x \cdot \Delta P \geqslant \dfrac{h}{4\pi}$,说明当位置的不确定性 Δx 越小,即确定位置的精度越高,则动量的不确定性 ΔP 越大。反之亦然。不确定原理表明,核外电子的运动不可能存在一条玻尔理论所指的固定轨道,只能用概率或概率密度来描述。海森伯提出的不确定原理,进一步反映了微观粒子的波粒二象性。

电子、光子等微观粒子具有波粒二象性,这是微观粒子运动的最基本特征。电子、光子等微观粒子在运动中是一个一个出现的,所以又称量子,它运动时能量是一份一份地改变的,这就是所谓微观粒子的量子化特征,也是量子力学与经典力学的根本区别。

电子运动具有波粒二象性,电子在空间出现的概率有统计属性和其能量量子化的事实,对我们认识核外电子的运动具有重要作用。

2.1.3　薛定谔方程和波函数

电子在原子核外运动,不像飞机、火车等宏观物体的运动,它没有可视的轨迹。描述电子在空间位置,只能用电子在某一单位空间出现的概率,即概率密度这个概念。1926 年薛定谔受德布罗意物质波假说的启发,建立了著名的微观粒子波动方程,一般称为薛定谔方程:

$$\frac{\partial^2 \psi}{\partial x^2} + \frac{\partial^2 \psi}{\partial y^2} + \frac{\partial^2 \psi}{\partial z^2} + \frac{8\pi^2 m}{h^2}(E-V)\psi = 0$$

这是一个二阶偏微分方程,式中波函数 ψ 是空间坐标 x,y,z 的函数,E 是系统的总能量,V 是势能,它和被研究粒子所处的具体环境有关,m 是粒子的质量。

解薛定谔方程十分复杂,不是本教材的要求,但其结果和过程中的几个概念,对描述核外电子运动状态和理解物质变化十分有用。

1. 波函数和原子轨道

波函数 ψ 是薛定谔方程的解,习惯上也称"原子轨道",它是描述核外电子在空间出现的数学函数式,可分解为径向部分和角度部分。图 2-3 为原子轨道的角度分布示意图。由于微观粒子的运动特性:波粒二象性、出现的概率性和量子化,图 2-3 只是表示电子可能出现的区域,切勿将其视为电子运动的轨迹。习惯上用"原子轨道"的称呼。图 2-4 表示原子轨道的径向分布示意图。其中 $D(r)$ 为径向分布函数,r 为径向距离。

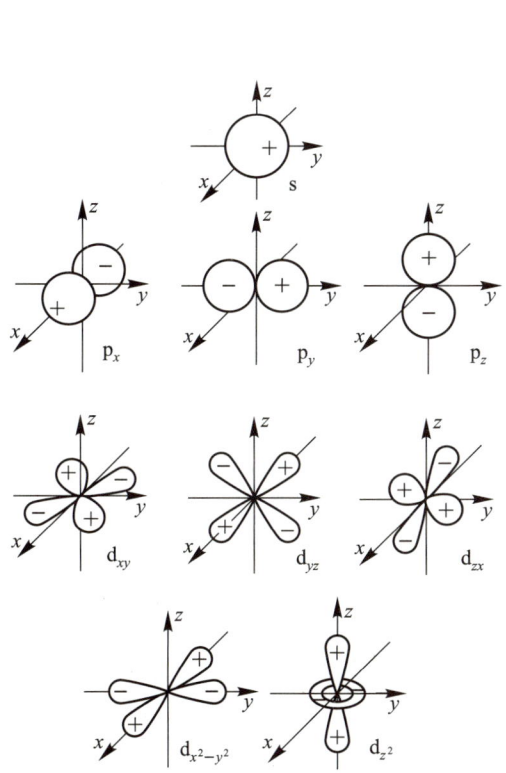

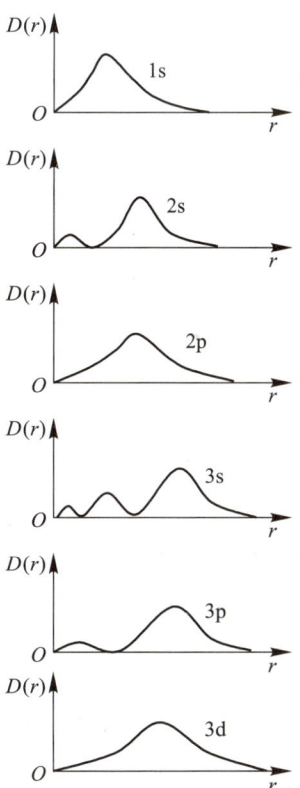

图 2-3　原子轨道的角度分布示意图　　图 2-4　原子轨道的径向分布示意图

2. 概率密度和电子云

波函数绝对值的平方$|\psi|^2$,表示了空间某处单位体积内电子出现的概率,即概率密度,俗称电子云,如图 2-5、图 2-6 所示。要特别注意,小黑点并不代表电子,而是表示电子在核外空间出现的统计结果,即电子在核外空间出现的概率密度。换句话说,小黑点密集的地方表示那里电子出现的概率密度大,即单位体积内出现的概率大;反之亦然。由此可见电子云就是概率密度的形象化图示,也可以说电子云是$|\psi|^2$的图像。

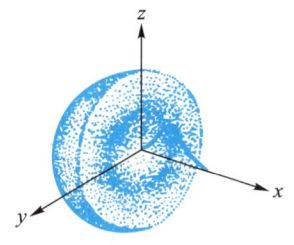

图 2-5　1s 电子云的空间分布界面图

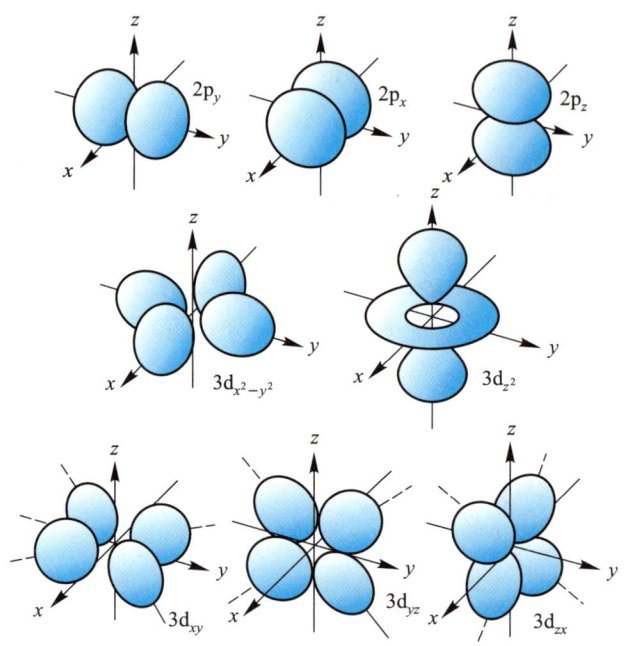

图 2-6　2p,3d 电子云示意图

2.1.4　四个量子数和电子运动状态

在解薛定谔方程的过程中,为了保证解的合理性,自然地引入三个参数,它们分别被称为主量子数、角量子数和磁量子数。

1. 主量子数

主量子数的符号为 n,n 的可取数值为 $1,2,3,\cdots$正整数,对于已知的处于基态的原子来说,n 最大值为 7。主量子数首先描述原子中电子出现概率最大区域离核的远近,如图 2-4所示;同时它也是决定电子能量高低的重要因素。在光谱学中常用大写字母 K,L,M,N,O,P,Q 分别表示 $n=1,2,3,4,5,6,7$ 的电子层。

2. 角量子数

角量子数的符号为 l,它可取的数值为 $0,1,2,3,\cdots,(n-1)$,共 n 个整数(n 为主量子数）。l 描述了电子在核外运动（正如前面所述的原子轨道或电子云）的空间形状。角量子数习惯上称为电子亚层，用 s，p，d，f 表示。例如，$n=4$，l 可以取 0，1，2 和 3 四个值，表示有四个电子亚层。当角量子数 $l=0$，称为 s 电子亚层，其轨道或电子云呈球形；当 $l=1$，称为 p 电子亚层，其轨道或电子云呈哑铃形；当 $l=2$，称为 d 电子亚层，其轨道或电子云有四个呈花瓣形，一个呈大卡车轮胎形；当 $l=3$，称为 f 电子亚层，其轨道形状更为复杂，在此不再介绍。

对于多电子原子来说，原子中电子的能量不仅决定于主量子数 n，还决定于角量子数 l。一组 n，l 的取值确定一组轨道的能量，叫作一个能级，有些教科书上也称组态或能态。电子能级常用 ns、np、nd、nf 等表示，如 2s，4d 等，它们分别表示主量子数为"2"、角量子数为"0"和主量子数为"4"、角量子数为"2"的两个能级。

3. 磁量子数

磁量子数的符号为 m，它可取 $-l$，$-(l-1)$，$\cdots$，0，1，$\cdots$，$(l-1)$，l 共 $(2l+1)$ 个数值，m 描述了原子轨道或电子云在空间的不同取向，即确定了轨道或电子云数目及它们在空间的伸展方向。例如，$l=2$ 时，m 可以是 -2，-1，0，$+1$，$+2$，共 5 个不同取向的原子轨道或电子云。也就是说，对于任意的 l，可有 $(2l+1)$ 种空间取向，即 $(2l+1)$ 个原子轨道或电子云。

波函数或原子轨道，概率密度或电子云，以及量子数 n，l 和 m 描述了核外空间中的电子运动状态，它们只是薛定谔方程的定态解，与时间无关。

4. 自旋量子数

1921 年施特恩（Stern O）和格拉赫（Gerlach W）在实验中发现，银原子射线在非均匀磁场作用下分裂为两条，两者的偏向是上下对称的。

对此，在 1925 年，两位不到 25 岁的荷兰学生乌伦贝克（Uhlenbeck G E）和古兹米特（Goudsmit S）大胆地提出了电子自旋假设：即电子不是点电荷，它除了轨道角动量外，还有自旋运动，其自旋磁量子数 m_s 只能取 $+1/2$ 或 $-1/2$。

电子有没有自旋？怎样自旋？从宏观概念确实还无法确定；因此对自旋磁量子数只能取 $+1/2$ 或 $-1/2$ 的假设也有异议，但是在 1928 年狄拉克（Dirac P A M）用相对论的观点将薛定谔方程进行了修改，在求解狄拉克方程过程中自然地引进了第四个参数 m_s，问题才从理论上得到解释。m_s 被称作自旋磁量子数，可以取两个数值：$+1/2$ 或 $-1/2$，如图 2-7 所示，习惯上用"↑""↓"来表示。

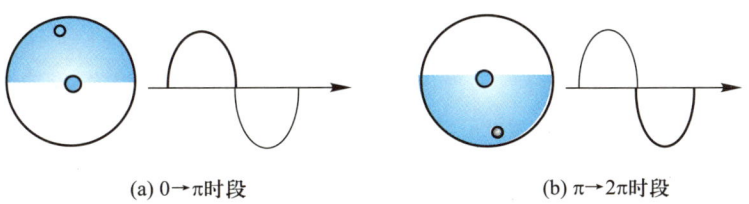

(a) 0→π 时段   (b) π→2π 时段

图 2-7　电子自旋量子数正负示意图

根据相对论的观点，任何有周期性运动规律的事物都可用以计算时间。我们可把电子在核周围出现的一个周期 2π 的时间分为 0→π 和 π→2π 两个时段，电子在 0→2π 一个周期内出现的总概率为 1，则图 2-7（a）表示 0→π 时段为正，可以想象为波峰；图 2-7（b）表示 π→2π 时段为负，可以想象为波谷；反之亦然。

对上述有关原子核外电子运动状态的描述我们可能不太习惯,但必须熟悉它。其次,随着科技的迅猛发展,人们对电子自旋的认识远没有终结,这里的介绍只是一个相对真理。

练 习 题

1. 判别下列对原子核外电子运动的说法哪些是正确的,哪些是错误的?

(1) 核外电子运动是完全自由的,所以不能同时确定它所处的位置和能量。(　　)

(2) 核外电子运动是受束缚的,它只能在核外空间某个允许的范围内出现。(　　)

(3) 电子运动是受束缚的,所以它有一定的轨迹,这轨迹就是原子轨道。(　　)

2. 电子在核外空间运动时,不能同时确定_____及_____,这叫电子运动的不确定性或不确定原理。

3. 主量子数的符号用_____表示,当其为 4 时,角量子数可取_____个数值,与最大角量子数组成的组态符号是_____,它有_____个轨道。

4. 实验证明高速运动的电子、光子是微粒,同时它还存在_____现象,所以_____是电子、光子等微观离子的最基本特性。

5. 请对元素基态原子的有关问题填写下表。

组态	1p	2s	2d	3p	5f	6s
是否存在						
主量子数						
角量子数						
轨道(个数)						
最多可容纳电子数						

6. 铯的电子逸出功为 3.04×10^{-19} J,试求:

(1) 使铯产生光电效应的光的最小频率及其波长各是多少?

(2) 如果要达到能量为 2.4×10^{-19} J,必须使用波长为多少纳米的光照射?

思 考 题

1. 联系本节内容,体会"实践-认识-再实践-再认识"这样一条认知规律;体会真理的相对性。

2. 核外电子运动有哪些特征? 哪些事实可以说明?

3. 你对电子波函数、原子核外电子概率密度、原子轨道和电子云等概念有哪些认识?轨道和轨迹有什么区别? 符号 ψ,$|\psi|^2$ 各表示什么? 图 2-5 中的蓝色的点表示什么?

4. 量子化的含义是什么? 量子数的由来和意义是什么?

5. 画出 s,p,d 电子云的基本图形,说明 s,p,d,f 电子云在空间的可能取向的数目。

§2.2 多电子原子的核外电子排布

学习要求

1. 掌握多电子原子的核外电子排布规则和方法,掌握常见元素的原子、离子的电子结构式。
2. 理解屏蔽效应和钻穿效应导致多电子原子中各层的能级交错现象。
3. 掌握确定未成对电子数的方法及未成对电子存在的意义。

元素周期表中的元素除氢以外都属于多电子原子。氢原子的核外只有一个电子,不存在其他电子的排斥作用,它只受到核的吸引作用,因而相应的原子轨道可通过薛定谔方程精确求解。而多电子原子中的电子在核外的运动状态显然更为复杂,其原子轨道能量是由哪些因素决定的?电子又是怎样排布的?有没有什么规律?本节将就这些问题进行讨论。

2.2.1 多电子原子的核外电子排布规则

多电子原子的核外电子不仅受到原子核的吸引,而且还存在着电子之间的相互排斥。作用于电子上的有效核电荷数及原子轨道的能级远比氢原子要复杂得多。

1. 能级顺序图

1939年,鲍林(Pauling L)根据氢原子光谱数据,经过分析归纳,提出了多电子原子中原子轨道的近似能级图,如图2-8所示。我国化学家徐光宪更简明地提出了$(n+0.7l)$近似规则,其中n为主量子数的数值,l为角量子数的数值。

2. 屏蔽效应和钻穿效应

从鲍林近似能级顺序图可以看出。当主量子数n和角量子数l都不相同时,存在能级交错现象。如:

$$E_{4s}<E_{3d}<E_{4p}; E_{5s}<E_{4d}<E_{5p}; E_{6s}<E_{4f}<E_{5d}<E_{6p}$$

这是因为多电子原子中存在屏蔽效应和钻穿效应。

屏蔽效应:多电子原子中的电子之间存在相互的排斥作用,内层电子对外层电子的排斥,抵消了原子核对外层电子的吸引,电子受到原子核的吸引力不是100%的。我们将其他电子抵消了核电荷对该电子的作用,称为屏蔽效应,屏蔽效应的大小用屏蔽常数(σ)表示。对多电子原子中某个目标电子所受到的实际有效核电荷数(Z')吸引相

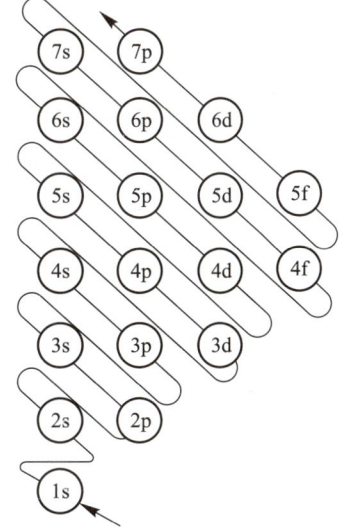

图2-8 近似能级顺序图

屏蔽效应和
钻穿效应

当于原来的核电荷数(Z)减去屏蔽常数:$Z'=Z-\sigma$,所以目标电子的能量修正为

$$E=\frac{-2.179\times10^{-18}(Z-\sigma)^2}{n^2}\text{J}$$

式中,Z'为有效核电荷数;Z为核电荷数即原子序数;σ为屏蔽常数,可用斯莱特(Slater)经验规则算得,首先将核外电子分组如下:

$$(1s),(2s2p),(3s3p),(3d),(4s4p),(4d),(4f),(5s5p)\cdots$$

再根据四个原则计算屏蔽常数σ值:① 位于目标电子右边各组电子,$\sigma=0$;② 同组电子间$\sigma=0.35(1s$组$\sigma=0.3)$;③ 对($nsnp$)组的电子,($n-1$)层的电子对其的屏蔽常数$\sigma=0.85$,($n-2$)电子层及更内层对其的屏蔽常数$\sigma=1.00$;④ 对nd或nf组的电子,左边各组电子对其的屏蔽常数$\sigma=1.00$。

多电子原子对目标电子的屏蔽效应等于所有屏蔽电子屏蔽常数的总和。

钻穿效应:导致能级交错现象的另一原因。从原子轨道的径向分布函数(图 2-4)可以看出,虽然 3s 原子轨道的径向最大峰出现在离原子核较远的区域,但也会出现在离原子核较近的区域。这种外层电子出现在原子核内部区域,而受到原子核较强吸引作用的现象,称为钻穿效应。钻穿效应使得电子回避了内层电子的排斥。不同轨道的钻穿效应强度不同,一般 $ns>np>nd>nf$,因此 $E_{ns}<E_{np}<E_{nd}<E_{nf}$。这与光谱实验结果一致。

屏蔽效应使得电子能量升高,而钻穿效应使电子能量降低,这两种效应共同的作用,产生了能级交错。

3. 原子核外电子排布规则

系统的能量越低越稳定,这是自然界的一个普遍规律。当多电子原子处于基态时,首先,核外电子总是尽可能排布到能级较低的轨道上去,以保证原子系统的能量最低,这称为能量最低原理。第二,一个原子轨道最多能容纳两个电子,而且这两个电子"自旋方向"相反,这称为泡利(Pauli)不相容原理。第三,在同一能级内,电子尽可能分布在能量相等的不同的轨道中,这称为洪德(Hund)定则。第四,对于同一 d 或 f 亚层,当电子排布为半充满、全充满或全空的情况下的原子系统比较稳定。

2.2.2　多电子原子的核外电子排布和价电子排布

原子和离子的
核外电子排布
和价电子排布

1. 原子的核外电子排布

根据四项原则和近似能级图,我们不难写出一些原子的核外电子排布式。例如,C,N和 O 三元素原子的电子排布式分别为 $1s^22s^22p^2$,$1s^22s^22p^3$ 和 $1s^22s^22p^4$,其中 1s 能级和 2s能级都只有 1 个轨道,都有 2 个电子;2p 能级含有 3 个轨道,分别有 2,3,4 个电子。再例如,原子序数为 24 的 Cr 的核外电子排布式为 $1s^22s^22p^63s^23p^63d^54s^1$,其中外层电子是$3d^54s^1$,3d 能级含有 5 个轨道,每个 3d 轨道上有一个电子,4s 对应一个轨道,有一个电子。如果按近似能级顺序排,在 4s 上应有 2 个电子而 3d 上只能有 4 个电子,但 3d 有 5 个轨道,5 个轨道出现 4 个电子从能量角度来说是不均衡的,只有 $3d^54s^1$ 才能使 Cr 原子系统的能量最低。

考虑到化学反应中原子失去电子的顺序,在书写原子核外电子排布式时一般按主量子数确定的电子层次序来写。如 Cr 的电子排布式,若简单地按照近似能级次序写,4s 能

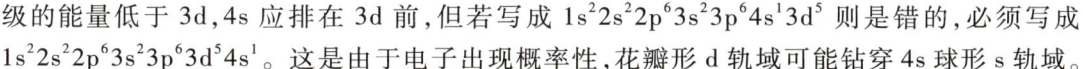

级的能量低于 3d,4s 应排在 3d 前,但若写成 $1s^2 2s^2 2p^6 3s^2 3p^6 4s^1 3d^5$ 则是错的,必须写成 $1s^2 2s^2 2p^6 3s^2 3p^6 3d^5 4s^1$。这是由于电子出现概率性,花瓣形 d 轨域可能钻穿 4s 球形 s 轨域。

需要指出的是,近似能级图和 $(n+0.7l)$ 近似规则能帮助我们理解核外电子分布,但在过渡元素中有不少元素原子的电子排布,若按近似能级确定的电子排布则和周期表中的电子排布不相符。这是为什么呢?因为周期表中的电子是按真实的原子光谱能量高低排布的,不是根据 H 原子中核和电子作用推出的。

2. 原子的价电子排布

由于化学反应通常只涉及外层电子的改变,所以可只写出外层电子排布式。外层电子排布式等同于价电子排布式,也称为价电子构型,它直接反映了原子核外哪些电子可能参与化学反应和形成化学键。处在价电子能级上的电子被称为价电子。原子实以外的电子排布,可以称为价电子排布。如何判断价电子层,先看最后一个电子填充在哪个能级上,然后该能级加上其外层能级,就是价电子层。如 24 号元素 Cr 的最后 1 个电子填充在 3d 能级,则其价电子层为 3d4s,价电子构型为 $3d^5 4s^1$,不能写成 $4s^1$。

元素的化学性质主要决定于价电子层结构。需要强调的是,对于主族元素和副族元素,其价电子构型是不同的。主族元素的价电子能级通常指最外的 ns 或 $nsnp$ 能级。而副族元素的价电子能级,通常包括最外层的 ns 和次外层的 $(n-1)d$ 能级或再次外层的 $(n-2)f$ 能级。例如,20 号元素 Ca 的价电子构型为 $4s^2$,而 30 号元素 Zn 的价电子构型为 $3d^{10} 4s^2$,29 号元素 Cu 的价电子构型为 $3d^{10} 4s^1$。Ce 的价电子构型为 $4f^1 5d^1 6s^2$,不能写成 $6s^2$ 或 $5d^1 6s^2$。

3. 离子的核外电子排布和价电子排布

原子得到或失去若干电子后成为离子。原子失去电子的顺序是按原子核外电子排布式从外层到内层的原则,例如,Fe 原子从外向里失去 2 个 4s 电子和 1 个 3d 电子成为 Fe^{3+}。Fe^{3+} 的电子排布为 $1s^2 2s^2 2p^6 3s^2 3p^6 3d^5$,因为这种排布使离子系统的能量最低。$Fe^{3+}$ 与 Fe 相比,电子层数发生了改变,由 4 层变成了 3 层,其外层电子排布式应为 $3s^2 3p^6 3d^5$,不能简单地写成 $3d^5$,要把外层电子排布写完整。

4. 未成对电子数

根据泡利不相容原理、洪德定则和原子中各亚层的电子排布情况,我们还可以确定原子(或离子)的未成对电子数。例如,Cl 外层电子排布式为 $3s^2 3p^5$,未成对电子数是 1;Cr 外层电子排布式为 $3d^5 4s^1$,未成对电子数是 6。Cr^{3+} 的外层电子排布式为 $3s^2 3p^6 3d^3$,未成对电子数是 3。"未成对电子"的概念十分重要,因为在原子或它的结合态中,如果有未成对电子,那么它不仅有较高的化学活性,还一定有磁性。

2.2.3 核外电子能级跃迁和原子光谱分析

处于低能量轨道的电子,如果接受外界提供的适当大小的能量,就会跃迁到高能量的轨道上;反过来,处于高能量轨道上的电子也可以跃迁返回到低能量轨道上,同时向外释放出能量。两者都叫能级跃迁,如图 2-9 所示。实线箭头"→"表示基态或低能态电子吸收能量向高能态方向的跃迁;虚线箭头"--►"表示激发态(即高能态)电子放出能量返回基态的方向。

电子发生跃迁时不论是吸收还是释放的能量，都是以电磁波的形式出现的，若以 ν 代表吸收或释放的电磁波频率，ΔE 代表不同能级间的能量差，则可求得

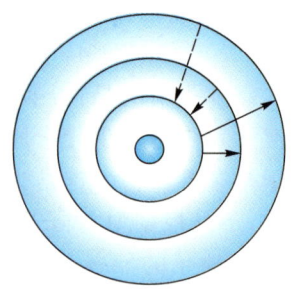

$$\Delta E = h\nu \quad 或 \quad \Delta E = \frac{hc}{\lambda}$$

式中，h 为普朗克常量，它的数值是 6.63×10^{-34} J·s；c 为光速，它的数值是 3.00×10^{8} m·s^{-1}；λ 为波长。

图 2-9　能级跃迁示意图

例 2.1　氢原子光谱中，一条谱线的波长 $\lambda = 656.5$ nm，试求它的频率和与基态的能量差。

解：据 $\lambda = \dfrac{c}{\nu}$ 的关系，频率 $\nu = \dfrac{3.00 \times 10^{8} \text{ m·s}^{-1}}{656.5 \times 10^{-9} \text{ m}} = 4.57 \times 10^{14} \text{ s}^{-1}$

设基态的能量 E_0 为 0，则它与基态的能量差为

$$\Delta E = E - E_0 = h\nu = 6.63 \times 10^{-34} \text{ J·s}^{-1} \times 4.57 \times 10^{14} \text{ s}^{-1} = 3.030 \times 10^{-19} \text{ J}$$

对于不同种类的原子来说，电子能级是不同的，相应的能级差也不同。因此吸收或释放的电磁波频率也不同。如果测量出电子从一个能级跃迁到另一个能级时所吸收或释放的电磁波的频率，不难算出两个相关能级间的能量差，并据此分析原子的种类和含量。基于这种原理而建立起来的分析方法叫原子光谱法。原子光谱法分原子吸收光谱法和原子发射光谱法。

（1）**原子发射光谱法**　若对样品加热，处于基态的原子就吸收外界能量，原子核外低能级的电子可跃迁到高能级上，成为激发态的原子。但是，激发态原子是不稳定的，电子在很短的时间内就返回低能级状态，并以电磁波的形式向外发射电磁波。分析原子发射光谱的特征频率及强度，可以帮助判别样品中元素的种类（即元素的定性分析）和含量（定量分析）。原子发射光谱又分为摄谱法和光电计数法，如图 2-10 所示。

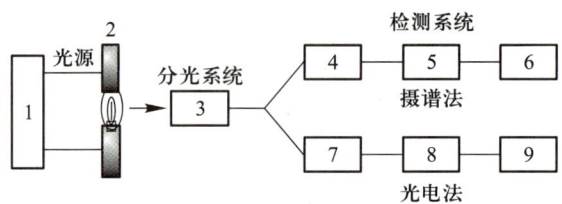

1—电弧或火花；2—电极；3—光谱仪；4—感光板；5—映谱仪
6—测微光度计；7—光电倍增管；8—积分电容；9—读数系统

图 2-10　原子发射光谱示意图

（2）**原子吸收光谱法**　以待测元素为灯丝，制成光源（灯泡）。这种光源发出的光必定含有一系列的特征谱线。让这样的特征光照射到含有待测元素的样品上，则待测样品必然产生共振吸收，根据待测样品对特征光的吸收情况，可以求得样品中待测元素的含量，如图 2-11 所示。

原子吸收光谱法比原子发射光谱法具有更高的准确度和较好的选择性，对部分元素具有较高的灵敏度。目前，原子吸收光谱法已被广泛用于冶金、地质、环境、医疗、化工等行业。

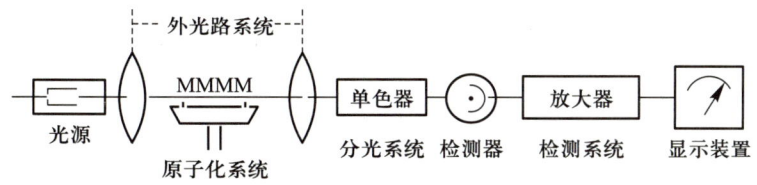

图 2-11　原子吸收光谱示意图

练 习 题

1. 写出原子序数 1—20 的原子核外电子排布式。

2. 分别写出 Ti Cr Ni Cu，Ti^{4+} Cr^{3+} Ni^{2+} Cu^{2+} 的外层电子排布（价层电子排布）和未成对电子数。

思 考 题

查阅资料，说明原子光谱法的特点和具体应用。

§2.3　元素周期律

学 习 要 求

1. 理解核外电子排布和元素周期律的关系。

2. 明确元素基本性质周期性变化的规律。

3. 了解原子半径、电离能、电子亲和能和电负性的概念。

元素周期律，即元素的基本性质，如原子半径、电离能、电子亲和能和电负性等呈现出明显的周期性变化的规律。这种变化规律与原子的结构，特别是与原子的外层电子排布密切相关。元素周期律使人们认识到元素之间彼此不是相互孤立的，而是存在着内在的联系。由此，对化学元素的认识形成一个完整的自然体系，使化学成为一门系统的科学。

2.3.1　原子结构与元素周期律

原子核外电子分布的周期性是元素周期律的基础。元素周期表（见书末所附元素周期表）是元素周期律的表现形式。根据核外电子排布的周期性规律，可把已有的 118 种元素分成 7 个周期，4 个区，8 个主族和 8 个副族。各分区的名称、外层电子组态及元素性质

变化特征如表 2.2 所示。

表 2.2　周期表各分区的名称、外层电子组态及元素性质变化特征

按近似能级最后排布的电子	区	族	特征	外层电子的组态
s 电子	s 区	主族（包括零族）	最后一个电子分布在最外层,元素性质变化大	$ns^{1\sim2}$
p 电子	p 区			$ns^2np^{1\sim6}$
d 电子	d 区	副族（包括Ⅷ族、镧系、锕系）	最后一个电子分布在次外层,元素性质变化不大	$(n-1)d^{1\sim8}ns^{1\sim2}$
				$(n-1)d^{10}ns^{1\sim2}$
f 电子	f 区		最后一个电子分布在再次外层,元素性质极相似	$(n-2)f^{1\sim14}$
				$(n-1)d^{0\sim1}ns^2$

2.3.2　元素基本性质的周期性

由于原子的电子层结构的周期性变化,因此与电子层结构有关的元素的基本性质,如原子半径、电离能、电子亲和能、电负性、氧化数等,也呈现明显的周期性。

1. 原子半径

同种元素的两个原子以共价单键连接时,它们的核间距离的一半叫作原子的共价半径。把金属晶体看作由球状的金属原子紧密堆积而成的,若相邻的两个原子彼此互相接触,它们核间距离的一半叫作原子的金属半径。当两个原子之间没有形成化学键而只是靠分子间作用力互相聚集在一起时,两个原子之间距离的一半,就叫作范德华半径。例如,超低温下稀有气体的分子晶体。范德华半径也叫接触半径。

一般来说,范德华半径>金属半径>共价半径。

在讨论原子半径的变化规律时,实际上使用了上述三种原子半径,见表 2.3。从表中可以看出,对于主族元素(包括零族)在同一周期中从左到右原子半径逐渐变小,只有最后一个稀有气体的原子半径大幅度增加。对副族元素,原子半径减幅不大,平均是 0.004 nm 左右,f 区元素减幅更小,平均不到 0.001 nm。同族元素,特别是主族元素,原子半径显然是自上而下逐步增大的;但由于镧系收缩的原因,使镧系后面的过渡元素铪(Hf)、钽(Ta)、钨(W)的原子半径与其同族相应的锆(Zr)、铌(Nb)、钼(Mo)的原子半径极为接近,造成 Zr 和 Hf、Nb 和 Ta、Mo 和 W 的性质十分相似,在自然界往往共生,分离十分困难。关于镧系收缩的原因,似乎十分深奥,但从相对论理解就十分浅显:离核越远的电子,受核束缚小,运动速度越大,质量亏损大,长度缩短明显。如果用 c 表示第五、六周期外层电子接近光速,v 为第一、二、三周期电子的速度,那么从相对论量子力学知 $l=l_0\sqrt{1-v^2/c^2}$,$m=m_0\sqrt{1-v^2/c^2}$,$t=t_0\sqrt{1-v^2/c^2}$,其中 l 表示电子空间运动距核的距离,m 表示电子质量,t 表示时间;由于电子在运动中距核距离 l 比 l_0 要短;质量亏损后 m 要比 m_0 小;时间 t 要比 t_0 慢,故距离变短和时间变慢都使相互作用(吸引)增强,这就可理解了。

表 2.3　元素的原子半径　　　　　　　　　　　　　　单位为 nm

	I A																		0
1	H 0.037	II A											III A	IV A	V A	VI A	VII A		He
2	Li 0.152	Be 0.111											B 0.083	C 0.077	N 0.070	O 0.066	F 0.064		Ne
3	Na 0.154	Mg 0.160	III B	IV B	V B	VI B	VII B		VIII			I B	II B	Al 0.143	Si 0.117	P 0.110	S 0.104	Cl 0.099	Ar
4	K 0.227	Ca 0.197	Sc 0.161	Ti 0.145	V 0.132	Cr 0.125	Mn 0.137	Fe 0.124	Co 0.125	Ni 0.125	Cu 0.128	Zn 0.133	Ga 0.122	Ge 0.123	As 0.121	Se 0.112	Br 0.114	Kr
5	Rb 0.248	Sr 0.216	Y 0.181	Zr 0.160	Nb 0.143	Mo 0.136	Tc 0.136	Ru 0.133	Rh 0.135	Pd 0.138	Ag 0.145	Cd 0.149	In 0.163	Sn 0.141	Sb 0.141	Te 0.143	I 0.133	Xe
6	Cs 0.265	Ba 0.217	La 0.188	Hf 0.156	Ta 0.143	W 0.137	Re 0.137	Os 0.134	Ir 0.136	Pt 0.138	Au 0.144	Hg 0.160	Tl 0.170	Pb 0.175	Bi 0.155	Po 0.187	At	Rn

La 0.188	Ce 0.183	Pr 0.182	Nd 0.181	Pm 0.181	Sm 0.180	Eu 0.199	Gd 0.180	Tb 0.178	Dy 0.177	Ho 0.177	Er 0.173	Tm 0.175	Yb 0.194	Lu 0.173

2. 电离能和电子亲和能

在化学反应中,金属元素的原子易失去电子变成正离子(或称阳离子),非金属元素的原子易夺得电子变成负离子(或称阴离子)。为了衡量元素的金属性和非金属性的强弱,常用电离能和电子亲和能来加以描述。所谓电离能是指从气态原子失去 1 个电子成为 +1 价正离子时所吸收的能量,称为第一电离能 I_1,常用单位 $kJ \cdot mol^{-1}$。以此类推,还有第二电离能、第三电离能等。图 2-12 表示出各元素的第一电离能随原子序数周期性变化的情况。总的趋势是,在同一周期内,主族元素从左到右,第一电离能逐步增大,表明金属性逐渐减弱;副族元素第一电离能变化缓慢,规律性不明显,因此副族元素金属性变化不大。

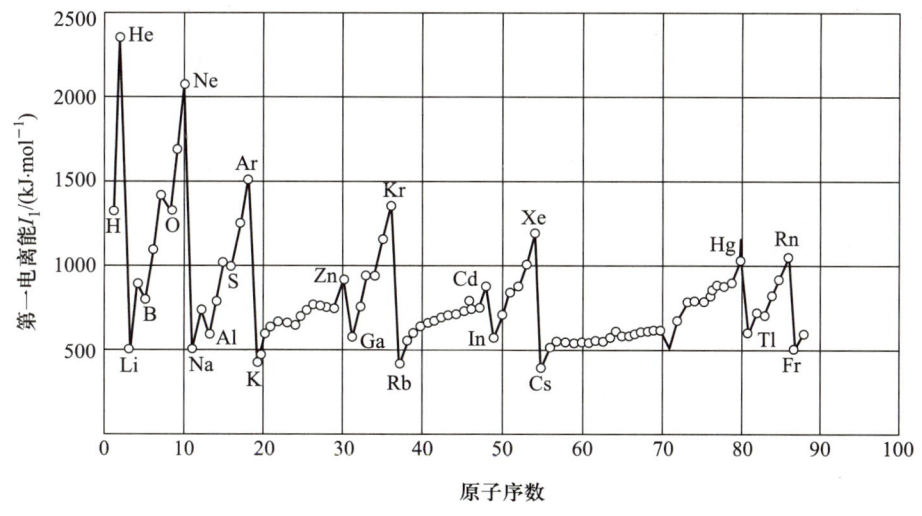

图 2-12　元素第一电离能的周期性

所谓电子亲和能,是指气态原子获得 1 个电子成为 -1 价负离子时所放出的能量。电子亲和能的数据不全,规律性不强,在此从略。

元素的电离能或电子亲和能一般来说与原子的核电荷数及有效核电荷数、原子半径及电子层结构有关。在多电子原子中,如果屏蔽常数大,说明屏蔽效应大,指定电子受到核的作用就弱,电离能就小。例如,对原子序数为 35 的 Br,核作用在最外层电子上的有效核电荷 $Z' = 35 - (10 \times 1.00 + 18 \times 0.85 + 6 \times 0.35) = 7.60$;再例如,对原子序数为 26 的 Fe,其 $4s^2$ 电子受到的有效核电荷 $Z' = 26 - (10 \times 1.00 + 14 \times 0.85 + 1 \times 0.35) = 3.75$;所以 Fe 原子 $4s^2$ 电子比 Br 外层电子更易失去。有效核电荷解释了同周期元素自左向右金属性和非金属性的递变规律;第五、六周期ⅣB、ⅤB、ⅥB 族的一些元素都极不活泼,成为耐蚀金属的原因如前所说,是由镧系收缩所导致的。

3. 电负性

为了定量地比较原子在分子中吸引电子的能力,1932 年鲍林(Pauling L)在化学中引入了电负性的概念。一个原子的电负性越大,表明原子核在分子中吸引电子的能力越强;电负性越小,表明原子核在分子中吸引电子的能力越弱。表 2.4 列出了鲍林根据热化学数据计算得到的电负性数值。从表中可以看出,金属元素(除铂系外)的电负性值一般都小于 2.0,而非金属元素(除硅外)的电负性值一般都大于 2.0。其次,主族元素的电负性具有较明显的周期性变化,同一周期从左到右电负性递增,从上到下电负性递减。而副族元素的电负性值较接近,变化规律不明显。f 区的镧系元素的电负性值更为接近。反映在金属性和非金属性上,主族元素显示较明显的周期性变化规律,副族元素的变化规律则并不明显。

表 2.4 周期表中的一些元素的电负性

H 2.1																	
Li 1.0	Be 1.5											B 2.0	C 2.5	N 3.0	O 3.5	F 4.0
Na 0.9	Mg 1.2											Al 1.5	Si 1.8	P 2.1	S 2.5	Cl 3.0
K 0.8	Ca 1.0	Sc 1.3	Ti 1.5	V 1.6	Cr 1.6	Mn 1.5	Fe 1.8	Co 1.9	Ni 1.9	Cu 1.9	Zn 1.6	Ga 1.6	Ge 1.8	As 2.0	Se 2.4	Br 2.8
Rb 0.8	Sr 1.0	Y 1.2	Zr 1.4	Nb 1.6	Mo 1.8	Tc 1.9	Ru 2.2	Rh 2.2	Pd 2.2	Ag 1.9	Cd 1.7	In 1.7	Sn 1.8	Sb 1.9	Te 2.1	I 2.5
Cs 0.7	Ba 0.9	La 1.0	Hf 1.3	Ta 1.5	W 1.7	Re 1.9	Os 2.2	Ir 2.2	Pt 2.2	Au 2.4	Hg 1.9	Tl 1.8	Pb 1.9	Bi 1.9	Po 2.0	At 2.2
Fr 0.7	Ra 0.9	Ac 1.1	Th 1.3	Pa 1.4	U 1.4	Np 1.4										

4. 氧化数

同周期主族元素从左到右最高氧化数逐渐升高,并等于元素的最外层电子数,即族序数。副族元素的原子中,除最外层 s 电子外,次外层 d 电子也可参加反应。因此,d 区副族元素(除Ⅷ、ⅠB、ⅡB 族)最高氧化数一般也等于族序数。Ⅷ族除 Ru 和 Os 外,其他元素未发现有氧化数为 $+8$ 的化合物。ⅠB,ⅡB 族元素的最高氧化数为 $+2$,Au 为 $+3$,Ag 为 $+1$。此外,副族元素与 p 区一样,其主要特征是大多有可变氧化数。

5. 人体中各种元素的分布情况

人体在漫长的进化历程中,逐步形成了一套自我调节系统,选择了元素周期表中约 90 种稳定元素来构成人体本身并维持生存。精确测定不同地区人体中化学元素的结果证明,在人体中能找到地壳中存在的多种化学元素,而且人体中这些元素平均含量的相对大小,也和地壳内的情况十分相似,变化趋势也很吻合,如图 2-13 所示。通常把体内质量分数大于 1×10^{-4} 的元素称为宏量元素,把质量分数小于 1×10^{-4} 的元素称为微量元素。

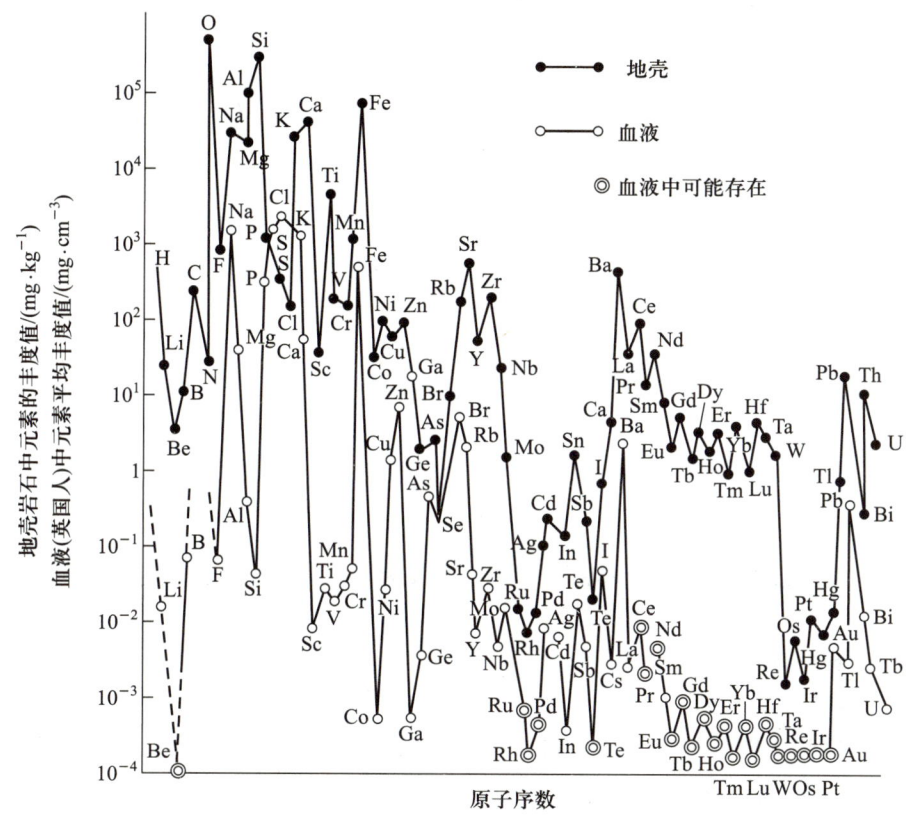

图 2-13 人体血液和地壳中元素含量的相关性

人体必需元素须符合三个条件:① 该元素直接影响生理功能,并参与代谢过程;② 该元素在生物体内的作用不能被其他元素所取代;③ 缺乏该元素时,人体会发生病变。

各种必需元素在人体内都有一定的浓度范围,过量或缺乏都对机体有害。体内对微量元素的平衡机制也能调控其浓度,在摄入量不足时,机体可以动用体内贮存的元素,在摄入量偏高时,机体可排泄多余元素。但摄入量过大,并超出机体排泄能力,这些元素会在体内积累而致病。如铁过量的血色病患者,会造成胰、肝、皮肤受损,并引起糖尿病、肝硬化。又如铜过量积存于肝和脑,会引起兴奋和骚动为特征的痛苦的神经错乱症——威尔逊氏症。因此,有时体内的元素过量比缺乏更为有害。

生物体内存在的宏量元素都是必需元素,通常分布在元素周期表(短表)的最上部分。它们分别是 O,C,H,N,Ca,P,S,K,Na,Cl,Mg 和 Si 等,这 12 种元素共占人体总质量的 99.98%,它们是构成生命体的主要元素。

生物体内的必需微量元素是保证生物体健康所必不可少的元素，没有它们，生命虽然能继续，但会产生病变。随着科学技术的发展和检测手段的进步，必需微量元素的发现是逐年增加的。现在认为人体必需的微量元素有 14 种，它们分别是 Fe，F，Zn，Cu，Sn，V，Mn，Cr，I，Se，Mo，Ni，As，Co 等。它们参与和维持生命活动，共占人体总质量的 0.02%。

人体必需的微量元素具有一定适宜的浓度范围，超过或低于这个范围都会引起疾病，因此在微量元素摄入过程应当注意剂量-效应关系（图 2-14）；其次，还要注意微量元素存在的形态，如葡萄糖酸亚铁是常用的补铁制剂，但是铁锈就不能当药用，因为它对人体是有害的。总之，只有科学地生活才能拥有健康的身体。

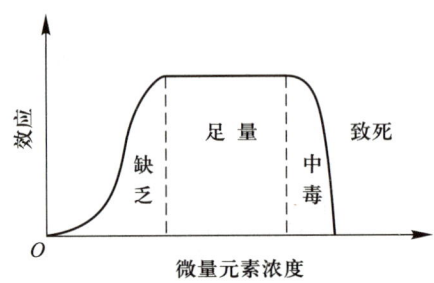

图 2-14　最适宜营养浓度定律示意图

练习题

1. 某元素的最高化合价为+6，最外层电子数为 1，原子半径是同族元素中最小的，试写出它的：

（1）核外电子排布式；

（2）外层电子排布式；

（3）+3 价离子的外层电子排布式；

（4）该元素所在周期表的位置。

2. 分别近似计算第三周期 $_{11}$Na，$_{14}$Si，$_{17}$Cl 三种元素核作用在外层电子上的有效核电荷数，并解释其对元素性质的影响。

3. 比较 Ti，Fe，Ca，Co，Ga，Mn，Br 的金属性强弱。

4. 分别计算第四周期 $_{19}$K 和 $_{20}$Ca 两种元素作用在 4s 电子上的有效核电荷数，比较两种元素的金属性强弱。

思考题

1. p 区零族元素和 d 区Ⅷ族元素的外层电子组态是否相同？试写出它们的通式。

2. 查阅资料，举出 5 种重要的必需微量元素的生物生理功能。

3. 谈谈你对"人与自然和谐相处"这句话的认识。

§2.4　化　学　键

学习要求

1. 明确化学键本质，了解离子键、共价键、金属键的成键特征。
2. 了解杂化轨道理论、分子轨道理论，掌握成键轨道、反键轨道、σ 键、π 键，以及等性杂化、不等性杂化、孤对电子等概念。明确 O_2 三电子 π 键结构。
3. 了解分子能级跃迁及紫外、红外光谱的原理和应用。

原子怎样结合成分子等结合态单元的？在结合态单元中，原子在空间怎样排布，原子间作用力是什么，在结合态单元中电子又是怎样运动的？本节将继续讨论这些问题。

所谓化学键就是原子结合态（如分子）中相邻原子间较强烈的相互作用。这种结合力的大小常用键能表示，在 $125 \sim 900$ kJ·mol^{-1}。化学键一般分为离子键、共价键、金属键三类。对化学键的概念和分类不能绝对化，它只是人类对物质粒子间相互作用的认识。一般认为相邻两原子的电负性之差大于 1.7 的为离子键，小于 1.7 的是共价键。

2.4.1　离子键

1. 离子键

离子键又称电价键，是由正、负离子通过强烈的静电引力而形成的化学键。离子键没有方向性和饱和性。由离子键结合而形成的晶体叫离子晶体。在典型的离子化合物中，由于电子均受核的强力束缚，不存在金属中那样的"自由电子"。在固态下，离子本身的迁移也很困难，因此离子晶体一般都是热和电的不良导体。

离子键的强弱与正、负离子的电荷、离子半径及离子的电子层结构有关。一般来讲，离子间作用力随离子电荷的增加而增大，随离子半径的增大而减小。离子键的强度越大，相应晶体的熔点、沸点越高，机械强度也越大。

离子键和离子
极化理论

2. 离子极化

处于外电场中的离子，其正、负电荷中心发生位移，产生诱导偶极 $\mu_{诱}$ 这一过程称为离子极化。当带有相反电荷的离子相互接近时，离子间除存在静电吸引力外，在相反电荷作用下，正、负离子都会产生诱导偶极。正离子产生的电场使负离子发生变形，同样，负离子产生的电场也可使正离子产生变形，使正、负离子相互之间产生极化作用，同时自身也发生变形。因此，正离子和负离子同时具有极化作用和变形性两种性质。由于正离子半径较小，产生的电场较大，所以使相邻负离子变形极化的能力（称极化能力）较强；而负离子由于半径较大，其电场较弱，而本身变形极化的能力（称变形性）较强。一般情况下，正离子极化作用占主导，负离子变形性占主导。

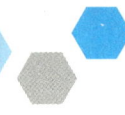

3. 离子极化对离子键的影响

正、负离子外层电子云发生重叠,键的共价性增强,离子的极化使化合物键型从离子键经过渡型化学键向共价键过渡,导致化合物的性质发生以下变化:① 离子极化作用越强,可导致离子晶体的熔点越低;② 离子极化作用越强,可导致离子化合物溶解度降低;③ 离子极化作用越强,可导致离子化合物的吸收波长向长波方向移动,使离子化合物的颜色加深。

综上,离子键的强度需要同时考虑正、负电荷的静电吸引力大小与离子的极化作用,与正、负离子的电荷、离子半径以及离子的电子层结构有关。

2.4.2 共价键

1914 年美国化学家路易斯(Lewis G N)提出了共价键理论。按此理论,成键原子间可通过共用一对或几对电子形成稳定的分子。如氢分子由两个氢原子各提供 1 个电子,形成 1 对共用电子对,共用电子对使 H_2 能够稳定存在:

$$H· + ·H \longrightarrow H : H$$

这种由共用电子对形成的化学键称为共价键。由共价键结合而成的化合物称为共价化合物。

随着量子力学的建立和认识的深化,共价理论也得到了进一步发展,以电子配对出发的价键理论、杂化轨道理论、价层电子对互斥理论等,还有分子轨道理论(简称 MO 法)。各种理论的出发点和说法不尽相同,讨论的结果也有所不同。

1. 价键理论

价键理论

价键理论是海特勒(Heitler W)和伦敦(London F)处理 H_2 问题所得结果的推广。它假定分子由原子组成,如果原子在未化合前含有未成对的电子,且自旋方向相反的话,则可以两两耦合构成“电子对”,每一对电子的耦合就形成一个共价键。这种方法是以量子力学为基础的。

首先,价键理论认为共价键的结合力的大小决定于原子轨道重叠的程度,两个原子轨道重叠的程度越大,形成的共价键越强。其次,由于一个原子的一个未成对电子只能与另一个原子的一个未成对电子配对,形成一个共价单键,因此一个原子有几个未成对的电子便可与几个自旋相反的未成对电子配对成键。换句话说,共价键数目受到未成对电子数的限制,这就是共价键的饱和性。再次,为了获得轨道的最大重叠,相邻原子总是沿着一定方向成键的,以便满足最大重叠的要求,这叫共价键的方向性。共价键的方向性决定着分子的空间构型,因而也影响分子的性质。

共价键的键型有两种,一种以“头碰头”的方式进行轨道重叠的叫 σ 键;其重叠部分对键轴无论旋转多大角度,形状都不会改变,即对键轴呈线性对称性;另一种是以“肩并肩”的方式进行重叠的,其重叠部分呈镜面对称,这样的键称为 π 键,如图 2-15 所示。显然,σ 键的轨道重叠的程度大于 π 键,或者说 σ 键的强度大于 π 键的强度。s 与 s,s 与 p 等其他轨道叠加时都形成 σ 键,p 和 d 轨道直接叠加时总有一个是 σ 轨道。例如,H_2,HCl 等分子都是通过 σ 键结合起来的;C_2H_4,C_2H_2 中都有一个 σ 轨道。

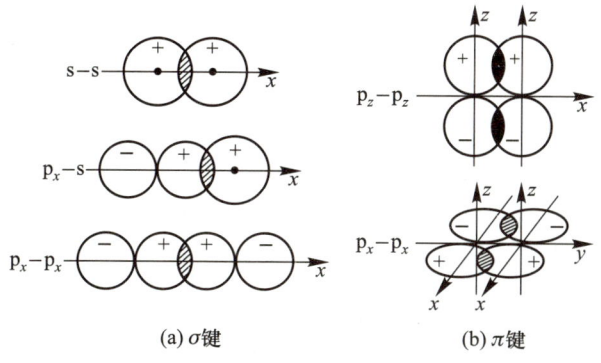

(a) σ键   (b) π键

图 2-15   σ 键和 π 键重叠方式示意图

通常,人们把电子云主要局限在两个相邻原子之间所形成的化学键叫定域键,如普通的 σ 键和 π 键;把由若干个电子形成的,电子云运动在多个原子间所形成的化学键叫作离域键,如多原子间形成的 π 键叫离域 π 键、共轭 π 键或大 π 键。苯中 6 个环状碳原子间和丁二烯中 4 个碳原子间都存在离域大 π 键,分别记作 Π_6^6、Π_4^4 键,如图 2-16 所示。

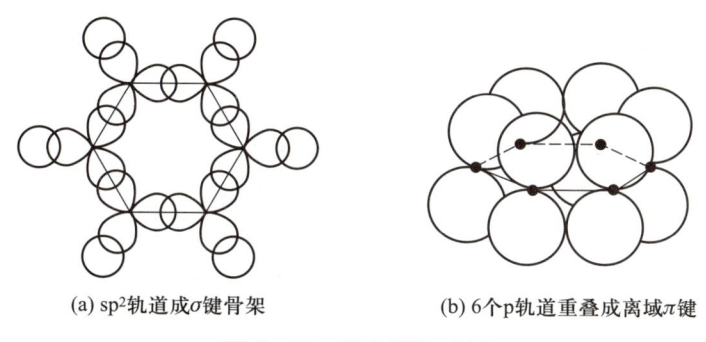

(a) sp² 轨道成 σ 键骨架   (b) 6 个 p 轨道重叠成离域 π 键

图 2-16   苯分子的成键

2. 杂化轨道理论

电子配对理论比较简明地阐述了共价键的形成和本质,并成功地解释了共价键的饱和性和方向性。但在解释分子的空间构型时却遇到了一些困难。例如,甲烷为什么构成正四面体形。1931 年鲍林提出了杂化轨道理论,用以解释分子的空间结构。

同一原子中能量相近的原子轨道组合成成键能力更强的新的原子轨道的过程称为原子轨道的杂化,新的原子轨道称为杂化轨道。杂化轨道中的未成对电子再与其他原子中的未成对电子结合成键。重新组合过程中,如果组合后的一组轨道能量相等,空间分布对称,则此过程称为等性杂化,所得的轨道称为等性杂化轨道,如甲烷、乙烯、乙炔中碳原子的杂化轨道,如图 2-17 所示。

如果杂化后,一组杂化轨道中有已配对的电子占据,致使杂化轨道能量不等,这一过程就称为不等性杂化,所得的轨道称为不等性杂化轨道。不等性杂化轨道中,不能参与成键的、已配对的电子叫孤对电子;孤对电子占据的轨道叫非键轨道,如图 2-18 所示。图 2-18 中,NH_3 中 N 原子和 H_2O 中 O 原子也是 1 个 s 轨道和 3 个 p 轨道参加杂化,形成 4 个 sp^3 杂化轨道,但是 4 个 sp^3 杂化轨道中有 1 个或 2 个轨道已排满电子,不能再与另外原子成

杂化轨道理论

键。同时由于孤对电子对未成对电子的排斥作用,使杂化轨道的夹角相对变小,分别成为三角锥形和"V"字形结构。

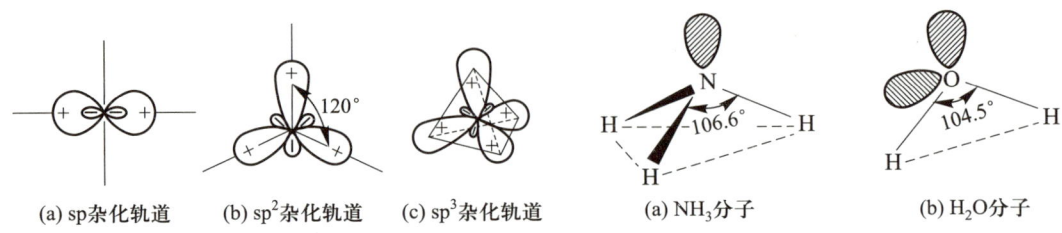

(a) sp杂化轨道　　(b) sp²杂化轨道　　(c) sp³杂化轨道

图 2-17　碳原子的杂化轨道示意图

(a) NH₃分子　　　　(b) H₂O分子

图 2-18　NH₃ 和 H₂O 分子空间构型示意图

杂化轨道理论能够很好地解释一些分子的空间构型,尤其是有机物分子,如甲烷分子为正四面体形,乙烯分子为平面结构,而乙炔为直线形分子,等等。但杂化轨道理论解释不了像氧分子具有顺磁性等一类的问题。

3. 分子轨道理论

分子轨道理论

分子轨道理论是目前发展较快的一种共价键理论。它强调分子的整体性。这一理论的主要观点为:当原子形成分子后,电子不再局限于个别原子,而属于整个分子。分子轨道可以通过原子轨道的适当组合而得到。电子在分子轨道中的排布规则同样服从能量最低原理、泡利不相容原理和洪德定则。

以 H_2 分子为例,两个 H 原子的 1s 轨道可以组合成 1 个 H_2 的两个分子轨道。在 §2.1 中讨论电子自旋时已经明确了 $m_s = \pm 1/2$ 的动态意义。当两个氢原子远离时,它的正与负没有必要考虑;当两个氢原子接近到可以相互作用时,它的正(波峰)与负(波谷)必须考虑:在 2π 时间内,两个原子轨道(波函数)的叠加可有两种情况,正正(负负也同样)叠加,电子在两核连线的核间区域出现的概率大,整个分子系统的能量比结合前降低,这样叠加而成的轨道称为成键轨道;而正负(负正也同样)叠加,电子在两核连线的核间区域因排斥作用使其出现的概率几乎为零,分散在两核连线的核间区域外整个范围,特别是核连线核外两端的概率更大,使整个分子系统的能量比结合前高,这样叠加而成的轨道称为反键轨道。在 H_2 分子中,2 个 1s 电子首先填充在成键分子轨道中,填充的结果使整个分子系统的能量降低,因此 H_2 分子能够稳定存在,如图 2-19 所示。如果是两个 He 原子相遇,则成键轨道中填入 2 个电子,反键轨道中填入 2 个电子,总的结果是系统能量没有发生变化,因此 He_2 分子就不存在,氦气只能以单原子的形式存在。

基于同样的原理,两个氧原子的外层原子轨道可以组合成一系列(8 个)分子轨道,按照电子排布的原则,分别填入 12 个电子,总的结果如图 2-20 所示(1s 轨道略去)。如果以 σ,π 表示成键轨道,σ^*、π^* 表示反键轨道;$(\sigma_{2s})^2$、$(\pi_{2p_z}^*)^1$ 等分别表示成键的 σ_{2s} 分子轨道有 2 个电子,反键的 $\pi_{2p_z}^*$ 轨道上有 1 个电子,那么从图 2-20 可以看出,σ_{1s}、σ_{1s}^*、σ_{2s}、σ_{2s}^* 轨道上的 8 个电子对整个系统能量的降低没有贡献;余下的 8 个 p 轨道电子,有 6 个填入成键分子轨道 $(\sigma_{2p_x})^2 (\pi_{2p_y})^2 (\pi_{2p_z})^2$ 中,有 2 个分别填入 2 个能量相等的 $(\pi_{2p_y}^*)^1 (\pi_{2p_z}^*)^1$ 反键轨道中,也就是说,上述结果说明整个 O_2 分子中有 2 个未成对电子,即 O_2 应具有顺磁性,这一点已被实验所证明。对于这样的解释,价键理论包括杂化轨道理是无法给出的。

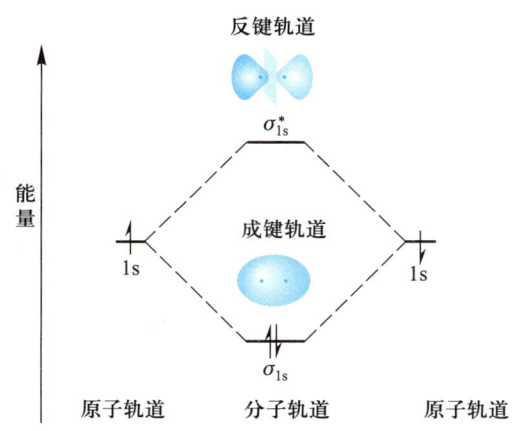

图 2-19　H_2 分子轨道能级示意图

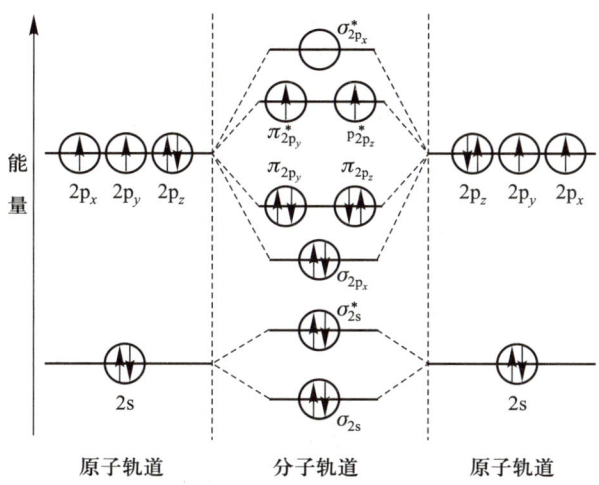

图 2-20　O_2 分子的分子轨道和电子排布示意图

综上所述，O_2 分子中存在一个 σ 键和两个三电子 π 键，结构式可写成：

$$:O \overset{\cdots}{\underset{\cdots}{\text{———}}} O:$$

电子排布式可写成 $O_2[KK(\sigma_{2s})^2(\sigma_{2s}^*)^2(\sigma_{2p_x})^2(\pi_{2p_y})^2(\pi_{2p_z})^2(\pi_{2p_y}^*)^1(\pi_{2p_z}^*)^1]$，其中符号"KK"表示两个氧原子的两个 1s 轨道，即"$(\sigma_{1s})^2(\sigma_{1s}^*)^2$"。

4. 化学键的离子性和共价性

由典型的离子键或典型的非极性共价键组成的物质极少，大多数物质的化学键都具有离子性和共价性双重性质。这从"原子核在运动，电子在更加快速运动"的观点出发，不难理解氢分子有如下情况：

$$H:H, \quad H^+H:^-, \quad :H^-H^+$$

它们既可采取两个电子均等地分布于两个氢原子之间（这种概率最大），也可以两个电子同时偏于一个氢原子，不过此种情况的概率很小。

其他异核多原子分子中，如由 A 原子与 B 原子形成的分子 AB，它们可以有以下几种共振形式：

$$: A^- B^+ \leftrightarrow A : B \leftrightarrow A^+ B : ^-$$

共振的结果是能量降低,分子趋于稳定。

究竟何种形式占主导地位,将取决于两原子间的电负性之差。图 2-21 是鲍林根据有关数据总结出来的电负性之差与离子性之间的关系。从图中可以看出,离子键与共价键并没有严格的界限,离子键中包含着共价键成分,共价键中蕴藏着离子键成分。过渡型化学键是从离子键出发来讨论的,一般来说,含高价态正离子的化合物,偏向于分子晶体;含低价态正离子的化合物,偏向于离子晶体。

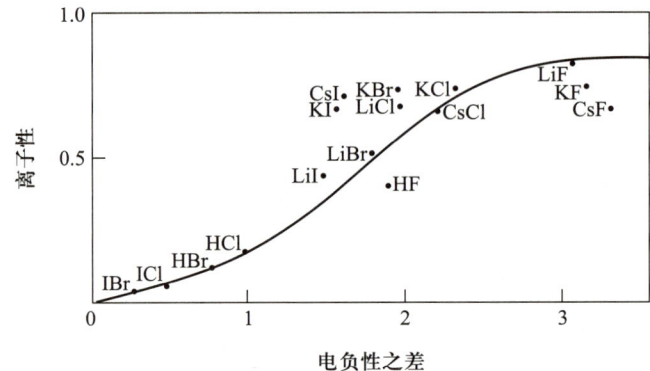

图 2-21　电负性之差与离子性之间的关系

2.4.3　金属键

元素周期表中共有 118 种化学元素,其中金属元素 94 种,位于元素周期表的左下方;非金属元素 24 种,位于元素周期表的右上角。从性质上讲,金属元素和非金属元素很难绝对区分,位于元素周期表 p 区的 B,Si,As,Te,At 对角线上及其附近的一些元素,其性质介于金属元素和非金属元素之间。

金属元素的原子电离能较低,它的价电子可脱离原子,且不固定在某一离子附近,即在整个晶格中自由运动,正是这些自由电子把金属原子和离子结合在一起,这种作用称为金属键。金属键也称改性共价键,或者说是一种特殊的离域共价键,现在一般用能带理论(见§4.1)解释这种作用。通过金属键形成的晶体叫金属晶体。金属键没有方向性和饱和性。

金属单质或合金,都以金属键结合,因此金属晶体具有许多相似的物理性质,如良好的导电性、导热性,金属光泽、不透明,有延展性等。关于金属晶体及金属材料的详细介绍见§4.1。

从以上关于化学键的学习,我们更加明确地知道,正是原子与原子之间通过化学键相互作用,形成了分子等原子聚集体,它们是构成精彩生动的缤纷世界以及包括人类生命体自身在内的宇宙万物的物质基础。千百年来,人类孜孜寻找用来抗争疾病的药物,就是药物有效成分的分子所具有的特殊基团和结构所发挥的功效。例如,青蒿是一种菊科植物,又称黄花蒿,在中医药中用于治疗发热已有千年历史。从青蒿中分离得到的青蒿素是抗疟疾的良药,它的立体结构如图 2-22 所示。

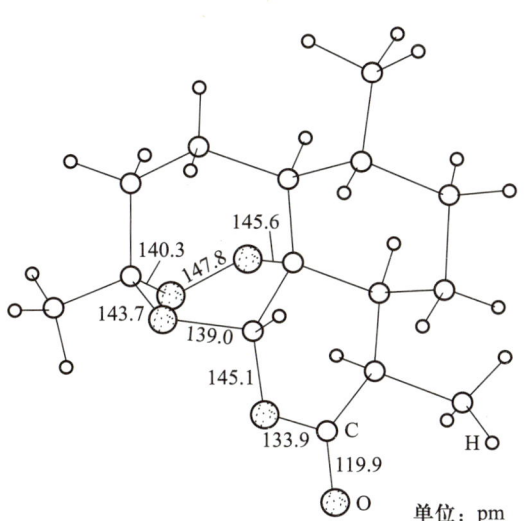

图 2-22 青蒿素结构示意图（球棍模型）

由其结构可见,青蒿素分子中含有四个环,五个氧原子聚集在分子一侧,出现如下连接的结构:

$$O—C—O—C—O—C—O—O—C$$

此结构中的键长标于图中,键长范围处于单键和双键之间,长短交替,意味着氧原子上的孤对电子不再定域,而是离域在结构中,形成离域键,促进分子稳定化,这和该分子能抗光和热的性能相符。

疟疾是古老的传染病之一,至今全球有 100 多个国家 20 多亿人口生活在疟疾流行区,它仍威胁着人类生命。根据青蒿素的结构,经化学反应所得的衍生物蒿甲醚和本芴醇等配制而成的复方蒿甲醚,是一种高效的抗疟疾复方药物,它对疟疾的治愈率高达 95%,甚至在多种药物产生抗药性地区也有很好的疗效,被国际上认为是近半个世纪人类治疗疟疾的最大进步。该药物的最先研制创始人屠呦呦因此获得 2015 年诺贝尔生理学或医学奖。期待着我国的中医药对人类做出更大贡献。

练习题

1. 用正确的内容和标号填入空格内,使下述说法完整无误。

(1) 元素电负性是指_____,如果两元素的电负性值相差足够大时(>1.7),它们的化合物主要是_____结合的。

　　A. 原子获得电子的能力　　　　　B. 原子失去电子的能力

　　C. 原子在分子中吸引电子的能力　　D. 共价键

　　E. 配位键　　　　　　　　　　　F. 离子键

　　G. 金属键

(2) 原子轨道叠加成分子轨道时,_____构成成键轨道,_____构成反键轨道,分子轨道为_____所有,分子轨道_____是化学键。

　　A. 正正叠加　　　　　　　　　　B. 负负叠加

C. 正负叠加　　　　　　　D. 整个分子

E. 电负性强的原子　　　　F. 就

G. 只有填充了电子后才

（3）杂化轨道是指 _____ 的轨道，杂化轨道中不能参与成键的一对电子称_____。

A. 同一个原子内能量相近的轨道叠加

B. 与其他原子的原子轨道叠加

C. 整个分子

D. 孤对电子

E. 成对电子

F. 成键电子

2. 丁二烯 $CH_2\!=\!CH\!-\!CH\!=\!CH_2$ 分子中 σ 键和 π 键各有多少？

思 考 题

1. 化学键是什么？一般可分成几类？各类化学键中原子、电子的关系怎样？原子在分子中对电子吸引力的大小用什么来衡量？

2. 两个氢原子是怎样结合成分子的？两个氢原子为什么不能结合成 He_2 分子？

3. 为什么氧分子具有顺磁性？用现代化学的观点阐述氧分子的电子结构，并写出它的结构简式。

§2.5　分子间作用力

学习要求

1. 进一步明确氢键的形成及其本质，以及对物性的影响。
2. 理解分子间作用力的特质与性质，范德华力的三种形式及对物性的影响。
3. 了解大分子中的次价力，了解高分子化合物的次价力与内聚能密度的关系。

2.5.1　范德华力

在小分子中的分子间作用力被称为范德华力，可分为取向力、诱导力和色散力三种。

1. 取向力

取向力发生在极性分子和极性分子之间。由于极性分子具有偶极，因此两个极性分子相互接近时，同极相斥，异极相吸，使分子发生相对转动，这叫作取向。在已取向的

偶极分子之间,由于静电引力使之相互吸引,当接近到一定距离后,排斥和吸引达到相对平衡,从而使系统的能量达到最小值。这种靠永久偶极产生的相互作用力叫作取向力。

2. 诱导力

在极性分子和非极性分子之间及极性分子和极性分子之间都存在诱导力。非极性分子由于受到极性分子偶极电场的影响,使正、负电荷中心发生位移,从而产生诱导偶极。诱导偶极同极性分子的永久偶极间的作用力叫作诱导力。诱导力也会出现在离子和分子以及离子和离子之间。

3. 色散力

由于分子中的电子在核周围的高速运动和核的振动,使任何一个分子包括非极性分子都在不停地发生着瞬间的正、负电荷中心的相对位移,从而产生"瞬间偶极"。这种由于存在"瞬间偶极"而产生的相互作用力称为色散力。从表 2.5 可以看出,对于大多数共价分子,色散力往往是主要的。

表 2.5 一些物质的分子间作用力

分子	取向力 $kJ \cdot mol^{-1}$	诱导力 $kJ \cdot mol^{-1}$	色散力 $kJ \cdot mol^{-1}$	总能量 $kJ \cdot mol^{-1}$
H_2	0.0	0.0	0.170	0.170
Ar	0.0	0.0	8.490	8.490
Xe	0.0	0.0	17.410	17.410
CO	0.003	0.008	8.740	8.750
HCl	3.300	1.100	16.820	21.120
HBr	1.090	0.710	28.450	30.250
HI	0.590	0.310	60.540	61.440
NH_3	13.300	1.550	14.730	29.580
H_2O	36.360	1.920	9.000	47.280

总的来讲,分子间的作用力比化学键小,只有几至几十 $kJ \cdot mol^{-1}$。分子间力没有方向性,而且是一种极近距离的电性作用力。一般来说,相同类型的单质或化合物中,分子间力随其相对分子质量的增大而变大。分子间作用力对物质的物理性质有多方面的影响,如液态物质的分子间力越大,汽化热越大,沸点就越高;固态物质的分子间力越大,熔化热就越大,熔点就越高等。

2.5.2 氢键

表 2.5 中,NH_3 和 H_2O 的取向力特别大,这是因为氢原子与电负性大、半径相对较小的 O 或 N 原子成键时,其电子云强烈偏离 H 原子,使其成为近似裸露的质子,进而再去吸引另一分子中的 O 或 N 原子周围的电子所造成的。这就是说,氢原子在分子中被电负性

大的 X 原子裸露后还可以与另一分子中电负性大的原子 Y 之间产生一种较范德华力更强的相互作用,这种作用称为氢键。氢键通常可用 X—H---Y 表示。X 和 Y 主要是电负性大、半径小,且含有孤对电子的原子,如 F,O,N 等原子。氢键键能为 $8 \sim 50 \text{ kJ} \cdot \text{mol}^{-1}$,具有方向性和饱和性。

氢键有两种类型,一种是分子内氢键,如硝酸、邻硝基苯酚等,它们都含有分子内氢键。另一类是分子间氢键,如水、乙醇中的分子间氢键;氨水中的 H_2O 分子和 NH_3 分子之间的氢键等。氢键的存在对物质的物理化学性质,甚至生理作用,如蛋白质生物大分子结构,都有重大影响。

分子与分子之间以分子间力,包括氢键、配位键结合而形成的分子聚集体称超分子。这种原子结合态是普遍存在的。例如,在生物体内的细胞膜结构、DNA 双螺旋结构及酶和底物、激素及其受体、抗原和抗体的作用都归属于超分子系统。目前,超分子化学已成为分子科学的前沿热点。

2.5.3　次价力

次价力普遍存在于高分子化合物、生物大分子之间,它是非键合原子间、基团间和链之间的作用力的总和,它包括氢键和分子间力。与次价力相对应的为主价力,它是形成高分子链的化学键。范德华力与次价力又称分子间力。

次价力的大小对高分子的耐热性、溶解性、电性能、机械性能等都有很大影响。一般来讲,高分子化合物的相对分子质量越大,链越长,次价力和机械强度也越大,这是高分子化合物不同于小分子物质的一个主要特点,也是高分子化合物能作结构材料的重要原因。对于含环形、梯形、网状或体型交联结构的高分子,由于次价力的存在可使它们更具刚性、抗拉强度、优良的稳定性和耐热性。

高分子化合物次价力的大小常用内聚能和内聚能密度来衡量。内聚能是将液态或固态中的分子克服次价力转移到远离其邻近分子,即汽化或溶解所需的总能量。相应地,单位体积内的内聚能则称为内聚能密度。其数值通常根据它们在溶剂中的溶解性能间接测得。表 2.6 列出了部分线型高分子的内聚能密度。

表 2.6　部分线型高分子的内聚能密度（25℃时的平均值）

高分子	重复结构单元	内聚能密度/$(J \cdot cm^{-3})$
聚异戊二烯	$-CH_2-CH=C-CH_2-$ 　　　　　$\vert$ 　　　　　CH_3	280
聚丁二烯	$-CH_2-CH=CH-CH_2-$	276
聚苯乙烯	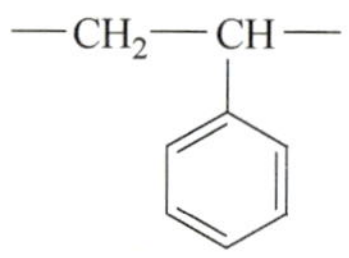 $-CH_2-CH-$	309

高分子	重复结构单元	内聚能密度/(J·cm⁻³)
聚甲基丙烯酸甲酯	$-CH_2-\overset{\underset{\displaystyle COOCH_3}{\displaystyle |}}{\overset{\displaystyle CH_3}{\underset{\displaystyle |}{C}}}-$	347
聚氯乙烯	$-CH_2-\underset{\underset{\displaystyle Cl}{\displaystyle |}}{CH}-$	380
聚对苯二甲酸乙二酯	$-\overset{\overset{\displaystyle O}{\displaystyle \|}}{C}-\underset{}{\bigcirc}-\overset{\overset{\displaystyle O}{\displaystyle \|}}{C}-O-CH_2-CH_2-O-$	477
聚己二酸己二胺	$-\overset{\overset{\displaystyle O}{\displaystyle \|}}{C}-(CH_2)_4-\overset{\overset{\displaystyle O}{\displaystyle \|}}{C}-\overset{\overset{\displaystyle H}{\displaystyle |}}{N}-(CH_2)_6-\overset{\overset{\displaystyle H}{\displaystyle |}}{N}-$	774
聚丙烯腈	$-CH_2-\underset{\underset{\displaystyle CN}{\displaystyle |}}{CH}-$	991

2.5.4 分子能级跃迁和分子吸收光谱

分子的运动要比单个原子复杂得多。分子内部既可以发生电子的跃迁,又可以有核在平衡位置的振动,还有分子自身的转动。因此,分子的运动能级含有电子能级、振动能级和转动能级。图 2-23 是双原子分子的电子能级、振动能级和转动能级示意图。

图中 A 和 B 分别是量子数 $n=1$ 和 $n=2$ 的电子能级。在同一电子能级中,由于分子的振动情况不同又分成若干"支级",称为振动能级,分别用量子数 $v=0,1,2,\cdots$ 和 $v'=0,1,2,\cdots$ 表示。当分子处在某一电子能级和某一振动能级时,它们的能量还要因转动情况的不同分为若干"分级",称为转动能级,转动能级分别用量子数 $j=0,1,2,\cdots$ 和 $j'=0,1,2,\cdots$ 表示。所以分子系统的能量 $E_{分子}$ 等于电子能级的能量 $E_{电子}$、振动能级的能量 $E_{振动}$ 和转动能级的能量 $E_{转动}$ 之和:

$$E_{分子} = E_{电子} + E_{振动} + E_{转动}$$

由于这些能级的能量是量子化的,因此只有光子的能量恰好等于两能级之间的能量差时,才能产生共振吸收。基于这种原理,便产生了分子光谱分析法。常见的分子光谱有红外光谱、紫外可见光谱等。

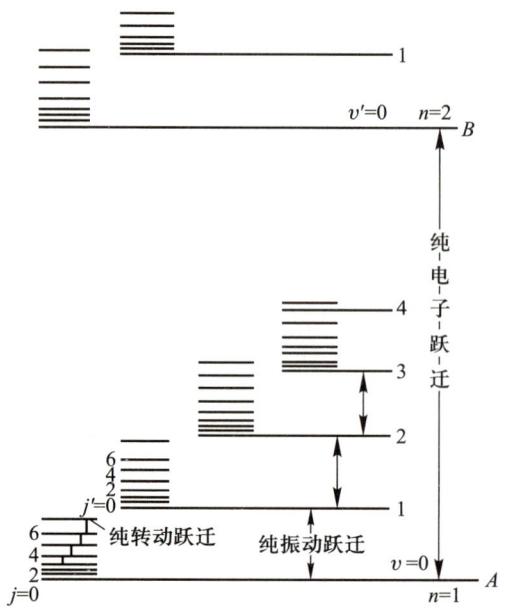

图 2-23　双原子分子能级示意图

分子转动能级之间跃迁产生的光谱称为转动光谱。分子的转动能级间隔很小，一般为 $8.00 \times 10^{-22} \sim 8.00 \times 10^{-21}$ J($0.005 \sim 0.05$ eV)，对应的光子波长在远红外和微波区域，称为远红外光谱或微波谱，见图 2-24。

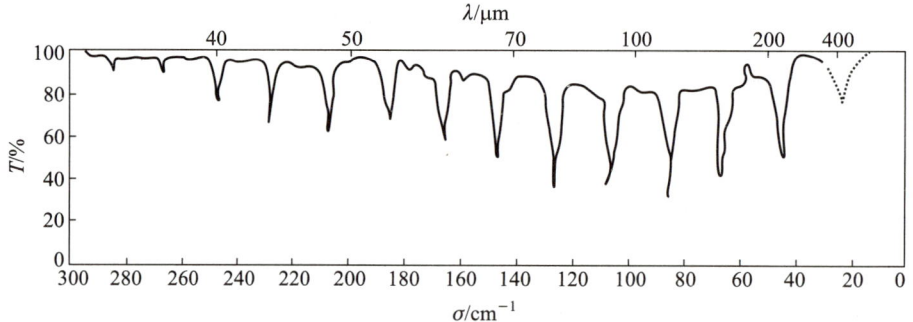

图 2-24　HCl 气体的远红外光谱

分子振动能级之间跃迁产生的光谱称为振动光谱。分子的振动能级约比转动能级大 100 倍，一般为 $8.00 \times 10^{-21} \sim 1.60 \times 10^{-19}$ J($0.05 \sim 1.0$ eV)，这种光谱在近红外区，一般称为红外光谱(IR)。在分子振动的同时必然含有分子的转动，所以 IR 常称作振转光谱。由于仪器分辨率的限制，致使一部分谱线重叠在一起，因此在红外光谱中往往出现的是一系列具有一定宽度的带状光谱。

红外光谱可用红外分光光度计进行测定。它对几乎所有的有机化合物，包括高分子化合物都可进行测定。化合物的结构不同，测得的红外光谱也不同，它们就像人的指纹一样(分子指纹)被广泛地用于分子结构的测定和物质的鉴定上。此外，利用红外光谱某些特征吸收峰的强度还可以进行定量分析。

分子中电子运动能级之间跃迁产生的光谱称为电子光谱。电子能级差为 $1.60 \times 10^{-19} \sim 3.20 \times 10^{-18}$ J($1.0 \sim 20$ eV），这种光谱位于紫外光和可见光区域，称为紫外-可见吸收光谱（UV-Vis）。实际上电子的能级跃迁，必然包含了分子的转动和振动，因此谱图更复杂。由于仪器分辨率的限制，我们获得的紫外光谱图往往是几个带状光谱。

紫外吸收光谱是用紫外-可见分光光度计测得的。紫外-可见分光光度计不仅可用于不饱和有机物，特别是具有共轭系统的有机物及某些无机物的定性分析和结构分析，而且可以进行定量分析及化合物的物理化学常数的测定，如配合物的配位比和稳定常数，物质中氢键强度和摩尔质量等。但它不适合饱和有机物，因为它们对紫外光是"透明"的。

练 习 题

1. 比较化学键、氢键、分子间作用力的大小。

2. 指出下列四组物质中有氢键的物质，并用电负性及化学的观点解释：

(1) HF，HCl，HI

(2) H_2O，H_2S，H_2Se

(3) CH_3CH_2OH，CH_4，$CH_2{=}CH_2$

(4) $\left[\begin{matrix}O & O & H & & H\\ \| & \| & | & & |\\ -C(CH_2)_4-C-N-(CH_2)_6-N-\end{matrix}\right]_n$，$\left[\begin{matrix}CH_2-CH\\ |\\ CN\end{matrix}\right]_n$，$\left[\begin{matrix}CH_2-CH\\ |\\ Cl\end{matrix}\right]_n$

3. 判断下列各组分子之间存在什么形式的分子间作用力。

(1) H_2S　　(2) CH_4　　(3) Ne 与 H_2O　　(4) CH_3Br　　(5) NH_3　　(6) NH_3 与 H_2O

思 考 题

1. 写出结构简式并指出硝酸和邻苯二酚的分子内氢键。

2. 分子能级和原子能级有何异同？分子能级怎样产生？

3. 何为"分子指纹"？红外光谱用什么测定？

4. 紫外光谱对应的是什么能级跃迁？

第三章
物质的化学组成

化学是一门研究物质变化的自然科学。化学的物质对象是元素及其化合物。纯物质分为单质和化合物。单质是只含一种化学元素的纯物质,如石墨、金刚石、氧气、臭氧等。由于原子间的结合方式不同,同一种元素可形成几种不同的单质,如石墨和金刚石都是由碳元素组成的,但石墨和金刚石的结构和性质大不一样。像这类由同一种化学元素组成、但结构和性质不一样的单质,称为同素异形体。两种或两种以上化学元素组成的纯物质称为化合物。目前,人类发现和合成的物质已超过 3000 万种。

本章主要介绍在工程和生活中应用广泛的几类复杂物质:配位化合物、金属有机化合物、团簇、非整比化合物、高分子化合物和生物大分子。

§3.1　配位化合物和金属有机化合物

学习要求

1. 理解配位化合物组成中的基本概念和命名原则,能写出一些常见配位化合物化学式。

2. 认识金属有机化合物,明确 M—C—C 键和 M—O—C 键的键能大小,了解其工程应用。

3.1.1　配位化合物

配合物

配位化合物,简称配合物,它是一大类化合物,比如人体中几十种无机元素几乎都以配合物形式存在。配合物是以金属正离子(或中性原子)作为中心,有若干个负离子或中性分子按一定的空间位置排列在其周围形成的复杂化合物。处于配合物中心位置的正离子或中性原子称为配位中心,也称中心离子(或中心原子)。按一定空间位置排列在配位中心周围的负离子或中性分子称为配体。中心离子和配体之间靠配位键结合。配位键是指配位原子和中心离子间的相互作用,它不同于离子键,也不同于经典的共价键。

配位键由配体中的配位原子单独提供电子对与配位中心原子成键。由于配位键的形成也是通过共用电子对来完成的,所以也属共价键范畴。例如在配合物$[Ag(NH_3)_2]Cl$中,中心离子Ag^+的1个5s轨道与1个5p轨道受NH_3扰动杂化,形成2个空的sp杂化轨道,可接受电子;2个配体NH_3中的2个N原子有两对孤对电子可提供,这样就形成了配位键。我们称提供孤对电子的NH_3是<u>电子给予体</u>;提供空轨道的Ag^+是<u>电子接受体</u>。配位键用"→"表示:

$$H_3N:+Ag^++:NH_3 \longrightarrow [H_3N\rightarrow Ag\leftarrow NH_3]^+$$

能够与中心离子形成配位键的原子称为<u>配位原子</u>。配位原子的总数称为<u>配位数</u>。例如,配合物$[Pt(NH_3)_4(NO_2)Cl]CO_3$[碳酸一氯·硝基·四氨合铂(Ⅳ)]中,配体Cl^-,NO_2^-,NH_3中配位原子Cl,N,N和中心离子Pt^{4+}形成配位键。由于配体中有5个N原子和1个Cl原子作为配位原子,所以配位数为6。配合物方括号[ ]内的部分称为配合物的<u>内界</u>,其余部分称为<u>外界</u>,如CO_3^{2-}。如果内界部分带有正、负电荷,称为<u>配离子</u>。带有正电荷的称为<u>配阳离子</u>,如$[Pt(NH_3)_4(NO_2)Cl]^{2+}$,$[Cu(NH_3)_4]^{2+}$等;带有负电荷的称为<u>配阴离子</u>,如$[HgI_4]^{2-}$,$[Ag(S_2O_3)_2]^{3-}$等。配离子像普通的离子一样,能在溶液中独立稳定存在。某些中性原子与配体构成的配合物没有外界,如过渡元素的原子Ni,Fe,Cr,Co等可以与CO形成羰合物$Ni(CO)_4$,$Fe(CO)_5$,$Cr(CO)_6$,$Co_2(CO)_8$(八羰合二钴)等,还如$Cr(C_6H_6)_2$(二苯合铬)。

配合物的组成说明如下:

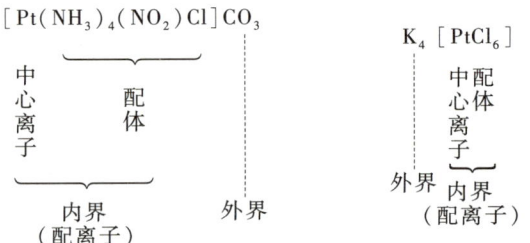

配合物的名称可采用系统命名或习惯命名。<u>系统命名</u>的一般原则如下:

(1)整个配合物先命名阴离子部分,后命名阳离子部分;如果是简单阴离子,命名"某化某",如果是复杂阴离子,则命名"某酸某"。

(2)在内界中,先命名配体,再命名配位中心,两者之间用一个"合"字联结起来。

(3)配体的命名次序是先负离子后中性分子。

(4)负离子命名次序是先简单离子,再复杂离子,最后是有机酸根离子。氢氧根离子称羟基,亚硝酸根离子称硝基。中性分子的命名次序也是先简单、常见、再复杂,先无机分子后有机分子。

(5)在每种配体前用数字一、二、三等表示配位数目,并以中心点"·"把不同配体分开。

(6)当中心离子有可变价时,在其后加括号,用罗马数字Ⅰ,Ⅱ,Ⅲ,…表明中心离子的价数。

配合物的命名举例如下:

$H_2[Zn(OH)_2Cl_2]$	二氯二羟合锌(Ⅱ)酸
$Na_2[MgY]$	乙二胺四乙酸合镁(Ⅱ)酸钠
$K_4[PtCl_6]$	六氯合铂(Ⅱ)酸钾
$K_2[HgI_4]$	四碘合汞(Ⅱ)酸钾
$[Co(NH_3)_3(H_2O)Cl_2]Cl$	氯化二氯·一水·三氨合钴(Ⅲ)
$[Cu(NH_3)_2(CH_3COO)]Cl$	氯化乙酸根·二氨合铜(Ⅱ)
$[Cu(en)_2]SO_4$	硫酸二乙二胺合铜(Ⅱ)

　　复杂多元有机酸根、多元胺等常常含有两个或两个以上的配位原子,它们作为配体时称为多齿配体。例如,乙二胺 $H_2NCH_2CH_2NH_2$(用 en 表示),是双齿配体;乙二胺四乙酸根 $(^-OOCCH_2)_2NCH_2CH_2N(CH_2COO^-)_2$,简称 EDTA(用 Y^{4-} 表示),是六齿配体。多齿配体与中心离子形成具有环状结构的配合物又称为螯合物,如$[Cu(en)_2]SO_4$(见图 3-1)和乙二胺四乙酸根合钙(Ⅱ)配阴离子$[CaY]^{2-}$(见图 3-2)。由于螯合效应,这类螯合物稳定性极高,且易溶于水,因此在治疗重金属中毒的患者时,常用 EDTA 钠盐作注射剂,将Pb^{2+},Cd^{2+},Hg^{2+}等重金属离子从失活酶中置换出来,形成水溶性的 EDTA 配合物,通过肾排出体外,使酶重新复活,所以 EDTA 是很有用的解毒剂。

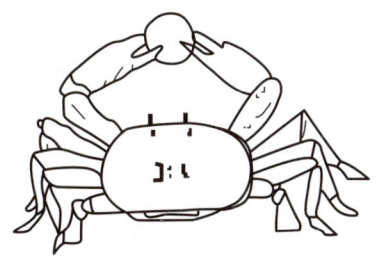 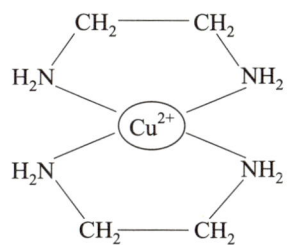 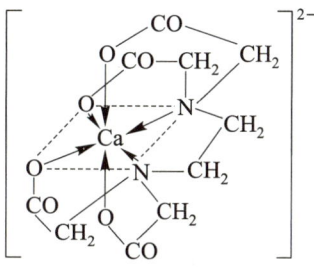

图 3-1　螯合物的螯合作用示意　　　　图 3-2　$[CaY]^{2-}$ 配离子

　　具有相同化学组成的配合物往往有不同的空间结构,并表现出不同的性能。例如,二氯·二氨合铂(Ⅱ)(见下图)的顺式结构具有抗癌活性,反式结构无活性。可见,配合物的性质和应用还与结构有关。

顺式-二氯·二氨合铂(Ⅱ)　　　　反式-二氯·二氨合铂(Ⅱ)

　　前面所述的生物大分子,如蛋白酶也属于配合物,它在生物的生长过程中会起着核心作用。氮的固定、光合作用、氧的输送与贮存、能量的转化和传递等都涉及金属价态的改变。还有一类含卟啉环结构(如图 3-3 所示),生物大分子中的卟啉化合物,当然也属于生物配合物。

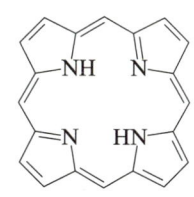

图 3-3　卟啉环结构图

3.1.2 金属有机化合物

典型的金属有机化合物是指由金属原子和有机基团中碳原子键合而成,含金属–碳键($M—C$)的化合物,如$(C_2H_5)_2Zn$,$C_6H_5Ti(OC_3H_7)_3$,$(C_2H_5)_4Pb$,$RMgX$(R 为烷基,X 为卤素)。金属有机化合物大体分三类:

(1)离子型化合物。碱金属和碱土金属所形成的烃基化合物多为离子型,其通式为 RM 和 R_2M,具有离子化合物的典型特征,可以看作烃 R—H 的盐类。它们一般不溶于烃类溶剂,具有异乎寻常的反应活性,对空气敏感,遇水剧烈水解。

(2)σ 键化合物。ⅢA ~ ⅦA 族和ⅠB、ⅡB 族元素与有机基团主要以 σ 共价键结合形成化合物,如 R_2Hg,$(C_2H_5)_4Pb$,$(CH_3)_3SnCl$ 等。具有挥发性,对空气稳定,一般溶于非极性溶剂。

(3)非经典键化合物。包括由过渡元素与不饱和基团通过金属轨道和 π 电子之间相互作用生成的 π 配合物,如 $Cr(C_6H_6)_2$,$Fe(C_5H_5)_2$(二茂铁),$[K^+(PdCl_3CH_2 = CH_2)^-]$;过渡元素与羰基等配合形成同时含 σ 键和 π 键(见 §2.4)的金属有机化合物,如羰基金属 $M(CO)_n$。另外,还有多中心键型金属有机化合物,如含桥连烷基的 $[Al(CH_3)_2C_6H_5]_2$,$[Be(CH_3)_2]_n$,多核羰基金属 $[M_x(CO)_y]$ 等。

事实上,元素周期表中除惰性气体以外的绝大多数元素都可以与有机基团中的碳以各种方式结合,硼、磷、砷和硅等的有机化合物一般也包括在金属有机化合物范围之内;对过渡金属,可形成 M—O,M—S,M—P 或 M—N 键,如 $Pd(PPh_3)_4$(Ph 指苯基),$Al(OC_3H_7)_3$ 等也常划为金属有机化合物。

金属有机化合物是电子、光学、磁性等功能材料、超纯材料和精细陶瓷等许多工业加工中的重要物质基础。金属镍粉与 CO 反应得到液态 $Ni(CO)_4$,在稍高温度下分解便得到纯镍:

$$Ni(s) + 4CO \underset{50℃}{\overset{43℃}{=\!=\!=}} Ni(CO)_4(1)$$

需要特别提及的是,过渡金属有机化合物中,M—C 键不是典型的离子键,键能一般小于 C—C 键,容易在 M—C 处断裂。这广泛用于化学气相沉积(chemical vapor deposition,CVD),能沉积成高附着性的金属膜。例如,三丁基铝 $Al(C_4H_9)_3$ 和三异丙基苯铬 $Cr[C_6H_4CH(CH_3)_2]_3$ 热分解,分别得到金属铝膜和铬膜。除了金属有机化合物外,在金属的烷氧基化合物中,实验证明 C—O 键较 M—O 键要弱,因此易在 C—O 键处断裂,沉积出金属的氧化物:

$$Si(OC_2H_5)_4 \overset{700℃}{=\!=\!=} SiO_2 + H_2O + [C—H](碳氢化合物)$$
$$2Al(OC_3H_7)_3 \overset{420℃}{=\!=\!=} Al_2O_3 + 6C_3H_6 + 3H_2O$$

📝 **练习题**

1. 填空题

三丙烷氧基铝_____("是"或"不是")金属有机化合物,其中_____键的键能小于 C—C 键和 M—O 键的键能,容易在_____键处断裂,它被广泛用于_____。

2. 写出下列配合物的名称或化学式,指出配位中心、配体、配离子和配位数,并指出哪些是螯合物。

(1) $K[Pt(NH_3)Cl_3]$　　　(2) $Na_2[Zn(OH)_4]$　　　(3) $[Ni(en)_3]SO_4$

(4) $[Co(NH_3)_5Cl]Cl_2$　　(5) $Na_2[CaY]$　　　　　(6) $Ni(CO)_4$

(7) 氯化二氨合银(Ⅰ)　　(8) 六氰合铁(Ⅱ)酸钾

思 考 题

1. 为什么金属有机化合物在工程技术中可用于化学气相沉积铝膜、铬膜和氧化物等?

2. 分析配位中心和配体的特征。为什么螯合物特别稳定?

§3.2　团簇和非整比化合物

学习要求

1. 认识物质化学组成的复杂性,了解 C_{60} 等团簇。

2. 了解 α-Si:H, Fe_3C 等不符合正常化合价规则的物质、非整比化合物的存在及其工程应用。

3.2.1　团簇

团簇是指由几个至上千个原子或其结合态粒子相互作用结合在一起而形成的相对稳定的化学单元。对它们的研究在 20 世纪 80 年代后迅速发展。团簇的空间尺度在纳米 (10^{-9} m) 量级左右。有金属簇,如 Li_n, Cu_n, Hg_n;非金属簇,如 C_n, N_n, Ar_n;分子簇,如 $(H_2O)_n$, $(NaCl)_n$ 等。团簇物质的性能和应用不仅与所含原子或其结合态粒子数相关,还与它们间的空间位置及相互作用有关,它们不同于单个原子或分子,也不同于常规的固体和液体。例如,常规 Fe, Co, Ni 等是铁磁性的,但它们的团簇可以是超顺磁性的;常规顺磁性的 Na, K 等的团簇却是铁磁性的。团簇是众多纳米材料的基础。

在大量的团簇中,研究最多的是碳团簇。碳原子数为 20, 24, 28, 32, 36, 50, 60, 70, 84, 120, … 的碳团簇稳定性较高,其中 C_{60} 的丰度最大,C_{70} 次之。C_{60} 是 1985 年发现的。以 C_{60} 作为结构基元而形成的 C_{60} 固体是除石墨、金刚石外,碳的又一种同素异形体。金刚石、石墨、C_{60} 的结构如图 3-4 所示。其中金刚石是天然产物中硬度最大、熔点最高(3550℃)、不导电的贵重材料;用于铅笔芯、润滑材料、电极材料的石墨与金刚石不同,它具有导电性和润滑性;C_{60} 是由 60 个碳原子以 20 个六边形和 12 个五边形相间组成的 32 面体(又称截顶 20 面体)的球形分子,形如足球,俗称"足球烯(footballene)",也称"布基球(Buckyball)"。

C_{70}是由 25 个六边形和 12 个五边形组成的椭球。球碳团簇及其衍生物在超导电性、半导体、非线性光学等方面具有奇异性能,K_3C_{60},Rb_3C_{60},Rb_2CsC_{60},$Rb_{2.7}Tl_{2.2}C_{60}$ 和 $RbTl_2C_{60}$ 的超导转变温度分别为 18 K,30 K,31.3 K,45 K 和 48 K。球碳团簇在高新技术领域具有广阔的应用前景,美国化学家 Smalley R E,Curl R F 和英国化学家 Kroto H W 因对开拓这个新领域的贡献荣获 1996 年诺贝尔化学奖。

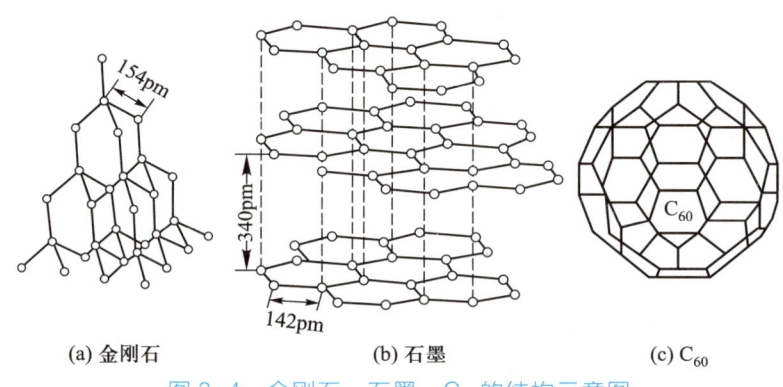

(a) 金刚石　　　　　　　(b) 石墨　　　　　　　(c) C_{60}

图 3-4　金刚石、石墨、C_{60} 的结构示意图

碳团簇除球形的 C_{60} 等外,还有 1991 年发现的碳纳米管(如图 3-5),也称"布基管",以及结构类似洋葱的"布基葱"。碳纳米管是一种由单层或多层石墨卷成的纳米微管,多层碳管各层之间的间隔为石墨的层间距。碳管两头可以是空的,也可被半个 C_{60} 或更大的球碳所封闭。2000 年,日本和我国香港科学家分别用不同技术制备出直径仅为 0.4 nm 的碳纳米管,这是理论上尺度最小的碳纳米管。碳纳米管可以是不同禁带(见 §4.1)宽度的半导体,也可以是准一维导体。碳纳米管可用于未来电子工业制造电子器件和超细导线,使电子芯片集成度更高,体积更小。碳纳米管有优异的力学性能,有很好的韧性,弹性比碳纤维高 5 个数量级,是制备高强度轻质材料的理想组元。

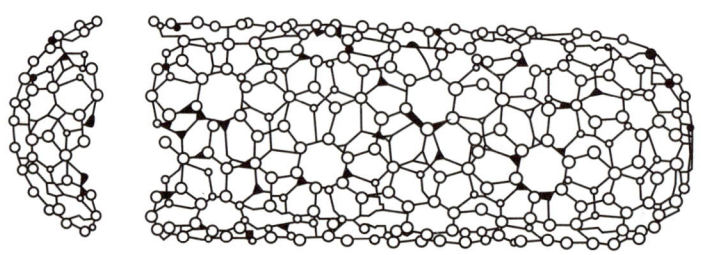

图 3-5　碳纳米管的结构示意图

几年后,英国科学家又从石墨中分离出石墨烯(graphene),它是很薄、强度更高,且富有弹性的理想材料,导电、导热性能都十分优良,被称为"黑金",已用于平板电脑、手机等的触摸屏。如图 3-6 所示,石墨烯在透射电子显微镜下约 20 层石墨烯仅不到 10 nm 厚,宏观石墨烯制成的材料极轻,可以立于植物茎上。

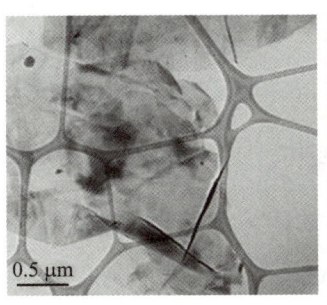
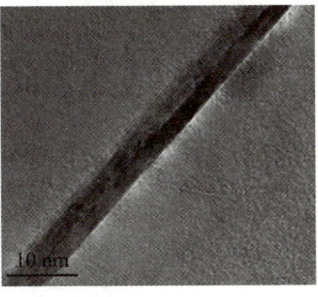

(a) 石墨烯的透射电子显微镜照片　　　　(b) 石墨烯气凝胶材料立于植物茎上

图3-6　石墨烯

3.2.2　非整比化合物

固体中有大量物质,无论是晶态或非晶态,它们的原子和原子结合态单元的组成和结构都比较复杂。如金属间化合物 Nb_3Sn,Cu_5Zn;碳化物 Fe_3C,Mn_7C_3;氮化物 Fe_2N,Fe_4N 等不符合正常化合价规则。$LaH_{2.76}$,$Fe_{1-x}O$,$Sn_{1+x}O_2$,$PbO_{1.88}$ 等物质的原子数目不成整数比,称为非整比化合物,它们是稳定的物质,在常温下多为固体。晶体缺陷是形成非整比化合物的重要原因。其中有阴离子短缺的化合物,如 $NaCl_{1-x}$;阳离子过剩的化合物,如 $Zn_{1+x}O$;阳离子短缺的化合物,如 $Cd_{1-x}S$;阴离子过剩的化合物,如 UO_{2+x};以及混杂缺陷产生的非整比化合物,如 $Na_{1-2x}Ca_xCl$,$Ca_{1-x}Y_xF_{2+x}$,$Zr_{1-x}Ca_xO_{2-x}$,$Li_xSi_{1-x}AlO_2$ 等。

非整比化合物等在材料的应用中十分重要,可以控制或改善无机固体材料的光、电、声、磁、热、力学等性质。例如,碳化物、氮化物在钢材中能有效地提高钢材的硬度;$Sn_{1-x}Cu_xO_2$ 是我国古代青铜文化时期"黑漆"古铜镜表层的耐磨物质的组成;Y_2O_2S:Eu^{3+},Y_2O_2S:Tb^{3+},$(Ca,Sr)_{10}(PO_4)_6Cl_2$:Eu^{3+} 等分别是彩色电视发光材料用的红粉、绿粉和蓝粉的组成;$GaAs_{1-x}P_x$ 是制备发光二极管的材料,它可以发出从红光到绿光的各种颜色的光;$(Co_{0.90}Fe_{0.06}Ni_{0.02}Nb_{0.02})_{78}Si_{22-x}B_x$ 是用于录音磁头的一类合金的组成;$(GdCo,GdFe)$ 是用于计算机储存元件的一种非晶态材料;$Ti_{50}Ni$ 是钛镍形状记忆合金;$Y_nBa_2Cu_mO_{7-8}$:$La_{1-n}Li_{m-3}$ 是性能很好的高温超导体;$Pb_{1-x}La_x(Zr_yTi_{1-y})_{1-x/4}O_3$ 是压电陶瓷;$Ba_{0.88}Pb_{0.88}Ca_{0.04}TiO_3$ 陶瓷广泛用于加工声呐、水听器等;非晶氢化硅 α-Si:H 是信息、电子工业中经常用到的半导体材料,其中 α 表示非晶态,Si 表示硅,":"表示掺入和掺入的量不确定,H 表示氢。

物质的组成和结构决定它们的特性。例如 $Ti_{50}Ni$ 的相转变温度是 60℃,而 $Ti_{51}Ni$ 的就下降到-30℃,相转变温度是钛镍合金作为形状记忆合金使用时的重要指标。对这类物质的研究还在不断探索中,其组成与结构、性能、应用的关系有待深入探讨。

练习题

1. 列举三种不同类型的非整比化合物及其用途。

2. 简述金刚石、石墨、石墨烯和碳团簇结构的异同及其应用。

思 考 题

联系实际,简述团簇、非整比化合物在工程应用中的重要性。

§3.3　高分子化合物

学 习 要 求

1. 理解高分子化合物的定义、聚合反应类型、命名规则等。熟悉几种常见高分子化合物及其单体。
2. 明确高分子化合物的结构与性能之间的关系,掌握高分子材料溶解性、电绝缘性、机械性能等规律和应用实例。
3. 了解高分子材料的分类和常见高分子材料的性能。

3.3.1　概述

高分子化合物,简称高分子,又称高聚物,其相对分子质量高达几千甚至几百万。有无机高分子和有机高分子之分,本书讨论有机高分子。有机高分子中有纤维素、蛋白质、淀粉、木质素等天然高分子和有机小分子聚合而成的合成高分子。工程应用中多为合成高分子。世界上第一种合成高分子是 1907 年诞生的酚醛树脂。

以有机小分子为单体,通过加成聚合或缩合聚合等反应来合成高分子。例如,聚乙烯高分子化合物由乙烯为单体经加成聚合反应制得:

$$n\text{CH}_2{=}\text{CH}_2 \longrightarrow \text{[CH}_2{-}\text{CH}_2\text{]}_n$$

$$\text{乙烯} \qquad\qquad \text{聚乙烯}$$

反应式中—CH_2—CH_2—称为链节或重复单元;n 称为聚合度,是链节的数目。平均聚合度为 2000 的聚乙烯的相对分子质量约为 56000。由一种单体进行的加成聚合反应称为均聚反应,所得高分子为均聚物。由两种或两种以上单体进行的加聚反应称为共聚反应,所得高分子为共聚物。

又如,聚酰胺-66(尼龙-66)由己二胺和己二酸为单体经过缩聚反应制得:

$$n\text{H}_2\text{N}(\text{CH}_2)_6\text{NH}_2 + n\text{HOOC}(\text{CH}_2)_4\text{COOH} \longrightarrow$$

$$\text{己二胺} \qquad\qquad\qquad \text{己二酸}$$

$$\text{H}\text{[NH}(\text{CH}_2)_6\text{NHCO}(\text{CH}_2)_4\text{CO]}_n\text{OH} + (2n-1)\text{H}_2\text{O}$$

$$\text{聚酰胺-66 或尼龙-66}$$

其中每个重复单元—NH(CH$_2$)$_6$NHCO(CH$_2$)$_4$CO—包含了两个不同的链节—NH(CH$_2$)$_6$NH—和—OC(CH$_2$)$_4$CO—，称它的聚合度为 $2n$。也就是说，这里的聚合度是以链节数来计量的。注意，在聚酰胺化学式中，名称后的第一个数字"6"指二元胺的碳原子数，第二个数字"6"指二元酸的碳原子数。

很多具有多重键或官能团的有机小分子都可作高分子化合物的单体。表 3.1 列出一些高分子化合物及其单体。聚乙烯、聚丙烯、聚苯乙烯、聚氯乙烯、聚丙烯腈等高分子化合物，主链中均是 C—C 键，称为碳链高分子化合物。聚酰胺（主链含—CO—NH—）、聚酯（主链含—CO—O—），以及聚氨酯（主链含—NH—CO—O—）、聚脲（主链含—NH—CO—NH—）等几类高分子化合物的主链中引入了 O，N 等杂元素，不但有 C—C 键，还有 C—O，C—N 键，则称为杂链高分子化合物。主链中仅含有 Si，P，O 等元素而没有 C 原子的高分子化合物称为元素有机高分子化合物，如聚硅氧烷。

表 3.1　一些高分子化合物及其单体

名称	化学式	单体
聚乙烯	$\left[CH_2-CH_2\right]_n$	$CH_2{=}CH_2$
聚丙烯	$\left[\begin{array}{c}CH-CH_2\\ \vert\\ CH_3\end{array}\right]_n$	$CH_3CH{=}CH_2$
聚氯乙烯	$\left[\begin{array}{c}CH-CH_2\\ \vert\\ Cl\end{array}\right]_n$	$ClCH{=}CH_2$
聚苯乙烯	$\left[CH-CH_2\right]_n$ （苯基）	$CH{=}CH_2$ （苯基）
聚四氟乙烯	$\left[CF_2-CF_2\right]_n$	$CF_2{=}CF_2$
聚异戊二烯	$\left[\begin{array}{c}CH_2-C{=}CH-CH_2\\ \vert\\ CH_3\end{array}\right]_n$	$CH_2{=}C-CH{=}CH_2$ （CH_3）
聚酰胺	$\left[NH(CH_2)_6NHC(CH_2)_4C\right]_n$（两个C=O）	$H_2N(CH_2)_6NH_2$ $HOOC(CH_2)_4COOH$
	$\left[NH(CH_2)_5C\right]_n$（C=O）	（含NH与C=O的七元环内酰胺）
聚甲基丙烯酸甲酯	$\left[\begin{array}{c}CH_3\\ \vert\\ CH_2-C\\ \vert\\ COOCH_3\end{array}\right]_n$	$CH_2{=}C-COOCH_3$ （CH_3）
聚环氧乙烷	$\left[O-CH_2-CH_2\right]_n$	CH_2-CH_2 （O 环）

续表

名称	化学式	单体
聚丙烯腈	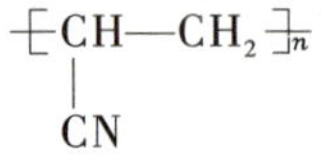 $\left[CH-CH_2\right]_n$ ⏐ CN	$CH_2=CHCN$
聚丙烯酰胺	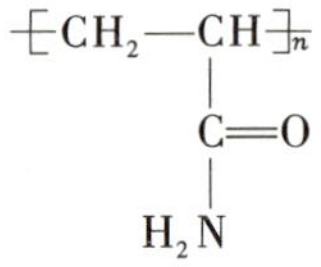 $\left[CH_2-CH\right]_n$ ⏐ $C=O$ ⏐ H_2N	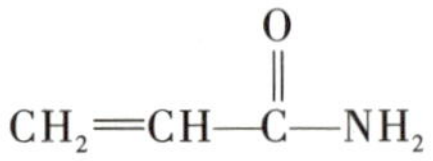 $CH_2=CH-\overset{\displaystyle O}{\overset{\|}{C}}-NH_2$
聚对苯二甲酸乙二（醇）酯	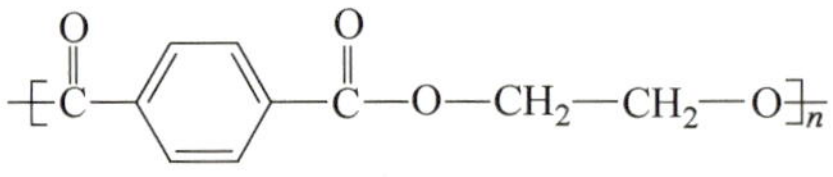 $\left[C-\bigcirc\!\!\!\!\!-C-O-CH_2-CH_2-O\right]_n$	 $HOOC-\bigcirc\!\!\!\!\!-COOH$ $HOCH_2CH_2OH$
酚醛树脂	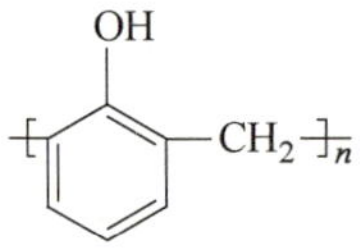 $\left[\overset{OH}{\bigcirc}\!\!-CH_2\right]_n$	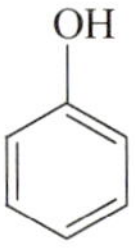 $\overset{OH}{\bigcirc}$ ，HCHO
聚二甲基硅氧烷	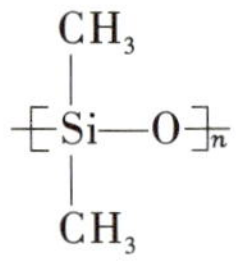 $\left[\overset{\displaystyle CH_3}{\underset{\displaystyle CH_3}{Si}}-O\right]_n$	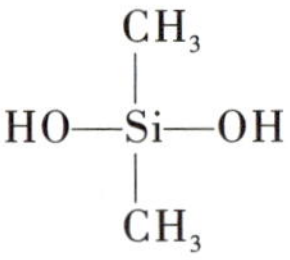 $HO-\overset{\displaystyle CH_3}{\underset{\displaystyle CH_3}{Si}}-OH$
ABS	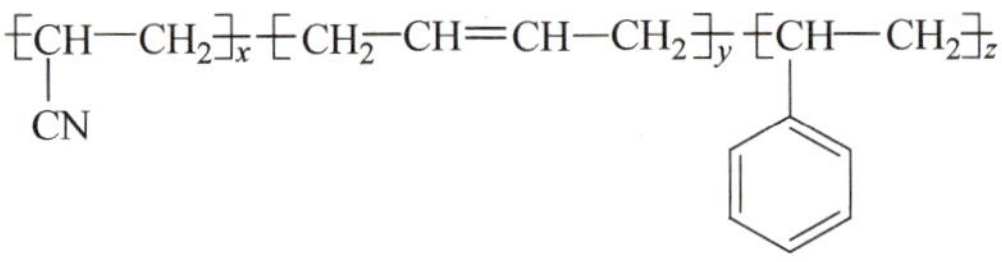 $\left[\underset{CN}{CH-CH_2}\right]_x\left[CH_2-CH=CH-CH_2\right]_y\left[CH-CH_2\right]_z$	$CH_2=CHCN,CH_2=CH-CH=CH_2,$ $CH=CH_2$ 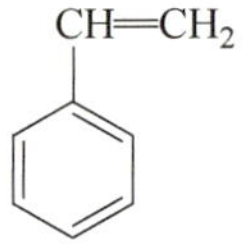

高分子化合物的命名比较复杂,归纳起来一般有以下几种情况:

（1）在单体或组成特征前面加"聚"（poly-）,表示高分子化合物是通过聚合反应得到的,如聚乙烯、聚酰胺等。

（2）在单体后面加"树脂",曾表示树上流出的脂,多为天然高分子化合物,现在也将某些合成高分子化合物称作"树脂",如酚醛树脂、脲醛树脂、环氧树脂、聚氯乙烯树脂等。

（3）英文缩写,如 ABS 是以其单体丙烯腈（acrylonitrile）、丁二烯（butadiene）和苯乙烯（styrene）英文名称的第一个字母大写组合来表示;PE 是聚乙烯（polyethylene）的英文缩写。

（4）有时还以高分子化合物的主要用途或最初用途表示命名,属习惯名称或商品名称,如乙烯-丙烯共聚物称乙丙橡胶,聚酰胺高聚物称尼龙或锦纶。高分子化合物制品很多,通用高分子主要包括塑料、纤维和橡胶三大类。一些常见高分子化合物的名称及英文缩写列于表 3.2。

表 3.2　一些常见高分子化合物的名称

高分子材料	化学名称	习惯名称或商品名称	英文名称	英文缩写
塑料	聚乙烯	聚乙烯,乙纶	polyethylene	PE
	聚丙烯	聚丙烯,丙纶	polypropylene	PP
	聚氯乙烯	聚氯乙烯,氯纶	poly(vinyl chloride)	PVC
	聚苯乙烯	聚苯乙烯	polystyrene	PS
	丙烯腈-丁二烯-苯乙烯共聚物	腈丁苯共聚物	acrylonitrile-butadiene-styrene copolymer	ABS
纤维	聚对苯二甲酸乙二(醇)酯	涤纶,的确良	poly(ethylene terephthalate)	PETP
	聚己二酰己二胺	锦纶-66 或尼龙-66	poly(hexamethylene adipamide)	PA
	聚丙烯腈	腈纶	polyacrylonitrile	PAN
	聚乙烯醇缩乙醛	维纶	poly(vinyl acetal)	PVA
橡胶	丁二烯-苯乙烯共聚物	丁苯橡胶	butadiene-styrene rubber	SBR
	顺聚丁二烯	顺丁橡胶	cis-1,4-polybutadiene rubber	BR
	顺聚异戊二烯	异戊橡胶	cis-1,4-polyisoprene rubber	IR
	乙烯-丙烯共聚物	乙丙橡胶	ethylene-propylene rubber	EPR

许多高分子化合物具有特殊的光、电、磁、化学、生物、医学等方面的功能,这类高分子称为功能高分子化合物。例如,用于吸附分离的离子交换树脂、高分子分离膜、高分子负载催化剂;具有光电活性的导电高分子、感光高分子;生物医用的抗凝血高分子、医用硅橡胶;与信息科学相关的高分子液晶、非线性光学高分子、电致发光高分子;与生命科学相关的生物降解高分子、环境敏感高分子、药物控制释放高分子;建筑、油田钻采用的高分子等。最近 30 多年以来,功能高分子化合物的合成和应用得到迅速发展。

3.3.2　高分子化合物的结构

高分子化合物的结构很复杂,由单体聚合形成的高分子链具有一级、二级、三级和四级结构,分别讨论如下:

1. 一级结构

一级结构是指一个高分子链中链节的化学结构、空间构型、序列和链段的支化(或交联)度及其分布。链节是高分子化合物最基本的结构。

高分子链节结构与低分子有机化合物相似,随着链节的构型不同而有立体异构存在,并分为有规立构、几何立构和旋光立构三类。有规立构又分为等规立构、间规立构和无规立构。不同的立体构型对高分子材料的物性影响很大,参见表 3.3 和表 3.4。

表 3.3 聚甲基丙烯酸甲酯的性质

异构高分子	玻璃化温度 $T_g/℃$	熔点 $T_m/℃$	密度/$(g \cdot cm^{-3})$
等规高分子	45	160	1.22
间规高分子	115	200	1.19
嵌规高分子	60~95	170~190	1.20~1.22
无规高分子(通常产品)	104	—	1.188

表 3.4 三种聚乙烯的物性

聚乙烯	高分子链形态	密度 $g \cdot cm^{-3}$	抗张强度 $kg \cdot cm^{-2}$	断裂伸长率 %	连续工作温度 ℃
低密度聚乙烯	支化	0.91~0.925	70~150	90~800	80~100
高密度聚乙烯	线形	0.94~0.965	210~370	50~1000	120
交联聚乙烯	交联	0.93~1.40	100~210	180~600	135

高分子链的一级结构还与链节结构单元的连接方式有关。特别是共聚物,两种以上的单体进行共聚,由于合成工艺及单体活性不同,可有四种共聚物:无规共聚物 ABAABB…;交替共聚物 ABAB…;嵌段共聚物 ABCDAB…;接枝共聚物 ACAB…ABAB。

$$\begin{matrix} | & & | \\ C & & C \end{matrix}$$

显然,由于结构的不同,所得产物的性能也不一样。例如,乙烯、丙烯的交替共聚物呈橡胶性质;而乙烯、丙烯的嵌段共聚物由于保留了各段的结晶能力,呈塑料性质。

2. 二级结构

二级结构又称远程结构,从一个高分子链主链原子间价键的内旋转和链段的热运动而产生的各种构象,也可称为内旋转异构体。高分子化合物中的单键由 σ 键构成,σ 电子云呈柱状轴对称分布,因此单键是可以自由旋转的。如图 3-7 所示,图中粗实线表示化学键,小圆圈表示键合原子,虚线表示可能出现的各种立体形态。可能出现的立体形态越多,材料的柔性越大,刚性越小。

单键可以自由旋转,双键不能自由旋转。但双键的电子云对相邻单键的电子云有一定的影响,使得与双键相邻的单键更容易旋转。例如,—CH=CH—CH_2—的旋转活化能就比

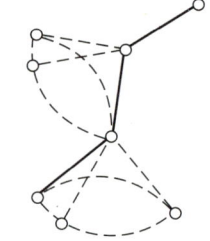

图 3-7 单键的内旋转

—CH_2—CH_2—CH_2—的旋转活化能低 2.1 kJ·mol^{-1},因此聚丁二烯、聚异戊二烯分子较聚乙烯、聚丙烯分子柔性更大。聚氯丁二烯分子链由于含有双键,且氯原子不多,因此其柔性远较聚氯乙烯大。聚氯丁二烯是典型的橡胶,而聚氯乙烯是坚硬的塑料。大共轭系统不能内旋转,刚性很大,如聚苯、聚乙炔和某些杂环高分子都是刚性分子。

3. 三级结构

三级结构也就是聚集状态的结构。许多高分子链聚集时,其链段之间的相对空间位置有紧密或疏松、规整或凌乱之分,链段间相互作用力也有大小之分。按聚集态的紧密和规整程度,聚合物可分为无定形、介晶(包括液晶)和结晶三类相态。

高分子各级结构综合决定了高分子各种物理状态及物性。一、二级结构主要是由单体经聚合反应在反应过程中确定的,要改变一、二级结构必须通过化学反应即价键的变化才能实现。三级结构由次价力决定,主要受外界物理因素的影响,如温度、压力及加工成型的条件等。

4. 四级结构

四级结构是指蛋白质、淀粉、纤维素、核苷酸链等生物大分子或高分子链的亚单元,如单双糖组合成的多糖,氨基酸组成的多肽,核苷酸片段等空间排列及它们之间的连接和相互交错,见图3-8。

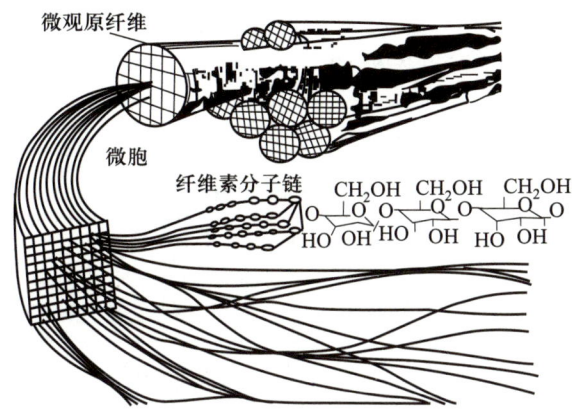

图3-8　纤维素纤维的高级结构与一级结构的关系

3.3.3　高分子材料的主要性能

1. 溶解性

与小分子(如乙醇和水)之间的迅速溶解不同,高分子的溶解进行得很慢,且经过溶胀过程。所谓溶胀就是溶剂分子缓慢渗入高分子链段之间的空隙,并进一步使高分子链的距离拉开,从而使高分子的体积出现膨胀的现象。

高分子的溶解性遵从下列规则:

(1)"相似相溶"规则　极性高分子溶于极性溶剂中,如聚乙烯醇能溶于水,而不溶于汽油、苯中;有机玻璃能溶于丙酮及自身的单体中,而不溶于汽油和苯中。非极性高分子溶于非极性溶剂中,如天然橡胶、丁苯橡胶能溶于汽油、苯中而并不溶于甲醇、乙醇中,聚苯乙烯能溶于苯、甲苯及自身的单体中而不溶于乙醇、丙酮中。

(2)溶度参数相近规则　溶度参数即高分子内聚能密度的平方根,而内聚能密度是根据高分子在溶剂中溶解的结果间接测得的,因此当高分子和溶剂的内聚能密度接近时,一般认为当$|\delta_1-\delta_2|<3.1(\mathrm{J}\cdot\mathrm{cm}^{-3})^{1/2}$时便可溶胀及溶解,其中$\delta_1$为溶剂的溶度参数,$\delta_2$为高分子的溶度参数,表3.5、表3.6列出了有关的一些数据。

(3)溶剂化规则　溶剂化规则也就是极性定向和氢键规则,此规则表明含有极性基团的高分子与溶剂之间的溶解有一定的内在联系。

表 3.5　一些溶剂的溶度参数 δ_1（25℃）

Ⅰ．烃类非极性溶剂及卤代烃类（弱亲电子性溶剂）$\delta_1/(J \cdot cm^{-3})^{1/2}$		Ⅱ．醚、醛、酮、酯、酰胺及胺类（给电子性溶剂）$\delta_1/(J \cdot cm^{-3})^{1/2}$		Ⅲ．醇、腈、硝基、磺基等（强亲电子性或强氢键溶剂）$\delta_1/(J \cdot cm^{-3})^{1/2}$	
正己烷	14.9	乙醚	15.1	正丁醇	23.3
环己烷	16.8	乙醛	20.0	乙腈	24.3
四氯化碳	17.6	环己酮	20.2	乙醇	26.0
苯	18.8	丙酮	20.4	乙酸	26.4
三氯甲烷	19.0	吡啶	22.3	甲酸	27.6
二氯甲烷	19.8	二甲基甲酰胺	24.5	苯酚	29.6
二硫化碳	20.4	水	47.8	水	47.8

表 3.6　一些高分子的溶度参数 δ_2（25℃）

高分子	$\delta_2/(J \cdot cm^{-3})^{1/2}$	高分子	$\delta_2/(J \cdot cm^{-3})^{1/2}$
聚四氟乙烯	12.7	聚甲基丙烯酸甲酯	19.4
聚二甲基硅氧烷	14.9	聚碳酸酯	19.4
聚乙烯	16.2	聚氯乙烯	19.8
天然橡胶	16.2	涤纶	21.9
顺式聚异戊二烯	17.0	聚偏二氯乙烯	24.9
聚苯乙烯	18.6	尼龙-66	27.8
聚氯丁二烯	18.8	聚乙烯醇	47.8

　　溶剂的溶度参数，按溶质高分子链的主链或侧链上含有某种极性基团的性质，可分成Ⅰ、Ⅱ、Ⅲ三个大类，如表 3.5 所示。高分子化合物也可分为以下三类：

　　Ⅰ类为弱亲电子性高分子化合物，包括聚烯烃及含氯高分子化合物，如聚氯乙烯等。

　　Ⅱ类为给电子性高分子，包括聚醚、聚酯、聚酰胺等。

　　Ⅲ类为强亲电子性及含氢键高分子，包括聚乙烯醇、聚丙烯胺及含有—COOH或—SO₃H基团的高分子。

　　溶剂化规则认为：高分子化合物作为溶质，当与溶度参数相近的溶剂接触时，凡属亲电子性的Ⅰ类、Ⅲ类溶剂能和给电子性的Ⅱ类高分子进行溶剂化而有利于溶解；同样给电子性的Ⅱ类溶剂能和亲电子性的Ⅰ类、Ⅲ类高分子进行溶剂化而溶解。

　　例如，聚碳酸酯［Ⅱ类，$\delta_2 = 19.4(J \cdot cm^{-3})^{1/2}$］、聚氯乙烯［Ⅰ类，$\delta_2 = 19.8(J \cdot cm^{-3})^{1/2}$］，如果只按"相似相溶"和"溶度参数相近"两个规则，应都能溶于极性溶剂三氯甲烷［Ⅰ类，$\delta_1 = 19.0(J \cdot cm^{-3})^{1/2}$］、二氯甲烷［Ⅰ类，$\delta_1 = 20.0(J \cdot cm^{-3})^{1/2}$］或环己酮［Ⅱ类，$\delta_1 = 20.2(J \cdot cm^{-3})^{1/2}$］中；但事实上，聚碳酸酯（Ⅱ类）只溶于三氯甲烷和二氯甲烷，而

不溶于环己酮;相反,聚氯乙烯只溶于环己酮而不溶于三氯甲烷和二氯甲烷中。

上述规则仅仅指出了溶解性的指导原则,实际情况要比上述分类复杂得多。实际操作中,还常使用混合溶剂。

2. 机械性能

由于高分子化合物结构复杂、聚合度差异很大,成型加工成各种高分子材料时的添加剂不尽相同,加工工艺也不一样,所以高分子材料的性能很难有一个明确的可预知性,使用时必须按照具体要求进行测试。但作为选材,我们可根据其主要组分做一个大致的判断。

高分子材料的机械性能指标,主要有拉伸强度、压缩强度、弯曲强度、抗冲击强度等。对于不同的化合物,选择的依据主要是主链结构、链接方式、规整性、交联程度、结晶度等。一般来说,对于相同种类的高分子化合物,在一定范围内,聚合度越大,分子链间作用力越大,拉伸强度与抗冲击强度也增大。有报道说,平均聚合度为 2×10^5 的聚乙烯,其抗冲击强度和耐磨性可达常见尼龙-66 的 5 倍;当其平均相对分子质量超过 200 万后,其强度、刚度都大大提高,可作为工程塑料使用。

3. 电性能

通常高分子材料都是电的绝缘体,特别是对直流电,因为在高分子化合物内,一般认为是没有自由电子或离子的。对交流电来说,由极性高分子化合物组成的材料,由于极性基团或极性链节会受到交变电场的反复作用,其绝缘性将会受到破坏。因此,使用时可按下述情况选材。

(1)除含碳、氢、氟外,高分子化合物链节结构对称且无极性基团的高分子材料,如聚乙烯,聚四氟乙烯等,可选做高频电绝缘材料。

(2)除含碳、氢外,高分子化合物中虽无极性基团,但链节结构不对称的高分子材料,如聚苯乙烯、聚异戊二烯等,可选做中频电绝缘材料。

(3)除含碳、氢外,高分子化合物链节结构不对称且有极性基团的高分子材料,可选做低频电绝缘材料或中频电绝缘材料,如聚氯乙烯、聚酰胺、酚醛树脂等。

由于绝大多数高分子化合物是电绝缘体,因此材料表面易积聚电荷。在工程应用中,这种静电效应是不可忽视的,静电效应的危害是静电着火、吸尘污染等。防止静电效应的方法可采用表面活性剂处理等。但静电效应也可以加以利用,如静电喷涂、复印、吸尘等。

与此相反,有些高分子化合物自身即可导电,如聚乙炔,1958 年被成功可控合成,20 世纪 70 年代人们发现它有导电性能;继此,人们又陆续发现聚苯乙炔、聚乙烯吡啶等具有导电性的高分子化合物。2000 年诺贝尔化学奖授予美国科学家艾伦·黑格(Alan J. Heeger)、艾伦·马克迪尔米德(Alan G. Mac Diarmid)和日本科学家白川英树(Hideki Shirakawa),以表彰他们有关导电聚合物的发现。导电原因是这些分子中存在共轭 π 键,π 电子在共轭系统中可自由流动。若用 I_2,Br_2 等卤素或 BF_3,AsF_3 等掺杂后,其电导率可达金属水平(约 10^3 S·cm^{-1}),因此这类材料被称为合成金属。用这些导电材料可做太阳能电池、电极、半导体材料等,也可制成有金属光泽的薄膜。随着高分子科学的发展,新的导电高分子材料将不断涌现。

3.3.4　高分子材料的分类

按材料的性质可将高分子材料分成塑料、橡胶和纤维三大类。若按高分子主链的结构分则又可分为碳链高分子、杂链高分子和元素高分子三类。如果按应用功能分则可分为通用高分子、特殊高分子、功能高分子、仿生高分子、医用高分子等。各类高分子材料之间并无严格的界限。化学组成相同的高分子化合物如采用不同的合成方法和成型工艺，可以制成纤维、塑料或弹性体。如尼龙可做塑料也可制成薄膜或纤维；像聚氨酯一类的高分子化合物既可制作泡沫塑料，又可制作弹性橡胶，所以很难说它们是橡胶还是塑料。现将塑料、橡胶、纤维、胶黏剂、涂料简述如下。

1. 塑料

塑料是可塑性材料的简称。一般所说的塑料是指合成树脂作为主要成分（占总质量的40%～100%），加入填料、增塑剂、稳定剂、着色剂、发泡剂等制成的材料。聚乙烯、聚丙烯、聚氯乙烯、聚苯乙烯（统称"四烯"）、酚醛塑料和氨基塑料是产量大、用途广、价格便宜的六大通用塑料。塑料的主要特点是塑性。线型结构的树脂加热软化后变为黏稠流体，可塑制成型，冷却后固化定型；塑制的方法有很多，比如吹塑、浇塑、注塑等；它们一般具有热塑性，再加热，又将变软而可以重塑。体型结构的树脂在塑制成型后，再加热时就能固化成不溶的聚合物，被称为热固性塑料。

2. 橡胶

橡胶是具有高弹性的轻度交联的线型高分子化合物。它们在很宽的温度范围内（一般在-40～80℃）处于高弹态，某些特种橡胶可以在-100～200℃保持高弹性。这类橡胶还有优良的收缩性，良好的储能能力和耐磨、隔音、绝缘等性能，因而被广泛应用于密封件、减震件、传动件、轮胎和电线等制品。

天然橡胶主要由异戊二烯的高聚体组成，它有很好的弹性和加工性能。人工合成的橡胶其弹性和加工性能在某些方面目前还远不及天然橡胶，但由于其生产不受地理、气候等条件的限制，生产能力大，因此发展很快。人工合成橡胶除可作天然橡胶代用品外，还可用来制造在高温、低温、酸、碱、油、辐射等介质条件下使用的特种橡胶。

各种橡胶中，耐气候性能较好的是氟橡胶和硅橡胶，如 $\vdash Si(CH_3)_2 —O \dashv_n$ 和 $\vdash CF_2CF(CF_3) —CH_2CF_2 \dashv_n$（俗称 viton），它们耐热，能在 200～300℃ 下使用，硅橡胶甚至可在 425℃ 时短时间使用。硅橡胶还耐低温，在-60℃ 时仍保持弹性。硅橡胶也是特种绝缘橡胶。氟橡胶不怕酸、碱、燃料油，耐热，可在不同条件下使用。耐低温性能较好的还有顺丁橡胶。

3. 纤维

纤维是人们熟知的一类常用的高分子材料，可分为天然纤维和化学纤维两类。天然纤维有棉花、麻、羊毛、蚕丝等。化学纤维又可分为两类：一类是人造纤维，如黏胶纤维、铜氨纤维、醋酸纤维等，它们由木材、棉绒等天然纤维经加工制成；另一类是合成纤维，它们是以空气、煤、石油等为原料，用化学方法合成再经纺制而成的纤维。它品种繁多，主要有锦纶、涤纶、腈纶、维纶（统称"四纶"）、丙纶和氯纶等。

合成纤维分子链结构的最大特点是线形结构，支链少，链的排列比较整齐，分子中都

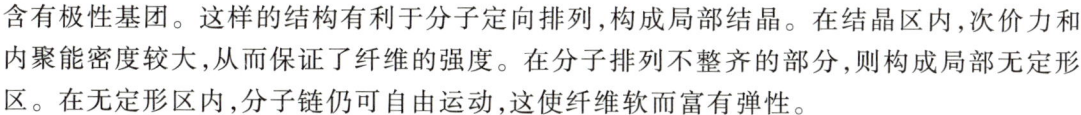

含有极性基团。这样的结构有利于分子定向排列,构成局部结晶。在结晶区内,次价力和内聚能密度较大,从而保证了纤维的强度。在分子排列不整齐的部分,则构成局部无定形区。在无定形区内,分子链仍可自由运动,这使纤维软而富有弹性。

合成纤维相对于天然纤维和人造纤维来说,具有原料来源不受天然条件限制,性能可以人为改变等特点。不仅日常生活中使用它,工程技术上也有很多用途。例如,用合成纤维做轮胎的帘子线,寿命比一般天然纤维要高出 1~2 倍,并可节约橡胶用量 20% 左右。

高分子化合物除了可用于生产塑料、橡胶和纤维三大高分子材料外,还有很多其他工程应用,如用于生产胶黏剂和涂料等。胶黏剂通称为胶。糨糊、虫胶和骨胶等属于天然的胶黏剂。人工合成的树脂型胶黏剂由黏剂(各类树脂)、固化剂、填料及各种附加剂(增韧剂、抗氧化剂等)组成,根据使用要求可选择不同的配比,但胶黏剂中必须含有一些能与被胶黏物质紧密结合的极性基团,如糨糊中的—OH,—CO—等;虫胶、骨胶中的—NH₂,—COOH等。这些基团可以与被胶黏物质中的极性基团相互吸引而牢固结合。代替糨糊的胶水(聚乙烯醇,环氧树脂等)也是含有大量的—OH,—CO—。如在胶黏剂中加入可导电的物质,则可制成导电胶。胶黏剂的品种很多,在此不一一举例,读者可参阅相关手册。

胶黏剂的作用原理众说不一,通常有机械理论、吸附理论、扩散理论、静电理论和化学键理论等。上述各种理论能满意地解释一部分现象,但都有其局限性。这说明胶接过程是一种复杂的物理、化学现象。

涂料是人们经常使用的一类物品,它兼有保护、装饰、标志等功能。早期人类使用的涂料主要是天然涂料,如桐油、大漆等。随着工业生产的发展和人民生活的改善,涂料的品种在不断增多,应用领域在不断扩大。

涂料一般由成膜物质、颜料、助剂和溶剂四种成分组成。成膜物质包括各种油脂和天然或合成的树脂,它可以单独成膜,也可以黏结颜料等物质成膜,所以又称固着剂、漆料、基料或漆基。成膜物质在干固前相对分子质量并不太大,如桐油,它们在成膜过程中通过化学反应而最终形成坚韧的高分子化合物。为了使涂膜起到应有的作用,成膜物质不仅要有良好的附着力,还要有一定的硬度、一定柔韧性和一定的耐候性。颜料构成漆膜的色彩,增加漆膜硬度,可以隔离紫外线,提高涂料的耐久性能。助剂包括催干剂、润滑剂、增韧剂等,它们对改善、提高漆膜性能和成膜作用极大。溶剂不仅能使颜料、成膜树脂分散均匀,而且因其流动性好,便于涂布。

涂料习惯上按其形态、用途和用法等加以命名,如清漆、防锈漆、烘漆等。有时还加上颜色、颜料或起决定作用的成膜物质的名称,如环氧酚醛清漆、氨基树脂漆等。

为了减少有机溶剂的用量,减少室内空气污染和环境污染,目前,涂料工业正在向高固体成分水溶性方向努力。

3.3.5　几种常见的高分子化合物

1. 聚酯

聚酯是一类主链上含有—COO—基团的杂链高分子化合物。由于分子间没有氢键,由酯键运动造成的分子链柔性相当大,致使其熔点较低。例如,聚己二酸己二醇酯的熔点仅 70~72℃。若在大分子主链上引进苯环,不仅能增加分子链的刚性,而且使聚合物的熔点显著提高。例如,聚辛二酸乙二(醇)酯的熔点只有 63~65℃,而聚对苯二甲酸乙二(醇)酯(涤纶,又名的确良)的熔点却高达 256℃。脂肪族的聚酯由于熔点太低,多用做表面活性剂或大分子的增塑剂。主链含有苯环的聚酯,除上述的涤纶外,还有聚对羟基苯甲酸甲酯、聚对苯二甲酸丁二酯等,它们都可用做合成纤维和新型的工程塑料。

聚对羟基苯甲酸酯是近年来出现的聚芳酯新品种,它最突出的优点是耐高温,长期使用温度可达 310℃;热导率高,比一般塑料高 3~5 倍,是现有塑料中导热系数最大的一种;其强度比聚四氟乙烯材料大 21 倍;耐磨、尺寸稳定性和自润滑性好,可做喷气式发动机部件的精密密封材料,还可用于制造轴承,有"类金属聚合物"之称。另外,其电绝缘性能和耐腐蚀性能良好,可用做电器零件、印刷电路、耐腐蚀装置、泵和特殊用途的纤维及薄膜等。

2. 聚甲基丙烯酸甲酯

聚甲基丙烯酸甲酯俗称有机玻璃。其平均相对分子质量从几十万到上百万,密度为 1.18 g·cm^{-3},为无机玻璃的一半,透光率很高,能透过 90%~92% 的可见光,73%~76% 的紫外线(普通玻璃只透过 0.6%)。除醇、烷烃之外,可溶于其他有机溶剂及其单体之中。它的主链上含有许多非极性的甲基和极性的羧甲基,这使大分子之间既有一定的空间位阻,又有一定的相互作用,因此熔融黏度很大。

通过挤压、注塑、压制等成型方法可将其制成各种制品,如平板、管状、棒状材料,用于飞机的座舱盖、舷窗、坦克望孔、光学透镜、电器和仪表的护罩、天窗、指示牌及各种日用品等。

3. 聚酰胺

聚酰胺是主链含有—CO—NH—基团的杂链高分子化合物(又称尼龙)。聚酰胺具有高强度、高熔点、对化学试剂(除强酸外,可溶于浓硫酸、甲酸和酚类)稳定、易染色,无臭、无味、无毒、不会霉烂等特点。聚酰胺具有一定的耐热性,可在 100℃ 以下使用,聚己二酸己二胺(尼龙-66)的熔点高达 250℃,密度为 1.05~1.14 g·cm^{-3},仅为铁的 1/8~1/7。聚酰胺主要用于合成纤维,也可用做结构材料。聚酰胺具有较好的抗冲击韧性、耐磨性、自润滑性等,因此常用来做输油管、高压油管、储油容器等。如尼龙-6,目前已大量作为工程塑料来制备各种机械零部件如齿轮,产品最大可达 375 kg、直径 3.4 m。

4. 聚氨酯

聚氨酯是主链含有—NH—CO—O—基团的杂链高分子化合物。在多数情况下,线型聚氨酯是高熔点结晶态聚合物,易拉伸,其熔点比相等亚甲基数的聚酰胺低,机械强度也较聚酰胺差,但耐寒性却比聚酰胺好,吸湿性也较小。由于它熔点较低,因此比聚酰胺更容易加工成纤维、塑料制品和橡胶制品。它的线型缩聚物可以制成纤维,用作滤网、硬毛和绝缘布等。

由三元异氰酸酯和三元醇制成的热固性缩聚物(属聚氨酯类),由于其作为油漆时的漆膜的黏附性好,可用来保护金属、橡皮、皮革、纸和木材。由聚氨酯的嵌段共聚物,通过不同的配方、不同的工艺可制成聚氨酯泡沫塑料和聚氨酯弹性体。

5. 聚有机硅氧烷

聚有机硅氧烷又称有机硅聚合物,是一大类含有无机主链—Si—O—和有机侧链 R(甲基、乙基等)的聚合物。例如,聚二甲基硅氧烷属线型分子,两个侧链是甲基,它既有一般天然无机聚合物如石英、石棉的耐热性等,又有一般有机聚合物的韧性和可塑性。① 耐热性。聚有机硅氧烷的使用温度可达 250℃。这是由于 Si—O 键的键能(452 kJ·mol^{-1})大于 C—C 键、C—O 键,但其侧链是有机基团,因此耐热性较无机硅酸盐差。有机硅氧烷在高温下长期使用,由于受热作用,使有机基团逸出,最终生成无机聚合物。② 耐寒性。线型聚有机硅氧烷的分子较对称,硅氧链的极性不大,因此耐寒性较好,如有机硅油的凝固点为−80∼−50℃,硅橡胶在−60℃仍保持弹性。③ 耐水性。聚有机硅氧烷的侧链是烃基,呈疏水性。织物如用聚有机硅氧烷处理后不但能防水,还能保持透气性。④ 电绝缘性。聚有机硅氧烷与石英、石蜡有相似的结构,具有不随外电场而取向极化的非极性侧基和分子的对称性,因此有高度的绝缘性和介电性能。即使分解了,残留下来的 SiO$_2$ 仍具有良好的电绝缘性,因此即便在相对湿度为 100% 的环境下使用也影响不大。⑤ 机械强度。聚有机硅氧烷的最大弱点是机械强度低,但可通过改性的方法加以提高。

6. ABS 树脂

ABS 树脂是丙烯腈(A)、丁二烯(B)、苯乙烯(S)的共聚物,其中—CH$_2$—CH(CN)—链节可增强树脂的耐热性能和耐腐蚀性能;—CH$_2$—CH=CH—CH$_2$—链节可提高弹性和耐冲击性;—CH$_2$—CH(C$_6$H$_5$)—链节可使树脂具有良好的电绝缘性和加工成型性。因此聚合时,可根据产品性能的要求适当调整三组分的比例,也可用氯乙烯或丙烯酸丁酯来进行改性。ABS 及其改性的产品已被广泛用于机械、电气、纺织等行业。

7. 聚四氟乙烯

聚四氟乙烯分子的对称性和链的规整性很好,结晶度高(93%∼97%),晶区熔点可达到 327℃;聚合度很大,平均相对分子质量一般为 15 万∼20 万,在加热到分解温度(415℃)时,仍不能从高弹态变为黏流态。由于分子是非极性分子,因此它具有优异的电绝缘性,可作为高频绝缘材料。又由于 C—F 之间结合得很牢固,不易被腐蚀。由于其耐高温、电绝缘性、耐腐蚀性均很好,所以被称为"塑料王"。如果将四氟乙烯和六氟丙烯进行共聚可制得全氟乙丙烯树脂(简称 F-46),它不仅能保持聚四氟乙烯的优良特性,而且还能改变聚四氟乙烯的规整性,使熔融时的流动性好得多,并可制成用聚四氟乙烯难以制成的尺寸精密的制品。

8. 聚乳酸

聚乳酸$\begin{bmatrix}O—CH(CH_3)—C(O)\end{bmatrix}_n$属聚酯类高分子,在生物体内可降解成乳酸,被机体吸收,因此聚乳酸被广泛用做医用高分子材料,如手术缝合线等。近年来,人们将聚乳酸加工成块材,作为模板植入人体,用于骨骼的修复和再生。

练习题

1. 选择题(根据题意,选择正确的序号填入空格内)

(1)在下述高分子化合物中,可制作高频绝缘材料的是_____。

A. 聚苯乙烯　　　　　　B. 聚氯乙烯

C. 酚醛树脂　　　　　　D. 聚四氟乙烯

(2)在下述高分子化合物中,不仅可用作喷气发动机部件的精密密封圈材料,还可以用于制造轴承的耐高温、导热系数大、强度大的材料是_____。

A. 聚己二酸己二醇酯　　　　B. 聚对羟基苯甲酸甲酯

C. 聚甲基丙烯酸甲酯　　　　D. 聚四氟乙烯

2. 命名表 3.1 中各高分子化合物的单体。

3. 写出聚丙烯、聚丙烯腈、尼龙-66 和聚二甲基硅氧烷的化学式,并按主链组成指出它们属于哪类高分子化合物(提示:碳链、杂链、元素有机类)。

4. 指出聚苯乙烯、聚酰胺-610 中的链节、重复单元和聚合度。

5. 分别指出能溶解聚甲基丙烯酸甲酯、聚氯乙烯、聚碳酸酯的溶剂。

6. 写出聚二甲基硅氧烷线型分子的化学式,简述它的性质和产生这些性质的原因。

7. 聚氨酯类高分子化合物是塑料还是橡胶? 塑料或橡胶与高分子化合物有什么关系?

思考题

1. 联系实际指出高分子化合物的一级、二级、三级结构的内容及其对高分子化合物性质的影响。

2. 简述聚四氟乙烯具有电绝缘性能、耐 HF 腐蚀、耐高温的原因。

3. 在涂料中什么样的物质可用做成膜树脂? 颜料、助剂、溶剂的作用是什么?

4. 简述聚甲基丙烯酸甲酯的特性和用途。

§3.4　生物大分子

学习要求

1. 了解蛋白质的化学组成,能分别写出 2~3 种氨基酸化学式,理解蛋白质的生物功能。

2. 了解核酸的种类及化学组成,能分别写出 2~3 种碱基化学式,理解 DNA 和 RNA 在遗传信息传递过程中的作用。

3. 了解糖类化合物的种类及化学组成,理解糖类化合物的生物功能。

3.4.1　蛋白质

蛋白质分子是由一条或多条多肽链构成的生物大分子,相对分子质量可从一万到数百万。多肽链由氨基酸通过肽键(酰胺键,—CO—NH—)共价连接而成,各种多肽链都有自己特定的氨基酸序列。

人体细胞含有 3000~10 000 种蛋白质,人体蛋白质由 20 种氨基酸组成。除脯氨酸外,其他 19 种均是 α-碳上有一个氨基(—NH_2)的有机羧酸(α-氨基酸),结构通式为 R—CH(NH_2)COOH,R 是每种氨基酸的特征基团。最简单的氨基酸是甘氨酸,其中 R 基是一个 H 原子。按 R 基组成的不同,氨基酸可分为脂肪族、芳香族和杂环族三类;按 R 基极性的不同,氨基酸又可分为非极性 R 基氨基酸和极性 R 基氨基酸。

α-氨基酸都是无色晶体,熔点较高,一般在 200~300℃,当达到熔点前往往会分解放出 CO_2。氨基酸分子中含有酸性的羧基和碱性的氨基,是两性化合物,能分别与酸或碱作用生成盐类。除甘氨酸外,其他氨基酸都是以 α-碳原子为手性中心的手性分子,具有 L-和 D-两种构型,它们互为对映体关系,如图 3-9 所示。但迄今为止发现的手性天然氨基酸都是 L-构型的,不同构型可能带来迥然不同的性质和用途。

图 3-9　L-和 D-构型的 α-氨基酸

生物界 10^{10}~10^{12} 数量级的蛋白质种类中,有些完全由氨基酸组成,这是简单蛋白质;有些除蛋白质外,还有被称为辅基或配基的非蛋白质成分,这是结合蛋白质。

蛋白质的组成和特殊结构决定了其具有多种多样的生物功能。为了表示蛋白质不同层次的结构,常分为一级、二级、三级和四级结构。多肽链中氨基酸的数目、种类和连接顺序称为蛋白质的一级结构;多肽链中若干肽段在空间的伸展方式,如 α-螺旋、β-折叠等称为二级结构;多肽链在二级结构基础上,依靠基团相互作用进一步卷曲、折叠而成的更复杂的三维空间结构称为三级结构;两条或两条以上具有三级结构的多肽链按特定方式结合而成的聚合体称为四级结构。一级结构又称为基本结构,二级结构以上属高级结构。通常只有那些具有高级结构的蛋白质才有生物活性。

生物活性使蛋白质成为生命活动的主要承担者,蛋白质是有机体的重要结构成分。细胞外的结构蛋白质参与高等动物结缔组织和骨骼的形成。蛋白质有储藏氨基酸的功能,用作有机体及其胚胎或幼体生长发育的原料。某些蛋白质具有运输功能,如血红蛋白在呼吸过程中起运送 O_2 的作用;有些蛋白质有运动功能,如肌动蛋白可以与腺嘌呤核苷三磷酸(ATP)相互作用而引起机械弹性改变;有些蛋白质具有激素功能,对生物体的新陈代谢起调节作用,如胰岛素参与血糖的代谢调节;有些蛋白质被称为抗体或免疫蛋白,能够通过免疫反应构成生命体的一种自我防御机能。起接受和传递信息作用的受体也是蛋白质,如视网膜上的视色素、味蕾上的味觉蛋白都属接受外界刺激的感觉蛋白。蛋白质还能调控细胞的生长、分化和遗传信息的表达,如组蛋白、阻遏蛋白等。

除极少数具有催化功能的核酸外,几乎所有的酶都是蛋白质。酶是有机体新陈代谢的催化剂。酶催化反应具有特殊的高效性、高度专一性和条件温和等优点。现在对多数的细胞基本代谢过程中的酶已有了较多了解,对遗传学领域中的酶也有了一定的了解。地球上最重要的两个化学反应——豆科植物根瘤菌的固氮作用和植物的光合作用,都取决于特殊的酶及其结构。21 世纪人类面临的许多重大挑战都与它们有关,生物固氮、化学

模拟固氮、人工模拟光合作用来制备有用化学品都是研究的热点领域。现代生物工程扩大了酶的生产和应用：

（1）用 DNA 重组技术生产克隆酶,对疾病防治做出了突破性贡献,甚至从单一亲代细胞通过无性繁殖而产生的一组细胞成长为克隆生物,如克隆羊。

（2）对基因进行修饰产生突变酶,改良了生物品种。

（3）设计新的酶基因,合成自然界不曾有过的、性能稳定的、催化效率更高的新酶。

3.4.2 核酸

核酸因首先发现于细胞核并且具有酸性而得名。核酸之所以称为信息分子,是因为它担负着生物遗传信息的储存、传递及功能表达。核酸分为脱氧核糖核酸(DNA)和核糖核酸(RNA)两类。DNA 主要集中在细胞核内,RNA 主要分布在细胞质中。它们由磷酸、脱氧核糖或核糖、有机碱组成,它们的基本结构单元是单核苷酸,如表 3.7 所示。A,G,C,T,U 分别为腺嘌呤(adenine)、鸟嘌呤(guanine)、胞嘧啶(cytosine)、胸腺嘧啶(thymine)和尿嘧啶(uracil)的英文第一个字母。DNA 和 RNA 之间的主要区别在戊醛糖和嘧啶碱上。

表 3.7 DNA 和 RNA 的基本化学组成

组成		DNA	RNA
酸		H_3PO_4	H_3PO_4
戊醛糖		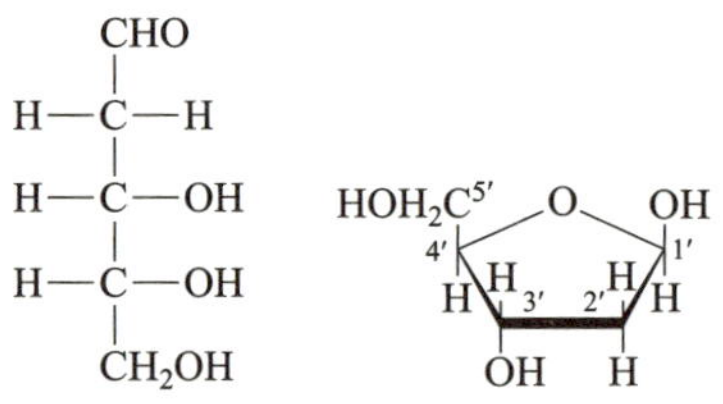 脱氧核糖	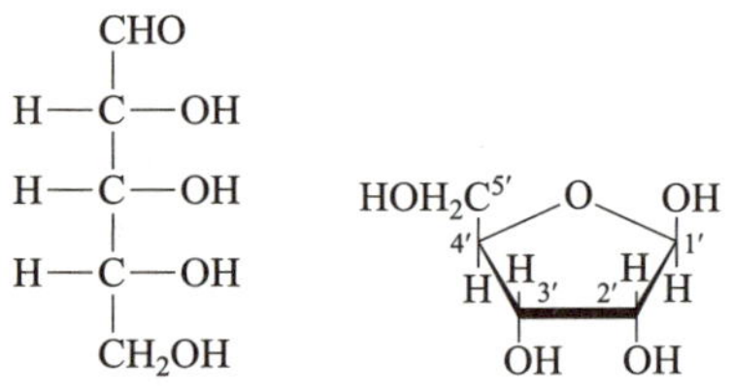 核糖
有机碱基	嘌呤碱基	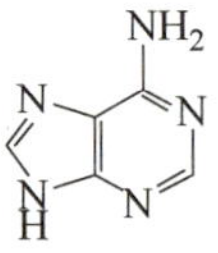 腺嘌呤 (A) 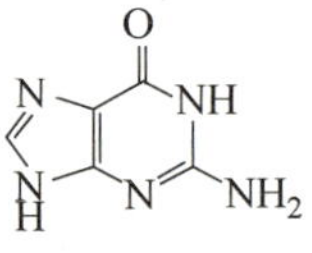　鸟嘌呤 (G)	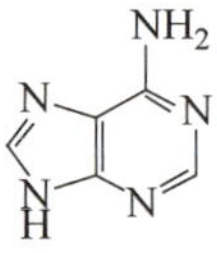 腺嘌呤 (A) 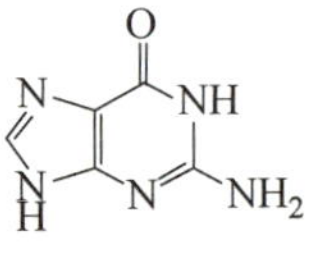　鸟嘌呤 (G)
	嘧啶碱基	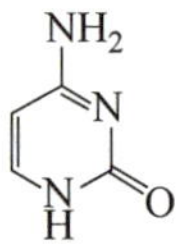 胞嘧啶 (C) 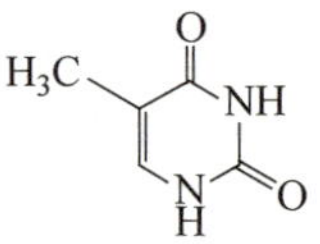　胸腺嘧啶 (T)	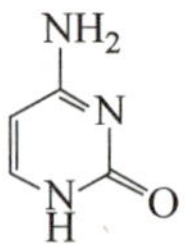 胞嘧啶 (C) 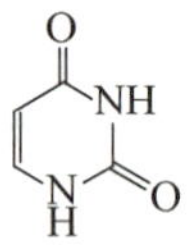　尿嘧啶 (U)

组成	DNA	RNA
单核苷酸	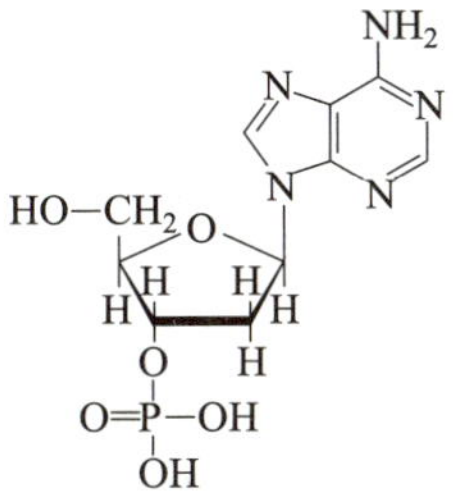 3′-腺嘌呤脱氧核苷酸 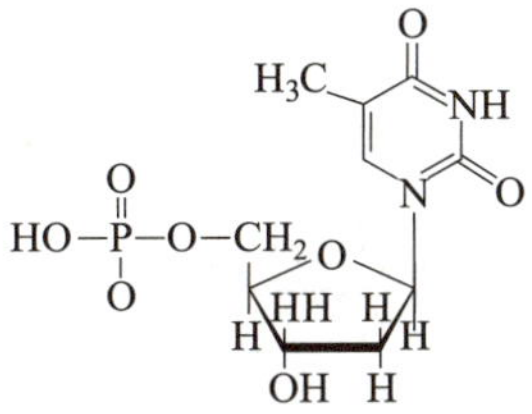 5′-胸腺嘧啶脱氧核苷酸	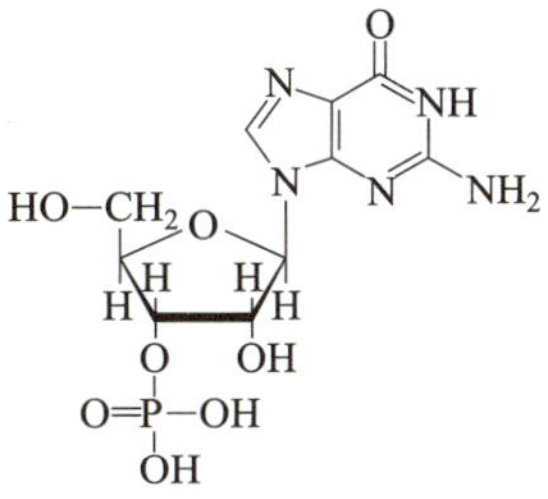 3′-鸟嘌呤核苷酸 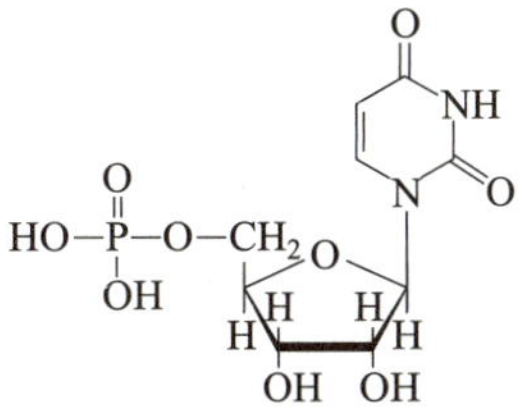 5′-尿嘧啶核苷酸

单核苷酸通过 3′,5′-磷酸二酯键互相连接形成多核苷酸链。DNA 和 RNA 中多核苷酸链片断如图 3-10 所示。与蛋白质一样,核酸也有特殊的空间结构。1953 年美国化学家 Watson 和 Crick 提出了著名的 DNA 双螺旋结构模型,如图 3-11 所示,二人于 1962 年获诺贝尔生理学或医学奖。DNA 的双螺旋结构通过碱基互补配对原则形成。大肠杆菌染色体 DNA 分子由 400 万个碱基对组成;白斑杆状病毒(一种虾病毒)由约 30 万个碱基对组成,是世界上迄今已知的最大动物病毒;人的 DNA 分子由约 3×10^9 个碱基对组成,若把一个人的人体细胞中所有 DNA 分子互接,总长度可自地球到太阳来回 100 次以上。DNA 双螺旋结构决定了 DNA 在控制遗传信息方面的高度准确性和稳定性。RNA 分子比 DNA 分子小得多,也不像 DNA 分子呈现极有规律的双螺旋结构。

核酸是遗传信息的携带者与传递者。生物体的遗传信息以特定的核苷酸排列顺序记录,存在于 DNA 分子中,并通过 DNA 的复制由亲代传递给子代。在后代的生长发育过程中,遗传信息自 DNA 转录给 RNA,然后翻译成特异的蛋白质,以执行各种生命功能。这就是所谓的遗传信息传递的中心法则,如图 3-12 所示。

基因是一个特定的 DNA 片段,通常有 1000~5000 个碱基对,一个 DNA 分子可以含有多达上万个基因,每个基因都是原子结合单元,人体的 46 条染色体大约含 100 万个基因。人类基因组计划的核心就是要测定人类基因组的全部 DNA 序列,从而获得人类全面认识自我的最重要的生物信息。基因芯片,又称 DNA 芯片,与计算机芯片非常相似,只是高度集成的不是半导体管,而是成千上万的网格状密集排列的基因探针。每个基因探针包含着由若干个核苷酸组成的 DNA 片段。目前已经可以在一枚邮票大小的基因芯片上布满 40 万~100 万种基因探针,根据碱基互补配对原则捕捉相应的 DNA,从而对遗传物质进行分子检测。这是一种革命性的新方法、新工具。

基因工程,从狭义上理解就是指 DNA 重组技术,也就是提取或合成不同生物的遗传

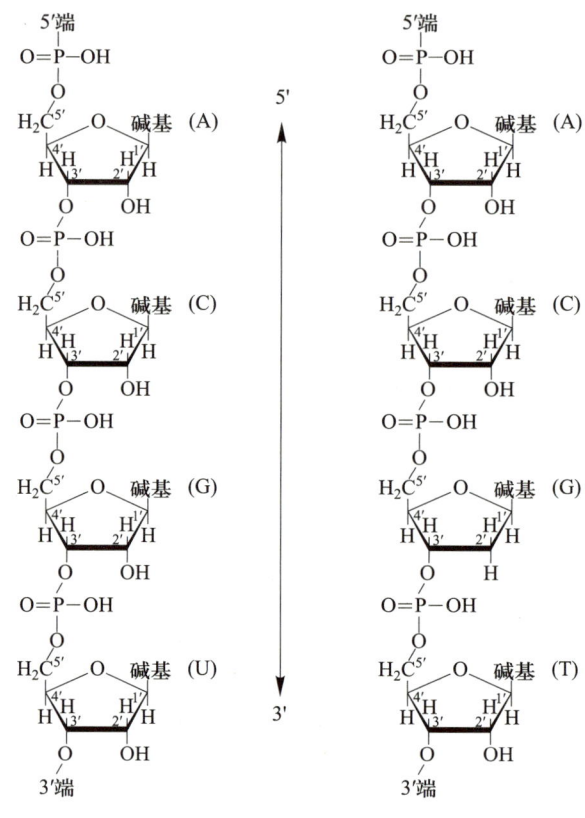

图 3-10 多核苷酸链片断结构示意

物质（DNA），在体外切割、拼接和重新组合；然后通过载体将重组的 DNA 分子引入受体细胞，使重组 DNA 在受体细胞中得以复制与表达。基因工程的直接目的就是改造生物。例如，作为人类主要食物的谷类作物含有大量糖类，而人体所必需的蛋白质、氨基酸与维生素的含量却很少。有些微生物可以产生这些物质，用大规模发酵的方法培养微生物，进而提取这些物质，就可以进行工业化生产。采用 DNA 重组及细胞融合等技术改造了苏氨酸、色氨酸、赖氨酸等氨基酸的生产菌，与原始菌株相比，氨基酸的含量提高了几十倍，且生产成本下降。这些氨基酸产品广泛用于营养食品、助鲜剂及饲料添加剂等生产，从而部分代替了粮食产品。又如，一切植物的生长都需要氮元素，大气中虽有近 80% 的氮气，但除了豆科植物外，都不能直接利用空气中的分子态 N_2。豆科植物根部共生的根瘤菌可以固定空气中大量存在的 N_2。若把根瘤菌的固氮基因转移到水稻、小麦、玉米等作物细胞中，就有可能使这些作物直接利用空气中的氮。生物固氮的基因工程研究是一个令人神往的重要领域。基因工程将为解决人类面临的食品与营养、健康与环境、资源与能源等一系列重大问题开辟新的途径。

3.4.3 糖类

糖类是自然界中分布最广的一大类有机化合物，主要由 C，H 和 O 三种元素组成，大多具有通式 $C_n(H_2O)_n$。从化学结构上看，糖类物质是含多羟基的醛或酮及其衍生物。这

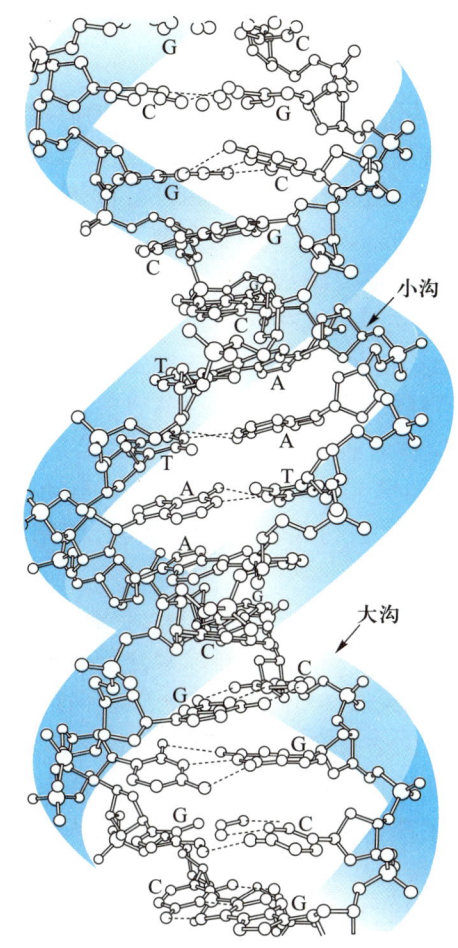

图 3-11 DNA 的双螺旋结构

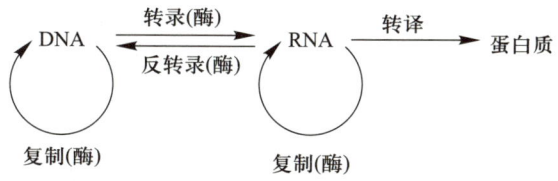

图 3-12 遗传信息传递的"中心法则"示意图

类物质是生物体基本营养物质的重要成分。糖类物质由植物光合作用合成:

$$n\mathrm{H_2O} + n\mathrm{CO_2} \xrightarrow[\text{叶绿素}]{\text{光}} \mathrm{C}_n(\mathrm{H_2O})_n + n\mathrm{O_2}$$

糖类通过生物氧化为自身提供能量,以满足生命活动的能量需要,如葡萄糖的氧化反应:

$$\mathrm{C_6H_{12}O_6} + 6\mathrm{O_2} \longrightarrow 6\mathrm{H_2O} + 6\mathrm{CO_2}$$

糖类常分三类:

(1) 单糖,是最简单的糖类,不能水解。常见的单糖如葡萄糖和果糖,分子式都是 $\mathrm{C_6(H_2O)_6}$,葡萄糖是己醛糖,果糖是己酮糖。作为 DNA 和 RNA 成分的戊醛糖也是单糖。单糖都是无色晶体,易溶于水,有甜味。果糖最甜。

（2）**低聚糖**或**寡糖**，能水解成 2~10 个单糖。蔗糖、乳糖和麦芽糖都是二糖，可以看作两分子单糖失水形成的化合物。

（3）**多糖**，能水解成 10 个以上的单糖。如植物体内的淀粉、纤维素，动物体内的糖原、甲壳素等。多糖广泛存在于自然界，是一类聚合度不同的天然高分子化合物。多糖没有甜味，一般不溶于水。与生物体关系最密切的多糖是淀粉、糖原和纤维素。

淀粉是麦芽糖的高聚体，彻底水解后得到葡萄糖。淀粉是植物体中储存的养分，主要存在于种子和块茎中，是食物的重要组成部分。大米中含有淀粉62%~86%，麦子中含57%~75%，玉米中含 65%~72%，马铃薯中含 12%~14%。淀粉遇水可水解成为糊精的混合物。糊精可用作食品添加剂、胶水、糨糊，并用于药品、纸张和纺织品的制造等。淀粉还可加以改性取代合成高分子，制成不污染环境的可降解塑料制品。

糖原又称动物淀粉，是动物的能量储存库。糖原呈无定形无色粉末，较易溶于热水形成胶体溶液。糖原在动物的肝和肌肉中含量最高。当动物血液中葡萄糖含量较高时，就会结合成糖原储存于肝中，当葡萄糖含量降低时，糖原就分解成葡萄糖而供给机体能量。

纤维素是自然界中最丰富的多糖。棉花中纤维素含量为 97%~99%，木材中为 50%，亚麻中为 80%，玉米茎中为 30%。由于纤维素分子间氢键的作用，使分子链平行排列、紧密结合，形成纤维束，每一束有 100~200 条分子链。这些纤维束拧在一起形成绳状结构，具有良好的机械强度和化学稳定性。纤维素不仅不溶于水，甚至不溶于稀的酸或碱，但能与浓（强）酸水解作用而生成葡萄糖，与浓碱作用生成纤维素碱。人体中由于缺乏具有分解纤维素结构所必需的酶，因此纤维素一般不能为人体所利用，不能成为人类的主要食品，但适量纤维素有助于肠胃功能。纤维素是植物支撑组织的基础，是植物细胞壁的主要成分；是制造人造丝、人造棉、玻璃纸、火棉胶等的主要原料；在制备复合材料中也有较多应用。

练习题

1. 填空题

从遗传信息传递中心法则可知，在人体中_____具有携带遗传信息的功能；_____具有复制遗传信息的功能；_____具有执行生命的功能。

2. 指出蛋白质、DNA 和 RNA 分子的组成和结构特点。

思考题

1. 下列两组化合物的不同构型具有截然不同的生物活性，从中你可以得到什么启示？

（1）天冬酰胺：

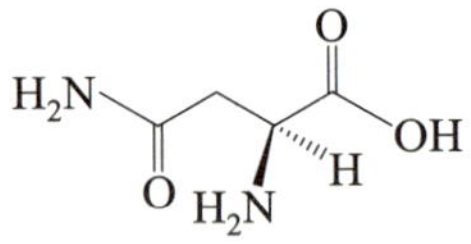

苦的 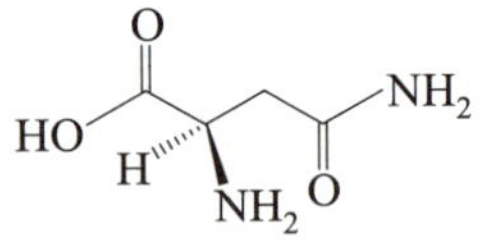　　　　　　　　　　　　甜的

（2）酞胺哌啶酮（俗称"反应停"）：

致畸剂　　　　　　　　　　　　镇静剂

2. 用化学式分别表示出一种单糖和一种二糖，并指出它们的组成特点。简述你对糖原、淀粉、纤维素的认识。

3. 从可持续发展的战略出发，体会用淀粉等替代难降解高分子化合物制品的意义。

4. 比较蛋白质和核酸在生物体内的重要作用，现代生物工程主要包括哪些方面？

5. 联系实际，体会一般高分子化合物和生物大分子的异同。

第四章
物质的聚集状态

在通常的温度和压强条件下,物质的聚集状态有固态、液态和气态,这三种聚集状态各有其特点,且在一定条件下可以相互转化。在特殊的条件下,物质还能以等离子状态存在。当物质处于不同的聚集状态时,其物理性质和化学性质是不同的。物质聚集状态的变化虽然是物理变化,但常与化学反应相伴而发生,因此了解和掌握有关物质的聚集状态的知识对解决各种化学问题是十分重要的。

本章将讨论固体、液体、溶液和气体的基本性质和变化规律。

§4.1 固 体

 学习要求

1. 了解晶体、非晶体概念,理解各类晶体名称、晶格结点上粒子及其作用力、熔点、硬度、延展性、导电性的不同。

2. 了解耐高温、易熔金属实例及应用,理解过渡元素、稀土元素及碘化物、氮化硼、硅酸盐组成元素间的作用力及应用。

3. 理解非晶态高分子化合物的三种物理状态及成因,理解玻璃化温度、黏流化温度的意义及应用,了解 α-Si：H 的应用。

4. 掌握能带理论及对导体、半导体和绝缘体的区分及应用。

5. 了解量子点材料的发光原理、量子点材料的种类和组成、量子点发光二极管的工作原理。

6. 了解晶体缺陷概念,明确晶体缺陷是无机材料产生结构敏感性的原因。

7. 了解陶瓷的结构,了解几类功能陶瓷及它们的应用。

8. 明确复合材料的性质和应用,掌握金属陶瓷、玻璃钢、微晶玻璃的增强相、黏结相的物质。

9. 联系活性炭、分子筛等实例,理解固体吸附剂的表面组成特点及功用。

10. 了解固体废弃物的产生、危害和资源化途径。

11. 了解 X 射线衍射、透射电子显微镜、扫描电子显微镜的测量原理。

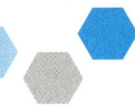

固体是指原子和原子结合态单元在常温常压下聚集成的固态系统。习惯上称系统为体系,故有固体这个术语。固体中的原子及其结合态单元在空间的排列,如果长程、短程都有序便称为晶体,否则就称为非晶体。

4.1.1 晶体和非晶体

1. 晶体

晶体如图 4-1(a)。若把原子或原子结合态单元看成几何学上的结点,这些结点按一定规则排列所组成的几何图形称为晶格或点阵,如图 4-1(b)。晶体三维点阵中存在一个能够完全代表晶格特征的最小单元称作晶胞,如图 4-1(c)表示的是立方晶系的一个晶胞。如果能用一个空间点阵图形贯穿整个晶体,这个晶体又叫单晶体,如自然界存在的金刚石、人工制备的单晶硅、锗等。一般的晶体材料不能用一个空间点阵图形贯穿,它们称为多晶体。

按晶格结点上结合态单元的种类、组成及其粒子间相互作用力的不同,晶体可分为离子晶体、原子晶体、分子晶体、金属晶体四种典型晶体和过渡型晶体及混合型晶体等。

（1）离子晶体 离子晶体的晶格结点上交替排列着正、负离子,由离子键结合。NaCl 离子晶体如图 4-2 所示。

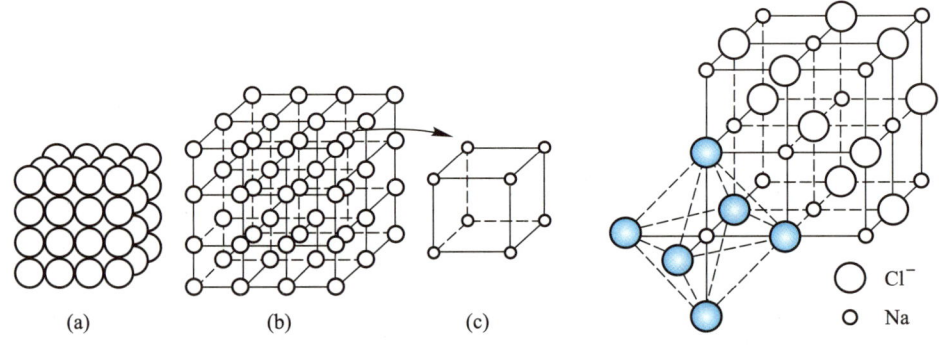

图 4-1 晶格及晶胞　　　　　图 4-2 NaCl 离子晶体

离子晶体一般具有较高的熔点和较大的硬度,较脆。在熔融状态或在水溶液中具有优良的导电性,但在固体状态时离子限制在晶格的一定位置上振动,所以几乎不导电。各种离子晶体由于离子电荷、离子半径和离子电子层结构等的不同,在性质上会有很大差异。离子间的作用力 $f=k(Q_+|Q_-|)/(r_++r_-)^2$,随离子电荷($Q_+|Q_-|$)的增加而增大,随离子半径($r_++r_-$)的增大而减小。其熔点、硬度也有这个规律。其中电荷数起着主要作用,在电荷数相同的情况下,参考半径大小。例如,KF,NaF 和 CaF$_2$,CaO 的递变规律如表 4.1所示。

活泼金属(如 Na,K,Ba,Sr,Mg,Ca 等)的含氧酸盐类和卤化物、氧化物通常属于离子晶体。例如,可作为红外光谱仪棱镜的氯化钠、溴化钾,可作为耐火材料的氧化镁,可作为建筑材料的碳酸钙等。氯化钠、氯化钾、氯化钡的熔点、沸点较高,稳定性较好,不易受热分解。这些氯化物的熔融态常被用作高温时的加热介质,叫作盐浴剂。

表 4.1　KF，NaF，CaF₂ 和 CaO 晶体离子间作用力及其熔点变化规律

物质	KF		NaF		CaF₂		CaO	
离子的电荷数	+1　−1	≈	+1　−1	<	+2　−1	<	+2　−2	
离子半径/nm	0.133　0.133		0.097　0.133		0.099　0.133		0.099　0.132	
离子半径之和/nm	0.266	>	0.230	≈	0.232	≈	0.231	
离子间的作用	⟶增大							
熔点/℃	858		996		1418		2613	

（2）分子晶体　分子晶体的晶格结点上排列着极性分子或非极性分子，分子间以范德华力（分子间力）或氢键相结合。属于分子晶体的物质一般为非金属元素组成的共价化合物，如 SiF_4，$SiCl_4$，$SiBr_4$，SiI_4，H_2O，CO_2，I_2 等。CO_2 分子晶体（干冰）如图 4-3 所示。对于无氢键的相同类型分子晶体，分子间力随相对分子质量增大而增大，熔点、沸点也随之增高。由于分子间力较弱，分子晶体的硬度较小，熔点一般低于 400℃，并有较大的挥发性，如碘片、萘等。

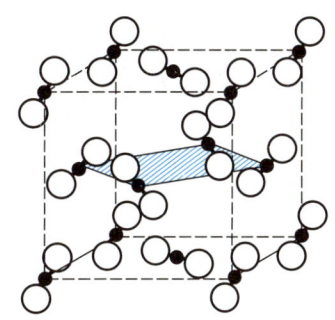

图 4-3　CO_2 分子晶体（干冰）

分子晶体由电中性分子组成，其固态和熔融态都是电的绝缘体。如六氟化硫（SF_6）是非极性分子，它的熔点、沸点低，稳定性好，不着火，能耐高电压而不被击穿，是优质气体绝缘材料，用于变压器及高电压装置中。某些分子晶体，由于分子内含有极性较强的共价键，能溶于水生成水合氢离子和水合酸根阴离子，因而水溶液能导电，如 HAc 晶体等。

高分子化合物也有晶态结构，但没有小分子晶体那么典型，在§3.3 中已讨论。

（3）原子晶体　原子晶体的晶格结点上排列着中性原子，原子间由共价键结合。由非金属元素组成的共价化合物多为分子晶体，但有少部分形成原子晶体，如常见的 C（金刚石，立方形），Si，Ge，As，SiC（俗称金刚砂），SiO_2，B_4C，BN（立方形），GaAs 等。由于共价键作用比分子间力强得多，所以原子晶体一般具有很高的熔点和硬度，在工程中经常被选为磨料或耐火材料。金刚石的晶体结构如图 4-4 所示，由于碳原子半径较小，原子间共价键强度大，要破坏共价键或扭曲键角都需要很大能量，所以熔点高达 3550℃，硬度也极大。但是，原子晶体的延展性很小，有脆性。原子晶体中没有离子，固态、熔融态都不易导电，可作电的绝缘体。某些原子晶体，如 Si，Ge，Ga，As 等可以作为优良的半导体材料。原子晶体在一般溶剂中都不溶解。

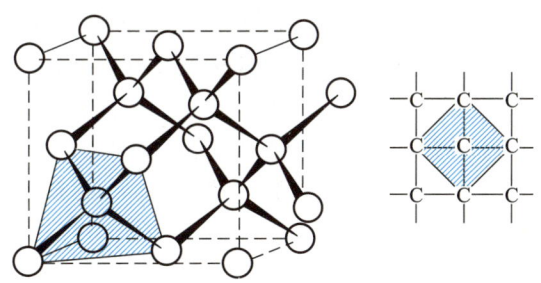

图 4-4　金刚石（C）的晶体结构

（4）金属晶体　金属晶体的晶格结点上排列着原子或正离子。原子或正离

子通过自由电子结合,这种结合力是金属键。金属键的强弱与构成金属晶体原子的原子半径、有效核电荷、外层电子组态等因素有关。金属中最常见的三种晶格如图4-5所示,它们是:(a)配位数为8的体心立方晶格;(b)配位数为12的面心立方密堆积晶格;(c)配位数为12的六方密堆积晶格。

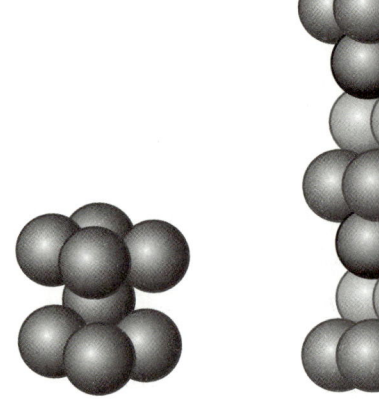

(a) 体心立方晶格　　　　(b) 面心立方密堆积晶格　　　　(c) 六方密堆积晶格

图4-5　金属晶格示意图

金属晶体单质多数具有较高的熔点和较大的硬度,通常所说的耐高温金属就是指熔点高于铬的熔点(1857℃)的金属,集中在副族,其中熔点最高的是钨(3410℃)和铼(3180℃),它们常用作测高温的热电偶材料。也有部分金属晶体单质的熔点较低,如汞的熔点是-38.87℃,常温下为液体;Pb,Sn,Bi也常用于低熔合金的制备,它们的熔点分别是327.50℃,271.44℃,231.97℃,其中铅的毒性较大。

与离子晶体、分子晶体和原子晶体相比,金属晶体具有良好的导电、导热性,尤其是ⅠB族的Cu,Ag,Au。金属晶体还有良好的延展性等机械加工性能,有金属光泽、不透明等特性。纯金属及其合金构成的金属材料是最重要的结构材料之一。

(5)过渡型晶体　将晶体分成上述四个基本类型,给研究和使用带来很多方便。但这仅仅是简单的概括,更多晶体在其典型晶格结点粒子内或粒子间作用发生了变异,很难划入上述任一典型晶体,而属过渡型晶体。例如,§3.1介绍的金属有机化合物中,金属原子与C,O等原子间的作用就发生了变异;对于同一元素的卤化物、氧化物来说,高价态的倾向于形成共价键为主的分子晶体,熔点、沸点较低;低价态的倾向于形成以离子键为主的离子晶体,熔点、沸点较高。正离子价态越高,吸引负离子的电子云的能力越强;负离子的半径越大,其电子云越容易被正离子吸引过去。结果减弱了正、负离子间作用力。故$FeCl_2$的熔点为672℃,而$FeCl_3$的熔点为306℃。

过渡型晶体的这个特性,在工程实际中很有用。例如,利用二碘化钨(WI_2)熔点低、易挥发的特性,在灯管中加入少量I_2可制得碘钨灯。当钨丝受热,温度维持250~650℃时,W升华到灯管壁又与I_2重新生成WI_2;WI_2在整个灯管内扩散,碰到高温钨灯丝便重新分解,并把钨留在灯丝上;这样循环不息,可以大大提高灯的发光效率和寿命。同样的道理,把金属钨改成稀土元素镝(Dy)、钬(Ho),不仅可提高灯的发光效率和寿命,而且由于 Dy 和 Ho 原子的能级多,受激发能产生与太阳接近的多种颜色的原子发射光谱而成"太阳灯"。固体金属有机化合物多属过渡型晶体,可用于化学气相沉积。

（6）混合键型晶体　实际晶体中还有晶格粒子间同时存在几种作用力的混合键型晶体。例如,层状结构的石墨、二硫化钼、氮化硼等属于混合键型晶体。如图 4-6 所示,石墨晶体中同层粒子间以共价键结合,平面结构的层与层之间则以分子间力结合。由于层间的结合力较弱,容易滑动,所以常被用作滑润油和滑润脂的添加剂,以胶粒的形式分散在油或脂中。六方型氮化硼（熔点 2983℃）,又称白色石墨,比石墨更耐高温,化学性质更为稳定,可用来制作熔化金属用的容器、耐高温实验仪器及耐高温固体润滑剂。以它为原料制得的氮化硼纤维是一种无机工程材料,可制成防火衣服、防中子辐射衣服等。六方型氮化硼在适当条件下可转变成立方型氮化硼,在高温中的稳定性超过金刚石,是一种超硬材料,用作钻石、磨具和切削工具。

自然界中存在的多种硅酸盐晶体也属于混合键型晶体。它的基本结构是 1 个硅原子和 4 个氧原子以共价键组成负离子硅氧四面体;硅氧四面体间镶嵌着金属正离子,金属正离子与硅氧四面体负离子间以离子键结合。它们又分立型、链型、层型和骨架型。图 4-7 示意了硅酸盐的硅氧四面体骨架。其中,"○"表示氧原子,"●"表示硅原子,正离子没有表示出来。

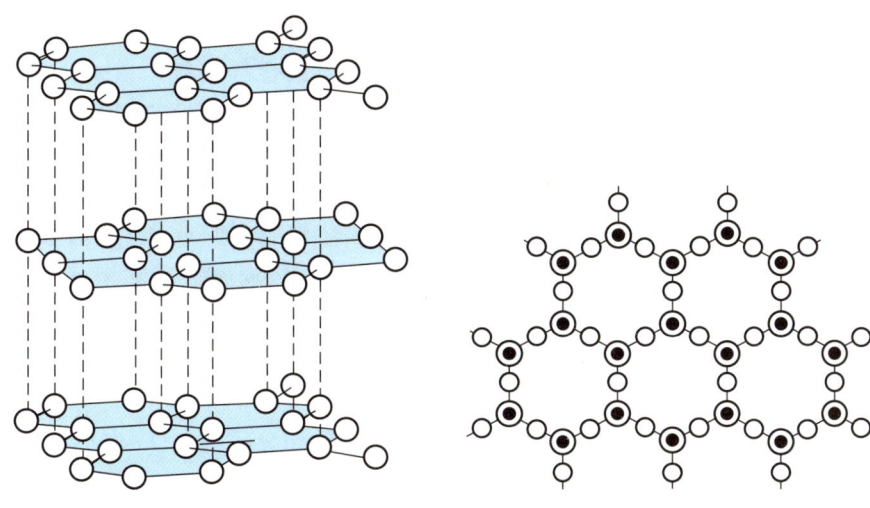

图 4-6　石墨的层状结构　　　　图 4-7　硅酸盐结构示意

2. 非晶体

与晶体晶格结点上粒子长程有序排列不同,非晶体中单元粒子无序排列。非晶体的熔化,经历由固态逐渐变软,最后变为流动熔体的一个过程,所以无确定的熔点。对有机高分子聚合物在不同温度区间,呈现出玻璃态、高弹态和黏流态三种不同的物理状态。非晶体材料的形成通常有两种途径:

① 从液相急剧冷却获得玻璃体材料,其结构与相应液态在转变温度时的结构相同。

② 用液相或气相沉积制备非晶体薄膜,其结构与相应液态结构完全不同,可有多种非晶体结构,不存在玻璃态转变温度。它们在半导体材料中经常出现。

目前广泛应用的非晶体固体有四类:玻璃、非晶态高分子化合物、非晶态薄膜、非晶态合金(也称金属玻璃)。

(1)非晶态高分子化合物　非晶态线型高分子化合物在不同温度下呈现不同的力学状态,如图 4-8 所示。温度足够低时,高分子聚合物不仅整个分子链不能运动,连个别的链节也不能运动,变得如同玻璃体一般坚硬。这样的状态称为玻璃态。常温下的塑料,就处于这种状态。当温度升高到一定程度时,高分子化合物的整个链还不能运动,但其中的链节已可以自由运动了。此时在外力作用下所产生的形变可能达到一个很大的数值,表现出很高的弹性,因此称为高弹态。常温下的橡胶就处于这种状态。当温度继续升高时,分子链得到更多的能量,以致整条分子链都可以自由运动,成为流动的黏液,此时称为黏流态。

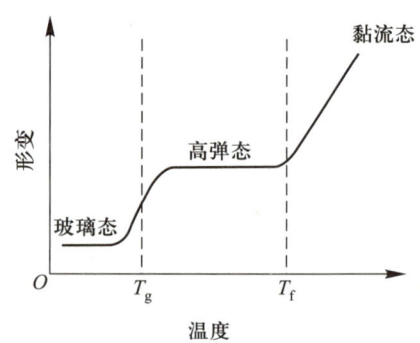

图 4-8　高分子化合物的形变与温度的关系

由玻璃态向高弹态转变的温度叫作玻璃化温度(T_g)。习惯把 T_g 大于室温的高分子化合物称为塑料;把 T_g 小于室温的高分子化合物称为橡胶。作为塑料,要求在室温下能保持固定的形状,因此 T_g 越高越好。作为橡胶,要求能够保持高度的弹性,因此 T_g 越低越好。人们可以采取改变聚合条件,加入增塑剂或用定向聚合等措施来改变高分子化合物的 T_g,从而提高其耐寒性或耐热性。例如,普通聚苯乙烯的 T_g 为 80℃,而定向聚苯乙烯由于分子排列整齐,其 T_g 可达 240℃,耐热性大为提高。

由高弹态向黏流态转变的温度叫作黏流化温度(T_f)。黏流化温度是高分子化合物成型加工的下限温度。温度高,流动性大,便于加工(如注塑、浇塑、吹塑)。但温度太高,流动性太大也会造成工艺上的麻烦,并导致制品收缩率加大。温度过高甚至可能引起分解。高分子化合物的分解温度(T_d)是成型加工的上限温度。对高分子材料的加工来说,T_f 越低越好;对耐热性来说,T_f 越高越好。T_g 与 T_f 差值越大,其应用温度范围越宽,橡胶的耐寒、耐热性也越好。

几种高分子化合物的玻璃化温度 T_g、黏流化温度 T_f 和分解温度 T_d 列于表 4.2。

表 4.2　几种高分子化合物的玻璃化温度、黏流化温度和分解温度

高分子化合物	T_g/℃	高分子化合物	T_g/℃	高分子化合物	T_f/℃	T_d/℃
聚苯乙烯	80~100	尼龙-66	48	低压聚乙烯	100~130	≥300
聚甲基丙烯酸甲酯	57~68	天然橡胶	-73	聚苯乙烯	112~146	>300
聚氯乙烯	75	丁苯橡胶	-63~-75	聚碳酸酯	220~230	300~310
聚乙烯醇	85	氯丁橡胶	-40~-50	尼龙-66	264	270
聚丙烯腈	>100	硅橡胶	-109			

（2）非晶态薄膜　目前使用的许多半导体器件中都有非晶态薄膜,最具代表性的是具有极高信息密度的光存贮盘,还有全息摄影、薄的柔性衬底生长的廉价光电池、激光书写和复印机上的长寿命感光滚筒,以及用于大屏幕显示的电子电路等。它们使用的半导体物质是 Ge,Si,α-Si:H,GaAs 等材料。这些材料主要是用射频等离子体化学气相沉积法在严格控制条件下制备的单层非晶态薄膜。所谓射频等离子体化学气相沉积是一种使导体、半导体、绝缘材料薄膜化的重要技术和方法。它在等离子体发生器中,用高频（10~100 MHz,又称射频）电场来放电,使工作气体电离,获得高速溅射粒子,轰击作为靶的材料,轰出的物质（如原子、离子、基团等）在气相中沉积在所需的基片上,如 α-Si:H。非晶态薄膜具有良好的光学、电学性质,它们的组成和结构随制备条件不同而不同。

（3）非晶态合金　非晶态合金是一类新型非晶态材料,20 世纪 60 年代后才在制备技术上得到突破。它由液态金属快速凝固而成（冷却速率为 10^3~10^5 K·s^{-1}）,也叫金属玻璃。非晶态合金可以是二元、三元或多元合金,二元合金中加入适当的其他元素常常能够提高合金的非晶化能力。例如,$Pd_{82}Si_{18}$ 形成临界冷却速率约为 10^5 K·s^{-1},加入 Cu 后 $Pd_{77}Cu_6Si_{17}$ 约在 10^2 K·s^{-1} 冷却速率下就可以形成几毫米粗的非晶丝。$Pd_{40}Cu_{30}Ni_{10}P_{20}$ 可以在 0.1 K·s^{-1} 的冷却速率下形成厚度约为 100 mm 的大体积非晶态合金。原子半径小的元素如 Be,P,B,C 及 Ⅵ~Ⅷ 族过渡金属元素等是大体积非晶态合金的重要组成部分。非晶态合金在力、电、磁等性能方面优于同类晶态材料,具有高强度、高韧性、高硬度、高光洁度和抗腐蚀、抗辐射、抗冲击等特点。断裂强度一般为相应晶态材料的 10~30 倍,$Fe_{80}B_{20}$ 和 $Fe_{72}Cr_8P_{13}C_7$ 的断裂强度分别达 370 kg·mm^{-2} 和 385 kg·mm^{-2},达到晶态材料的最高强度；非晶态合金的电阻比相同成分的晶态合金高 5~6 倍；磁性非晶态合金没有磁各向异性,磁滞损失非常小。非晶态合金应用量最大的是在软磁材料方面,如用于变压器、磁头、传感器、开关电源；也用于反应器内衬、轮胎、高强水泥等产品和构件的增强体；还可以与高分子化合物、无机材料复合制成耐压容器。在其他结构材料、工具材料、表面材料和精密光电材料等方面也有广泛应用。

（4）石英光导纤维　值得提及的是,石英光导纤维这一非晶体材料,是优良的导光材料。光导纤维利用光脉冲传输信息,具有传输信号容量大、损耗小、中继站少等优点,是发展现代通信的关键性材料。光导纤维除以 SiO_2 为主、添加少量 GeO_2 等的石英氧化物光纤外,还有 SiO_2-CaO-Na_2O,SiO_2-B_2O_3-Na_2O 等氧化物光导纤维及 ZrF_4-LaF_3-BaF_4 等氟化物光导纤维等。

为了达到光导纤维、磁性材料、半导体材料等功能材料的性能,对其组成元素纯度要求很高,因为组成不同,粒子间的相互作用不同。在石英光导纤维中极其微量的 H_2O 或 OH^- 都会影响它的折射率及其信息传输。

3. 晶体的缺陷

在三维空间内按点阵式周期性排列并无限伸展的晶体称为理想晶体。实际晶体可在以下几个方面偏离理想晶体。

首先,在实际晶体中周期性并不能无限地贯穿,一般的晶体多由边长 100 nm 左右的晶胞组成,每个晶胞间堆砌时或多几个或少几个原子就不能算作典型的理想晶体了。

其次,晶体中处在晶格位置的原子、离子、分子并不是静止的。例如,NaCl 晶体中,相

邻 Na^+ 和 Cl^- 的间距为 0.282 nm,由于离子的振动,振幅为 0.023 nm。在像 NH_4Cl 这样的晶体中,NH_4^+ 在一定位置上还可做旋转运动。这些情况都可看作对理想晶体模型的偏离。由质点热运动而形成的缺陷有时也叫热缺陷。

产生晶体缺陷的原因很多,通常将其分为点缺陷、线缺陷、面缺陷和体缺陷。在缺陷的部位,由于缺陷破坏了正常的点阵结构,因此能量比较高,它对晶体的一系列物理、化学性质产生明显影响。

(1) 对力学性质的影响　α-铁和很多其他体心立方金属的强度对杂质的含量很敏感,微量杂质既可大大提高这类金属的屈服强度,也可显著地降低它们的韧性。微量杂质(尤其是间隙原子)对很多体心立方金属的脆性起决定性作用,而且对温度特别敏感。

(2) 对电学性质的影响　属于电子导电的各种金属材料,随其内部缺陷浓度的增加,电阻率增高。因此,各种金属导线在拉丝后都要经过热处理退火,以减少其中的缺陷。属于离子导电的各种离子晶体,随其内部缺陷浓度的增加,电阻率降低,电导率增高。离子晶体的导电过程通常是通过缺陷的扩散运动来实现的。许多半导体材料,如锗、硅等做成器件前都要掺杂,杂质元素的引入,改变了半导体材料的能带结构。控制掺杂元素的种类和浓度,可以得到不同类型、各种电阻率范围的半导体材料。

(3) 对光学性质的影响　成分不合乎化学比的晶体,当过量的金属离子(只要过量万分之一)出现在晶体中的时候,可以使本来无色透明的晶体产生一种较深的颜色。例如,将碱金属卤化物晶体在相应的碱金属蒸气中加热时,NaCl 就会变成黄色的 $Na_{1+x}Cl$,KCl 就会变成蓝色的 $K_{1+x}Cl$。

(4) 对催化剂性能的影响　广义来说,各种晶体的表面都有缺陷。处于表面的原子、离子其化合价往往没有满足,显现出一定的剩余化合价,因此能够吸附其他的原子、分子,它们往往是催化活性中心。

总之,晶体的缺陷是普遍存在的,不可避免,晶体的缺陷往往是造成物质性质敏感变化的一个关键,因此对晶体的缺陷的研究成了材料研究的核心内容。一方面,人们努力减少材料里的缺陷,以此获得一些具有特殊性能的材料,如人工晶体等,其中最著名的就是单晶硅。单晶硅质量的不断提高促进了电子工业的快速发展。另一方面,人们有意识、有目的地利用缺陷,从而制成具有不同性能的材料,以满足多种需要。例如,钢铁中残留的碳,如果以片状石墨的形式存在于钢铁之中,则钢铁受力后容易断裂,根本不能做结构材料,但它有很好的减震作用,可做机床的底座。如果将片状石墨转化成球形石墨,则钢铁不仅不易断裂,反而能增加其耐磨性和机械强度,这种铸铁就是我们熟知的球墨铸铁。陶瓷材料也是含有大量缺陷的材料。

4.1.2　固体能带理论

1. 金属键和固体能带理论

能带理论认为:由众多个原子的原子轨道叠加形成结合态轨道时,将形成众多的成键轨道和反键轨道及电子不能出现的禁区。这些轨道和禁区的能级间距都极小,故而几乎是连续的能带,这就是固体能带理论,如图 4-9 所示。按照能量最低原理,所有的电子依

次填入相应的能带中,填充电子后的能量最高的满带称为价带,能量最低的空带称为导带。不能出现电子的区域间隔称为带隙或禁带。对于金属导体来说,禁带消失,价带中的所有价电子在众多原子核间运动便构成了金属键。

量子力学计算表明,原子轨道重叠的程度越大,所形成的能带就越宽,甚至造成能带间发生重叠,如图 4-9(a)(b)所示。在金属钠中,3s 能带比 2s 能带宽,比 1s 能带更宽;由于金属钠只有 1 个 3s 电子,被充满电子的那部分 3s 能带被称为价带;只要微弱的扰动,价带中的电子就可进入空着的那部分 3s 能带,所以空着的那部分能带又称导带。在金属镁中 3s 能带和 3p 能带发生重叠,充满电子的 3s 能带中的电子可以自由地向 3p 能带(导带)上迁移,因此金属钠、镁都是电的良导体。能带中的电子可以吸收光能,并也能将吸收的能量又发射出来,这就说明了金属的光泽和金属是辐射的优良反射体;电子运动可使金属传输热能,具有良好的导热性。总之,金属的一些物理性质均能用能带理论给予较好的解释。

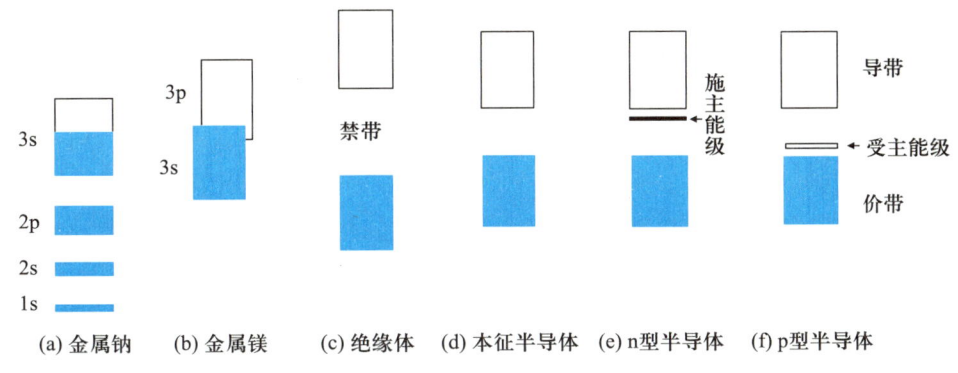

图 4-9 金属和固体能带示意图

2. 绝缘体和半导体

在绝缘体中,禁带较宽,如金刚石约为 1.12×10^{-18} J(7 eV),电子要通过这么宽的禁带,通常是难以实现的。在半导体中,禁带宽度一般都小于 8.0×10^{-19} J(5 eV),如硅的禁带为 1.76×10^{-19} J(1.1 eV)、锗的禁带为 1.12×10^{-19} J(0.7 eV)。由于电子的热运动,使得价带中极少数能量较高的电子能够越过禁带而进入导带中,从而表现出有限的导电能力,这种半导体就叫本征半导体。本征半导体经掺杂后,则在禁带范围内形成有限的局部能级,犹如在小河中间加入了几个石墩,它们极大地方便了电子的通行,因此半导体材料的电导率对杂质的存在特别敏感。掺杂半导体可分成两类,一类叫 n 型半导体,掺入的是富电子杂质,如硅中掺入磷、砷等,P 和 As 都含有 5 个价电子,它们在置换出部分 Si 原子后,多余一个电子将填入局部能级中,这种局部能级离导带底部很近,通常的间隔为 0.1 ~ 0.01 eV,其中的电子可以很容易地被激发至导带中,从而大大增加半导体的导电能力;这种能级也叫施主能级。另一类叫 p 型半导体,掺入的是缺电子杂质,如硅中掺入硼、铟等,B 和 In 都含有 3 个价电子,它们在取代部分 Si 原子后,在局部能级中留下一些空穴,这种局部能级离价带顶部很近,也只有 0.1 ~ 0.01 eV 的间隔,因此价带中的电子也能很容易地迁入,这种局部能级通常被称作受主能级。

固体能带理论不仅能够说明金属的导电性、非金属的绝缘性及半导体性,它还可以说明其他性质,如光学性质等。总之,固体能带理论是材料研究领域里不可或缺的重要理论之一。

3. 量子点

量子点(quantum dots,QDs)是一种粒径为 2~10 nm 的零维半导体纳米晶体,具有独特的荧光特性,是一种理想的发光材料。早在 1981 年,伊基莫夫(A. I. Ekimov)等人发现在玻璃基质中氯化铜纳米晶有吸收峰蓝移现象,并第一次用势箱模型解释了光学带隙与纳米晶尺寸的关系,即量子尺寸效应。20 世纪 80 年代,贝尔实验室的布鲁斯(L. E. Brus)等人合成出了一大类 Ⅱ-Ⅵ 族半导体纳米晶,在胶体溶液中发现其量子尺寸效应,并对量子点电子结构模型作出改进。1993 年,巴文迪(M. G. Bawendi)等人发明了一种合成高质量量子点的“快速注射法”。巴文迪、布鲁斯和伊基莫夫三位科学家因在量子点研究方面的突出贡献,被授予 2023 年诺贝尔化学奖。

图 4-10

量子点由少量原子构成,三个维度的尺寸在 10 nm 以下,内部电子在各个方向上的运动都受到限制,产生很强的量子限域效应。当纳米晶的尺寸减小至特定的临界尺寸时,纳米晶内部的原子数有限,所构筑的材料的能级相对于块体材料而言变为分立(类似于分子能级,可产生光致发光),禁带宽相对于块体材料变大,即吸收光谱和发射光谱发生蓝移,因此通过控制量子点的尺寸可得到不同波长的荧光光谱。图 4-10 给出了 CdSe 量子点荧光光谱波长与量子点尺寸的关系。量子点尺寸变小时,禁带宽变大,荧光光谱波长变短。

图 4-11

自 20 世纪 80 年代合成出 Ⅱ-Ⅵ 族半导体量子点材料以来,新的量子点材料不断涌现,目前研究较多的量子点材料包括:Ⅱ-Ⅵ 族半导体量子点(如 CdS、CdSe、CdTe 等量子点)、Ⅲ-Ⅴ 族半导体量子点(如 GaN、InP、InAs、GaSb 等量子点)、Ⅳ 族量子点(如硅量子点和碳量子点)和钙钛矿量子点等。作为量子点材料的钙钛矿化学结构通式可表示为 ABX_3,由一价阳离子 A、二价金属阳离子 B(Pb^{2+}、Sn^{2+}、Bi^{2+} 等)和卤族元素 X(Cl^-、Br^-、I^- 等)组成,根据 A 位元素的不同,将含有有机阳离子的钙钛矿称为有机-无机杂化钙钛矿(hybrid organic-inorganic perovskite,OHIP),只含有无机金属离子的钙钛矿称为全无机钙钛矿(all-inorganic perovskite,AIP)。与有机-无机杂化的钙钛矿相比,全无机钙钛矿的稳定性更佳。图 4-11 给出了高温热注射法合成的钙钛矿量子点的荧光照片和荧光光谱。

图 4-12

量子点的重要应用之一为量子点发光二极管(quantum dot light emitting diodes,QLED),QLED 的结构与有机发光二极管(organic light emitting diodes,OLED)相似,如图 4-12 所示,主要由阳极(anode)、空穴注入层(hole injection layer,HIL)/空穴传输层(hole transport layer,HTL)、量子点发光层(QD emission layer)、电子注入层(electron injection layer,EIL)/电子传输层(electron transport layer,ETL)、阴极(cathode)等构成。QLED 与 OLED 的主要区别在于 QLED 的发光层由量子点材料构成,而 OLED 的发光层由有机材料构成。

量子点材料除了可用于发光二极管外,在太阳能电池、生物成像等领域也具有广阔的应用前景,限于篇幅不再赘述,有兴趣的读者可查阅相关文献。

4.1.3　固体材料的性质与应用

固体材料在人类生产生活中发挥着重要作用,固体材料的种类很多,如金属材料、玻

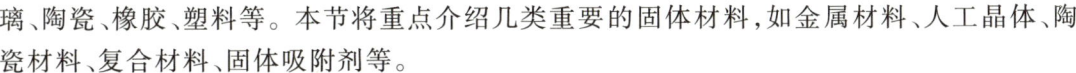

璃、陶瓷、橡胶、塑料等。本节将重点介绍几类重要的固体材料,如金属材料、人工晶体、陶瓷材料、复合材料、固体吸附剂等。

1. 金属材料

金属作为一类材料具有许多可贵的使用性能和加工性能,其中包括良好的导电性、导热性,高的机械强度,较为广泛的温度使用范围等。金属材料在国民经济及科学技术等领域早已得到广泛的应用,即使在新材料发展层出不穷的今天,金属材料的产量和使用领域依然占有极为重要的地位。

金属材料的种类很多。按其组成和使用性能的不同可将金属材料分成钢铁材料、非铁金属材料、金属功能材料,以及新型的金属间化合物材料和金属基复合材料等几大类;每一大类又分成若干个系列。在工程技术中,实际使用的金属材料绝大多数是合金材料,很少用到纯金属。这是因为纯金属远不能满足工程上提出的众多的性能要求,而且从经济上讲,制备纯金属并不可取。因此这里主要介绍具有金属特征的合金材料。例如,碳钢主要就是由铁和碳两种元素组成的合金。

(1)合金类型　合金的结构比纯金属的结构要复杂得多。根据合金中组成元素之间相互作用的情况不同,一般可分为三种结构类型:金属固溶体型;金属间化合物型;机械混合物型。前两类合金均匀性较好,后一类合金均匀性较差。

① 金属固溶体　一种金属元素(或非金属元素)溶解到另一种金属元素的晶体中形成一种均匀的固态溶液,这类合金称为金属固溶体。金属固溶体在液态时为均匀的液相,凝固后仍保持液相时的均匀性。金属固溶体可分为置换固溶体和间隙固溶体。

在置换固溶体中,溶质原子占据了溶剂原子的位置,如图 4-13(b)所示。当溶质元素与溶剂元素在原子半径、电负性及晶格类型等方面都相近时易形成置换固溶体。例如,V,Cr,Mn,Ni 和 Co 等元素与 Fe 都能形成置换固溶体;Zn 能取代部分 Cu 原子形成黄铜合金等。

当溶质原子半径较小时($r_{溶质}/r_{溶剂}<0.59$),如 H,B,C,N 等元素,容易与 d 区金属元素形成间隙固溶体,如图 4-13(c)所示。许多由副族金属元素和原子半径较小的元素形成的合金都属间隙固溶体。

当溶质元素溶入溶剂元素后,能使原来的晶格发生畸变(图 4-14),它们将阻碍材料因外力作用而引起的形变,因而使固溶体的强度得到提高,但其延展性和导电性将会下降,这种现象称为固溶强化。固溶强化对改善金属材料的性能具有重大意义。

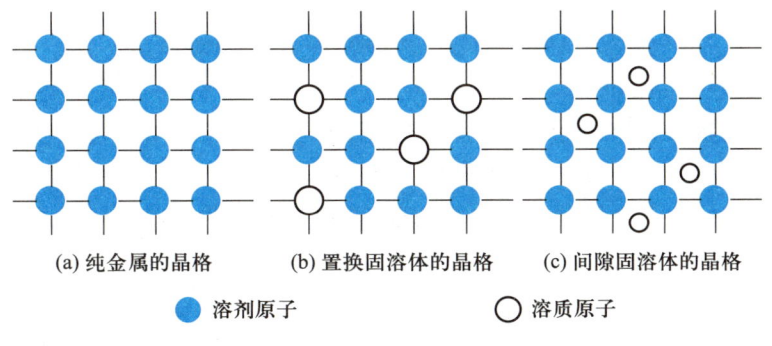

(a) 纯金属的晶格　　　(b) 置换固溶体的晶格　　　(c) 间隙固溶体的晶格

● 溶剂原子　　　　　○ 溶质原子

图 4-13　纯金属和固溶体的晶格中原子分布示意图

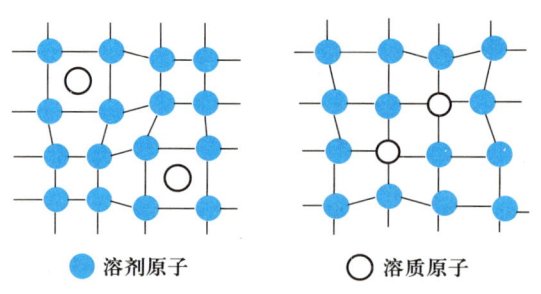

● 溶剂原子　　○ 溶质原子

图 4-14 形成固溶体时晶格畸变示意图

　　② 金属间化合物　它们又称金属互化物、金属化合物。当合金中加入的溶质元素超过了其在溶剂金属中的溶解度时,除能形成固溶体外,同时还会出现新的相,这第二相可以是另一组分的固溶体,而更常见的是形成金属化合物。金属化合物种类很多,从组成元素来看,可以是金属元素与金属元素,也可以是金属元素与非金属元素,前者如 Mg_2Pb 和 CuZn 等;后者如 B、C 和 N 等非金属元素与 d 区金属元素形成的化合物,分别称为硼化物、碳化物和氮化物,它们具有某些独特的性能,如高强度、高熔点、高稳定性等,见表 4.3。

表 4.3　第一过渡系元素硼化物、碳化物和氮化物的显微硬度和熔点

族	ⅣB	ⅤB	ⅥB	ⅦB	Ⅷ
硼化物	Ti_2B	VB_2	Cr_2B	Mn_2B	FeB
显微硬度/$(kg \cdot mm^{-2})$	3300	2800	1350	2500	1900
熔点/℃	2980	2400	1890	2140	1540
碳化物	TiC	VC	Cr_3C_2	Mn_3C	Fe_3C
显微硬度/$(kg \cdot mm^{-2})$	3000	2094	1350		860
熔点/℃	3150	2810	1895	1520	1650
氮化物	TiN	VN	CrN	Mn_2N	Fe_2N
显微硬度/$(kg \cdot mm^{-2})$	1994	1520	1093	600	
熔点/℃	2905	2360	1500		560

　　硼化物、碳化物和氮化物在钢中的稳定性取决于金属元素与硼、碳、氮元素之间作用力的大小,一般来讲 d 电子数越少,则金属元素与硼、碳、氮结合强度就越大,稳定性也就越大;同时影响 d 区元素金属化合物合金的硬度、熔点和钢的性能。例如,对于工具钢(切削磨刀具),不仅要求在常温下具有高硬度,而且要求在较高温度下仍能保持高硬度和高的耐磨性,俗称红硬性。由于碳素工具钢的硬度差,刃部受热至 200~250℃ 时,硬度便急剧下降,在 500℃ 时已降低到完全丧失切削的能力。但若加入 W,Mo,V,Cr 等,使之与 C 形成碳化物,即使在高速切削升温至 500~600℃ 的情况下,仍能保持切削能力。这与

WC,TiC,VC 等高强度、耐高温性质密不可分。

③ **机械混合物合金** 机械混合物合金是两种或多种金属在熔融状态时可以完全或部分互溶,但在凝固时各组分又分别结晶出来,成为机械混合物。在普通显微镜下,可观察到这种合金的各组分或它们的混合晶体。机械混合物合金的熔点、导电、导热等性质是其组分金属的平均性质。例如,焊接用的 Sn-Pb 合金。

(2)重要的合金材料

① **超高强度结构钢** 超高强度钢一般指抗屈服强度相当大,同时兼有韧性的钢。超高强度钢用于飞机的结构材料、火箭发动机外壳、飞机机身骨架和着陆部件,以及某些高压容器和常规武器。超高强度钢可以分为低合金、中合金和高合金超高强度结构钢三类。表 4.4 列出几种超高强度结构钢的力学性能,其中的 σ_b 表示抗拉强度,又称拉伸强度,是指材料在被拉断前的最大承载应力;$\sigma_{0.2}$ 表示材料的条件屈服强度,工程上规定,样品产生 0.2% 塑性变形时的应力值为该材料的条件屈服强度;δ_5 表示延伸率,ψ 表示断面收缩率;δ_5 和 ψ 均是表示材料塑性大小的参数,所谓塑性是指材料在外力作用下,产生永久变形而不破坏其完整性的能力;K_{IC} 表示临界强度因子,是表征材料韧性的一个参数,也称断裂韧性。

表 4.4 部分超高强度结构钢的力学性能

钢种	性能				
	σ_b/MPa	$\sigma_{0.2}$/MPa	δ_5/%	ψ/%	K_{IC}/(MPa·m$^{1/2}$)
30CrMnSiNi2A	1730	1630	12.3	50.5	62
40CrNi2Si2MoVA	1925	1630	12.5	50.6	85.1
45CrNiMoVA	1610	1470	14.0	48.5	105
35CrNi4MoA	1938	1553	10.7	43.1	69.9

② **耐热合金** 耐热合金主要是 VB～ⅦB 族元素和Ⅷ族高熔点元素形成的合金。应用最多的有铁基、镍基和钴基合金。它们被广泛地用来制造涡轮发动机,各种燃气轮机热端部件,涡轮工作叶片、涡轮盘、燃烧室等。

现代镍钴合金能耐 1200℃,用于喷气发动机和燃气轮机的构件。镍铬铁非磁性耐热合金在 1200℃ 时仍具有强度高、韧性好的特点,可用于航天飞机的部件和原子核反应堆的控制棒等。寻找耐高温、耐腐蚀、高强度、长寿命等要求的合金材料,仍是今后材料研究的重要方向之一。

③ **铝合金** 铝是一种轻金属,密度为 2.70 g·cm^{-3},它具有良好的导电(导电性仅次于银、铜)、导热性能,易钝化,在空气中稳定;但强度、硬度和耐磨性能较差,如果在铝中加入 Mg,Cu,Zn,Mn,Si,Li,并辅加微量元素 Ti,V,B,Ni,Cr 和稀土元素等形成合金,就可大大提高其硬度和耐磨性等。例如,常见的 Al-Cu-Mg-Mn 合金称为硬铝,Al-Cu-Mg-Zn 合金称为超硬铝(其强度远高于钢)。这些铝合金相对密度小、强度高、易成型,被广泛用于飞机制造业。一架现代化超音速飞机,铝及其合金占总质量的 70%～80%,美国阿波罗 11 号宇宙飞船,铝及其合金占所使用金属材料的 75%。

④ **钛合金**　钛是银白色金属,外观似钢。钛的熔点比铁和镍都高,属难熔稀有金属,是一种很好的热强合金材料。钛的优良性能是密度小,强度高,韧性比铁强得多,而且耐蚀性好,塑性也很好。向钛中加入 V,Mo,Nb,Cr,Cu,Al,Mn 和 Zr 等金属元素,即可制得性能各异的钛合金。钛合金具有密度小、强度高、无磁性、耐高温、抗腐蚀等优点,是制造飞机、火箭发动机、人造卫星外壳和宇宙飞船船舱等重要结构材料;如老牌钛合金 Ti-6Al-4V 等。钛合金不仅可以作太空材料,而且还可作海洋中潜艇的材料,也可以作医用材料。因此金属钛享有"空间金属""未来的金属""亲生物金属"等称号。

⑤ **低熔合金**　低熔合金属金属功能材料,常用的低熔金属及其合金元素有碱金属元素和 ⅡB 族右下方三角区内的金属,如 Cd,Hg,Sn,Pb 和 Bi 等。

汞在室温时呈液态,而且在 $0\sim200℃$ 时的体积膨胀系数很均匀,又不浸润玻璃,因此常用作温度计、气压计中的液柱。也可以用汞制成导电表,用于恒温控制。汞几乎可与所有金属(除 Fe 和 Pt 外)形成合金,汞的合金叫作汞齐。古代工匠就是用金的汞齐、银的汞齐(均为液态)给工艺品镀金的,这种工艺俗称"鎏金"。因为在刷涂过程中及除汞过程中(通过加热挥发)难免有汞逸出,所以这种工艺对环境及工匠的身体健康都是极其有害的。

铋的某些合金的熔点在 100℃ 以下。例如,由 Bi,Pb,Sn 和 Cd(质量分数之比为 0.50∶0.25∶0.13∶0.12)组成的伍德(Wood)合金,俗称"保险丝",其熔点仅为 71℃,被广泛应用于供电装置、锅炉安全装置等。钾钠合金(质量分数为 0.772∶0.228),目前用作原子能反应堆的冷却剂。

⑥ **形状记忆合金**　形状记忆合金也是一类金属功能材料。形状记忆合金有一个特殊转变温度,在转变温度以下,金属晶体结构处于一种不稳定结构状态;在转变温度(用 T_c 表示)以上,金属结构是一种稳定结构状态。一旦把它加热到 T_c 以上,不稳定结构就转变成稳定结构,合金就恢复了原来的形状,即合金好像"记得"原先所具有的形状,故称这类合金为形状记忆合金。例如,$Ti_{50}Ni(T_c=60℃)$ 和 $Ti_{51}Ni(T_c=-30℃)$ 等。

具体做法是在转变温度之上,将材料加工成形,然后将器件冷却至转变温度之下,进行折叠或拉伸等处理,当环境温度一旦升至转变温度以上,则器件立刻恢复原形,从而发挥预期作用。

由于有这种特殊性能,形状记忆合金在宇航、自动控制、医疗等多个领域已得到广泛应用。例如,卫星的天线、太阳能帆板的支架等,机械装置中的某些紧固件等。总之形状记忆合金具有传感和驱动的双重功能,因此人们把这种材料也叫作"智能材料"。

⑦ **稀土合金**　稀土合金是在熔炼金属时加入少量稀土元素所组成的合金。在铸铁中加入适量的铈,可使其强度提高一倍,耐磨性和耐疲劳性能都可提高,韧性高;在防锈耐热钢中加入少量稀土后,能显著提高其热加工塑性,同时在高温下的抗氧化性也增强。稀土合金还具有良好的吸氢和释氢性能,可用做储氢材料,目前使用的镍氢电池,其负极材料就是吸收了氢气的 $LaNi_5$ 合金。

稀土元素除用作合金外,还有数量极多的化合物,如彩色荧光粉($Y_2O_2S:Eu^{3+}$,红粉;$Y_2O_2S:Tb^{3+}$,绿粉)、钇钕石榴石激光晶体($Y_3Al_5O_{12}:Nd^{3+}$)、超导材料、稀土永磁体($SmCo_5$、$Nd_{15}Fe_{77}B_8$)等。用稀土化合物给材料着色或染色,其色牢度、光泽等各种指标均优于传统的着色剂和染料。合金材料种类很多,重要的还有已经介绍过的非晶态合金等。

2. 人工晶体

科学研究表明,许多单晶体具有各种独特的物理性质,且能实现光、电、声、磁、热、力等不同能量形式的交互作用和转换,在现代工业和现代科学技术中有着广泛而重要的应用。目前在各技术领域中应用的晶体,几乎都是人工晶体。

人工晶体按物理性质可分为半导体晶体、压电晶体、铁电晶体、激光晶体、非线性光学晶体、电光晶体等。在实际应用中,绝大多数都是无机晶体。下面介绍几种重要的晶体。

（1）光学晶体　近年来随着红外技术的发展,红外光谱的研究及应用范围越来越广。光谱仪的棱镜和窗口等都是用人工单晶制成的,如 NaCl,KCl,KBr,KI,CsBr,CsI,KRS-5（TlBr 与 TlI 的固溶体）等;透过紫外线所需的 LiF,CaF$_2$ 等大晶体也已制得。光学用主要晶体及其性质如表 4.5 所示。

表 4.5　光学用主要晶体及其性质

晶体种类	NaCl	KCl	KBr	KI	CsBr	LiF	CaF$_2$
透过波长/μm	0.2~15	0.38~21	0.21~27	0.25~31	0.21~40	0.11~7	0.125~11
显微硬度	18	7.2	7.0	—	19.5	102	158
熔点/℃	801	776	730	680	636	843	1360
溶解度/ （g·100 g^{-1}） （水中,25℃）	35.7	34.7	54	127.5	124.3	0.27	0.0017

光学晶体可用温度梯度缓冷法、坩埚下降法或引上法（拉制法）等方法制取。

（2）压电晶体　压电晶体是指具有压电效应的晶体。所谓压电效应,是指物体（按一定取向切取的晶片）在受到外力作用时,由于形变而导致在与力方向垂直的平面上出现正、负束缚电荷,如图 4-15 所示。

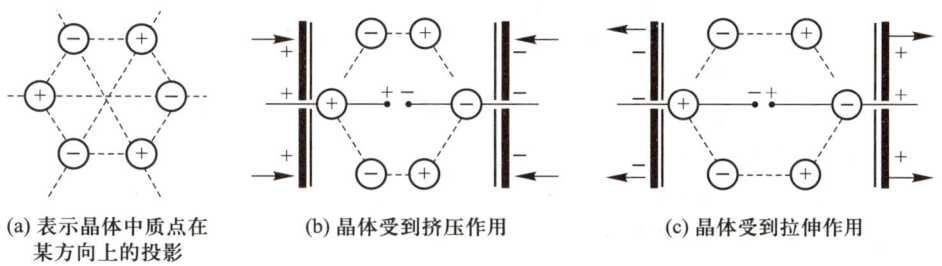

(a) 表示晶体中质点在　　　(b) 晶体受到挤压作用　　　(c) 晶体受到拉伸作用
　某方向上的投影

图 4-15　压电晶体产生压电效应的机理

反之,将晶片置于交变电场中,则晶片将随外场发生伸缩,这种现象则称为逆压电效应。当交变电场频率与晶片固有频率匹配,则产生谐振。

一般来说,没有对称中心的晶体均具有压电性,如酒石酸钾钠（NaKC$_4$H$_4$O$_6$·4H$_2$O）、磷酸二氢铵（NH$_4$H$_2$PO$_4$,ADP）、α-石英、磷酸铝（AlPO$_4$）等。酒石酸钾钠和磷酸二氢铵是

由水溶液中结晶析出的,而 α-石英、磷酸铝则是采用水热法育成的。

压电晶体主要用作测压元件、谐振器、滤波器、声呐、超声换能器、压电点火器等。

(3)**激光晶体** 激光晶体是用于固体激光器产生激光的晶体,由基质晶体和激活离子构成。基质晶体有氧化铝、氟化钙、钇铝石榴石($Y_3Al_5O_{12}$)等,激活离子主要是过渡金属离子,如 Cr^{3+},Nd^{3+},Ho^{3+} 等。著名的激光晶体有红宝石(Al_2O_3:Cr^{3+})激光晶体、钇铝石榴石($Y_3Al_5O_{12}$:Nd^{3+})激光晶体等。

红宝石激光晶体的理化性能很好,材料坚硬、稳定、导热性好、抗破坏能力高,对可被转换的普通光的吸收特性好,可在室温条件下获得 694.3 nm 的可见激光振荡。这一波长的光不但人眼可见,而且对于绝大多数的各种光敏材料和光探测元件来说,都是易于进行探测和定量测量的,因此红宝石激光器在基础研究、强光(非线性)光学研究、激光光谱学研究、激光照相和全息技术、激光雷达与测距技术等方面都有广泛的应用。

军用激光测距仪和制导用激光照明器都采用钇铝石榴石激光器。这种激光器也是唯一能在常温下连续工作,且有较大功率的固体激光器。

3. 陶瓷材料

(1)**陶瓷** 陶瓷是陶器和瓷器的总称。随着技术的进步和产品品种的日益丰富,陶器和瓷器之间的界限越来越模糊,现代的陶瓷材料已被看作经过高温热处理(烧结)而成的所有无机非金属材料的简称。其生产工艺可概括为:坯料制备、成型、干燥、烧成、装饰等过程。每个过程又可分为若干工序。

陶瓷可粗略地分为传统陶瓷和特种陶瓷两类。传统陶瓷或称普通陶瓷,它们多为以黏土、长石、石英等无机非金属矿物为主要原料烧成的硅酸盐制品,主要用做日用器皿、建筑材料、工艺装饰等。传统陶瓷具有良好的电绝缘性和耐化学腐蚀等特性,因此部分陶瓷还用于电力工业(低压电器)和化学工业中。

特种陶瓷或称精细陶瓷,它是以精制的高纯天然无机物或人工合成无机化合物为原料,采用精密控制的工艺进行烧结的制品。特种陶瓷按其使用性能可分为结构陶瓷和功能陶瓷。将具有机械功能、热功能和部分化学功能的陶瓷列为结构陶瓷,而将具有电、光、磁、化学和生物特性,且具有相互转换功能的陶瓷列为功能陶瓷。功能陶瓷又有导电陶瓷、超导陶瓷、压电陶瓷、半导体陶瓷、电子陶瓷、磁性陶瓷、生物陶瓷等。

(2)**陶瓷的组成和结构** 陶瓷由晶相、玻璃相、晶界相和气相组成。

晶相是陶瓷的主要组成相。由于烧成温度低于原料的熔点,在烧结过程中粉体的内部基本上保持原有的组成和晶体结构(日用陶瓷要复杂一些)即晶相。晶相主要是离子晶体或原子晶体(如 SiC),它决定了陶瓷的刚性、导热性等物理性质。

玻璃相是一种非晶态的低熔点固相,它是在烧结过程中,由添加剂与主料之间,或者是主料粉体之间形成的新相。玻璃相对制品所起的作用是黏结、填充气孔及降低烧结温度等,同时也为制品提供了一定的韧性。在功能陶瓷中,玻璃相对提供各种功能方面也起很大作用。

晶界相(或晶界)是多晶体中晶粒间的分界处,其尺度为纳米级,可以是点缺陷、线缺陷、面缺陷、甚至是体缺陷。晶界的结构对陶瓷材料性能的影响很大,是目前材料研究的一个热点。

气相是陶瓷材料中残留的气孔,一般占总体积的 5%~10%。气孔的存在可以提高陶

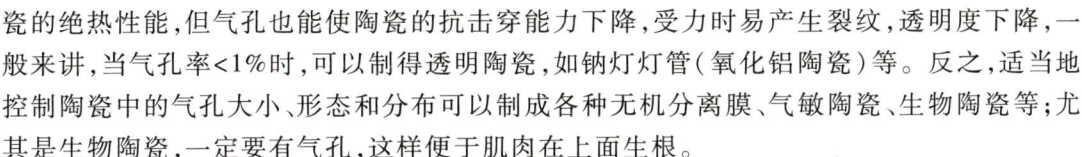

瓷的绝热性能,但气孔也能使陶瓷的抗击穿能力下降,受力时易产生裂纹,透明度下降,一般来讲,当气孔率<1%时,可以制得透明陶瓷,如钠灯灯管(氧化铝陶瓷)等。反之,适当地控制陶瓷中的气孔大小、形态和分布可以制成各种无机分离膜、气敏陶瓷、生物陶瓷等;尤其是生物陶瓷,一定要有气孔,这样便于肌肉在上面生根。

（3）陶瓷的性能　陶瓷的共同特性是耐高温,大部分绝缘性能良好,一部分具有半导体性质甚至是超导体,有些则具有磁性、介电性等多种功能。它不易变形,断裂时属脆性破坏;韧性低,断裂时无先兆。

陶瓷制品的个性主要由其组成、结构、烧成制度等因素决定的,即便是同一批次的产品,其性能往往也有明显的差别。

（4）几种常见的陶瓷材料

① 传统陶瓷　传统陶瓷采用瓷石、黏土、长石、石英等无机非金属天然矿物为原料,经粉碎、混合、磨细、成型、干燥、烧结等传统工艺制成。主要用于日用器皿和建筑、卫生制品。由于其良好的电绝缘性和耐化学腐蚀等特性,目前仍大量用于电力工业和化学工业中。耐腐蚀与电绝缘性主要基于硅酸盐的结构,硅酸盐有各种形式的结构,但都是 Si 和 O 以共价键结合的硅氧四面体负离子基团,基团内镶嵌着金属正离子,与硅氧四面体负离子基团中的氧以离子键结合。一般的化学反应很难破坏这个结构,结构中不存在自由电子,但在高电压下,离子晶体甚至极性共价晶体也可因原有晶格破坏(俗称击穿)而漏电。在硅酸盐陶瓷中,如果金属离子的电荷数高,离子半径大,则与硅氧四面体负离子的结构也牢固,绝缘性能好。反之,绝缘性能差。因此,在高压线路使用的高压陶瓷坯料中,K_2O 和 Na_2O 的总量不超过 5%,而且 K_2O/Na_2O 之比值应不小于 3.5;在普通电器的瓷坯中,K_2O 与 Na_2O 的比值可略低些,但也不应小于 1.5。高铝瓷、镁质瓷中,Al_2O_3 和 MgO 的含量很高,这种陶瓷可用作高频绝缘子、插座、瓷轴等,但它们价格昂贵。

② 结构陶瓷　随着科学技术的不断发展,在很多领域都要求采用耐高温、高硬度、耐磨损、耐腐蚀、低膨胀系数、高导热性和质轻的新型材料。最具代表性的高温结构材料首推氮化硅(Si_3N_4),氮化硅是通过共价键结合而形成的原子晶体。它在 1200℃ 下可维持室温时的强度和硬度,在氧化性不太强的介质中最高安全使用温度可达 1650～1750℃,因此氮化硅陶瓷可用于火箭发动机尾管及燃烧室,也可用作无冷却汽车发动机。其他如 Al_2O_3、ZrO_2 和 SiC 等都属于高温结构材料。碳化物、氮化物、硼化物和硅化物等高熔点化合物均可做结构陶瓷,如 MgO、CaO、Al_2O_3、SiO_2。

③ 导电陶瓷　在精细陶瓷中,不仅有良好的绝缘体如氧化铝、氧化镁等,也有电子导电体、离子导电体、半导体及其他导电材料。电子导电的陶瓷有 Ni-Cr(一般归入粉末冶金)、SiC、$MoSi_2$、$LaCrO_3$、稳定 ZrO_2、ThO_2 陶瓷等,用它们制成的发热元件最高工作温度可达 1100℃(Ni-Cr 丝)至 2500℃(ThO_2)不等。

离子导电的陶瓷有 β-Al_2O_3($Na_2O \cdot 11Al_2O_3$)、稳定 ZrO_2 陶瓷。β-Al_2O_3 的导电机理是由于晶体内部出现了氧缺位,并形成了一定大小的通道,因此比氧离子半径小的离子如 Na^+、Li^+ 均可以在里面自由迁移;而稳定 ZrO_2 陶瓷则允许 O^{2-} 通过。

④ 磁性陶瓷　磁性陶瓷又名铁氧体或铁淦氧。具有代表性的成分是 MFe_2O_4（M = Fe^{2+}，Zn^{2+}，Mn^{2+}，Ni^{2+}，Co^{2+}，Ba^{2+}，Sr^{2+} 等）。铁氧体是一种半导体材料,它的电阻率为 $10 \sim 10^7 \Omega \cdot m^{-1}$,而一般金属磁性材料的电阻率为 $10^{-4} \sim 10^{-2} \Omega \cdot m^{-1}$,两者相差几百万倍。因

此用铁氧体做磁心时,电流损失小;铁氧体也可用作计算机和自动化装置中的记忆(存储)元件。铁氧体还能吸收一定波长的电磁波,可用作隐身涂层材料。

⑤ **气敏陶瓷**　气敏陶瓷是一类半导体陶瓷,它的电阻值随着所处环境的气氛而变,不同类型的气敏陶瓷对某一种或几种气体特别敏感,其阻值将随该种气体的浓度(分压)呈现有规律的变化,其检测灵敏度通常为百万分之一,个别可达十亿分之一。

常见的气敏陶瓷有:SnO_2,$\alpha-Fe_2O_3$,$\gamma-Fe_2O_3$,ZnO,WO_3复合氧化物系及ZrO_2,TiO_2等。SnO_2气敏陶瓷对可燃气体如H_2,CH_4,CO等有较高的灵敏度;ZnO掺Pt后对丁烷和丙烷等气体灵敏度高;ZnO与$V-Mo-Al_2O_3$催化剂组合后,可检测氟利昂$F-22(CCl_2F_2)$和$F-12(CHClF_2)$;$\gamma-Fe_2O_3$可用于检测丁烷和石油液化气;ZrO_2主要用于氧气的检测。图4-16是SnO_2气敏陶瓷的结构示意图。表层为SnO_2气敏陶瓷层;中间Fe_2O_3为绝缘层;底层RuO_2为加热装置,它保证被检测气体在接触到SnO_2时能够进行氧化还原反应,从而引起元件阻抗的改变。用气敏陶瓷做成的传感元件,可以对有关化学信号实行远程监控。

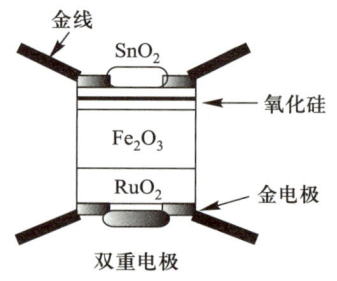

图 4-16　SnO_2 气敏元件的结构示意图

4. 复合材料

复合材料是将两种或两种以上性质截然不同的物质加以优化组合而成的一种多相固体新材料。它有两类组分,其中一类组分为基体,主要起黏结作用;另一类为增强体,主要起增强作用。复合后的材料,既保留了原组分各自的优点,又获得了单一组分无法比拟的优越性能,因此复合材料和复合技术得以迅速发展。

(1)**天然复合材料的启示**　自然界的许多物质都是复合材料。竹子和木材是纤维素(抗拉组分)和木质素(基体,黏结作用)的复合物。动物的骨骼是由硬而脆的无机盐[主要成分是$Ca_5(OH)(PO_4)_3$]和软而韧的蛋白质骨胶复合而成的既强又韧的物质。众多的事实表明,在自然界复合材料可谓遍地都有。

在大自然的启示下,人类创造了许多人工复合材料,如草筋泥、钢筋混凝土等,而现代复合材料的品种更多,复合程度更高。下面就目前应用广泛的微晶玻璃(晶体与非晶体复合)、金属陶瓷(金属与非金属复合)、玻璃钢(无机与有机材料的复合)做一简单介绍。

(2)**常见的复合材料**

① **微晶玻璃**　将加有晶核剂(或不加晶核剂)的特定组成的玻璃在有控制条件下进行晶化处理,使原单一的玻璃相形成有微晶和玻璃相均匀分布的复合材料,称之为微晶玻璃。

微晶玻璃的综合性能主要决定于析出的晶相和种类、微晶尺寸与数量、残余玻璃相的性质与数量。晶相和种类由所选组成决定,微晶尺寸与数量、残余玻璃相的性质与数量主要由热处理度所决定。微晶玻璃的原始组成不同,其晶相的种类也不同。常见的晶相有β-硅灰石、β-石英、氟金云母、霞石、二硅酸锂、铁酸钡等。各种晶相赋予微晶玻璃不同的性能。

微晶玻璃比普通玻璃具有强度大、硬度高、耐酸碱侵蚀、吸水率低及热膨胀系数小,甚至可切削等优点,被广泛用于建筑、化工、机械、电子和空间技术等领域。

② **金属陶瓷**　金属陶瓷是一类由金属或合金与陶瓷所组成的复合材料。一般来说,金属及其合金具有良好的韧性,耐冲击、抗拉强度大,但高温下易氧化,不耐腐蚀;而陶瓷则脆性大,但耐腐蚀、耐高温、耐氧化、耐磨损,抗压强度很高。将两者结合成整体,则相互取长补短,优势得到明显加强。目前比较成熟的金属陶瓷有 Al_2O_3–Cr 系、Al_2O_3–Fe 系、MgO–Mo 系、TiC–Ni 系、TiC–Ni–Mo 系、Cr_3C_2–Ni–Cr 系、WC–Co 系和 C(金刚石粉)–Co 系等。

由于 Al_2O_3–Cr 金属陶瓷具有优良的高温抗氧化性、耐腐蚀性和高的强度,常用于导弹喷管的衬、熔融金属流量控制计、热电偶保护套、喷气火焰控制器等。WC–Co 金属陶瓷则被称作超硬材料,可做切削工具;而用 C(金刚石粉)–Co 金属陶瓷制成的摩擦材料,其磨损比(9000:1)比天然金刚石的磨损比(1800:1)高出 4 倍,比 WC–Co 金属陶瓷的磨损比(1.5:1)高出 6000 倍。

③ **玻璃钢**　玻璃钢是用玻璃纤维等经酚醛树脂、环氧树脂和不饱和聚酯树脂浸渍而成的增强塑料的俗称。它是以合成树脂为胶结材料(基体),以玻璃纤维(玻璃丝、玻璃布等)为增强材料,再加上其他辅料(固化剂、填充剂、增塑剂等)制成的复合材料。同其他材料相比,它的主要优点是质轻,密度只有钢材的 $1/5 \sim 1/4$;电绝缘性好,抗磁化,能透过电磁波,有很好的耐磨、耐腐蚀和一定的耐热性能;成型简便,便于加工。因此玻璃钢在汽车、船舶、铁路运输、建筑、家具及日用品等方面已得到广泛应用。但其弹性模量小,只有钢的 $1/10$。

5. 固体吸附剂

我们对固体作为结构材料、功能材料的物质基础已经有较多认识。应当注意到:固体的表面性质和内部性质是不同的。固体内部粒子与其周围的粒子之间有较强的吸引力,而且各个方向受力均匀;但表面的粒子则不同,表面外没有与表面内所处情况相同的相邻粒子,因此固体表面层粒子受力不均匀,有剩余的吸引力,这使固体表面具有吸附能力。例如,钢铁放在大气中,大气中的 O_2、H_2O、CO_2、SO_2 等会被其表面吸附。相同质量的固体物质,颗粒越小,表面积越大,吸附能力也越大。在工业废水、废气的处理中,常利用固体表面的吸附性能,选用吸附能力很强的固体吸附剂来吸附污染物。

固体吸附剂的种类很多,比如活性炭(AC)、活性炭纤维(ACF)等,它们有很多微孔,使其单位质量有巨大的表面积(比表面积)。活性炭的比表面积有 $500 \sim 1500 \ m^2 \cdot g^{-1}$,具有很强的物理吸附能力。活性炭在活化过程中,能在表面非结晶部分形成一些含氧官能团,如羧基(—COOH)、羟基(—OH)、羰基(—CO—)。这些基团使它具有化学吸附的能力和良好的催化活性,能加速表面的一些化学反应,有效地吸附并除去废水、废气中的有害物质。活性炭纤维是近年发展起来的新型固体吸附剂,比活性炭有更大的比表面积,常做成毛毡形,可操作性更好,它在工业溶剂回收、环境保护、医疗卫生等方面应用效果很好。

分子筛因能筛选大小不同的分子而得名,如人工合成的沸石型不溶性硅铝酸盐。其组成通式可表示为 $M_{x/n}[(AlO_2)_x(SiO_2)_y] \cdot mH_2O$,这里 n 代表金属离子 M 的电荷数,金属离子 M 通常是 Na^+、K^+、Ca^{2+} 等;x 是 AlO_2 单元数,y 是 SiO_2 的单元数;m 表示结晶水的分子数;x/n 表示金属离子 M 的个数。分子筛的骨架一般由硅氧和铝氧四面体结构单元构成,再以不同方式连接成立体的网状骨架,如图 4–17 所示。

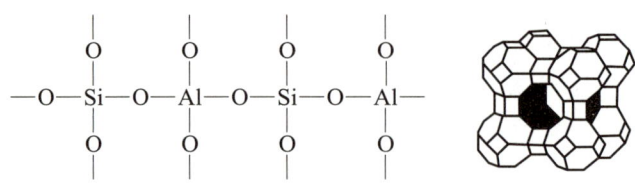

图 4-17　分子筛（A 型）结构

分子筛由于孔穴多，比表面积大（A 型孔径 0.3~0.5 nm，比表面积为 800 $m^2 \cdot g^{-1}$），因此具有很大的吸附容量。它能去除有害物质，达到净化的目的；吸附水及水蒸气，达到干燥的目的；有选择的吸附某些物质，达到分离目的。

4.1.4　固体废弃物

人类在一系列社会活动中产生的不再具有原使用价值而被丢弃的固态物质称为固体废弃物，包括工业废弃材料、城镇渣土、矿山残渣、生活垃圾和生物质（biomass）等。全世界每年产生的固体废弃物超过 100 亿吨。

固体废弃物若处理不当，危害极大。它占用大面积土地；重金属渗入土壤被植物吸收，再通过食物链富集进入人体内引起中毒；有机固体废弃物腐烂滋生病菌，成为疾病感染源。因此，对固体废弃物的再生化、资源化或高附加值化等合理处置和综合利用是改善人类生存环境的重要内容之一。

废旧金属材料、玻璃、纸张、橡胶、塑料等可以回收利用，成为二次资源。对于量大、面广的生活垃圾和生物质，有的采用无害化填埋处理，大部分可通过化学或生物技术处理，使其转化成有用物质。比如，隔绝氧气加热分解生物质制成液体燃料，代替部分石油产品；利用酶技术转化为乙醇，成为清洁燃料；通过厌氧细菌进行发酵，产生 CO 和 CH_4 等气体；通过好氧细菌进行氧化、分解，变成腐殖质、CO_2 和水。CH_4 等气体可用作能源，腐殖质是改善土质的必需物质。

近年来，对难降解的塑料等合成高分子固体废弃物（如废旧轮胎）进行热分解的研究进展很快。在无氧或低氧条件下高温加热，使高分子裂解，产生气体、油状液体和焦油等，其组成随原料类型及热裂解温度、加热时间的不同而有区别。产物可以制成液体燃料、活性炭等而被利用，达到变废为宝的目的。

环境治理中，人类已开始重视土壤的保护，因为这关系到农作物、中草药等的种植，以及其他花草树木、飞禽走兽和游鱼的生存安全。

4.1.5　X 射线衍射与电子显微分析

1. X 射线衍射（X-ray diffraction，XRD）

XRD 是利用 X 射线在晶体中的衍射现象来分析材料的晶体结构、晶胞参数、晶体缺陷、不同结构相的含量及内应力的方法。这种方法是建立在一定晶体结构模型基础上的间接方法，即根据与样品产生衍射后的 X 射线信号的特征去分析计算出样品的晶体结构与晶胞参数,可以达到很高的精度。图 4-18 是 X 射线粉末衍射仪的核心部件——测角仪的构造示意图。XRD 的不足是它不能像显微镜那样进行直观的观察,无法把形貌观察与晶体结构分析同位地结合起来。

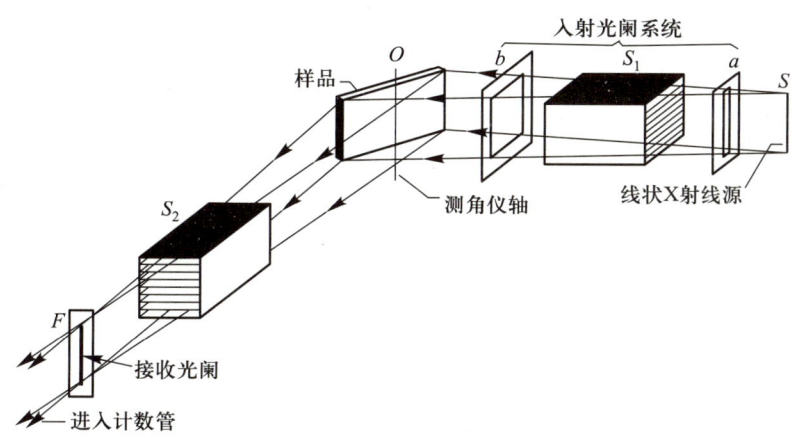

图 4-18　测角仪的构造示意图

2. 电子显微镜(electron microscope, EM)

(1)电子显微镜的诞生和电子光学　继 1924 年德布罗意提出物质波假说之后,人们发现电子的波长比可见光的波长短得多。根据公式

$$\lambda = \frac{h}{mv} = \frac{h}{\sqrt{2emV}} \approx \frac{1.225}{\sqrt{V}} \text{ nm}$$

可以求出(V 是使电子获得初速度的电势差),当 $V = 1000$ V 时,电子波的波长 $\lambda = 0.0387$ nm,这一数值不仅远小于可见光的波长,甚至比氢原子半径 0.053 nm 还小。

两年后,布施(Busch)提出轴对称非均匀磁场能使电子波聚焦。在此基础上,1933 年鲁斯卡(Ruska)等设计并制造了世界上第一台透射电子显微镜。从此材料研究进入了电子光学时代。

(2)透射电子显微镜(transmission electron microscope, TEM)　TEM 是以波长极短的电子束作为照明源,用电磁透镜聚焦成像的一种高分辨本领、高放大倍数的电子光学仪器。它由电子光学系统、电源与控制系统及真空系统三部分组成。电子光学系统简称镜筒,是透射电子显微镜的核心,它的光路原理与普通透射光学显微镜十分相似,如图 4-19 所示。

有了透射电子显微镜,人们可以直接观察微小物体的组织形貌,并能进行晶体结构同位分析。目前,TEM 的放大倍数可达 150 万倍。图 4-20(a)是用 TEM 观察到的氧化铝陶瓷粉末的形貌照片。

(3)扫描电子显微镜(scanning electron microscope, SEM)　SEM 的成像原理和透射电子显微镜完全不同(见图 4-21)。它不用电磁透镜放大成像,而是以类似电视摄影显像的方式,利用细聚焦电子束在样品表面扫描时激发出来的各种物理信号来调制成像的。新式扫描电子显微镜的二次电子像的分辨率已达到 1 nm,放大倍数可从数倍至 80 万倍左右。由于扫描电子显微镜的景深远比光学显微镜大,可以用它进行显微断口分

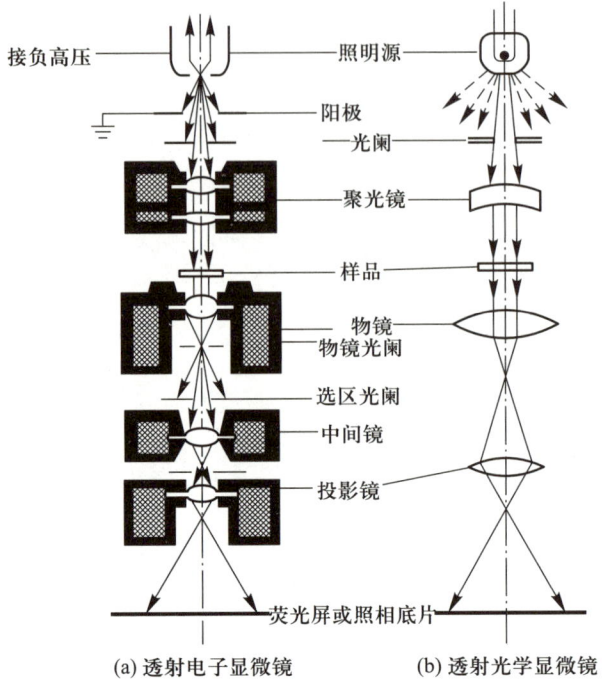

图 4-19　透射电子显微镜构造原理和光路

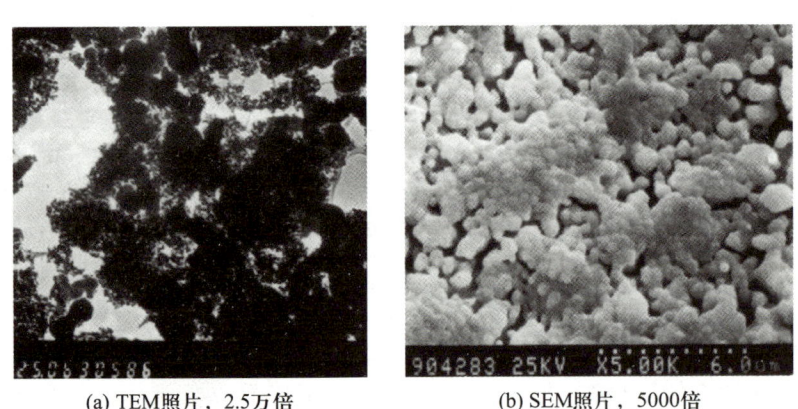

图 4-20　氧化铝陶瓷粉末的 TEM 和 SEM 照片

析,此外用扫描电子显微镜还可以进行材料微区成分和晶体结构等多种性质的同位分析。图 4-20(b)是用 SEM 观察到的氧化铝陶瓷粉末的表面形貌照片。

　　除 XRD,TEM,SEM 以外,还有离子探针分析仪(IMA)、场离子显微镜(FIM)、扫描隧道显微镜(STM)、电子顺磁共振(ESR)谱仪、X 射线光电子能谱技术(XPS)、原子力显微镜(AFM)等,它们都是研究材料组成、结构形貌与性能的重要的分析测试仪器。分析有定性和定量两种,它们都是化学的技术。

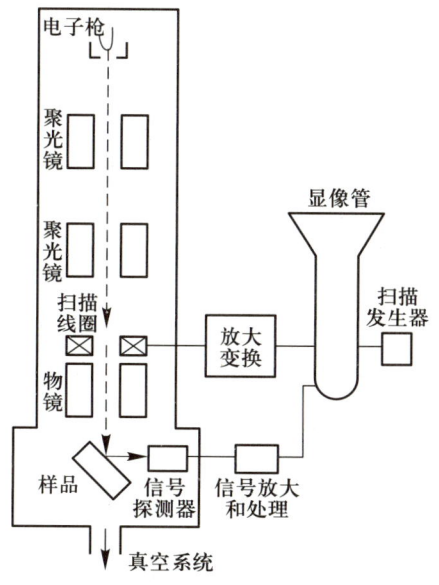

图 4-21　扫描电子显微镜结构原理

练 习 题

1. 选择题(根据题意,选择正确的序号填入空格内)

(1) 太阳灯的组成元素可以是_____,因它与 I^- 生成的化合物是_____。

A. Fe^{2+} 　　　　　　　B. Ho^{2+} 　　　　　　　C. Ca^{2+}

D. 离子晶体 　　　　　E. 原子晶体 　　　　　F. 过渡型晶体

(2) 实践证明,石英光导纤维要求其组成元素纯度很高,即使有微量的_____都不允许。

A. GeO 　　　B. CaO,Na_2O 　　　C. B_2O_3,Na_2O 　　　D. H_2O 或 OH^-

(3) 在自动化设备中的低熔合金可选用_____,但_____有毒,使用时必须注意。

A. Cu 　　　B. Ag 　　　C. Bi 　　　D. Pb 　　　E. Sn 　　　F. Cd

(4) 下述物质中,_____是非极性分子,不着火,能耐高电压而不被击穿,可用于变压器和高电压装置的优质气体绝缘材料。

A. SF_6 　　　B. CO_2 　　　C. CH_4 　　　D. NO_2

2. 试比较下列典型离子晶体的熔点高低,并说明理由。

CaF_2 　CaO 　$CaCl_2$ 　MgO

3. 试比较下列晶体的熔点高低并说明理由。

SiC 　SiF_4 　$SiBr_4$

4. 已知下列两类晶体的熔点($℃$):

(1) $NaF(993)$,$NaCl(801)$,$NaBr(747)$,$NaI(601)$

(2) $SiF_4(-90.2)$,$SiCl_4(-70)$,$SiBr_4(5.4)$,$SiI_4(120.4)$

为什么钠卤化物的熔点总是比相应硅卤化物的熔点高,而且递变规律不一致?

5. 比较并说明理由：

（1）$BaCl_2$，CCl_4，$AlCl_3$，$FeCl_2$ 的熔点高低。

（2）SiO_2，CO_2，BaO 的硬度大小。

6. 写出耐高温金属和易熔金属各两种，简述它们的用途。

7. 简述非晶态线型高分子聚合物的不同力学状态及其特征。塑料、橡胶对玻璃化温度和黏流化温度分别有什么要求？

8. 下列物质的用途分别基于它们的什么特性？

（1）室温下用橡胶塞密封容器口使其不漏气。

（2）用 $BaCl_2$ 作盐浴剂，使经高温处理的金属慢慢冷却保持晶形。

（3）金属有机化合物用于制备镜子。

9. 画出金属铜（导体）、分别掺杂 P 和 B 的硅（半导体）、金刚石（绝缘体）的能带示意图，标出导带、价带、禁带、施主能级和受主能级。

10. 陶瓷一般由哪些相组成？它们对陶瓷的形成和性能有什么作用和影响？

11. 为什么硅酸盐陶瓷作绝缘材料时要求 Na^+ 含量越低越好？氧化铝（刚玉）陶瓷、氧化镁陶瓷等绝缘性能如何？为什么一般情况下不用它们作绝缘材料？

12. 写出氮化硅陶瓷的化学式，指出化学键类型，指出它的特性和用途。

13. 写出铁氧体的化学组成和用途。

14. 写出 BYCO 超导体的化学组成和应用前景。

15. 说明 WC-Co 金属陶瓷的特性和用途。

16. 玻璃钢是什么？它由什么材料组成，有哪些优越性能和用途？

 **思考题**

1. 简述晶体、非晶体的区别。

2. 晶体有哪几种基本类型？列表表达各类晶体晶格格点上的粒子、粒子间作用力、熔点、硬度、导电性等方面的区别，并各举一例。

3. 简述分子轨道理论，以及能带概念。

4. 从电子排布角度指出价带、导带、禁带的区别。

5. 从禁带或能隙宽度指出导体、半导体、绝缘体的区别。从掺杂元素电子构型指出 p 型、n 型半导体的区别。

6. 指出晶体缺陷对晶体性能有何影响。

7. 分别指出竹材、木材、骨骼、钢筋混凝土的基体和增强体。

8. 金属和陶瓷各有哪些特性？金属陶瓷又有哪些特性？金属陶瓷的陶瓷相合金属相各是什么物质？

9. 什么是压电效应？具有压电效应的晶体在对称性上有何特点？

10. 举例说明气敏陶瓷为什么可以做监控气体的传感元件？

11. 石墨和氮化硼作为工程材料，各有什么用途？

12. 硅酸盐晶体的基本结构单元是什么？它与金属离子间存在什么作用力？

13. 为什么非晶态合金的性能往往会优于同类晶态材料？

14. $\alpha\text{-Si:H}$ 是什么物质?

15. 简述固体表面产生吸附性的原因,以及一级活性炭、分子筛作为吸附剂的原因。

16. 举例说明固体废弃物的利用。

§4.2　液体和液晶

 学习要求

1. 掌握水的重要物理性质,氢键的产生及对水性质的影响,水的电导率和 pH 及其应用,理解熔化热、汽化热、摩尔热容、质量摩尔浓度等概念。

2. 理解溶液的蒸气压下降、凝固点降低、沸点升高和产生渗透压的原因,了解稀溶液依数性定量计算公式的适用条件和应用实例。

3. 理解拉乌尔定律、亨利定律及其应用。

4. 认识相图,明确温度、压力与组分量变化的关系。

5. 掌握临界状态和超临界状态的有关概念;掌握气浮法处理污水、精馏、萃取、超临界萃取等基本原理。

6. 能联系实例指出表面活性物质的类型及亲水基团、憎水基团的组成,掌握十二烷基苯磺酸钠、硬脂酸钠、平平加型和 OP 型等表面活性物质的化学式,理解润湿、渗透、增溶、胶束、发泡、消泡等概念,掌握 W/O、O/W 表示的意义,了解 HLB 值的概念及应用。

7. 明确胶体概念和有关应用,了解溶胶聚沉主要方法。

8. 了解液体燃料的来源、开发、规格和应用。

9. 理解液晶的分子排列特征及其性质,了解液晶材料的应用。

液体中的原子和原子结合态单元不像晶体中那样有序排列,而只在局部范围内保持一定程度的有序排列,即远程无序,近程有序。液体没有固定的形状,具有流动性。介于晶体与液体之间的一种介晶状态,称为液晶态,液晶不同于一般的固体和液体。

4.2.1　水的性质和应用

水是最常见的液体,是人类生活不可缺少和工程上应用最多的廉价溶剂。水分子中,氢、氧原子以共价键相结合,O—H 键键长为 0.09572 nm,$\angle\text{HOH}$ 为 $104.52°$。水分子间存在氢键而发生缔合,封闭了带部分正电荷的氢端和带部分负电荷的氧端,形成水的团簇结构 $(H_2O)_n$,如图 4-22 所示。所谓氢键,是指一个电负性较大的原子 X(如 F,O,N)与 H 原子形成共价键 X—H 时,电子云强烈偏向 X 原子,使 H 原子成为几乎没有电子的带正电荷的核,因此 H 原子还可以与另一个分子中电负性大的 Y 原子产生静电引力。氢键可表示为 X—H---Y。通常所说的氢键键能,是指断开 H 和 Y 两个原子间结合所需的能量。

氢键比化学键弱，其强度和分子间作用力的数量级相近。水分子的结构和水分子间的氢键作用决定了水具有许多特殊性质。

　　水在4℃时密度最大。晶体水——冰，具有如图4-23的稳定六方晶型结构，氧原子相距0.276 nm，中心的水分子以氢键和其4个相邻水分子相连构成四面体，三维伸展形成空间网状结构。随着温度升高，冰融化，这种"冰山"结构塌陷，水分子排列变得更紧密，在4℃时达到极值，此时密度最大，出现所谓的"冷胀热缩"现象。

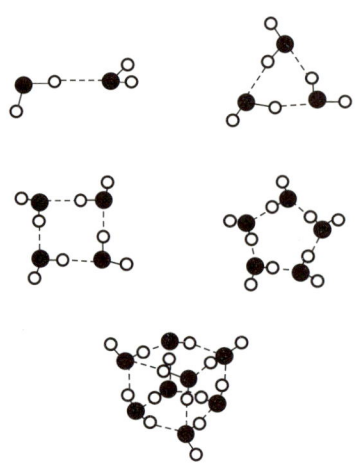

图4-22　水团簇的稳定结构

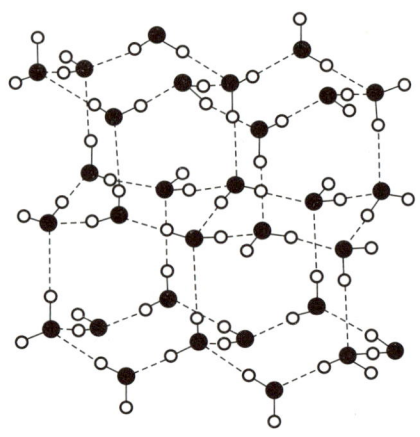

图4-23　冰的分子结构

　　长期静止的水缔合度大，活性丧失严重，因而变成了"死水"。但水分子间的氢键在加热、磁场等条件下将被破坏，从而降低了缔合度。物质一般在热水中的溶解度大，热水洗涤效果好；热茶比冷水更解渴等都与水的缔合度降低或被解除有关。

　　水会发生解离：$H_2O \rightleftharpoons H^+ + OH^-$，但$c(H^+)$和$c(OH^-)$很小，水解离反应的标准平衡常数（俗称离子积）用$K_w^{\ominus}$表示，其数值也很小。

$$K_w^{\ominus} = [c(H^+)/c^{\ominus}] \cdot [c(OH^-)/c^{\ominus}] \tag{4.1}$$

式中，$c^{\ominus}$为标准浓度，$c^{\ominus} = 1.00 \text{ mol} \cdot \text{dm}^{-3}$。25℃时，纯水中$c(H^+) = c(OH^-) = 10^{-7} \text{ mol} \cdot \text{dm}^{-3}$，$K_w^{\ominus} = 1.00 \times 10^{-14}$。$K_w^{\ominus}$值随温度的升高而增大，在0℃，35℃，50℃时，分别为1.14×10^{-15}，2.06×10^{-14}和5.35×10^{-14}。当水溶液中$c(H^+) < 1.0 \text{ mol} \cdot \text{dm}^{-3}$时，通常用$H^+$浓度的负对数来表示，称为pH。

$$pH = -\lg[c(H^+)/c^{\ominus}] \tag{4.2}$$

　　例4.1　求纯水在50℃时的pH。

　　解：50℃时水的$K_w^{\ominus} = 5.35 \times 10^{-14}$，由于$c(H^+) = c(OH^-)$，所以

$$c(H^+) = (5.35 \times 10^{-14})^{1/2} \cdot c^{\ominus} = 2.31 \times 10^{-7} \text{ mol} \cdot \text{dm}^{-3}$$

$$pH = -\lg[c(H^+)/c^{\ominus}] = -\lg[2.31 \times 10^{-7} \text{ mol} \cdot \text{dm}^{-3}/1.00 \text{ mol} \cdot \text{dm}^{-3}] = 6.64$$

　　纯水几乎不导电，实际应用的水中常含有可溶性电解质，使其导电能力增大。可用电导率仪测定水样的电导率，再根据电导率数值确定水的纯度。表4.6列出了常见水样的电导率，其单位为西门子·米$^{-1}$（$S \cdot m^{-1}$）。

表 4.6　常见水样的电导率

水样	电导率/$(S \cdot m^{-1})$
自来水	$5.3 \times 10^{-2} \sim 5.0 \times 10^{-1}$
一般实验室用水	$1.0 \times 10^{-4} \sim 5.0 \times 10^{-3}$
去离子水	$8.0 \times 10^{-5} \sim 4.0 \times 10^{-4}$
蒸馏水	$6.0 \times 10^{-6} \sim 2.8 \times 10^{-4}$
超纯水	$\sim 5.5 \times 10^{-6}$

液相水 $H_2O(l)$ 表面的部分 H_2O 逸入气相成为蒸气 $H_2O(g)$，这一过程称为蒸发；$H_2O(g)$ 不断运动，彼此碰撞，重新进入液相，这一过程称为凝聚。当蒸发和凝聚达平衡时，蒸气 $H_2O(g)$ 所具有的压力称为水的饱和蒸气压，简称水的蒸气压。水的蒸气压随温度升高而增大，当它与外界压力相等时，液相水就会产生沸腾现象，这时的温度称为沸点。水在 101.325 kPa 时的沸点为 100℃。液相水汽化成水蒸气时要吸收热量，所吸收的热量称为汽化热，水在 100℃ 时的汽化热为 40.67 $kJ \cdot mol^{-1}$，在常见液体中为最大。固相水 $H_2O(s)$ 表面的 H_2O 也会逸入气相成为蒸气 $H_2O(g)$，所以冰有蒸气压，它也随温度升高而增大。当水的蒸气压和冰的蒸气压相等时，达到冰、水和水蒸气三相平衡，此时温度、压力分别为 0.01℃ 和 0.611 kPa，称为水的三相点。液体水在一定压力下凝固为冰的温度称为水的凝固点（或冰的熔点），冰融化成水所吸收的热量称为冰的熔化热，在 101.325 kPa 时为 6 $kJ \cdot mol^{-1}$。使一定量物质升高单位温度所吸收的热量称为热容。1 mol 物质的热容称为摩尔热容。液体水的摩尔热容较大，25℃ 时为 75.4 $J \cdot mol^{-1} \cdot K^{-1}$，意味着水升高一定温度需要吸较多的热。

基于以上性质，水是廉价又安全的制冷剂而用于制冷机工质；在实验室和工业上，水常用作传热载冷介质；生命体出汗成为降低体温的有效方法；江河湖海可以均衡地球气温，调节环境气候。水在 25℃ 时的介电常数为 78.5，在常用溶剂中最高，且无色无味，无毒无害，因此是强极性的绿色溶剂。

水在不同环境和状态下，如缝隙、纳米管、聚合物中，高温高压条件下都会呈现出独特的结构和性能，这些是当前科学研究的热点。

4.2.2　稀溶液的依数性

溶液也是一种聚集状态，溶液通常定义为由两种或两种以上纯物质相互分散而形成的均匀混合物。其中量大的物质称为溶剂，量小的物质称为溶质。溶液的物理性质不仅与溶剂的性质有关，也与溶质的性质和数量有关。当溶质的量很少时（即稀溶液），溶液的蒸气压下降、凝固点降低、沸点升高和渗透压等性质与溶质的本性无关，只与单位体积溶液中溶质的粒子数有关，这些性质称为溶液的依数性。

1. 溶液的蒸气压下降

纯水和冰的饱和蒸气压数据列于表 4.7 中，饱和蒸气压与温度之间具有一一对应关系,这一关系可用饱和蒸气压曲线,也叫气-液(固)平衡线(图4-24中的 aa' 线和 ac 线)来表达。

表4.7　不同温度时水和冰的饱和蒸气压

水				冰	
温度/℃	饱和蒸气压/kPa	温度/℃	饱和蒸气压/kPa	温度/℃	饱和蒸气压/kPa
−15	0.191	20	2.339	−30	0.038
−10	0.286	25	3.167	−25	0.064
−5	0.421	30	4.242	−20	0.104
0.01	0.611	35	5.624	−15	0.166
5	0.872	100	101.325	−10	0.260
10	1.228	374	22040	−5	0.402
15	1.705			0.01	0.611

当溶质溶于溶剂后,由于溶剂化作用,物质的原子结合态单元可能发生了变化。比如,0.1 mol Na_2SO_4 溶于水后,变成了 0.2 mol Na^+(aq)和 0.1 mol SO_4^{2-}(aq);0.1 mol HAc 在极稀溶液时几乎 100% 解离,但在较浓溶液中只有少部分解离。由于溶质原子结合态单元的存在,使溶液表面的溶剂分子数目减少,从而使相同温度下溶液蒸发出的溶剂分子数目比纯溶剂要少,即在同一温度下溶液的蒸气压(图4-24中的 bb' 线)比纯溶剂的蒸气压(图4-24中的 aa' 线)低。它们的差称作溶液的蒸气压下降。某些固体物质,如氯化钙($CaCl_2$)、五氧化二磷(P_2O_5)等,常用作干燥剂。这是由于它们的强吸水性使其在空气中易潮解成饱和水溶液,因蒸气压比空气中水蒸气的压力低,从而使空气中的水蒸气不断凝结进入溶液。

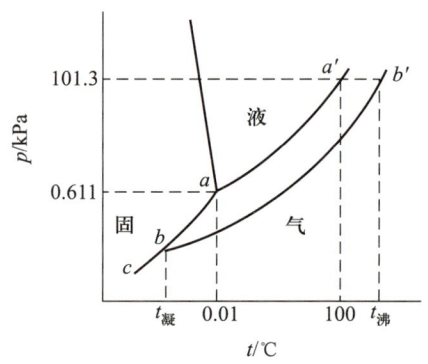

图4-24　水、冰和水溶液的蒸气压随温度的变化

实验证明,在一定温度下,稀溶液的蒸气压下降值等于该稀溶液中实际存在的难挥发溶质单元粒子的摩尔分数与纯溶剂蒸气压的乘积,而与溶质的性质无关:

$$\Delta p = p_A^* - p_A = x_B p_A^* \qquad (4.3)$$

式中, Δp 表示溶液的蒸气压下降, p_A^* , p_A 分别表示纯溶剂和溶液的蒸气压, x_B 表示溶质的摩尔分数。

2. 溶液的凝固点降低

图4-24中 aa' , ac , bb' 线分别表示水、冰和溶液的蒸气压与温度的关系。三相点 a (0.01℃,0.611 kPa)时,纯水和冰的蒸气压相等,0.01℃ 即为纯水的凝固点。水溶液中,由于加入了溶质而蒸气压下降,溶液蒸气压曲线与冰的蒸气压曲线相交于 b 点,这是溶液的凝固点。显然,溶液的凝固点比纯溶剂的凝固点降低了。实验证明:在稀溶液中,凝

固点降低值(ΔT_f)为

$$\Delta T_f = T_f^* - T_f = K_f b_B \tag{4.4}$$

式中，ΔT_f表示溶液的凝固点降低值，T_f^*，T_f分别表示纯溶剂和溶液的凝固点；b_B是溶质的质量摩尔浓度，单位为 mol·kg^{-1}。例如，1 kg 水中溶解了 0.1 mol 乙二醇[C$_2$H$_4$(OH)$_2$]，其质量摩尔浓度是 0.1 mol·kg^{-1}；K_f为凝固点降低常数，它取决于纯溶剂的特性，而与溶质特性无关。一些溶剂的凝固点降低常数列于表 4.8 中。

表 4.8 一些溶剂的凝固点降低常数和沸点升高常数

溶剂	凝固点/℃	K_f/(K·kg·mol^{-1})	沸点/℃	K_b/(K·kg·mol^{-1})
醋酸	17.0	3.9	118.1	2.93
苯	5.4	5.12	80.2	2.53
氯仿	−63.5	4.68	61.2	3.63
萘	80.0	6.8	—	—
水	0.01	1.86	100.0	0.51

溶液的凝固点降低应用很广。在汽车、坦克的水箱(散热器)中常加入防冻剂乙二醇、酒精、甘油等，在建筑和道路用水泥砂浆中加入食盐或氯化钙等，都是为了防止冬季冰冻现象产生危害。在制冷过程中，用无机盐水溶液作载冷剂或用冰-无机盐水溶液(共晶冰)作蓄冷剂，使其更适用于低温制冷装置。在储运食品的冷藏车上经常使用共晶冰作蓄冷剂。

3. 溶液的沸点升高

水中加入难挥发性溶质后，由于溶液的蒸气压降低，只有在更高的温度下才能使它的蒸气压达到外压而沸腾，于是出现了沸点升高的现象。实验证明：在稀溶液中，沸点升高值(ΔT_b)为

$$\Delta T_b = T_b - T_b^* = K_b b_B \tag{4.5}$$

式中，ΔT_b表示溶液的沸点升高，T_b^*，T_b分别表示纯溶剂和溶液的沸点，K_b为沸点升高常数，它与凝固点降低常数一样仅取决于纯溶剂的特性，而与溶质特性无关。一些溶剂的沸点升高常数一并列于表 4.8 中。在钢铁发黑处理工艺中所用的氧化液，因含 NaOH 和 NaNO$_2$等，所以加热至 140~150℃也不致沸腾。

4. 溶液的渗透压

渗透压是因溶液中的溶剂分子可以通过半透膜，而溶质的原子结合态粒子却不能透过而产生的压力。这种现象称为渗透现象。动物的膀胱允许水透过而不允许乙醇透过。动植物的细胞膜是天然的半透膜。将红细胞置于纯水中，发现它会逐渐胀成圆球，最后崩裂，这是水透过红细胞壁进入细胞，而细胞内的若干溶质如血红素、蛋白质等水合物不能透出，以致细胞内液体逐渐增多，使细胞胀破。人工制造的半透膜种类也很多，如以六氰合铁(Ⅱ)酸铜 Cu$_2$[Fe(CN)$_6$]沉淀于无釉陶瓷中形成的膜，可耐 25.3 MPa 压力。近年来，一些高分子薄膜也被用作半透膜。

1887 年,荷兰物理学化学家范托夫(van't Hoff)提出了稀溶液的渗透压与温度和溶质浓度的关系式:

$$\Pi = cRT \quad \text{或} \quad \Pi V = nRT \tag{4.6}$$

式中,Π 为渗透压,单位为 Pa;c 为溶质的体积摩尔浓度,单位为 mol·m^{-3};n 为溶质的物质的量,单位为 mol;V 为溶液的体积,单位为 m^3;R 为摩尔气体常数,等于 8.314 Pa·m^3·mol^{-1}·K^{-1};T 为热力学温度,单位为 K。

渗透压具有重要的生物学意义,它是引起水在生物体中运动的重要推动力。按式(4.6)计算,298.15 K 时 0.1 mol·dm^{-3} 溶液的渗透压为 248 kPa,数值相当可观。一般植物细胞汁的渗透压可达 2000 kPa(相当于 200 m 水柱),所以水分可以借助渗透作用从植物的根部运送到数十米高的顶端,以供植物白天进行光合作用的需要。人体血液平均的渗透压约为 760 kPa,临床上使用质量分数分别为 0.90% 的生理盐水或 5% 葡萄糖溶液作为等渗溶液,就是为了保持人体处于正常的渗透压范围,否则会导致溶血等严重后果。

如果在溶液的一侧施加一个大于渗透压的外压力,则溶剂由溶液一侧通过半透膜向纯溶剂或低浓度方向渗透,这种现象称为反渗透。它为海水淡化和环境保护中的废水处理提供了一个重要方法。

综上所述,蒸气压下降、凝固点降低(凝固时析出纯溶剂固态)、沸点升高(溶质为难挥发性物质)和产生渗透压是溶液的基本性质。在溶剂确定时,它们与溶液中实际存在的溶质质点数有关:对非电解质,例如,1.0 mol 蔗糖溶解在 1 kg 水中,其质量摩尔浓度仍为 1.0 mol·kg^{-1};对弱电解质,例如,1 mol HAc 溶解在 1 kg 水中,实际存在的质量摩尔浓度大于 1 mol·kg^{-1},小于 2 mol·kg^{-1};对强电解质,例如,1.0 mol Na$_2$SO$_4$ 溶解在 1 kg 水中,其质点的质量摩尔浓度可近似计作 3.0 mol·kg^{-1}。在稀溶液中,它们都可定量计算,因只取决于一定量溶剂中实际存在的溶质质点数,而与具体种类无关,故称为稀溶液的依数性。若要考虑粒子间相互作用,应当用活度代替相应的浓度,本教材不做进一步讨论。在溶液浓度较大时,定性关系依然存在,但定量关系复杂。

4.2.3 溶液中的相平衡

1. 水溶液的气-液平衡

一般所说的溶液,溶剂是液态,且多为水。早在 1886 年拉乌尔(Raoult F M,法国)在研究中发现,在一定温度下,非挥发性溶质溶解于溶剂中将引起溶液蒸气压降低,且满足关系式(4.3)。它是从溶剂角度来讨论溶液性质的变化,而未考虑溶质粒子间的相互作用,其应用(即依数性)在 §4.2.2 中有过讨论。

更早,亨利(Henry W)在 1803 年从溶质(气体)角度研究了气态物质在水溶液中情况,发现了这样的规律:对于恒温下的稀溶液,如果平衡时的气相压力不大,那么溶质的气体分压 p_B 与溶质的摩尔分数 x_B 成正比,称为亨利定律,即

$$p_B = K_H x_B \tag{4.7}$$

式中,比例常数 K_H 称亨利常数,它的大小取决于温度、溶剂及溶质本性。

对于亨利定律和拉乌尔定律,它们都只是在理想溶液(溶剂的原子结合态单元和溶质的原子结合态单元间没有作用的极稀的溶液)中才有较严格的定量关系;在较高压力或较

浓的水溶液中,仅存在定性关系。在亨利定律中,溶质的原子结合态单元必须和气相中的原子结合态单元一致,比如25℃,空气中的氮和氧以 $N_2(g)$ 和 $O_2(g)$ 形态存在,溶于水后虽有水合,但没有水化,在溶液中仍以 $N_2(aq)$ 和 $O_2(aq)$ 形态存在。对 N_2、O_2 等非极性分子,一般来说在水溶液它们与 H_2O 的相互作用不大,它们的结合态单元仍能与气相中保持一致。与此不同,NH_3 溶于水发生化合反应:

$$NH_3(g)+H_2O(l) \rightleftharpoons NH_4^+(aq)+OH^-(aq)$$

所以在使用 $p(NH_3)=K_H x(NH_3)$ 时,$x(NH_3)$ 应是游离氨的摩尔分数,也就是说必须在氨水溶液中扣除因溶于水而生成 $NH_4^+(aq)$ 的那部分氨的浓度。

亨利定律广泛应用于气浮法去除水体中的油污和有害固体微粒及矿物浮选等方面。图 4-25 是气浮法除油污或固体微粒装置示意图。首先开启不锈钢罩 3,从污水入口 4 注入污水;再关闭不锈钢罩 3,打开高压空气入口开关 5,让高压空气达一定压力;然后关闭污水入口 4,再打开内胆不锈钢罩 3,使内胆中溶有高压空气的水与内胆外容器中的污水相混,内胆中受压的微气泡在整个容器中逐渐扩大,最终与大气压力达成平衡。气相与油污(或固体微粒)相亲随泡沫进入泡沫区 6,再流入废油或废物池 7 排出或撇去。这样每次的油污或固体微粒的去除率可高达 65% ~ 98%。加入表面活性剂效果更佳。

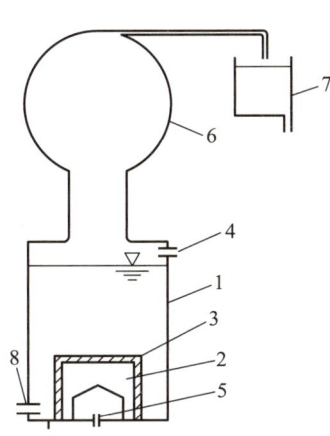

1—不锈钢或陶瓷容器;2—多孔内胆;
3—不锈钢罩;4—污水入口;
5—高压空气入口开关;6—泡沫区;
7—废油或废物池;8—出水口

图 4-25　气浮法除油污装置示意图

矿物浮选更复杂些,它涉及气-液-固三相,其中关键的起泡工艺也定性应用了亨利定律。矿物浮选已发展成基于力学、化学、数学等基本原理的综合性很强的机械技术的分支学科,不在这里专门讨论。

2. 溶液中的气-液平衡和液-液平衡

(1) 相图

溶液中,其化学结合态单元的运动和相互作用更加复杂。不管它们互溶变成均相或还是部分互溶成为多相,都不能根据纯组分在理想溶液中的饱和蒸气压来做出相应的相图和推算溶液的组成,而必须依靠实验来做出相图和推算组成。图 4-24 是水、冰和水溶液的蒸气压随温度变化的关系图,或者说是纯水的固-液-气三相相图,这是最简单的相图。下面再介绍两类相图。

① 完全互溶的气-液平衡

$C_2H_5OH(l, A)$ 和 $H_2O(l, B)$ 混合互溶成为均相,图 4-26 为乙醇-水系统温度-组成图。

图中纵坐标为温度($t/℃$),横坐标为组成(乙醇为 x,水为 y)的组分分数,它表示了乙醇-水系统在恒压($p=101.3\ kPa$)下的温度与组成的关系。下方的 a 线表示了液相中组成 x(或 y)与温度的平衡关

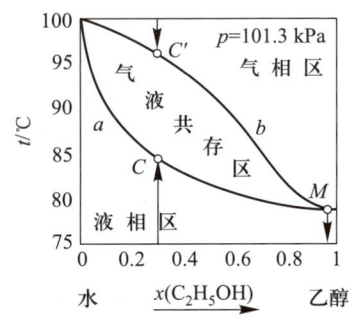

图 4-26　乙醇-水系统
温度-组成图

系，a 线下方的区域为液相区；上方的 b 线表示气相组成 x（或 y）与温度的平衡关系，b 线上方的区域为气相区，介于两线间的区域则为气液共存区。

对 $x(C_2H_5OH) = 0.3$ 的水-乙醇溶液加热到 84.7℃ 时（图中 C 点），溶液逸出第一个气泡，C 点被称为泡点，该泡点表示在 101.3 kPa 恒压下，84.7℃ 时水-乙醇系统液相中乙醇组分为 30%，水的组分为 70%；泡点是指溶液中质点相互作用达成平衡并逸出气泡时液相的温度。泡点不同，组成也不同。在图 4-26 中相应于 81℃ 时的泡点，乙醇的组成为 60%，水的组成 40%，即 $x(C_2H_5OH) = 0.6$，$y(H_2O) = 0.4$；而对应 94.9℃ 时的泡点，乙醇的组成为 5%，即 $x(C_2H_5OH) = 0.05$，$y(H_2O) = 0.95$。泡点处各组分分数之和都为 $x+y = 1$。将各泡点连成线便是泡点线，所以 a 线又称泡点线。

将溶液继续升温，直至液相逐渐消失，气相中 H_2O 和 C_2H_5OH 的量不以恒比例增加。将气相混合物在一定压力下降温，$H_2O(g)$ 和 $C_2H_5OH(g)$ 又会凝聚，凝聚产生第一滴液滴时的温度（C' 点）称为露点。把不同的露点连起来称露点线。露点处横坐标表示气相的组成分数。

一般地，同一系统的泡点总比露点低。例如，图 4-26 中 $x = 0.3$ 的泡点是 84.7℃，露点是 96.0℃；$x = 0.6$ 的泡点温度是 81.0℃，露点是 89℃。露点和泡点重合时出现恒沸现象，出现恒沸现象的温度称为恒沸点，例如图 4-26 中的 M 点。此时乙醇组分 $x = 0.95$，比纯乙醇的沸点 78.3℃ 还低 0.1℃。

上面讨论的是常压下的气-液平衡，如果压力加大，粒子间的相互作用（引力）必然增大，若仍要保持气-液平衡，必须要同时升高温度以增加结合态单元的运动能量来克服相互间的吸引。

② 部分互溶的液-液平衡

图 4-27 为 $H_2O(A)$-$C_4H_9OH(B)$ 二元系统液-液平衡相图。

如图 4-27 下部左起第二支试管至第五支试管所示，在 20℃ 时，向水（H_2O, l, A）中逐滴滴入异丁醇（C_4H_9OH, l, B）振荡混合，在溶液中异丁醇的质量分数未达 0.085 之前，溶液是不会分层的。当达到 0.085 后，出现混浊如雾的非均相特征，如继续再滴加异丁醇，静止后分层明显，上层则并非纯异丁醇，而是水在异丁醇中的饱和溶液，称为醇相，下层也并非为纯水相，而是醇在水中饱和相，称为水相。它们互为共轭相。质量分数 0.085 是指水在异丁醇中的溶解度。

如果进一步滴加异丁醇，如图 4-27 下图左起第三至第六支试管，只是改变两层的相对数量，上层相对增多，下层相对减少，直到下层中异丁醇浓度达 0.836 时下层消失为止。质量分数 0.836 是异丁醇中在水中的溶解度。

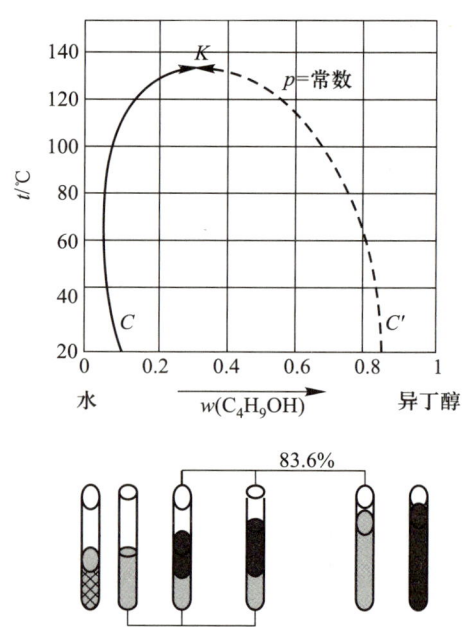

图 4-27　H_2O（A）-C_4H_9OH（B）二元系液-液平衡相图

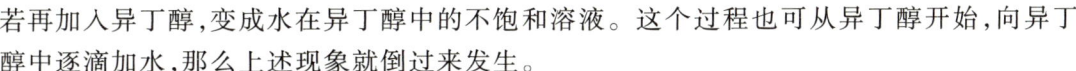

若再加入异丁醇,变成水在异丁醇中的不饱和溶液。这个过程也可从异丁醇开始,向异丁醇中逐滴加水,那么上述现象就倒过来发生。

图 4-27 的上部是这两种组分的部分互溶系统的温度-组成相图。当外界总压恒定时,它们的分压也恒定,共轭相的组成(对应横坐标)变化随温度(对应纵坐标)而变化。其中 CK 线是水相中异丁醇的溶解度随温度变化的曲线;$C'K$ 线是醇相中水的溶解度随温度变化的曲线。一般来说,随着温度的升高,共轭相的组成将越来越接近。当温度升高到 132.8℃ 时,CK 和 $C'K$ 两条线会合于 K 点,含异丁醇 0.370,此时两个液相的组成趋于一致,成为单相。也就是说高于 132.8℃ 后两种组分完全互溶,原因是粒子运动加快,克服引力,使分散均匀。

三种组分的相图更加复杂,本书中不再展开。有兴趣的读者可进一步参考《物理化学》和《化工原理》相关书籍。

（2）临界状态和超临界状态

实验证明,每种液体都存在一个特殊的温度,在该温度以上,无论加多大压力,都不能使气体液化。我们称这个温度为临界温度,以 T_c 或 t_c 表示。所以,临界温度是使气体能够液化所允许的最高温度。对应于在临界温度下使气体液化所需要的最低压力称为临界压力,以 p_c 表示。系统处以临界温度、临界压力下的状态称为临界状态。表 4.9 列出了一些物质的临界温度和临界压力。

表 4.9　一些物质的临界温度和临界压力

物质	H_2O	CO_2	C_2H_5OH	CH_4	$C_6H_5CH_3$	NH_3
$t_c/℃$	373.91	30.98	240.77	−82.62	318.57	132
p_c/MPa	22.05	7.375	6.148	4.596	4.109	11.313

实验还进一步证明,温度高于临界温度,同时压力高于临界压力,此时系统将进入一个新的状态,该状态称为超临界状态。超临界流体状态时系统和一般的气体、液体的密度、黏度、溶解性能等都有很大区别。处于超临界状态的原子和分子等原子结合态单元粒子间的距离、内部电子轨道重叠都会有突变。例如,CH_4 和 H_2O 在 26～76 MPa 下,温度在 0℃ 或 10℃ 时可以结晶,称为可燃冰,其貌似干冰 CO_2,但用火柴可点燃。可燃冰的化学式为 $CH_4 \cdot H_2O$,电子显微镜下可看到它有笼状结构:CH_4 被关在若干 H_2O 分子组成的"笼"中。1.0 m^3 可燃冰可转化为 164 m^3 CH_4 和 0.8 m^3 H_2O。可燃冰是潜在的能源,世界各国都在关注。我国历时四个半月,于 2017 年 7 月 29 日完成了可燃冰的勘查与试采工作,取得了续产时间最长、产气量最大的纪录。监测参数显示,此次开采海水及周边大气等甲烷浓度无异常,对环境无污染。值得注意的是,可燃冰的开采与储运十分困难,其一旦脱离海底,将会释放大量能量,极有可能酿成灾难性后果。

（3）蒸馏和萃取

蒸馏和萃取是对物质进行分离的两种操作。

蒸馏分离是气-液平衡的技术。气-液平衡时,气相组成一般不同于液相组成,利用这一点,可使溶液分离成纯组分。一定压力下液体部分汽化时,气相中所含的易挥发组分比液相中多;液相中难挥发的组分比气相中多。蒸馏就是将液态混合物经部分汽化和部分冷凝而使之分离的操作。但是一次蒸馏通常与所要求的纯度相差甚远。为实现高纯度分离,可采取多次部分汽化和多次部分冷凝的反复操作,即精馏,来达到分离。工业上通常是通过塔内若干层塔板进行连续蒸馏,从塔顶得到高纯度的易挥发组分,从塔底得到高纯度难挥发组分。

在酿酒业中,我们的祖先早就使用蒸馏技术以提取饮料酒;在石油炼制工业中,原油经精馏可得到汽油、煤油、柴油等产品;在合成材料工业中,采用蒸馏技术可将反应后的混合物分离成为高纯度的单体,如苯乙烯、氯乙烯、乙烯、丙烯等。另外对某些溶质为气体的混合物如氨水等,也可用蒸馏方法进行分离;对于一些气体混合物,可将它们液化再进行低温蒸馏,如从空气中制取氧、氮、氩等。

萃取分离是液–液平衡的应用。萃取就是根据溶质在不同溶剂中的溶解度差异,进行相关组分的分离。分离的措施是,选择一种溶剂使欲分离的组分溶于其中,其余组分则不溶或少溶而获得分离。例如,要将苯从正己烷与苯的混合物中分离出来,可加入与正己烷不互溶,但与苯完全互溶的二甘醇,剧烈振荡,静止后分层,原来溶解在正己烷中的苯就有一部分转移到二甘醇中,达到分离苯和正己烷的效果。图 4–28 为萃取流程图。原料液(物料)是苯(A)和正己烷(B)的混合溶液,其中正己烷(B)为稀释剂(或原溶剂);所选择的萃取剂(或溶剂)是二甘醇(S),它对溶质(A)完全互溶而对稀释剂(B)基本不溶。萃取过程在混合器中进行,充分搅拌振荡原料液和萃取剂,溶质 A 从稀释剂相向萃取相转移。由于稀释剂和萃取剂不互溶,静止后分层,达到分离的目的。以萃取剂为主的液层称萃取相;以稀释剂为主的液层称萃余相。为提高效率和纯度常采用填料塔或板式塔连续接触逆流萃取。

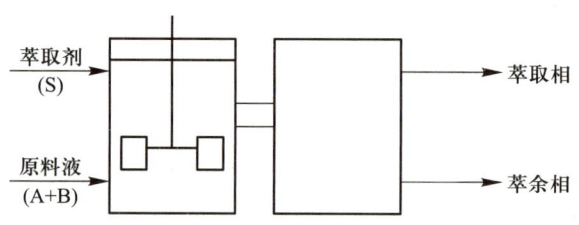

图 4–28　萃取流程图

若在压力稍高于萃取剂的临界压力,温度稍低于萃取剂的临界温度下进行超临界萃取分离,可能有比传统分离更好的效果。在有机物的分离、稀有气体的提取、废水处理等方面经常使用临界萃取分离方法。CO_2 的临界温度接近常温,临界压力易达到,且无毒,所以液态 CO_2 常用于超临界萃取。

4.2.4　表面现象与表面活性物质

与固体一样,液体表面层质点受到上方气体分子的拉力比其受到液相内部质点的拉力小得多,如图 4–29 所示。液体表面质点受内部质点拉力的影响,有向液体内部迁移,使液相表面积自动缩小的趋势。水滴呈圆球形就是这个道理。液体表面的收缩张力,称为表面张力。从能量观点来看,要将液体内部的质点移到表面,需要克服表面张力而做功,使系

统能量增加,这一能量称为表面能。表面张力或表面能的大小取决于液体质点间作用力的大小。在 20℃ 时,水的表面张力为 72.9 mN·m^{-1},大多数有机液体的表面张力较小,仅 20~30 mN·m^{-1}。

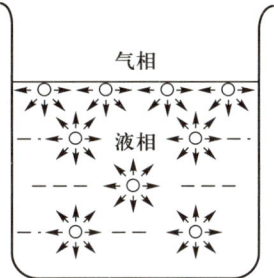

图 4-29 液体表面和液体内部分子受力情况

纯水中加入溶质形成溶液时,表面张力随之改变。例如,加入无机盐(如 NaCl),不挥发的酸(如 H_2SO_4)、碱(如 KOH)等,由于这些物质的质点对表面水分子的吸引,增大了表面张力。加入有机物,由于碳链的疏水性,降低了水溶液的表面张力。凡能显著降低水溶液表面张力的物质叫表面活性物质。表面活性物质一般都是线形分子。分子中同时含有亲水性的极性基团(称亲水基团或憎油基团)和憎水性的非极性基团(称憎水基团或亲油基团)。

以硬脂酸钠($C_{17}H_{35}COONa$)为例,在水溶液中,$C_{17}H_{35}COONa \longrightarrow C_{17}H_{35}COO^- + Na^+$,它是阴离子型表面活性物质,其中"$C_{17}H_{35}$—"为亲油基团,"$—COO^-$"为亲水基团。表面活性物质可以从用途、物理性质或化学结构等方面进行分类,多按化学结构来划分。常见的表面活性物质如表 4.10 所示。近年来,科学家发现了一类新型的表面活性极好的"双子"表面活性物质,其一个分子有两个亲水基团和两个憎水基团。

表 4.10 常见表面活性物质的分类、结构举例

	类别	羧基酸类	烷基磺酸类	烷基芳基磺酸类	硫酸酯类
阴离子型	结构式	R—COONa	R—SO$_3$Na	R—⟨benzene⟩—SO$_3$Na	R—OSO$_3$Na
	名称	$C_{17}H_{35}COONa$ 硬脂酸钠(肥皂主要成分)	$RCON(CH_3)(CH_2)_2SO_3Na$ 烷基酰胺磺酸钠	$C_{12}H_{25}$—⟨benzene⟩—SO$_3$Na 十二烷基苯磺酸钠	$CH_3CH(CH_2)_4OSO_3Na$ 丨 C_2H_5 2-乙基-己基硫酸钠

	类别	氨基盐类	季铵盐类	吡啶盐类
阳离子型	结构式	$\left[\begin{matrix}R_1\\R_2\end{matrix}NH_2\right]Cl$	$\left[R_1—\overset{R_2}{\underset{R_4}{N}}—R_3\right]Cl$	$R—\overset{+}{N}⟨pyridine⟩Cl^-$
	名称	氯化烷基胺	$\left[C_{16}H_{33}—\overset{CH_3}{\underset{CH_3}{N}}—CH_3\right]Br$ 溴化十六烷基三甲基铵	烷基氯代吡啶

续表

非离子型	类别	酯类	醚类
	结构式	$\underset{\underset{O}{\parallel}}{RC}-O-CH_2-CH_2-CH-CH_2$ $\quad CH_2 \quad CH_2$ $\quad OH \quad OH$	$R-O-(CH_2CH_2O)_nH$ $R--O-(CH_2CH_2O)_nH$
	名称	失水山梨醇(斯盘)	聚氧乙烯基醇醚(平平加型) 聚氧乙烯烷基苯酚醚(OP型)
两性型	类别	酯类	醚类
	结构式	$\underset{CH_3}{\overset{CH_3}{R-\overset{+}{N}-CH_2CH_2COO^-}}$	$R-\underset{O}{\overset{\parallel}{C}}-O-CH_2$ $R'-\underset{O}{\overset{\parallel}{C}}-O-CH-CH_2-O-\underset{\parallel O}{\overset{O^-}{P}}-OCH_2CH_2\overset{+}{N}(CH_3)_3$
	名称	烷基二甲基氨基丙酸	卵磷脂
高分子型	类别	阳离子型	阴离子型
	结构式	$\underset{\underset{C_{12}H_{25}Br}{\overset{+}{N}}}{(H_2C-CH)_n}$ 吡啶环	$\underset{COONa}{(CH_2-CH)_n}$
	名称	聚-4-乙烯溴化十二烷基吡啶	聚丙烯酸钠

　　表面活性物质具有许多独特的性质和作用,在工程和日常生活中都有很多应用。这些性质和作用皆源于它具有亲水基团和憎水基团的"双亲"独特结构。当表面活性物质溶于水时,亲水基团插入水中,亲油基团则翘出水面进入空气中或有机相中。由于亲油基团的翘出,部分地抵消了水分子间的作用力,使表面的不饱和力场得到一定程度的补偿,从而降低了水溶液的表面张力。

　　表面活性物质分子在溶液表面整齐地定向排列,形成一层明显的吸附层。当表面活性物质的浓度增加到一定值时,表面就被一层分子所覆盖,达到饱和状态。这时,再增大表面活性物质浓度,表面已不能再容纳更多分子,表面张力也不再降低。只是溶液内部的表面活性物质分子不断增加,其憎水基团之间以分子间力缔合而出现成团结构,这种成团结构称为胶束。开始形成胶束时的浓度,称为临界胶束浓度(critical micelle concentration,简写 CMC)。CMC 是表面活性物质的重要性质。离子型表面活性物质的 CMC 一般在 $10^{-3} \sim 10^{-2}$ mol·dm^{-3}。胶束的形成,能使溶液溶解一些原本不溶或微溶于水的物质,这就是表面活性物质的增溶作用。例如,100 cm^3 水中只能溶解 7 cm^3 苯,当其中含有 10% 的油酸钠后,则能溶解 10 cm^3 苯。

　　含有表面活性物质的水溶液容易在固体表面铺展开来而润湿整个表面,这种作用叫作润湿作用。织物印染、金属清洗等都需要表面活性物质的润湿作用。用表面活性物质水溶液来清洗油污，与用汽油、煤油等液体燃料作为有机溶剂清洗油污相比，是一项既节能又安全的措施，因此在工业清洗中得到广泛应用。

当表面活性物质溶于水后浮在气、液界面上，并形成较牢固的泡膜，并使表面张力降低，从而增加了水和空气的接触，在搅拌下形成了液体膜包围着的气体，这就是所谓的发泡作用，气泡如图4-30所示。我们熟悉的肥皂泡就是由发泡作用形成的。有人把"泡泡"当作玩具，也有人把"泡泡"当一种舞台艺术，如图4-31所示。肥皂、洗衣粉中表面活性物质的憎水基团插入油污中，机械揉、搓、挤后，连同气泡被除去。气泡的形成，有时会给生产或生活带来麻烦，需要消泡，表面活性很差的低级脂肪醇有一定的消泡作用，一些有机硅及水溶性较低的失水山梨醇脂肪酸酯等表面活性物质都有很好的消泡能力。

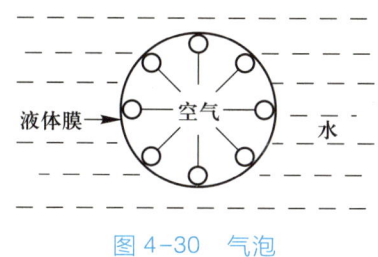

图4-30　气泡

图4-31　玩具吹泡泡

一种或多种液体分散在另一种与它不相溶的液体中的系统称为乳状液。分散的液珠一般直径小于 $0.1\ \mu m$。其中以液珠形式存在的那个相称为内相（也称分散相或不连续相）；另一个相称为外相（也称分散介质或连续相）。一般遇到的乳状液总有一个水相，用"W"表示；另一个是有机液体相，即油相，用"O"表示。外相为油，内相为水，用 W/O 表示，称为油包水型，如带有小水滴的天然原油；O/W 则称为水包油型，如牛奶。能降低水-油相间界面张力，使乳状液稳定存在的表面活性物质叫乳化剂。乳状液有广泛的应用，如以锭子油（70%）为油相、聚氧乙烯烷基苯酚醚为乳化剂的 O/W 型乳状液处理纤维（天然的、人造的均可），使其具有平滑、抗静电、润湿及防霉蛀等特点。使分散度较高的微小液滴结合在一起成为较大液滴，将乳状液破坏直至分为两层的过程称为破乳作用。破乳也可使用表面活性物质，例如，异戊醇有相当的表面活性，能代替原来的乳化剂，但其碳链很短，不能形成坚固的界面膜，起到破乳作用。用电解质、机械搅拌等也可破乳。原油破乳是石油开采、利用过程中重要的一环。

如上所述，表面活性物质的种类繁多，应用广泛。那么，在实际应用中如何选择呢？这是一个十分实际的问题。目前已有多种方法，其中 HLB 值法有较大的参考价值。HLB（hydrophile-lipophile balance，亲水-亲油平衡）值表示表面活性物质亲水基团的亲水能力和憎水基团的憎水能力的平衡关系，也叫亲水值。HLB 值越大，表示该表面活性物质的亲水性越强。从 HLB 值的大小大体可以判断其用途。表面活性物质的 HLB 值与应用的对应关系如表 4.11 所示。

表 4.11　表面活性物质的 HLB 值与应用的对应关系

在水中的溶解情况	HLB 值	应用
不分散	0	
分散得不好	2 4 6	消泡剂 W/O 乳化剂
不稳定乳状分散体 稳定乳状分散体 半透明至透明分散体	8 10 12	润湿剂
透明溶液	14 16 18	洗涤剂 O/W 乳化剂 增溶剂

4.2.5　胶体

分散系由分散相和分散介质两部分组成。被分散的物质称为分散相,容纳分散相的物质称为分散介质。根据分散相粒子直径大小将分散系分为分子与离子分散系、胶体分散系及粗分散系三类,其中分散相直径在 1~100 nm 范围内的系统称为胶体分散系统。

胶体在自然界、工农业生产及日常生活中普遍存在,例如云雾气溶胶。除此之外,人体中的细胞液,血液、淋巴液等也是胶体溶液。人体的许多生理、病理现象,如血液的凝固、血球的沉降、水肿的产生、结石的形成;在地球表面浅海附近铁、铝、锰等胶体沉积矿床中;在现代地质钻探中,建工材料水泥等应用均与胶体性质有关。

胶体的性质与其结构有关,目前人们普遍认同的胶团结构为双电层结构。以稀 $AgNO_3$ 溶液与过量的稀 KI 溶液反应制备 AgI 胶体为例,说明胶团的结构。在稀 $AgNO_3$ 溶液中滴加过量 KI 稀溶液可得到 AgI 溶胶,剩余的 KI 起稳定剂的作用。由许多个 AgI 分子聚集成直径 1~100 nm 的颗粒,构成胶粒的核心,称为胶核。胶核的表面选择性地吸附 n 个 I^- 而带负电荷;K^+ 为反离子(与胶核表面电荷电性相反的离子),它一方面受胶核的吸引有靠近胶核表面的趋势,另一方面由于扩散又有远离胶核的趋势,胶核表面的 I^- 与靠近的 K^+ 构成吸附层,胶核与吸附层统称为胶粒,扩散在胶粒周围的 K^+ 构成了扩散层。如图 4-32 所示,小圆圈表示胶核,m 表示胶核中所含 AgI 的分子数,通常 $m \approx 10^3$。AgI 胶团结构如图 4-32 所示。

由图可见,带相反电荷的吸附层和扩散层构成双电层。扩散层和胶粒合称胶团。从整体上看胶团是电中性的。

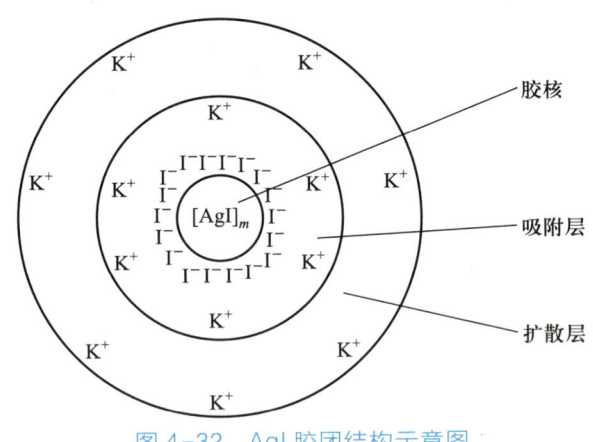

图 4-32　AgI 胶团结构示意图

若分散介质为液态,分散相是气态、固态或另一种与分散介质互不溶(或相互溶解度很小)的液态物质,则此类胶体系统称液溶胶,简称溶胶。溶胶是多相、高分散系统,具有很大的表面能,因此具有自发聚集成较大颗粒的趋势,是热力学不稳定系统。但实际上经纯化的溶胶相当稳定,如法拉第制备的金溶胶几十年后才沉淀。溶胶相对稳定的主要原因是布朗运动、胶粒带电及溶剂化作用。溶胶颗粒小,分散程度大,布朗运动剧烈,可以克服重力作用而不易沉降;带有相同种类电荷的胶粒之间,存在静电斥力,这种斥力阻止了胶粒的聚结;在胶团的双电层结构中,离子都是水化离子,胶粒在这种水化层的保护下难以碰撞而聚沉。

溶胶的稳定性是相对的、有条件的,如果减弱或消除使溶胶稳定的因素,胶粒就会因聚集而发生沉降,这个过程称为聚沉,使溶胶聚沉的方法主要有:

(1)加电解质　在溶胶中加入电解质可产生聚沉。这是因为加入电解质,会使更多的反离子进入吸附层,使水化层和扩散层变薄,溶胶稳定性降低,导致溶胶聚结沉降。

虽然加电解质可使溶胶聚沉,但如果加入过量的电解质,则能使正在聚沉的溶胶重新形成带相反电荷的溶胶。这是因为胶粒吸附层大量吸附反离子后,使胶粒又处于带电状态。

(2)加热　加热有助于溶胶聚沉。因为热运动不利于胶核吸附离子,不利于形成水化层。

(3)加带相反电荷的溶胶　将带相反电荷的两种溶胶混合,由于异性相吸中和电荷而发生聚沉。明矾净水作用,就是利用明矾水解生成 Al(OH)$_3$ 带正电荷溶胶,与天然水中的带负电荷的胶状污物相互聚沉而使水净化。

4.2.6　液体燃料与液晶

1. 液体燃料

凡能通过燃烧而取得能量,具有一定经济价值的物质都称燃料。除核燃料外,一般燃料分为固体燃料、液体燃料和气体燃料三大类。固体燃料包括煤、木材、木炭和焦炭等;液体燃料主要包括石油和页岩油产品,如汽油、煤油、柴油和燃料油等;气体燃料包括天然气、煤气、沼气等。燃料是当今世界的主要能源。

液体燃料一般由石油经过蒸馏分离并精制得到(沸点范围为汽油 30~200℃、煤油 140~280℃ 和柴油 200~330℃)。它们主要由链烷烃、环烷烃、芳香烃等烃类组成,一般不含不饱和烃,单体烃个数达数百个。C,H 两元素占质量分数的 99% 以上,含有少量 N,O 和 S 等元素及微量的 Fe,Ni,V,Cu 等金属元素。非烃类物质主要有:含硫化合物,硫化氢、硫醇(RSH)、硫醚(R—S—R)、二硫醚(R—S—S—R)、环硫醚、噻吩类化合物等;含氮化合物,吡啶类化合物、吡咯类化合物等;含氧化合物,脂肪酸、环烷酸、芳香酸和酚类等。一些化学式列举如下:

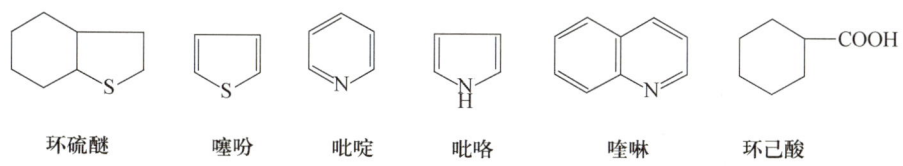

| 环硫醚 | 噻吩 | 吡啶 | 吡咯 | 喹啉 | 环己酸 |

　　液体燃料与固体燃料和气体燃料相比,具有热值高,灰分少,有流动性,储运方便,使用安全便利等特点。它在国民经济和国防建设上占有重要地位,目前我国的各种汽车、船舶、飞机、工程机械、坦克及部分机车等运输工具,大量使用液体燃料。液体燃料与各类发动机密切相关。根据机械工作原理的不同,一般将液体燃料分为点燃式发动机燃料、喷气发动机燃料、柴油机燃料和锅炉燃料四大类。液体燃料应满足适当的蒸发性,良好的燃烧性,高度的安定性,无腐蚀性,良好的低温性和良好的洁净性等方面的要求,对它们的质量指标都有严格规定。液体燃料的分类、牌号、产品标准和应用范围参见表4.12。

表 4.12　液体燃料的分类、牌号、产品标准和应用范围[*]

燃料种类	燃料名称		牌号和产品标准	主要应用范围
点燃式发动机燃料	航空燃料	航空汽油	75号、95号、100号(GB 1787—1979,1988年确认)	活塞式飞机、快速舰艇
	汽车燃料	车用汽油	含铅:70号(SH 0112—1992)、90号、93号、97号(GB 484—1993)无铅:90号、93号、95号(SH 0041—1993)	汽车、移动式抽灌器械(抽水机、抽油机、轻型舰艇等)
喷气发动机燃料	喷气燃料	航空煤油宽馏分燃料	1号(GB 438—1988)2号(GB 1788—1988)3号(GB 6537—1994)4号(SH 0348—1992)5号(GJB 560—1988)6号(GJB 1603—1993)	喷气式飞机
柴油机燃料	高速柴油机燃料	轻柴油	10号、0号、-10号、-20号、-35号、-50号(GB 252—1994)	各型柴油机汽车、牵引车、坦克及自行火炮
		军用柴油	0号、-10号、-35号(GB 252—1987)	舰艇或船舶、柴油机车、拖拉机及工程机械(推土机、起重机械等)
	中速柴油机燃料	农用柴油		农业机械
	低速柴油机燃料	重柴油		民用船舶和柴油机车
锅炉燃料	锅炉燃料	军舰用燃料油	GB 4629—1984	舰船锅炉
		重油(燃料油)		工业用固定锅炉、工业炉窑、民用船舶

　* GB:国家标准;SH:石油化工行业标准;GJB:国家军用标准。

液体燃料的蒸发性好坏与燃料的储存、运输及在发动机中的使用都有密切关系。比如,具有适当蒸发性的汽油才能在各种条件下迅速蒸发,在进入发动机汽缸前形成燃料与空气的最佳混合气,满足发动机工作需要。但是蒸发性过大,使燃料在储存或运输中损失较大,着火危险性也大,在装卸油料作业和发动机燃料系统中,容易产生气阻,阻塞油路,使供油中断,甚至造成事故。所以,不允许汽油含有过多的轻馏分。

抗爆性是燃料的重要特征,抗爆性能好坏与燃料的组成和化学结构有关。汽油的抗爆性一般用辛烷值来表示。规定异辛烷(2,2,4-三甲基戊烷)的辛烷值为 100,正庚烷的辛烷值为 0。辛烷值是汽油最重要的质量指标,表 4.12 中汽油的牌号就是以辛烷值的指标值来划分的。辛烷值提高一个单位可减少油耗 0.7%~3.1%。为了提高汽油辛烷值,经常要加入抗爆剂。四乙基铅是最常用的高度有效抗爆剂,汽油中加入 0.1% 的四乙基铅,辛烷值可提高 14~17 个单位。但因铅有毒,对环境造成污染,危及人的身体健康,目前已禁止使用。汽油无铅化是世界各国的共同要求。采用甲基叔丁基醚(MTBE)调和辛烷值的汽油,就是一种无铅汽油。评价柴油的抗爆性采用十六烷值。定义抗爆性很好的正十六烷的十六烷值为 100,抗爆性很差的 α-甲基萘的十六烷值为 0。2-乙基-己基硝酸酯(也称硝酸异辛酯)是常用的十六烷值改进剂。

安定性差的汽油、煤油、柴油在储存和使用过程中常常颜色逐步变深,产生黏稠沉淀胶质,这是烯烃、含硫和含氮化合物等组分被空气氧化和聚合反应的结果。胶质含量过多,会堵塞油路、黏结气门、增加积炭,影响发动机工作。为了改善汽油氧化安定性,可以加入抗氧化剂,如 2,6-二叔丁基对甲酚。燃料中水分、固体微粒、微生物、表面活性物质等含量多少也会直接影响燃料的洁净性、安定性、燃烧性和腐蚀性,必须保持燃料足够洁净。

除了汽油、柴油等传统液体燃料外,科学家们还开发了一些新型液体燃料,如高密度碳氢燃料、吸热型碳氢燃料、离子液体燃料等。从考虑能源危机和环境问题出发,世界各国也在积极开发更加清洁、高效和可持续的液体燃料,如将生物质等可再生资源转化为液体燃料,利用可再生能源将二氧化碳转化为高附加值化学品和液体燃料等,这部分内容将在 § 4.4 中作详细介绍。

2. 液晶

液晶是介于晶体与液体之间的一种介晶状态,不同于一般的固体、液体。晶体中粒子三维有序,构成晶格点阵,表现为各向异性,如光学、介电、介磁等性质在各个方向上不同。受热后,晶格上排列的粒子动能增加,振动加剧。当压力恒定时,达到固态液态平衡温度(即熔点),就变为液态,表现出各向同性。有些物质被加热熔解后,得到浑浊液体,这种浑浊液体具有像晶体一样的各向异性,又具有像液体一样的流动性和连续性,再加热到一定温度以后,就变成透明的液体。这种有序的流体就是液晶(liquid crystal)。液晶是奥地利植物学家 Reinitzer F 于 1888 年在研究植物中的苯甲酸胆固醇酯时首次发现的。液晶常分成热致液晶和溶致液晶两大类。

热致液晶是由于加热某些晶体而形成的液晶。包括三类:

(1)近晶型液晶　由棒状或片状分子组成,分子排列成层,每层中分子长轴平行,但排列松紧紊乱,层间距离近乎相等,长轴与层平面垂直或成一定角度,分子只在层内自由滑动。在 X 射线作用下,具有单方向的衍射现象。黏度很大,对外界温度、电磁场不够敏感,用途不大。

（2）向列型液晶　分子呈细长形,分子的长轴彼此平行或近于平行,但分子能上下、左右、前后运动,不呈层状。在 X 射线作用下,只显示出模糊的衍射。黏度低,对热、电磁场、切应力和图像都比较敏感,用途十分广泛。向列型液晶的电光效应是制造液晶显示器的物理基础。

（3）胆甾型液晶　形成这类液晶的分子多是胆固醇衍生物,分子呈扁平状排列成层,层内分子长轴彼此平行,分子长轴平行于层平面,但不同层的分子长轴不平行,其取向变化形成螺旋结构。

胆甾型液晶具有独特的光学性质,如旋光性、偏振光的二向性,液晶态的颜色随温度不同而变化。典型胆甾型液晶有氯化(溴化)胆甾醇,胆甾醇的壬酸酯、油酸酯、壬苯基碳酸酯、油烯基碳酸酯等以及它们的混合物。三类液晶分子排列模型见图4-33。

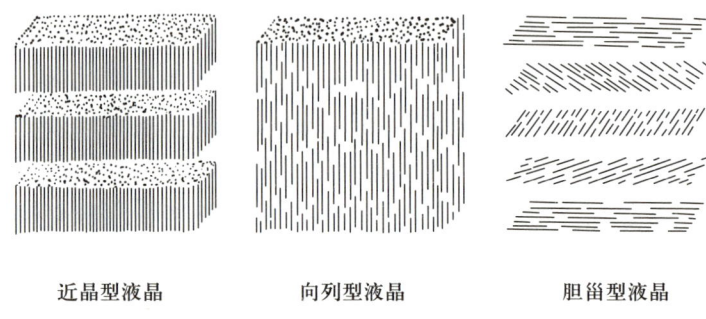

近晶型液晶　　　　　　向列型液晶　　　　　　胆甾型液晶

图 4-33　液晶分子排列模型示意图

溶致液晶是由像表面活性物质一样具有"两亲"特点的化合物与极性溶剂组成的二元或多元系统。两亲化合物包括简单的脂肪酸盐(如硬脂酸钠),离子型或非离子型表面活性物质,以及与生命体密切相关的复杂的类脂化合物(如卵磷脂,见图4-34)。当两亲化合物与水混合时,水分子进入固体晶格中,分布在亲水基的双层之间,破坏了晶体取向的有序而呈现出液晶特征,随着水量增加,可以出现不同的液晶态。比如:

$$\text{晶体} \underset{-H_2O}{\overset{+H_2O}{\rightleftharpoons}} \text{液晶} \underset{-H_2O}{\overset{+H_2O}{\rightleftharpoons}} \text{液晶} \underset{-H_2O}{\overset{+H_2O}{\rightleftharpoons}} \text{液晶} \underset{-H_2O}{\overset{+H_2O}{\rightleftharpoons}} \text{胶团} \underset{-H_2O}{\overset{+H_2O}{\rightleftharpoons}} \text{溶液}$$
$$\text{(层状)} \qquad \text{(立方)} \qquad \text{(六方)}$$

亲脂部分　　　　　　亲水部分

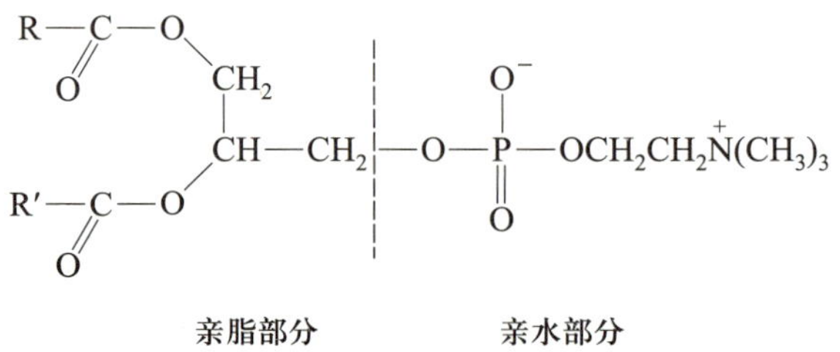

图 4-34　卵磷脂

高分子液晶是具有类似于低分子液晶有序结构的一类化合物,它可显示出液晶的特点。近晶型结构中,链节平行排列,且链节的质心分层作层状排列;向列型结构中,链节近似于平行的单轴排列。当高分子的侧链含有可形成液晶的单体时,各层中侧链平行排列

而呈梳子状,类似近晶型结构,高分子主链呈无规则状态,位于侧链的有序排列之间。某些生物高分子液晶显示出生物组织的功能,为人工合成具有特定生物活性的生物膜提供可能性。近年来,高分子液晶发展迅速。

液晶是新型显示材料,在工程上应用非常广泛。比如,液晶显示技术已经成了信息科学的重要内容。液晶显示器与投影仪、等离子体显示器一起在显示器市场上形成三分天下的局面。液晶分子在弱电场(1 V 量级)控制下改变其取向,从而改变液晶层的光学特性,实现有史以来最省电的平板显示技术,成为与运算半导体集成电路在功率与电压上直接匹配的现代仪表、计算机的最佳搭档。可以说,没有液晶显示,就不可能有当今信息时代涌现出的笔记本电脑、平板电脑、汽车雷达卫星定位系统和多种平板飞机航空仪表。液晶平板显示市场已经与阴极射线管相匹敌。再如,胆甾型液晶膜对温度很敏感,可以制成电子体温计,可以测量仪器仪表的工作温度,也可以进行无损探伤,检查精密器件的裂缝或空隙,测定晶体二极管的焊接温度和超小型电路内部的过热现象,检测薄膜电容器的微孔,测试集成电路的接点等;在医学上,还可以诊断肿瘤、动脉血栓,为手术提供准确部位。某些胆甾型液晶吸收不同有机溶剂的气体可显示出不同的颜色,且灵敏度极高,在环境检测和保护中很有应用价值。

动物体的大脑和经络在生物进化过程中,产生了很多胆甾型液晶。中医经络学说中的针灸,就是刺激神经元联结点(俗称穴位),使其中的原子结合态单元运动,起到四两拨千斤的作用。

练 习 题

1. 填空题

(1) 氢键具有_____性和_____性。加热使水的缔合度_____,可以充分发挥水分子_____端和_____端作用。

(2) 质量摩尔浓度的意义是_____中所含有的溶质的物质的量。

(3) 洗衣粉的主要成分是十二烷基苯磺酸钠,其化学式是_____,亲水基团是_____。肥皂的主要成分硬脂酸钠的憎水基团是_____。平平加型表面活性剂的亲水基团是_____,OP 型表面活性剂的憎水基团是_____。W/O 表示_____。

(4) 在水中激烈振荡后形成不稳定乳状分散的表面活性物质,其 HLB 值约为_____,一般作_____用;能形成透明溶液的,其 HLB 值为_____,可作_____用。

(5) 根据形成条件,液晶常分成_____和_____两大类。

(6) 为了回收废水中的苯酚,可用溶剂油进行萃取,那么萃取剂是_____,原料液是_____,萃取相中物质是_____,萃余相中物质是_____,最后回收的是_____。

(7) 天然水中常有带负电荷的溶胶污物,可用_____净水,就是利用其水解产生的_____正溶胶,与污物相互_____而得以净化。

2. 判断题(在后面括号内正确的填"√",错误的填"×")

(1) 298.15 K 时,$\Delta_f G_m^{\ominus}[NH_3(aq)]$ 值等于 $\Delta_f G_m^{\ominus}[NH_3(g)]$ 值。(　　　)

(2) 亨利定律 $p_B = K_H x_B$ 中的亨利常数 K_H 值等于纯溶质的饱和蒸气压。(　　　)

(3) 气浮法处理污水的基本原理是在较高压力下空气在水中的溶解度较大。(　　　)

（4）人体的细胞液、血液、淋巴液都是胶体溶液。（　　）

（5）在高压低温下，可将空气液化、蒸馏，便能分离出氧、氮、氩等组分气体。（　　）

（6）气-液平衡时，气相组成一般不同于液相组成，利用这一点可采用萃取操作来分离组分。（　　）

（7）液-液平衡时，溶质在溶剂中的溶解度不同，利用这一点可采用蒸馏操作来分离组分。（　　）

3. 选择题（根据题意，选择正确的序号填入空格内）

（1）A 组分的挥发性大，B 组分的挥发性小，在蒸馏分离完全互溶的两组分时，在下述各点中 A 组分的量多于 B 组分的是_____。

A. 泡点　　　　　　B. 露点　　　　　　C. 共沸点

（2）在定压蒸馏完全互溶的多组分溶液时，下列对泡点的描述正确的是_____。

A. 溶液逸出第一个气泡时的温度

B. 气相混合物凝聚出现第一个液滴时的温度

C. 溶液沸腾出现大量气泡时的温度

（3）一定压力下，下列有关泡点线描述不正确的是_____。

A. 泡点线以下是过冷溶液区

B. 泡点线表示出现气液两相

C. 泡点线是气液两相达成平衡的温度点连线

4. 比较并简述原因：

（1）纯水在 10℃，20℃，50℃时的 pH 大小。

（2）纯水在 10℃，20℃，50℃时的电导率大小。

（3）$0.1\ \text{mol} \cdot \text{kg}^{-1}$，$0.2\ \text{mol} \cdot \text{kg}^{-1}$，$0.5\ \text{mol} \cdot \text{kg}^{-1}$ 蔗糖溶液的凝固点高低。

（4）0.1 mol 的 $C_6H_{12}O_6$，0.1 mol NaCl，0.1 mol Na_2SO_4 溶于 1 kg 水中构成溶液的凝固点高低。

（5）$0.1\ \text{mol} \cdot \text{kg}^{-1}$，$0.2\ \text{mol} \cdot \text{kg}^{-1}$，$0.5\ \text{mol} \cdot \text{kg}^{-1}$ Na_2SO_4 溶液的渗透压高低。

5. 简述理由：

（1）水既可作制冷剂又可作载冷剂。

（2）工厂常用喷水来降温。

（3）下雪天并不感到比融雪天冷。

（4）织物印染、金属清洗时常用到表面活性物质。

（5）100 cm^3 水中，只能溶解 7 cm^3 苯，当其中含有 10% 的油酸钠后，则能溶解 10 cm^3 苯。

（6）用溶有表面活性物质的水剂清洗油污，与用汽油、煤油等有机溶剂清洗相比，是一种既节能又安全的措施。

（7）乳化燃料能够节约能源、减少污染。

6. 查阅有关资料或根据教师提示，写出四乙基铅、甲基叔丁基醚、2,6-二叔丁基对甲酚的化学式，并指出它们在液体燃料中有何作用。

7. 表面活性物质通常可以分成哪些类型，请各举一例。

8. 在下述物质中，挑选一种可用于超临界萃取的无毒溶剂，说明理由。

（A）H_2O；（B）CO_2；（C）甲苯

1. 水的熔点、沸点与水分子间存在氢键作用有什么关系？

2. 简述稀溶液依数性产生的原因,举例说明它们的应用。

3. 简述液体燃料蒸发性对储运和在发动机中使用时的影响。

4. 辛烷值、十六烷值怎样定义？分别有什么意义？

5. 查阅铅的毒性和对环境污染的有关资料,说明为什么要禁止使用含铅汽油。

6. 在发酵生产过程中产生大量气泡,占据容器体积,降低生产效益,用什么方法可以避免？

7. 洗涤时,应如何控制表面活性物质的加入量？

8. 晶体、液晶和液体之间有什么区别和联系？

9. 试比较不同种类液晶的分子排列特征。列举液晶在工程上的应用。

10. 常温常压下溶质的溶剂化与高温高压下的溶质溶剂化程度有何区别？超临界流体中进行的化学反应与常温常压下进行的化学反应有何区别？

§4.3　气体和等离子体

 学 习 要 求

1. 从能量角度认识物质由固态→液态→气态→等离子态的转变。了解等离子态的形成和组成,了解等离子体的应用。

2. 掌握理想气体状态方程及其近似用于实际气体的条件;了解常用气体钢瓶的规定和使用;了解可燃气体的爆炸极限。

3. 掌握大气湿度概念和相对湿度的计算。

4. 理解气溶胶概念,了解其造成的危害。

固体吸收能量变成液体,液体继续吸收能量又变成气体,气体在能量作用下还能进一步变成等离子体。

4.3.1　理想气体和实际气体

气体没有固定形状,但可用压力(p)、体积(V)和温度(T)来衡量气体所处的状态。气体的 p,V,T 和物质的量 n 之间的定量关系式称为状态方程,在工程计算中很常用。

理想气体状态方程表示为

$$pV = nRT \qquad\qquad (4.8)$$

式中,p,V,T,n分别采用国家法定单位 Pa,m^3,K 和 mol;R 为摩尔气体常数,等于 8.314 J·mol^{-1}·K^{-1};物质的量 $n = m/M$,m 为质量,M 为摩尔质量。凡在任何温度和压力下均服从理想气体状态方程的气体称为 **理想气体**。它在微观上具有两个特征:分子本身不占有体积;分子间没有相互作用力,其系统的势能可忽略。理想气体是一种理想的假设,在自然界不可能存在,但它是一切实际气体在 $p \rightarrow 0$ 的极限情况下所具有的共性。温度较高、压力较低的实际气体,可以近似为理想气体,用式(4.8)所算得的结果与实际测量值相差不大。例如,在 400℃ 时,1.0 mol 水蒸气占据 22.4 dm^3 时的实际压力为 248 kPa,式(4.8)算得 249 kPa,两者十分接近。

在工程应用中遇到的通常是气体混合物。某一组分 B 的摩尔分数(y_B)与混合气体总压力(p)的乘积称为该组分在混合气体中的 **分压力**($p_B = y_B p$),简称 **分压**。理想气体混合物中如不发生化学反应,各种组分互不影响,且都可用式(4.8)描述,分压 p_B 等于组分 B 单独存在于混合气体的温度、体积条件下所产生的压力。即

$$p = \sum_B p_B = \sum_B n_B (RT/V) \tag{4.9}$$

式中,n_B 为组分 B 的物质的量。

组分 B 单独存在于混合气体的温度、总压力条件下占有的体积称为该组分在混合气体中的 **分体积**(V_B)。在无化学反应的理想气体混合物中,显然有

$$V = \sum_B V_B = \sum_B n_B (RT/p) \tag{4.10}$$

而且 $y_B = n_B/n = V_B/V = p_B/p$。

工业上和实验室中,实际气体一般用压力钢瓶贮运。如果贮存氢气的钢瓶体积 40 dm^3,压力为 14.7 MPa,则它相当于常温(25℃)、常压(101.325 kPa)下的 5.8 m^3。钢瓶中的高压气体不能用理想气体状态方程计算,需用更复杂的实际气体状态方程计算。钢瓶用无缝合金钢或碳素钢制成。高压气体钢瓶的外表颜色和字样颜色都有专门规定,如表 4.13 所示。

表 4.13　高压气体钢瓶的外表颜色和字样颜色

气体	钢瓶外表颜色	字样颜色	气体	钢瓶外表颜色	字样颜色
氧气	天蓝	黑	氯气	草绿	白
氢气	绿	红	二氧化碳	白	黑
氮气	黑	黄	氩气	灰	绿
氨气	黄	黑	乙炔	白	红
压缩空气	黑	白	石油气	灰	红

必须注意,可燃性的气体与空气的混合物,当两者的比例处于 **爆炸极限** 内,只要有一个适当的热源(如电火花)诱发,将引起爆炸事故。例如,体积分数为 0.04~0.74 的 H_2,0.125~0.74 的 CO 和 0.053~0.14 的 CH_4 在空气中会燃烧并发生爆炸。乙炔、环氧乙烷、硅烷等都是危险气体,使用时要特别小心。表 4.14 中列出某些可燃气体在空气中的爆炸极限。

表 4.14　某些可燃气体在空气中的爆炸极限（体积分数）

气体	爆炸下限/%	爆炸上限/%	气体	爆炸下限/%	爆炸上限/%
氢	4.0	74.2	一氧化碳	12.5	74.2
乙烯	2.8	28.6	水煤气	7.0	72
乙炔	2.5	80.0	煤气	5.3	32
甲烷	5.3	14	二硫化碳	1.25	44
丙烷	2.4	9.5	乙醇	3.3	19.0
戊烷	1.6	7.8	丙酮	2.6	12.8
乙醚	1.9	36.5	乙酸乙酯	2.2	11.4
苯	1.4	6.8	氨	15.5	27.0

4.3.2 大气相对湿度

在讨论液体时已经提到，水蒸气是由液态水蒸发或固态冰升华而成的气态水。地球上的海洋、江、湖充满了水及冰，水蒸气是大气中不可忽视的组成成分。水蒸气在大气中的含量多少，表达了大气的干湿程度，简称湿度。单位体积空气中所含水蒸气的质量称为绝对湿度。例如，20℃空气中的水蒸气达到饱和时，每立方米的空气中含有的水蒸气质量可从表 4.7 及式（4.8）和式（4.9）算得

$$m(H_2O) = \frac{pVM}{RT} = \frac{2339\ \text{Pa} \times 1\ \text{m}^3 \times 18.01\ \text{g} \cdot \text{mol}^{-1}}{8.314\ \text{J} \cdot \text{mol}^{-1} \cdot \text{K}^{-1} \times 293.15\ \text{K}} = 17.28\ \text{g}$$

大气中水蒸气的分压力 $p(H_2O)$ 和同温度下水的饱和蒸气压 $p^*(H_2O)$ 的百分比值称为相对湿度，即

$$相对湿度 = \frac{p(H_2O)}{p^*(H_2O)} \times 100\% \tag{4.11}$$

大气温度和相对湿度对于植物生长、文物保护、仪器仪表使用、建筑施工质量等都有重要的影响。比如，我国故宫地下文物库房要求温度控制在 $14.5 \sim 16.5$℃，相对湿度控制在 $45\% \sim 55\%$。计算机合适的工作环境为室温 $15 \sim 35$℃，相对湿度为 $20\% \sim 80\%$。

例 4.2　经测定，某计算机房的室温为 25℃，实际水蒸气压力为 2.154 kPa，问此房是否适合计算机工作？

解：查表 4.7 知，25℃时水的饱和蒸气压为 3.167 kPa。

按式（4.11）计算得相对湿度为：相对湿度 = 2.154 kPa/3.167 kPa ×100% = 68%。

可见，温度、相对湿度都在正常范围之内，适合计算机工作。

4.3.3 气溶胶

在气体中悬浮有固体或液体微粒构成的分散系统称为气溶胶。在气溶胶中,固体或液体微粒的大小常常在 $1 \sim 10^5$ nm。气溶胶也是大气的重要组成部分。气溶胶微粒通过对太阳辐射和地球长波辐射的散射和吸收,影响大气的加热和冷却速率,进而影响整个地球大气系统的热量平衡。

云是最常见的气溶胶,它具有确定的边界。烟是由不完全燃烧形成的一种含有粉尘或液珠的气溶胶,粉尘或液珠可以吸附或溶解有毒物质。雾是由凝结或雾化而产生的一种液滴气溶胶。光化学烟雾是危害极大的空气污染现象。大气中有害气体及它们的光化学反应产物,既有烟又有雾,常伴有水蒸气。光化学烟雾气溶胶中的颗粒物尺寸小于2000 nm。光化学烟雾具有很强的氧化性、刺激性,严重影响人类健康、植物生长、交通安全、工业制品的使用等。历史上有名的比利时默兹峡谷烟雾、美国的多诺拉烟雾事件、英国的伦敦烟雾事件、美国的洛杉矶光化学烟雾事件等都造成了不同程度的人员伤亡(详见表 4.15)。

表 4.15 历史上一些重大的大气污染事例

时间	地点	情况(污染程度)	后果(伤亡人数)
1930 年 12 月 1—5 日	默兹峡谷 (比利时)	烟尘和 SO_2,逆温层	6000 多人发病,死亡 63 人
1931 年	曼彻斯特 (英国)	烟尘和 SO_2	9 天内呼吸道病人剧增,死亡 592 人
1948 年 10 月 27—31 日	多诺拉 (美国)	烟尘和 SO_2,大雾看不见人和物	近 6000 人发病,死亡 20 人
1948 年 11 月 26 日—12 月 1 日	伦敦 (英国)	烟尘(2.8 mg·m^{-3})和 SO_2	一周内支气管炎死亡人数增多,死亡 700 ~ 800 人
1952 年 12 月 5—9 日	伦敦 (英国)	烟尘(446 mg·m^{-3})和 SO_2(3.8 mg·m^{-3}),逆温层,无风,大雾	死亡近 4000 人
1952 年 12 月	洛杉矶 (美国)	O_3,NO_x,醛类、SO_2、CO,汽车尾气经阳光作用形成光化学烟雾	75% 居民患眼病,死亡约 400 人
1956 年 1 月 3—6 日	伦敦 (英国)	烟尘(3.25 mg·m^{-3})和 SO_2(1.6 mg·m^{-3})	死亡约 1000 人
1957 年 12 月 2—5 日	伦敦 (英国)	烟尘(2.40 mg·m^{-3})和 SO_2(1.8 mg·m^{-3})	死亡 400 多人

时间	地点	情况（污染程度）	后果（伤亡人数）
1961 年	四日市 （日本）	SO_2 和烟雾	哮喘患者增多（超过 500 人），死亡 10 人
1962 年 12 月 5—10 日	伦敦 （英国）	烟尘（2.80 mg·m^{-3}）和 SO_2（4.1 mg·m^{-3}）	死亡 750 人
1970 年 7 月 18 日	东京 （日本）	光化学烟雾和 SO_2，无风	受害者近万人

在我们周围到处都有气溶胶存在的可能,如沙尘暴,吸烟人吐出的烟雾,马路扬起的尘埃等。有些颗粒物,即使本身无毒,但其吸附有害物质,对人类的健康和生命危害也很大,如吸附多环芳烃等,通过人的呼吸系统可造成人体的致畸、致癌和致变。含有细菌、真菌、病毒、尘螨、花粉、孢子及动植物碎裂分解体等具有生命活性的微粒的气溶胶称生物气溶胶。它们除了具有一般气溶胶的危害外,还会传播疾病,近年来影响日趋严重。可燃物的气溶胶易爆炸,所以纺织、粮食加工等的厂房内应严禁明火,防止和消除粉尘及有害气体的产生极为重要。

4.3.4　等离子体

1. 等离子体的产生

在高温、激光或电磁场等作用下,气体分子电离产生由大量带电粒子（离子、电子）和中性粒子（原子、分子）所组成的系统,因其在整体上保持电中性,总的正、负离子电荷数相等,故称为等离子体。并非任何电离气体都是等离子体,只有当电离度大到某一程度,带电粒子密度达到所产生的空间电荷足以限制其自身运动时,才能成为等离子体。

等离子体普遍存在于自然界中。宇宙天体及地球上层大气的电离层属于自然界产生的等离子体。太阳是一个灼热的等离子体火球,电离由高温产生,离子密度极高。在稀薄的星云和星际气体内,电离由恒星的紫外辐射等引起。夏天的雷电是空气被电离而产生的瞬时等离子体在发光。地球大气的电离层属稀薄等离子体。日常看到的日光灯、霓虹灯、火焰中也存在着等离子体。军事上的核爆炸,放射性核素的射线、高超音速飞行器的激波、燃料中掺有铯、钾、钠等易电离成分的火箭和喷气式飞机的射流,都可以形成弱电离等离子体。

2. 等离子体的特点

人们常把等离子态列为继固、液、气三态之后的物质第四态。把等离子体作为一种基本聚集状态,是因为它与固、液、气三态相比,无论在组成上还是在性质上均有本质区别。气体通常不导电,等离子体是导电流体,且在宏观上保持电中性。气体分子间不存在净电磁力,而等离子体的带电粒子间存在库仑力,带电粒子群明显地会受到电磁场的约束和影响。等离子体一般不处于热平衡状态,但电子和离子可能出现各自局部的热平衡,如日光灯启动时气体放电产生的等离子体,其电子温度可达数万摄氏度,而正离子温度却与室温

差不多。因此,等离子体温度分别用电子温度和离子温度表示,两者相等,称为热等离子体;不相等则称为冷等离子体。等离子体也分为低温等离子体($10^3 \sim 10^4$℃数量级)和高温等离子体(如10^7℃数量级),应用较多的是低温等离子体。应当注意,等离子体的高温和低温显然不同于日常的高温和低温概念。

3. 等离子体的工程应用

由于等离子体中粒子组成和产生过程的特异性及等离子体与固体表面相互作用的复杂性,它在日常生活和冶金工业、半导体器件、航空航天、环境保护等许多工程领域中的应用日益扩大。

霓虹灯中充入少量特殊气体,两端接上高电压,管内特殊气体发生电离,形成绚丽多彩的等离子体。充入氖,为鲜艳的红色;充入汞,为悦目的绿色;充入氩,就是迷人的紫色;充入氦,呈现艳丽的黄色。此时的等离子体,电离度很小,只有0.01%左右;自由电子的温度很高,整个系统处于非热平衡状态,电子能量通过碰撞传递给已电离成离子的或仍处于激发态的氦、氖、氩、汞,整个系统处于低温状态,是典型的低温等离子体。

利用低温等离子体中的电子碰撞分解SiH_4,可制备α-Si:H非晶硅薄膜,为制备复合材料开辟了新途径;利用热能可以切削、焊接和冶炼金属。电弧放电产生的弧等离子体在电弧等离子炬这样一种特殊装置中变成速度很大的一束等离子流体,温度高,能量集中,可以调控,用于金属切割,使割缝干净无毛刺;等离子体溅射用于表面喷涂,涂层致密,结合牢固;也可用作模拟火箭和弹道导弹头返回条件的试验。利用低温等离子体在外磁场中的电磁性质,可将能量直接转换成电能,称为磁流体发电,效率大大高于火力发电和化学能源。在军事上,采用等离子体发生器在兵器表面形成一层等离子云,控制等离子体频率等参数,对外来电磁波通过吸收、反射和折射作用,使敌方雷达难以探测而达到隐身,称为等离子体隐身技术。等离子体隐身系统和等离子体武器将对未来高技术战争——电子战产生深远影响。

高温等离子体是最有希望实现可控热核聚变反应的物质状态,在热核反应器的点火过程中,需要先向反应器中注入一些一定时间内能保持稳定的高温等离子体(完全电离,温度5×10^7℃以上)。太阳表面的氢等离子体、地球上空的电离层等离子体,都蕴藏着巨大的能量。据说,为了解和预报空间天气,人类将在若干年后发射探测太阳的器具,这个器具必须耐受外部大约1400℃的高温,这只有碳纤维复合材料才能担当,但设计并使用碳纤维复合材料的还是我们人类自己。地球上空电离层的等离子体和我们人类目前所能认识的日冕附近的等离子体应该是一致的,这可能就是人类认识的极限。

练习题

1. 选择题(根据题意,选择正确的序号填入空格内)

(1)在压力为p,温度为T时,某理想气体的密度为ρ,则它的摩尔质量M的表示式是_____。

A. $M = (\rho/p)RT$　　　　　B. $M = (p/\rho)RT$

C. $M = (n\rho/p)RT$　　　　　D. $M = (\rho/np)RT$

(2)近似满足理想气体状态方程式的真实气体所处的条件是_____。

A. 低压和较高温度　　　　　B. 高压和较低温度

C. 高压和高温　　　　　　　D. 低压和低温

2. 在 25℃ 时,若 1 dm^3 某气体混合物中,O_2,N_2 和 CO_2 的物质的量分数分别为 0.21,0.78 和 0.01,求在总压为 100 kPa 下各物质的分压。若容器扩大到 2 dm^3,CO_2 的分压是多少?

3. 20℃ 时,某处空气中水的实际蒸气压为 1.001 kPa,求此时的相对空气湿度。若温度降低到 10℃,相对湿度又是多少?

思 考 题

1. 精密仪器、贵重物品的保护都需要严格控制温度和湿度,为什么?

2. 吸烟者从一支烟中吸入约 20 mg 的烟微粒,若这些烟微粒是直径为 400 nm、密度为 1.0 g·cm^3 的球体,那么这些烟微粒的总表面积有多大?请从吸附角度分析吸烟的危害。

3. 用你学过的知识,简要地分析历史上几次重大烟雾事件的成因和危害。

4. 等离子体怎样形成?它有什么特点?列举它的工程应用。

5. 从能量角度和粒子排列的有序程度,比较物质固态、液态、气态和等离子态等不同聚集状态及其相互转化。

§4.4　全球性大气变化与"双碳"目标

学习要求

1. 了解酸雨、臭氧层空洞的成因。
2. 理解全球气候变暖的原因、危害和解决措施。
3. 理解"双碳"目标的含义,了解实现"双碳"目标的主要手段。
4. 掌握 CO_2 利用的典型案例。

地球大气圈的结构如图 4-35 所示。大气的 50%(质量分数)在距地球表层的 8 km 以内,90% 在 15 km 以内,99% 在 30 km 以内,这是大气的第一壳层。其中 12 km 以内又称对流层,对流层上面离地表面 50 km 内称平流层。80 km 以内的大气组成几乎处处均匀,人们熟悉的大气组成(质量分数:78% N_2,21% O_2)长期并无显著变化。大气和大气污染与人的生存和生存质量休戚相关。成年人每天要呼吸空气约 10000 dm^3(13.6 kg),没有空气只能活 5 min。当前,全球性大气变化,尤其是酸雨、臭氧层空洞和温室效应等现象,严重破坏了人类和动植物生存的正常环境,威胁着人类的生存质量,成为全球关注的热门环境问题。

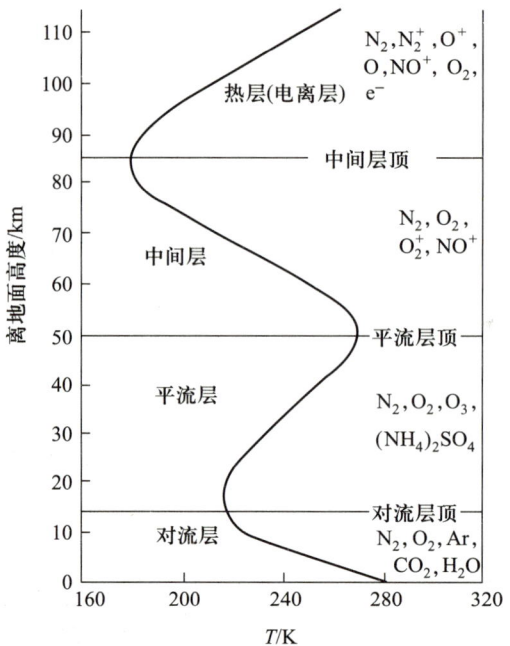

图 4-35 大气圈的结构

4.4.1 酸雨和臭氧层空洞

酸雨是指 pH<5.6 的酸性降水,是大气污染现象之一。汽车发动机、电厂锅炉、民用炉灶等大量使用煤或液体燃料,它们燃烧产生 CO_2,SO_2,NO 等酸性气体。酸性气体在大气中粉尘(含 Fe,Cu,V 等)的催化下氧化成 SO_3 和 NO_2;大气发生光化学反应生成的 O_3,H_2O_2 等也能使 SO_2 和 NO 等氧化成 SO_3 和 NO_2。最终生成 H_2SO_4,H_2SO_3,HNO_3,HNO_2,H_2CO_3 等,溶解在雨水中变成酸雨。酸雨造成森林、作物、渔牧等多种经济资源的损失,破坏生态系统,危害人类健康,腐蚀建筑物、工厂设备和文化古迹。目前,我国酸雨覆盖面积已达国土面积的 40%。

酸雨问题早已引起各国注意。1979 年,欧洲和北美 35 个国家签订了《长程越界空气污染公约》。美国 1990 年修订《清洁空气法》,确定了控制 SO_2 排放总量的行动纲领。要防治酸雨,必须发展高效洁净燃烧技术,使用低硫燃料,改进燃料燃烧装置,进行工厂烟道气脱硫,控制汽车尾气排放等,化学可以为之做出巨大贡献。

臭氧(O_3)是氧(O_2)的同素异形体,是大气层中数量极微的组分,主要分布在距地面 10~50 km 的平流层内,在 25 km 附近浓度最大,每立方厘米约有 5×10^{13} 个分子。若把大气中全部 O_3 压缩在标准条件下,臭氧层平均厚度约为 3 mm。这样一层薄薄的臭氧层,却挡住了来自太阳的 99% 以上的紫外线辐射,给地球提供了防止紫外线的屏蔽,并将能量储存在上层大气,起了调节气候的作用。从这点意义上讲,它是地球生命的"保护神"。

超音速飞机、宇宙飞行器在臭氧层高度飞行时排放出的 NO_x，用作制冷剂、除臭剂、发泡剂、头发喷雾剂等的 CFC（如 $CFCl_3$，CF_2Cl_2，CCl_2FCClF_2，$CClF_2CClF_2$）及一些工业溶剂等，在大气中能发生一系列的光化学反应而破坏臭氧层。1984 年以来，科学家们观测到南北两极上空都出现"臭氧层空洞"，南极上空空洞面积有美国国土那么大，而且这个空洞面积有扩大的趋势。我国科学家发现，青藏高原上空夏季也存在一个"臭氧低谷"。臭氧层的破坏，使过量的紫外线射到地面，引起植物、生物、人类病变（如皮肤癌）增加；加速高分子材料老化；增加城市光化学烟雾，加剧环境污染；造成高空平流层变冷和地面变暖。因此，控制臭氧层破坏极为重要。1985 年达成了《保护臭氧层维也纳公约》，1987 年制定了《关于消耗臭氧层物质的蒙特利尔议定书》，1990 年又作修订，目的在于落实保护臭氧层的具体措施。我国于 1991 年 6 月 14 日加入，参与国际合作。1995 年诺贝尔化学奖授予了三位臭氧层耗损研究的开拓者。

4.4.2 温室效应与"双碳"目标

大气对流层中的某些有害气体，如 CO_2，CH_4，O_3，N_2O 和 CFC（氟氯烃，几种氟氯代甲烷和乙烷的总称，商品名氟利昂）等的增加，引起地球平均气温上升的现象，称为温室效应。太阳辐射透过大气，很少一部分被吸收，大部分到达地面；地表又以红外辐射的形式（热量）向外辐射，被大气中的 CO_2 等温室气体和水蒸气所吸收，从而阻止了地球热量向外空间的散发，致使大气层增温。这宛如玻璃或塑料薄膜的覆盖而使室内产生增温和保温的效应。

几种温室气体所引起的温室效应增强作用分别为 CO_2 占 56%，CFC 占 24%，CH_4 占 11%，N_2O 占 6%。CO_2 是最主要的温室气体。目前，由于燃料使用量的增加，以及植被、森林的破坏使植物光合作用消耗的 CO_2 大量减少，导致 CO_2 浓度快速增加。截至 2019 年，全球大气 CO_2 的平均浓度（以摩尔分数表示）已达到 0.041%，甲烷的含量在 0.00019% 左右。

2007 年，联合国政府间气候变化专门委员会（IPCC）发布第四次评估报告，强调全球必须尽早联合采取行动，通过控制全球温室气体排放量的增长，来将大气中的温室气体浓度稳定在较低水平，将温室气体减排融入可持续发展。大部分研究人员都认为如果人类继续无节制排放温室气体，将使气候系统发生百年尺度上不可逆转的变暖事件，导致极地冰雪融化、海平面升高等，对生物、人类造成无法估量的损失。因此联合国环境规划署曾把 1989 年 6 月 5 日的"世界环境日"主题定为"警惕全球变暖"。

2020 年 9 月 22 日，习近平总书记在第 75 届联合国大会上宣布，中国 CO_2 排放力争于 2030 年前达到峰值，努力争取 2060 年前实现碳中和。2021 年，中共中央、国务院发布"中共中央国务院关于完整准确全面贯彻新发展理念，做好碳达峰碳中和工作的意见"，这就是我们国家提出的"双碳"目标。

为实现碳达峰、碳中和的目标，我们一方面要节约能源，另一方面需要使用绿色清洁能源来代替化石能源，同时，我们也要大力发展 CO_2 的捕集、封存和利用技术。

4.4.3　CO_2 的捕集、封存和利用

CO_2 捕集与封存(carbon capture storage,简称 CCS)技术是其中一种非常重要的气候变化减缓技术,受到世界各国的高度重视。这种技术是将能源生产和利用过程中产生的 CO_2 捕集后,通过管道将其输送到封存地点进行永久封存,包括陆地封存或海洋封存等,避免其排入大气引起气候变化。美国气候变化技术计划(CCTP)报告中指出,CCS 技术已经成为 CCTP 框架下的研发项目组合的高级优先级焦点问题,原因是它具有减少点源排放的 CO_2 和大气 CO_2 的潜力,并能使人们在未来继续使用煤和其他化石燃料。

CO_2 捕集与利用(carbon capture utilization,简称 CCU)技术是另一种非常重要的气候变化减缓技术。该技术考虑到 CO_2 虽然是一种主要的温室气体,但同时也是一种储量丰富、廉价易得且绿色可持续的碳一(C1)资源,将 CO_2 捕集后进行资源化利用,制造目前主要来自化石资源的燃料、化学品和建筑材料等。CCS 和 CCU 共同组成了 CCUS,这是一种通过捕集工业和能源生产过程中的 CO_2 并加以利用或封存,从而减少温室气体排放和减轻气候变化的综合技术。

无论是 CCS 技术,还是 CCU 技术,其关键都是 CO_2 的高效捕集与分离。根据捕集分离的原理、动力和载体等进行分类,CO_2 捕集分离技术主要包括:吸收分离法、吸附分离法、膜分离法等。工业上捕集 CO_2 的主要方法是醇胺水溶液法。

捕集后得到的 CO_2 压缩后,通过运输,可进行陆地封存或海洋封存。陆地封存是通过管道技术将 CO_2 压缩液注入地下深处具有适当封闭条件的地层中储存起来,来永久封存 CO_2。海洋封存是通过管道或船舶将 CO_2 运输到海洋封存地点,从那里将 CO_2 注入海底。被溶解和消散的 CO_2 随后会成为全球碳循环的一部分。

CO_2 具有特殊的物理性质,是一种非常稳定的不可燃气体,因而在日常生活和工业生产中具有很广泛的应用。比如,在物理利用方面,可用于制备碳酸饮料,CO_2 的存在改善了碳酸饮料的风味;用于三次采油,提高采油效率;作为溶剂,用于超临界萃取和超临界反应。在化学利用方面,CO_2 是重要的碳一资源,可转化为基础化学品、有机燃料或直接固定为高分子材料。目前已经成熟的 CO_2 利用项目主要包括合成尿素、水杨酸、甲醇、无机碳酸盐和有机碳酸酯等。CO_2 合成尿素是 CO_2 利用规模最大的应用实例,它以 CO_2 和氨为原料,高温高压下形成;我国是世界上生产尿素的第一大国。利用 CO_2 与氢气为原料生产甲醇,是 CO_2 利用很有潜力的项目,其中利用光伏产生的电来电解水,产生绿氢,再与 CO_2 催化加氢得到甲醇,即液态阳光,可有效减缓 CO_2 减排压力,实现其综合利用。

$$CO_2 + 2NH_3 \xlongequal{} NH_2CONH_2 + H_2O$$

$$CO_2 + 3H_2 \xlongequal{} CH_3OH + H_2O$$

在更复杂的 CO_2 利用方面,2021 年,我国科研团队通过耦合化学催化和生物催化模块体系,实现了"光能-电能-化学能"的能量转变方式,成功构建出一条从 CO_2 到淀粉合成只有 11 步反应的人工途径,发表在 Science 杂志上。使 60 多步的生化反应减少为 11 步反应,反应能量转化效率提升 3.5 倍,同时解决了天然淀粉合成时空效率不高的难题。

练 习 题

1. 酸雨是指 pH ＿＿＿＿＿的酸化雨水。燃烧煤或液体燃料产生的气体,在高温条件下经过进一步氧化,都能产生＿＿＿＿＿、＿＿＿＿＿等在雨水中有一定溶解度的酸性气体。最终形成含＿＿＿＿＿、＿＿＿＿＿等的酸雨。

2. 试分析大气中臭氧对人类的功与过。

3. "温室气体"有哪些?引起"臭氧层空洞"的物质有哪些?

4. 试分析全球气候变暖的原因、危害及解决措施。

思 考 题

1. 造成全球气候变暖、臭氧层空洞的原因是什么?对环境及人类有何危害?

2. "双碳"目标的含义是什么?我国为什么要提出"双碳"目标?

3. CO_2 的捕集分离技术有哪些?

4. 利用 CO_2 可合成哪些物质?

5. 为什么甲醇被称为液态阳光?

第五章
化学反应基本原理

化学反应的实质是：分子等原子结合态单元中的原子，在空间范围和时间进程中经过不同状态，重新排列组合成新的分子等原子结合态单元。尽管反应过程中原子核没有变化，但原子或离子之间的相互作用及其电子运动状态发生了变化，所以伴随能量变化。我们能否预测某个系统中化学反应的能量变化？预测它与环境交换的能量？预测化学反应的方向？能否利用化学反应的能量？自然界还有什么能量可利用，它与化学又有什么关系？本章将用原子及其结合态单元间的相互作用——静止时具有势能，运动时具有动能这一观点来阐明以上问题。

§5.1 化学热力学与能量转化

 学习要求

1. 理解反应物和生成物的物质的量、聚集状态、压力、浓度、温度等因素决定了化学反应系统的状态，每一个确定的状态有确定的能量；明确 ΔH，ΔU 分别是系统在等压或等容过程中始态与终态的原子和分子等原子结合态单元总能量的改变。

2. 掌握能量守恒和转化关系式 $\Delta U = U_2 - U_1 = Q + W$ 中的各符号名称、意义和正负值的确定。

3. 明确 Q_p，Q_V，$\Delta_r H_m^\ominus$，$\Delta_r H_m^\ominus$，$\Delta_r H_m$ 等各符号的名称、意义。

4. 掌握 $\Delta_r H_m^\ominus(298.15\ \text{K})$ 的计算，明确 $\Delta_r H_m^\ominus(T) \approx \Delta_r H_m^\ominus(298.15\ \text{K})$ 的应用。

任何系统中，物质（大的称物体，小的称粒子）都在永恒运动，具有动能；运动过程中有相互作用，或吸引或排斥，达到平衡（又称相对静止）时，具有势能。动能和势能可以相互转化，两者之和便是总能量。原子及其结合态单元在化学反应中无论是动能还是势能都会改变，总能量也会改变。能量有多种形式，人们首先注意的能量形式是热和功。对热和功及它们的转化也存在一个认识和探究的过程。

5.1.1　认识和探究过程

从"钻木取火"开始,到我国北宋的"火箭"和古埃及的"蒸气球"都查之有据,可作为古代探究热转化为功的典型实例。热力学被确定为科学,那是 1824 年卡诺(Carnot N L S,法国)发表《关于火的动力的想法》、大规模使用蒸汽动力和实现工业化以后的事情。1840 年,迈尔(von Mayer J R,德国)在从荷兰开往爪哇的船上当医生,发现船员到爪哇以后的静脉血比在欧洲时红,这种生理现象启发他思考,认为人体在热带(非洲)维持体温所需的新陈代谢速率,比地处温带或寒带(欧洲)时低,在红色动脉中所消耗的氧较少,由此提出"体力和体热、体温都必定来源于食物中所含的'化学力',如果动物的'化学力'收入与支出是平衡的,那么所有这些形式的力就必定守恒。"1842 年又提出热容的概念,一定质量的空气热容 C 被定义为单位体积的热量除以质量。热容有定压和定容之别,定压热容 C_p 和定容热容 C_V 之差为常数。1845 年,他又首先指出绿色植物利用光的过程,称为"光合作用"。

1847 年,迈尔的学生亥姆霍兹(Helmholtz H L F,德国),发表了《论力的守恒》,他们都为热力学的形成打下了基础。当时亥姆霍兹称"能量"为"力",并提出"位(置)势能"概念,给出万有引力场、静力场、电场和磁场的位势表示,即亥姆霍兹自由能。

英国人罗伯特·波义耳(Robert Boyle)在 1661 年发表了《怀疑的化学家》,怀疑古希腊柏拉图(Plato)、亚里士多德(Aristotle)等对万物组成的认识:万物由土、气、火和水"四元素"组成。他自己还用抽气机探究空气和"真空"的特性。"真空"这个概念,是法国人布莱斯·帕斯卡(Blaise Pascal)提出的,当时(1648 年)他用两根高度分别为 10 m 和 1 m、装满水和水银(Hg)的管子,测出了一座大山上不同地点不同气压的结果,并以海平面的大气压(1.000 atm)为标准,推理出真空气压为"零"的结论。1789 年,同为法国科学家的查理(Charles J A C)和 1808 年盖-吕萨克(Gay-Lussac J)通过实验总结出众所周知的气体定律;1811 年意大利科学家阿伏伽德罗(Avogadro)从实验进行合理推理,并引入"分子"概念,完成了著名的理想气体定律:

$$pV = nRT \tag{5.1}$$

式中,p,V,T 分别表示气态物质所处的压力、体积和温度,n 是原子结合态单元的物质的量,R 是摩尔气体常数。

虽然迈尔和亥姆霍兹及很多对热现象感兴趣的后人,对他们提出的热量 Q 和热容 C 做了进一步的深入探究:比如,对恒(定)压热容 C_p 和热量 Q_p 的关系,用塑料、橡胶或刚性材料做成的容器,使压力变化尽可能地缓慢,但结果都很难得到可靠稳定的温度数据。

5.1.2　热力学能 U 及其变化 ΔU

亥姆霍兹之后,同为英国人的焦耳(Joule)和开尔文(Kelvin)师生也做了不少热功当量实验,特别是多孔塞节流实验后,在假定"理想气体"的原子结合态单元(气态原子、分子和晶胞)间没有相互作用的前提下,总结并提出了热力学第一定律:能量的形式可以相互转化,但不会凭空产生,也不会自行消失。热力学第一定律的数学表达式为

$$\Delta U = U_2 - U_1 = Q + W$$

或
$$\Delta U = Q + W \tag{5.2}$$

式中，ΔU 是系统热力学能的改变，或称内能改变；U_1、U_2 是系统反应前后两个状态的热力学能函数。Q 表示反应过程中改变的热量，或吸收或放出，热量 $Q>0$，表明系统从环境吸热；$Q<0$，系统对环境放热；W 表示过程中环境与系统交换的功，$W>0$，环境对系统做功；$W<0$，系统对环境做功。$\Delta U>0$，表明系统在状态变化过程中热力学能增加；$\Delta U<0$，表明系统在状态变化过程中热力学能减少。一句话，ΔU，Q 和 W 均以系统为基准，出的为负值，进的为正值。热和功都不是系统的状态函数，与系统状态变化的具体途径有关。功有体积功和非体积功（如电功 W_e）。

体积功是由于系统体积变化，系统与环境交换的功。在恒外压条件下，体积功可以表示为
$$W = -p(环) \cdot (V_2 - V_1) = -p(环) \cdot \Delta V \tag{5.3}$$

式中，V_1 和 V_2 分别是系统始态和终态的体积。

如果环境的压力是变化的，体积功可以表示为
$$W = -\int_{V_1}^{V_2} p(环) \cdot \mathrm{d}V$$

在体积功计算时，压力需要用环境的压力，表示了系统与环境实际交换的功。如气体向真空膨胀（环境压力为零）时，系统对环境做的体积功为零。如果气体在压缩或膨胀时，系统气体的压力与环境的压力相差无限小，可以用系统的压力代替环境的压力，体积功可以表示为
$$W = -\int_{V_1}^{V_2} p \cdot \mathrm{d}V$$

我们把上述这种系统压力与环境压力相差无限小的气体压缩或膨胀过程称为可逆过程，其特点是推动力无限小，过程在无限接近于平衡状态下进行；气体在可逆膨胀时，系统对环境做最大功；气体在可逆压缩时，环境对系统做最小功。

例 5.1　某过程中，系统从环境吸收 40 kJ 的热，对环境做功 20 kJ，求该过程中系统的热力学能变化 ΔU。

解：由热力学第一定律式（5.3）解得
$$\Delta U = Q + W = 40 \text{ kJ} + (-20 \text{ kJ}) = 20 \text{ kJ}$$
即完成这一过程后，系统热力学能净增了 20 kJ。

5.1.3　等容过程中的热量 Q_V 测定

等容过程的反应热可用实验方法测定，通常是在如图 5-1 所示的热量计中进行。

热量计是一种密闭、绝热性能良好的仪器，可以认为它是一个准孤立系统。它的工作原理是把导热性很好的钢弹做反应器放入充满水的密闭绝热容器中，当点火电线点燃可燃物后，反应就在反应器中进行。反应产生的热量传入水中，使水温升高。准确测定反应前后水温的变化，用下式即可算出反应放出的热量。
$$Q_V = -\left[C_w(H_2O) \cdot m(H_2O) + C_s \right] \cdot \Delta T \tag{5.4}$$

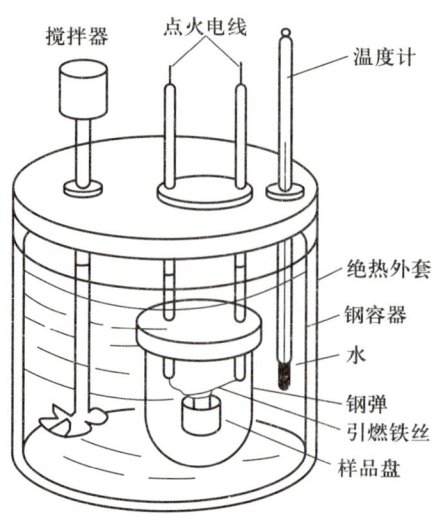

图 5-1　弹式热量计示意图

式中,$C_w(H_2O)$ 为水的质量热容,$m(H_2O)$ 为水的质量,C_s 为钢弹及内部物质和金属容器组成的物质系统的总热容,ΔT 为测量过程中温度计的最终读数与起始读数之差。热容 C 的单位是 $J \cdot K^{-1}$,常用 $kJ/(kg \cdot K)$;C_w 特指水、C_s 指整个量热系统的热容。

例 5.2　将 0.500 g C_6H_5COOH(苯甲酸)在盛有 1210 g 水的弹式热量计的钢弹内完全燃烧,温度计由 23.20℃ 上升到 25.44℃。已知 $C_w(H_2O) = 4.18 \ J \cdot g^{-1} \cdot K^{-1}$,$C_s = 848 \ J \cdot K^{-1}$,试求 C_6H_5COOH 完全燃烧的反应热。

解:$Q_V = -[C_w(H_2O) \cdot m(H_2O) + C_s] \cdot \Delta T$

$= -(4.18 \ J \cdot g^{-1} \cdot K^{-1} \times 1210 \ g + 848 \ J \cdot K^{-1}) \times 2.24 \ K$

$= -13228.99 \ J \approx -13.2 \ kJ$

当某一系统由于给一微小的热量 δQ 而温度变化 dT 时,$\delta Q / dT$ 即为热容,符号记为 C。热容除有 C_V,C_p 之别外,还与物质的聚集状态有关。

5.1.4　化学反应中的热力学能变化 ΔU 和焓变 ΔH

1. 恒容反应热 Q_V 与热力学能变化 ΔU

在原子重新组合的过程中,实际变化的仅是价电子(外层电子)的能量状态。电子运动状态的能量变化又通过其所依附的原子和分子等原子结合态单元粒子的运动变化表现出来。所以,化学反应与物理状态变化总是相伴出现热量的吸收或放出。在化学反应中,通常将反应物看成系统的始态,而生成物是终态。由于各种物质热力学能 U 各不相同,当化学反应发生后,生成物的总热力学能 U 和反应物的总热力学能 U 也发生了变化,这种热力学能的变化在化学反应过程中一般以热 Q 或功 W 的形式表现出来。

如果在恒容条件下进行,如上面钢弹中的燃烧反应,还有化学腐蚀、电化学腐蚀、高分子材料的老化等,均可视为恒容反应。

因恒容过程 $\Delta V = 0$,所以其体积功必为零。在没有非体积功时,即过程的总功 W 为零。热力学第一定律式(5.3)就写成

$$Q_V = \Delta U = U_2 - U_1 \tag{5.5}$$

式中，Q_V 为恒容过程中系统的热量变化，其值等于热力学能改变 ΔU。

系统在发生化学变化时，在反应物的原子和分子等原子结合态单元重新排列组合变成新的结合态单元，发生化学变化时必然会发生物理变化，原子和分子等原子结合态单元的动能、势能都会发生变化。

真正的恒容反应并不存在，特别在测量手段日新月异的今天，爆炸反应的瞬间和固态、液态燃烧物质忽略其体积，似乎都有些不太精确。但综合和近似甚至虚拟不仅是科学的方法，而且在工程上十分有用。在有限的系统内，可以忽略次要作用，抓矛盾的主要方面，忽略一些微不足道的因素。

2. 恒压反应热 Q_p 与焓变 ΔH

在恒温条件下，若发生的化学反应是恒压且只做体积功不做非体积功的过程，则该过程中系统与环境之间交换的热量就是恒压反应热 Q_p。

恒压过程中压力 p 不变，体积 V 可以变化，由热力学第一定律得

$$\Delta U = Q + W = Q_p + (-p\Delta V)$$

$$Q_p = \Delta U + p\Delta V = \Delta U + (p_2 V_2 - p_1 V_1) = (U_2 + p_2 V_2) - (U_1 + p_1 V_1)$$

这说明恒压过程中，系统热量 Q_p 的变化等于终态和始态的 $(U+pV)$ 值之差。热力学中将 $(U+pV)$ 定义为焓，其符号为 H，即

$$H = U + pV$$

焓 H 在系统状态变化过程中的变化值就是 ΔH，ΔH 在热力学中称焓变，即

$$Q_p = H_2 - H_1 = \Delta H \tag{5.6}$$

式中，焓的变化 ΔH 等于恒压过程中吸收或放出的热量，即 $\Delta H > 0$，表示系统吸热，$\Delta H < 0$，表示系统放热。

一般的化学反应都在大气压力条件下敞开进行，除高山外，一般地平面上的大气压力差别不大，可认为在恒压条件下进行。

3. 热力学能变化 ΔU 和焓变 ΔH 的关系

$\Delta U(Q_V)$ 和 $\Delta H(Q_p)$ 都是同一系统在不同过程中始态和终态原子和原子结合态单元粒子动能、势能变化的总和，即都是系统总能量的变化。

可以设计下述过程：

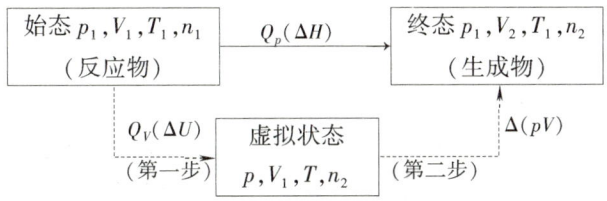

第一步是恒容不恒压，在此步中完成了原子结合态的改变，但反应前后结合态单元粒子（分子）数变化的能量 $(n_1 - n_2)RT$ 仍被束缚在 V_1 中未释放出来，这时变化表现出来的是 $\Delta U(Q_V)$；第二步是不恒压不恒容，在此过程中系统的温度和体积都随压力发生变化，其能量变化为 $\Delta(pV)$。

① 当反应物和生成物都为固态和液态时，反应中的体积变化很小，$\Delta(pV)$ 值很小，可

忽略不计,故有 $\Delta H \approx \Delta U$。

② 当有气体参加或生成的化学反应,如果反应前后,结合态单元(分子)粒子数没有改变,即 $n_1 - n_2 = 0$,根据理想气体状态方程,即使温度和体积都改变,仍有 $\Delta(pV) = 0$,即 $\Delta H = \Delta U$。

③ 如果反应前后,结合态单元(分子)粒子数改变很大,那么 $\Delta(pV)$ 值较大。即使把真实气体视为理想气体,始态和终态的压力或温度不可能没有改变,所以热力学中用积分推导,或表述为"无限缓慢和可逆的理想"过程。理想条件下对于每个微小变化都有 $\Delta(pV) = \Delta n(B,g)RT$。则

$$\Delta H = \Delta U + \Delta n(B,g)RT \tag{5.7}$$

式中,$\Delta n(B,g) = $ 生成物气体的物质的量 $-$ 反应物气体的物质的量。

5.1.5 标准摩尔生成焓和标准摩尔焓变

化学反应过程中的热量变化有些可以由实验测得,但有些反应由于自身的反应特点(如反应速率慢、副反应多等),或受测试条件的限制,很难准确测量,只能"间接计算"(或称"虚拟")得到。前人做了许多工作,留下了宝贵经验。

1. 赫斯定律

1840 年俄国化学家赫斯(Hess G H)从大量热化学实验数据中总结出一条规律:任一化学反应,不论其立刻完成还是分几个阶段完成,它所发生总热量变化都是相同的,仅与始、终状态有关而与变化的具体途径无关。这一定律就叫赫斯定律。

表示化学反应与热效应关系的方程式称为热化学方程式。

赫斯定律表明,热化学反应方程式也可以像普通代数方程一样进行加减运算,利用一些已知的(或可测量的)反应热数据,间接地计算不易直接准确测定或根本不能直接测定的反应热。

例如,下列三个等压反应分别按计量方程式进行,当反应进度 ξ 均为 1 mol 时,三个反应的焓变分别为 ΔH_1,ΔH_2 和 ΔH_3。

$$(1)\ C(s) + O_2(g) \longrightarrow CO_2(g) \qquad\qquad \Delta H_1$$

$$(2)\ CO(g) + \frac{1}{2}O_2(g) \longrightarrow CO_2(g) \qquad\qquad \Delta H_2$$

$$(3)\ C(s) + \frac{1}{2}O_2(g) \longrightarrow CO(g) \qquad\qquad \Delta H_3$$

理论上,这三个恒压反应热均可测得,但实际上 ΔH_3 是很难测定的。因为碳与氧之间反应只生成 $CO(g)$ 而不生成 $CO_2(g)$ 几乎是不可能的。但是,从赫斯定律可知,在同样温度、压力条件下进行的三个化学反应之间,存在着如图 5-2 所示的关系。除从始态 $C(s) + O_2(g)$ 经途径 I 直接反应成终态 $CO_2(g)$ 外,还可以假设经途径 II。在途经 II 中,碳和氧首先反应生成 $CO(g) + 1/2O_2(g)$[即假设有 $(1/2)O_2(g)$ 不参与反应],然后 $CO(g) + (1/2)O_2(g)$ 再反应到达终态 $CO_2(g)$。按照赫斯定律,途径 I 和 II 的焓变应相等,所以有

$$\Delta H_1 = \Delta H_2 + \Delta H_3$$
$$\Delta H_3 = \Delta H_1 - \Delta H_2$$

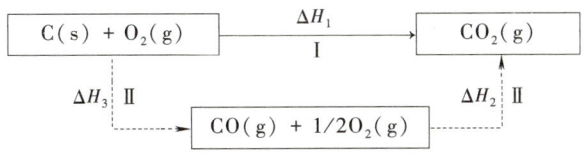

图 5-2 赫斯定律示意实例

也就是说,难测定的 ΔH_3 可以通过实验测定的 ΔH_1 和 ΔH_2 计算得出。这样就可利用化学反应方程式之间的代数关系进行计算,把质量变化和能量变化联系起来:

$$
\begin{aligned}
&(1) \quad C(s)+O_2(g) \longrightarrow CO_2(g) \qquad \Delta H_1 \\
-) \quad &(2) \quad CO(g)+\frac{1}{2}O_2(g) \longrightarrow CO_2(g) \quad \Delta H_2 \\
\hline
&(3) \quad C(s)+\frac{1}{2}O_2(g) \longrightarrow CO(g) \qquad \Delta H_3 = \Delta H_1 - \Delta H_2
\end{aligned}
$$

必须注意,在利用化学反应方程式进行计算,把相同物质项消去时,不仅物质种类必须相同,而且物质的量及其所处的状态(即聚集状态及相、温度、压力)也必须相同,否则不能相消。

2. 物质的标准态

我们已把原子和分子等原子结合态粒子作为化学反应中物质的基本单元。宇宙中五彩缤纷,多姿多彩的物质,无论作为系统还是环境,它们在不同的温度、压力、体积等条件下,有不同形态、结构、性质和应用,为研究和讨论的需要,将它们规定一个标准是十分必要的。GB 3100~3102—1993 中规定:温度 T 时,把处于压力 100 kPa 下的物质状态称为<u>标准状态</u>(简称标准态),用右上标 $\ominus$ 表示,也就是说 $p^{\ominus}=100$ kPa 是标准压力。这样就有:气态物质的标准态是它处于 $p^{\ominus}$ 下的状态,它在混合气体中的标准态指其分压为 $p^{\ominus}$ 时的状态;溶液中的标准态是指在 $p^{\ominus}$ 下溶质的浓度为 1 mol·dm^{-3} 的理想溶液;纯液态(或纯固态)物质的标准态就是 $p^{\ominus}$ 下的纯液态(或纯固态)。反应过程的标准态是指反应物和生成物都处于标准态的过程。

必须注意,在物质的标准态中仅规定了压力 $p^{\ominus}$,并没有规定温度 T。处于标准状态和不同温度下的系统的热力学函数有不同的值。一般的热力学函数值是指 298.15 K(即 25℃)时的数值,若其他温度须特别指明。

3. 标准摩尔生成焓 $\Delta_f H_m^{\ominus}$

参加化学反应的物质可以是单质,也可以是化合物,即可以是元素的原子,也可以是原子的结合态单元粒子。

在温度 T 及标准态下,由指定单质的元素生成 1 mol 物质 B 时的标准摩尔焓变即为物质 B 在 T 温度下的<u>标准摩尔生成焓</u>,用 $\Delta_f H_m^{\ominus}(B,T)$ 表示,单位为 kJ·mol^{-1}。符号中的下标 f 表示生成反应,下标 m 表示反应进度以摩尔计量,T 在 298.15 K 时,通常可不注明。

例如,$\Delta_f H_m^{\ominus}(H_2O,l) = -285.8$ kJ·mol^{-1},表示液态水在 298.15 K 时的标准摩尔生成焓,其反应为

$$
H_2(g,p^{\ominus},298.15\ K)+\frac{1}{2}O_2(g,p^{\ominus},298.15\ K) \longrightarrow H_2O(l,p^{\ominus},298.15\ K)
$$

同理 $\Delta_f H_m^\ominus(H_2O, g) = -241.8 \ kJ \cdot mol^{-1}$ 表示气态水在 298.15 K 时的标准摩尔生成焓。可见,液态水和气态水的标准摩尔生成焓是有差别的。

根据标准摩尔生成焓的定义可知,指定单质的元素的标准摩尔生成焓等于零。

当一种元素有两种或两种以上单质时,通常规定热力学最稳定的单质为指定单质,其标准摩尔生成焓为零。例如,石墨和金刚石是碳的两种同素异形体,石墨是碳的最稳定的单质,它的标准摩尔生成焓等于零。由最稳定单质转变为其他形式的单质时,要吸收热量。例如,石墨转变成金刚石:

$$C(石墨) \longrightarrow C(金刚石); \Delta_r H_m^\ominus = +1.9 \ kJ \cdot mol^{-1}$$

即

$$\Delta_f H_m^\ominus(C, 金刚石) = +1.9 \ kJ \cdot mol^{-1}$$

但也有例外,如 P(白)为指定单质,但 298.15 K 时 P(红)更稳定。

水溶液中,水合离子标准摩尔生成焓被定义为物质 B 在温度 T 及标准态下生成 1 mol 水合离子 B(aq)的标准摩尔焓变,符号为 $\Delta_f H_m^\ominus(B, aq)$,单位为 $kJ \cdot mol^{-1}$;通常规定 1 mol 的氢离子的标准摩尔生成焓为零,其他离子与之比较,便可得到各种水合离子的标准摩尔生成焓,如水合氯离子的标准摩尔生成焓 $\Delta_f H_m^\ominus(Cl^-, aq) = -167.2 \ kJ \cdot mol^{-1}$。

本书附录和一般的物理化学手册都列出了在 298.15 K、100 kPa 下常见化合物与水合离子的标准摩尔生成焓 $\Delta_f H_m^\ominus$ 数据。物质的标准摩尔生成焓除了能告诉人们由单质生成某物质的焓变外,更重要的是用来计算化学反应的标准摩尔焓变 $\Delta_r H_m^\ominus$,其数值与恒压反应热 Q_p 相同。

4. 标准摩尔焓变 $\Delta_r H_m^\ominus$

化学反应中,在标准状态下和温度 T 时,反应进度 ξ 为 1 mol 时焓的变化称为标准摩尔焓变,符号是 $\Delta_r H_m^\ominus$,单位用 $J \cdot mol^{-1}$ 或 $kJ \cdot mol^{-1}$。$\Delta_r H_m^\ominus$ 与反应方程式的写法有关,即使反应物和生成物相同,但它们的计量数若不同就表示不同的反应,其值亦不同。这从反应进度,特定组合等概念可以理解。

由赫斯定律可知,一个反应一步完成或几步完成,其热量变化值相等。对任一化学反应 $pP + qQ \Longrightarrow yY + zZ$,可设计如下两个反应途径:(途径 I)由单质直接生成生成物,(途径 II)由单质先生成反应物,再生成生成物两个过程,如图 5-3 所示。它们尽管途径不同,但始态和终态均相同,且都在恒压条件下进行,两个途径变化所产生的热量亦必然相同。

$$\Delta_r H_m^\ominus(II) + \Delta_r H_m^\ominus = \Delta_r H_m^\ominus(I)$$

即

$$\Delta_r H_m^\ominus = \Delta_r H_m^\ominus(I) - \Delta_r H_m^\ominus(II)$$

$$= \sum \nu_{生} \Delta_f H_m^\ominus(生成物) - \sum(-\nu_{反}) \Delta_f H_m^\ominus(反应物)$$

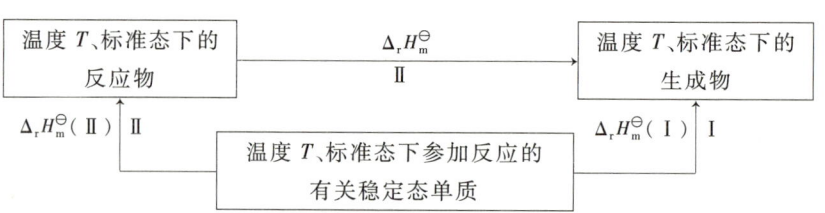

图 5-3 $\Delta_r H_m^\ominus$ 计算导出关系图

其标准摩尔反应焓变为

$$\Delta_r H_m^{\ominus} = [y\Delta_f H_m^{\ominus}(Y) + z\Delta_f H_m^{\ominus}(Z)] - [p\Delta_f H_m^{\ominus}(P) + q\Delta_f H_m^{\ominus}(Q)] \tag{5.8}$$

一般物质在无相变时,温度改变对其标准摩尔生成焓的影响不大;它们在参与化学反应中反应焓变的变化也不明显,所以在一般计算中,可不考虑温度的影响,则 $\Delta_r H_m^{\ominus}(T) \approx \Delta_r H_m^{\ominus}(298.15\ \text{K})$。

例 5.3 计算在 1118 K、标准状态下反应 $CaCO_3(s) \rightleftharpoons CaO(s) + CO_2(g)$ 的 $\Delta_r H_m^{\ominus}(T)$。

解: 各物质 1118 K 时的 $\Delta_f H_m^{\ominus}$ 数据无法查到,我们就可利用 298.15 K 时的 $\Delta_f H_m^{\ominus}$ 数据:

$$CaCO_3(s) \rightleftharpoons CaO(s) + CO_2(g)$$

$\Delta_f H_m^{\ominus}(298.15\ \text{K})/(\text{kJ} \cdot \text{mol}^{-1})$ $\quad -1207.6 \quad -634.9 \quad -393.5$

$$\begin{aligned}
\Delta_r H_m^{\ominus}(298.15\ \text{K}) &= [\Delta_f H_m^{\ominus}(CaO) + \Delta_f H_m^{\ominus}(CO_2)] - \Delta_f H_m^{\ominus}(CaCO_3) \\
&= [(-634.9) + (-393.5) - (-1207.6)]\ \text{kJ} \cdot \text{mol}^{-1} \\
&= 179.2\ \text{kJ} \cdot \text{mol}^{-1}
\end{aligned}$$

所以 $\Delta_r H_m^{\ominus}(1118\text{K}) \approx 179.2\ \text{kJ} \cdot \text{mol}^{-1}$。

例 5.4 求 1 mol $C_2H_5OH(l)$ 在 298.15 K、100 kPa 条件下与足量的 $O_2(g)$ 完全燃烧产生的热量。

解: 据题意,列出化学式,查出 $\Delta_f H_m^{\ominus}$ 数据:

$$C_2H_5OH(l) + 3O_2(g) \longrightarrow 2CO_2(g) + 3H_2O(l)$$

$\Delta_f H_m^{\ominus}/(\text{kJ} \cdot \text{mol}^{-1})$ $\quad -277.6 \quad\quad 0 \quad\quad -393.5 \quad -285.8$

据式(5.8),可得

$$\begin{aligned}
\Delta_r H_m^{\ominus} &= \sum_B \nu_B \Delta_f H_m^{\ominus}(B) \\
&= 2\Delta_f H_m^{\ominus}(CO_2, g) + 3\Delta_f H_m^{\ominus}(H_2O, l) - 3\Delta_f H_m^{\ominus}(O_2, g) - \Delta_f H_m^{\ominus}(C_2H_5OH, l) \\
&= [2 \times (-393.5) + 3 \times (-285.8) - 3 \times 0 - (-277.6)]\ \text{kJ} \cdot \text{mol}^{-1} \\
&= -1366.8\ \text{kJ} \cdot \text{mol}^{-1}
\end{aligned}$$

1 mol C_2H_5OH 充分燃烧放出 1366.8 kJ 热量。

酒精可从淀粉发酵而得,是重要的能源之一。$\Delta_r H$ 的计算为能源利用提供了定量依据。

例 5.5 葡萄糖在体内供给能量的反应是最重要的生物化学反应之一,其完全氧化的反应如下:

$$C_6H_{12}O_6(s) + 6O_2(g) \rightleftharpoons 6CO_2(g) + 6H_2O(l)$$

试利用物质 298.15 K 时的 $\Delta_f H_m^{\ominus}(B)$ 估算每克葡萄糖的热值。已知 $\Delta_f H_m^{\ominus}(\text{葡萄糖}) = -1274.5\ \text{kJ} \cdot \text{mol}^{-1}$。

解: 从附录查得

$$C_6H_{12}O_6(s) + 6O_2(g) \rightleftharpoons 6CO_2(g) + 6H_2O(l)$$

$\Delta_f H_m^{\ominus}(B)/(\text{kJ} \cdot \text{mol}^{-1})$ $\quad -1274.5 \quad 0 \quad\quad -393.5 \quad -285.8$

$$\begin{aligned}
\Delta_r H_m^{\ominus} &= \sum_B \nu_B \Delta_f H_m^{\ominus}(B) \\
&= 6\Delta_f H_m^{\ominus}(CO_2, g) + 6\Delta_f H_m^{\ominus}(H_2O, l) - \Delta_f H_m^{\ominus}(C_6H_{12}O_6, s) - 6\Delta_f H_m^{\ominus}(O_2, g) \\
&= [6 \times (-393.5) + 6 \times (-285.8) - (-1274.5) - 6 \times 0]\ \text{kJ} \cdot \text{mol}^{-1} \\
&= -2801.3\ \text{kJ} \cdot \text{mol}^{-1}
\end{aligned}$$

又知 $M(C_6H_{12}O_6) = 180 \text{ g} \cdot \text{mol}^{-1}$

所以葡萄糖的热值 $= \dfrac{-2801.3 \text{ kJ} \cdot \text{mol}^{-1}}{180 \text{ g} \cdot \text{mol}^{-1}} = -15.56 \text{ kJ} \cdot \text{g}^{-1}$

同样可计算脂肪、蛋白质、糖类的热值,这就是基于热量需求而进行食谱计算的原理。

 **练 习 题**

1. 在下述各题四种表述或数据中选择正确的答案,填在空格中。

(1) $\Delta_f H_m^\ominus$ 可表示_____。

A. 生成物的标准摩尔生成焓

B. 反应物的标准摩尔生成焓

C. 化合物与化合物反应的标准摩尔焓变

D. 1 g 物质在标准状态下的热量变化

(2) $\Delta_r H_m^\ominus$ 可表示_____。

A. 某种物质的标准摩尔焓变

B. 某个反应的标准摩尔焓变

C. 1 g 物质在标准状态下的焓变

D. 在数值上与反应进度为 1 mol 的某反应在标准压力 $p^\ominus$ 进行的热量变化相等

(3) 已知 $CO_2(g)$ 的 $\Delta_f H_m^\ominus(298.15 \text{ K}) = -393.5 \text{ kJ} \cdot \text{mol}^{-1}$,$CO_2(g) \Longrightarrow C(石墨) + O_2(g)$ 反应的 $\Delta_r H_m^\ominus(298.15 \text{ K}) = $ _____ $\text{kJ} \cdot \text{mol}^{-1}$。

　A. −393.5　　　　　　　B. −2×393.5

　C. 393.5　　　　　　　　D. 2×393.5

(4) $C(石墨) + O_2(g) \Longrightarrow CO_2(g)$；$\Delta_r H_m^\ominus(298.15 \text{ K}) = -393.5 \text{ kJ} \cdot \text{mol}^{-1}$

$C(金刚石) + O_2(g) \Longrightarrow CO_2(g)$；$\Delta_r H_m^\ominus(298.15 \text{ K}) = -395.4 \text{ kJ} \cdot \text{mol}^{-1}$

那么金刚石的 $\Delta_f H_m^\ominus(298.15 \text{ K}) = $ _____ $\text{kJ} \cdot \text{mol}^{-1}$。

　A. −788.9　　　　　　　B. 1.9

　C. −1.9　　　　　　　　D. +788.9

2. 在下列反应过程中,ΔU 与 ΔH 是否有区别? 为什么? 请计算说明。其中(1)和(3)以 1 mol $CaCO_3$ 分解、1 mol CH_4 完全氧化计算,(2)以生成 2 mol 的 H_2O 计算,(4)以析出 1 mol Cu 计算。

(1) $CaCO_3(s) \xrightarrow{810℃} CaO(s) + CO_2(g)$

(2) $2H_2(g) + O_2(g) \xrightarrow{25℃} 2H_2O(l)$

(3) $CH_4(g) + O_2(g) \xrightarrow{25℃} CO_2(g) + 2H_2O(g)$

(4) $CuSO_4(aq) + Zn \xrightarrow{25℃} ZnSO_4(aq) + Cu$

3. 某公司已根据反应 $Na_2S(s) + 9H_2O(g) \Longrightarrow Na_2S \cdot 9H_2O(s)$ 制成化学储能装置。已知 $Na_2S(s)$ 和 $Na_2S \cdot 9H_2O(s)$ 在 298.15 K 时的标准摩尔生成焓分别是 −372.86 kJ · mol⁻¹

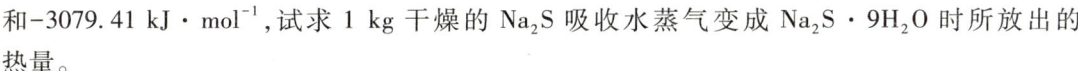

和 $-3079.41\ kJ \cdot mol^{-1}$，试求 1 kg 干燥的 Na_2S 吸收水蒸气变成 $Na_2S \cdot 9H_2O$ 时所放出的热量。

4. 已知 $N_2H_4(l)$ 和 $N_2O_4(g)$ 在 298.15 K 时的标准摩尔生成焓分别是$50.63\ kJ \cdot mol^{-1}$ 和 $9.66\ kJ \cdot mol^{-1}$，计算火箭燃料联氨和氧化剂四氧化二氮反应：$2N_2H_4(l) + N_2O_4(g) =\!=\!= 3N_2(g) + 4H_2O(l)$ 的标准摩尔焓变。计算 32 g 液态联氨完全氧化时所放出的热量。

5. 计算 298.15 K 时反应 $CaO(s) + H_2O(l) =\!=\!= Ca^{2+}(aq) + 2OH^-(aq)$ 的标准摩尔焓变 $\Delta_r H_m^{\ominus}(298.15\ K)$。设某罐头的热容为 $400\ J \cdot K^{-1}$，反应放出的热有 80% 被吸收，要将其从 25℃ 加热到 80℃，需 CaO 至少多少克？

6. 298.15 K 时，在弹式热量计中，将 5.0 g 液态苯完全燃烧生成 $CO_2(g)$ 和 $H_2O(l)$，放热 209.2 kJ，计算该反应的 ΔU 和 ΔH。1 mol 液态苯在弹式热量计中完全燃烧放热多少？

7. 恒容反应热和恒压反应热有什么不同？试分别估计下列两个放热过程中 Q_p 和 Q_V 值的大小，为什么？

$$H_2(g) + \frac{1}{2}O_2(g) =\!=\!= H_2O(g)$$

$$H_2(g) + \frac{1}{2}O_2(g) =\!=\!= H_2O(l)$$

8. 估算炼铁炉中主要反应：$Fe_2O_3(s) + 3CO(g) =\!=\!= 2Fe(s) + 3CO_2(g)$ 的热效应。

9. 假设轻汽油的组成全部是 C_5H_{12}，估算燃烧 1 g 汽油所放出的热量。

思 考 题

1. 简述能量和运动的关系。

2. 简述热力学能变化 ΔU 和焓变 ΔH 的关系。

3. 简述 ΔU 和 ΔH 与分子、原子的动能和势能变化之间的关系。

4. 高炉炼铁中的主要反应有：

$$C(s) + O_2(g) \longrightarrow CO_2(g)$$

$$\frac{1}{2}CO_2(g) + \frac{1}{2}C(s) \longrightarrow CO(g)$$

$$CO(g) + \frac{1}{3}Fe_2O_3(s) \longrightarrow \frac{2}{3}Fe(s) + CO_2(g)$$

（1）分别计算 298.15 K 时各反应的 $\Delta_r H_m^{\ominus}$ 和各反应 $\Delta_r H_m^{\ominus}$ 值之和；

（2）将上列三个反应式合并成一个总反应方程式，用各物质 298.15 K 时的 $\Delta_f H_m^{\ominus}$ 数据计算总反应的反应热，与（1）计算结果比较，并得出结论。

5. 在金属焊接和切割时，常采用氧−乙炔焰，温度可达 3500℃，如果用 CH_4，C_2H_4 或 C_2H_6 来代替 C_2H_2，可以吗？试通过计算说明。

§5.2　化学反应的方向和限度

📍 **学习要求**

1. 进一步了解原子及其结合态单元粒子的运动与宏观物体运动及微观微粒运动的区别,明确介观粒子越混乱,其动能越大。理解自发过程的特点。

2. 明确 S,$S_m^{\ominus}$,$S_m^{\ominus}(H_2O,g)$,$\Delta_r S_m^{\ominus}(T)$,$\Delta_r S_m^{\ominus}(298.15\ K)$,$\Delta G$,$\Delta_f G_m^{\ominus}$,$\Delta_r G_m$,$\Delta_r G_m^{\ominus}(298.15\ K)$,$\Delta_r G_m^{\ominus}(T)$ 等各符号的名称和意义。

3. 掌握 $\Delta_r S_m^{\ominus}(298.15\ K)$ 计算,明确 $\Delta_r S_m^{\ominus}(T) \approx \Delta_r S_m^{\ominus}(298.15\ K)$ 的应用。

4. 明确 $\Delta_r G$ 可作为反应自发性的判据,掌握 $\Delta_r G_m^{\ominus}(298.15\ K)$,$\Delta_r G_m^{\ominus}(T)$,$\Delta_r G_m$ 的各符号的意义及计算方法,掌握应用 $\Delta_r G_m^{\ominus}$ 或 $\Delta_r G_m$ 判断反应进行方向的条件。

在自然界中,我们能看到不少自动进行的过程。例如,空间静置的物体在失去支撑后总是自由下落,水总是从高处流向低处,两个带异性电荷的物体总是相互吸引而靠近。人们把这种不需外界(环境)做功,一经引发就能自动进行的过程称为自发过程在上述的自发过程中,系统的势能总是降低的,或者说系统势能有自然变小的倾向。另外,有些自发过程会使系统的混乱度增加。例如,两种不同气体的混合,以及水和乙醇的混合等。

5.2.1　热力学熵 S

熵和熵变

对于 $CaCO_3$ 分解的反应:

$$CaCO_3(s) \Longrightarrow CaO(s) + CO_2(g)\ ;\ \Delta_r H_m^{\ominus}(1118\ K) \approx 179\ kJ \cdot mol^{-1}$$

它表示粒子 Ca,C,O 原子,在变成反应物(结合态单元为 $CaCO_3$)和生成物(结合态单元为 CaO 和 CO_2)过程中,以及反应物单元粒子($CaCO_3$)之间和生成物单元粒子(CaO,CO_2)之间在反应前后的能量变化。

尽管从宏观层次来看,1 mol $CaCO_3$,CaO,CO_2 的聚集状态或相都分别只有一种状态,但从介观层次来看,$CaCO_3$,CaO,CO_2 各自都至少有 6.02×10^{23} 个介观状态。产物(CaO 和 CO_2)比反应物($CaCO_3$)具有更多的粒子数和介观状态。那么多的介观状态,只能用统计方法来处理。在统计热力学中,介观粒子的状态数用 Ω 表示,则热力学熵(符号 S)就有

$$S = k\ln\Omega \tag{5.9}$$

式中,$\Omega \geqslant 1$,k 为玻耳兹曼常量,为 $1.38 \times 10^{-23}\ J \cdot K^{-1}$。这是卡诺(Carnot S)、克拉佩龙(Clapeyron B P E)、克劳修斯(Clausius R J E)、麦克斯韦(Maxwell J C)、玻耳兹曼(Boltzmann L)、普朗克(Planck M)等人几十年的研究成果。长期以来,人们将原子和分子误认

为是微观物质,我国科学家钱学森在 1989 年首先从空间尺度大小上确认其为介观粒子;本教材在绪论中从空间、时间和作用力三个方面给予推导理解;并在第二章中从运动特征上予以阐述。本章节进一步引入"混乱度"和"熵"概念。

一个系统中,介观粒子的状态数(用 Ω 表示)越多,它们的运动越显得混乱,所以 Ω 又称混乱度。这样,我们就可以认为热力学中的熵 S 是介观粒子即原子和分子等原子结合态单元的混乱度在宏观上的一种量度;熵值的变化 ΔS 是介观粒子混乱度变化在宏观上的表现。介观粒子运动状态数 Ω 越多,越混乱。

5.2.2 熵变 ΔS

1. 孤立系统自发过程的判据

热力学研究结果表明:一个孤立体系自发过程总是朝着熵增加的方向进行,直到体系达到平衡,这叫作熵增加原理,也称作热力学第二定律。根据这一原理,我们得到了对于孤立体系的熵判据:$\Delta S_{孤}>0$,自发;$\Delta S_{孤}=0$,平衡;$\Delta S_{孤}<0$,非自发。对于封闭系统,我们需要把系统与周围的环境结合起来,作为一个孤立系统来考虑。

$\Delta S_{系}+\Delta S_{环}>0$,自发;

$\Delta S_{系}+\Delta S_{环}<0$,非自发;

$\Delta S_{系}+\Delta S_{环}=0$,平衡。

2. 标准摩尔熵和标准摩尔熵变计算

在热力学温度 0 K 时,对于任何一个完美理想晶体的纯物质来讲,它的原子和分子等原子结合态粒子都停止了热运动,电子也处于最低能级。热力学第三定律认为:在 0 K 时,任何完美理想晶体的熵值等于零,即 $S^*(0\text{ K})=0$,其中" * "表示完美理想晶体。任意温度时,每种物质的熵值随状态不同而不同。规定在标准状态下 1 mol 物质的熵称为标准摩尔熵,用 $S_m^{\ominus}(B,T)$ 表示,单位为 J·mol^{-1}·K^{-1};教材附录中列出了一些物质在 298.15 K 时的标准熵 $S_m^{\ominus}(B)$。注意,在 298.15 K 的标准状态下,指定单质的标准摩尔熵 $S_m^{\ominus}(B)$ 并不等于零。这与标准状态下指定单质的标准摩尔生成焓 $\Delta_f H_m^{\ominus}(B)=0$ 不同。

水合离子的标准摩尔熵 $S_m^{\ominus}(B,aq)$,也是以氢离子的 $S_m^{\ominus}(H^+,aq)=0$ 为基准而求得的相对值。教材附录和一般的物理化学手册都列出了一些常见化合物和常见水合离子的标准摩尔熵。

两个状态下熵值的改变称为熵变,用 ΔS 表示。对任一反应 $pP+qQ \Longrightarrow yY+zZ$,在标准状态和温度为 T 时,反应进度 ξ 为 1 mol 时的熵变称为标准摩尔熵变,用符号 $\Delta_r S_m^{\ominus}$ 表示。从物质的标准摩尔熵 $S_m^{\ominus}$ 数据来求算反应的标准摩尔熵变 $\Delta_r S_m^{\ominus}$,与 $\Delta_f H_m^{\ominus}$ 求算反应的标准摩尔焓变 $\Delta_f H_m^{\ominus}$ 类似(见图 5-3),有

$$\Delta_r S_m^{\ominus} = \sum_B \nu_B S_m^{\ominus}(B)$$

或 $$\Delta_r S_m^{\ominus} = [yS_m^{\ominus}(Y)+zS_m^{\ominus}(Z)]-[pS_m^{\ominus}(P)+qS_m^{\ominus}(Q)] \tag{5.10}$$

例 5.6 计算 298.15 K、标准状态下反应 $CaCO_3(s) \longrightarrow CaO(s)+CO_2(g)$ 的标准摩尔熵变 $\Delta_r S_m^{\ominus}$。

解:与例 5.4、例 5.5 一样,首先从书末附录查找到生成物和反应物的 $S_m^{\ominus}(298.15\text{ K})$ 的

数据：

$$CaCO_3(s) \Longrightarrow CaO(s) + CO_2(g)$$

$S_m^\ominus / (J \cdot mol^{-1} \cdot K^{-1})$　　　　91.7　　　　38.1　　213.8

$$\Delta_r S_m^\ominus = \sum_B \nu_B S_m^\ominus(B)$$
$$= 1 \times S_m^\ominus(CaO, s) + 1 \times S_m^\ominus(CO_2, g) + (-1) S_m^\ominus(CaCO_3, s)$$
$$= [38.1 + 213.8 - 91.7] \ J \cdot mol^{-1} \cdot K^{-1}$$
$$= 160.2 \ J \cdot mol^{-1} \cdot K^{-1}$$

一般来说,同样的原子或原子结合态单元的熵值 S 有如下关系:气态>液态>固态。原子在结合态中的数目越多,熵值越大;温度越高,粒子的热运动越快,所以物质的熵 S 值也越大。但在大多数情况下,特别是无相变时,当反应确定后,生成物的熵与反应物的熵随温度一起变化的幅度相差不多;因此,温度改变时,化学反应的熵变无显著改变,有 $\Delta_r S_m^\ominus(T) \approx \Delta_r S_m^\ominus(298.15 \ K)$。

5.2.3　吉布斯函数 G 和吉布斯函数变 ΔG

1. 化学反应的方向和限度

孤立系统因与环境无能量交换,在自发过程中产生熵增现象。对于非孤立系统,比如我们经常接触的化学反应,可与环境交换能量,就不能简单地用孤立系统的熵增原理作为化学反应方向的判据。1878 年,吉布斯(Gibbs J W)根据自己的实验并结合他人成果,综合了化学反应系统焓变、熵变和温度三者的关系,提出一个新的状态函数 G,即吉布斯函数或吉布斯自由能($G = H - TS$)。作为描述系统的状态函数,其变化 ΔG 只与过程的始态和终态有关,与具体途径无关。在等温条件下,始态和终态间的吉布斯函数变 ΔG 为

$$\Delta G = \Delta H - T\Delta S \tag{5.11}$$

根据吉布斯函数变 ΔG,可判断一个恒温恒压化学反应进行的方向和限度。当 $\Delta G < 0$,化学反应可自发进行;$\Delta G = 0$,化学反应进行到极限(达到平衡);$\Delta G > 0$,化学反应不能自发进行,相反,其逆反应可自发进行。现在剩下的问题就是如何计算或估算化学反应的吉布斯函数变 ΔG。

2. 标准摩尔生成吉布斯函数 $\Delta_f G_m^\ominus$ 与标准摩尔吉布斯函数变 $\Delta_r G_m^\ominus$

与 $\Delta_f H_m^\ominus$ 类似,在温度 T 及标准状态下,由指定单质的元素生成 1 mol 物质 B 时反应的标准摩尔吉布斯函数变,称为该物质 B 的标准摩尔生成吉布斯函数,符号为 $\Delta_f G_m^\ominus(B, T)$,单位为 $kJ \cdot mol^{-1}$。与 $\Delta_f H_m^\ominus$ 一样,在标准状态下所有指定单质的标准摩尔生成吉布斯函数 $\Delta_f G_m^\ominus(B) = 0$。

同样,水合离子的标准摩尔生成吉布斯函数 $\Delta_f G_m^\ominus(B, aq)$,也是以氢离子的 $\Delta_f G_m^\ominus(H^+, aq) = 0$ 为基准而求得的相对值。附录中列出了常见物质在 298.15 K 时的标准摩尔生成吉布斯函数 $\Delta_f G_m^\ominus(298.15 \ K)$ 的数据和一些常见水合离子的标准摩尔生成吉布斯函数的数据。

对任一化学反应 $pP + qQ \Longrightarrow yY + zZ$,在反应进度为 1 mol,各物种均处于标准状态时,反应的吉布斯函数变,称为标准摩尔吉布斯函数变,符号为 $\Delta_r G_m^\ominus(T)$,单位为 $kJ \cdot mol^{-1}$。当 $T = 298.15 \ K$ 时,T 可省略。$\Delta_r G_m^\ominus$ 的计算有两种方法:第一种据式(5.10)从

$\Delta_f H_m^\ominus$ 和 $S_m^\ominus$ 求得;第二种可由生成物和反应物的标准摩尔生成吉布斯函数 $\Delta_f G_m^\ominus(B)$ 计算,其导出过程与图 5-3 类似。

$$\Delta_r G_m^\ominus = \sum_B \nu_B \Delta_f G_m^\ominus(B)$$

$$= [y\Delta_f G_m^\ominus(Y) + z\Delta_f G_m^\ominus(Z)] - [p\Delta_f G_m^\ominus(P) + q\Delta_f G_m^\ominus(Q)] \tag{5.12}$$

例 5.7 计算反应:

$$2NO(g) + O_2(g) \Longrightarrow 2NO_2(g)$$

在 298.15 K 时的标准摩尔吉布斯函数变 $\Delta_r G_m^\ominus$,并判断此时反应的方向。

解:
$$\Delta_r G_m^\ominus = \sum_B \nu_B \Delta_f G_m^\ominus(B)$$

$$= [2 \times 51.3 - 2 \times 87.6] \text{ kJ} \cdot \text{mol}^{-1}$$

$$= -72.6 \text{ kJ} \cdot \text{mol}^{-1} < 0$$

所以此时反应正向进行。

例 5.8 $BaCl_2$ 是钢铁处理中常用的高温盐浴剂。长期使用会产生 BaO 有害成分。能否用 $MgCl_2$ 脱除 BaO？已知在 298.15 K 时 $\Delta_f G_m^\ominus(BaO) = -525.1 \text{ kJ} \cdot \text{mol}^{-1}$, $\Delta_f G_m^\ominus(BaCl_2) = -810.4 \text{ kJ} \cdot \text{mol}^{-1}$。

解:
$$BaO(s) + MgCl_2(s) \Longrightarrow BaCl_2(s) + MgO(s)$$

$\Delta_f G_m^\ominus(B)/(\text{kJ} \cdot \text{mol}^{-1})$	-525.1	-591.8	-810.4	-569.3

$$\Delta_r G_m^\ominus(298 \text{ K}) = \sum_B \nu_B \Delta_f G_m^\ominus(B)$$

$$= [(-810.4 - 569.3) - (-525.1 - 591.8)] \text{ kJ} \cdot \text{mol}^{-1}$$

$$= -262.8 \text{ kJ} \cdot \text{mol}^{-1} < 0$$

可见,加入 $MgCl_2$ 能使 BaO 转化成 $BaCl_2$ 而脱除。

必须注意,一般查表从 $\Delta_f G_m^\ominus$ 求得的标准摩尔吉布斯函数变 $\Delta_r G^\ominus$ 都是 298.15 K 时的标准摩尔吉布斯函数变。但一般的化学反应都不可能恰巧在 298.15 K,该怎么办?

3. 任意条件下的摩尔吉布斯函数变 $\Delta_r G_m$

（1）**任意温度 T 下的标准摩尔吉布斯函数变 $\Delta_r G_m^\ominus(T)$** 由于 $\Delta_r H_m^\ominus(T) \approx \Delta_r H_m^\ominus(298.15 \text{ K})$ 和 $\Delta_r S_m^\ominus(T) \approx \Delta_r S_m^\ominus(298.15 \text{ K})$,我们可以根据 $\Delta_r G_m^\ominus(T) = \Delta_r H_m^\ominus(T) - T\Delta_r S_m^\ominus(T)$ 将 298.15 K 的 $\Delta_r H_m^\ominus$ 和 $\Delta_r S_m^\ominus$ 值代入其中,则有

$$\Delta_r G_m^\ominus(T) \approx \Delta_r H_m^\ominus(298.15 \text{ K}) - T\Delta_r S_m^\ominus(298.15 \text{ K}) \tag{5.13}$$

估算反应自发进行的温度条件时,需要特别注意的是,尽管在一定温度范围内,反应的 $\Delta_r H_m^\ominus$ 值和 $\Delta_r S_m^\ominus$ 值随温度变化不大,但 $\Delta_r G_m^\ominus$ 值变化很大,不容忽视。

例 5.9 估算反应

$$CaCO_3(s) \longrightarrow CaO(s) + CO_2(g)$$

在标准状态下的最低分解温度。

解: 首先分析题意要求,要使 $CaCO_3(s)$ 分解反应进行,须 $\Delta_r G_m^\ominus < 0$,即 $\Delta_r H_m^\ominus - T\Delta_r S_m^\ominus < 0$,可先分别求出 $\Delta_r H_m^\ominus(298.15 \text{ K})$ 和 $\Delta_r S_m^\ominus(298.15 \text{ K})$,再根据式(5.13),求出分解温度 T。

$$\Delta_r H_m^\ominus(298.15 \text{ K}) = \sum_B \nu_B \Delta_f H_m^\ominus(B)$$

$$= [(-634.9) + (-393.5) - (-1207.6)] \text{ kJ} \cdot \text{mol}^{-1}$$

$$= 179.2 \text{ kJ} \cdot \text{mol}^{-1}$$

$$\Delta_r S_m^{\ominus}(298.15\ \text{K}) = \sum_B \nu_B S_m^{\ominus}(\text{B})$$

$$= (38.1+213.8-91.7)\ \text{J}\cdot\text{mol}^{-1}\cdot\text{K}^{-1}$$

$$= 160.2\ \text{J}\cdot\text{mol}^{-1}\cdot\text{K}^{-1}$$

$$179.2\times10^3\ \text{J}\cdot\text{mol}^{-1}-T_{\text{分解}}\times160.2\ \text{J}\cdot\text{mol}^{-1}\cdot\text{K}^{-1}<0$$

$$T_{\text{分解}} > \frac{179.2\times10^3\ \text{J}\cdot\text{mol}^{-1}}{160.2\ \text{J}\cdot\text{mol}^{-1}\cdot\text{K}^{-1}}$$

$$= 1118.6\ \text{K}$$

所以 $CaCO_3(s)$ 的最低分解温度为 1118.6 K。

例 5.10　利用热力学数据求反应:

$$CO(g)+NO(g) \Longrightarrow CO_2(g)+\frac{1}{2}N_2(g)$$

在 298.15 K,标准状态下的 $\Delta_r H_m^{\ominus}$,$\Delta_r S_m^{\ominus}$,$\Delta_r G_m^{\ominus}$,并利用这些数据指出此反应用于净化汽车尾气中 NO 和 CO 的可能性。

解:

	$CO(g)$	$+NO(g)$	$\Longrightarrow CO_2(g)$	$+\frac{1}{2}N_2(g)$
$\Delta_f H_m^{\ominus}/(\text{kJ}\cdot\text{mol}^{-1})$	−110.5	91.3	−393.5	0
$\Delta_f S_m^{\ominus}/(\text{J}\cdot\text{mol}^{-1})$	197.7	210.8	213.8	191.6

$$\Delta_r H_m^{\ominus} = [-393.5-(-110.5)-91.3]\ \text{kJ}\cdot\text{mol}^{-1} = -374.3\ \text{kJ}\cdot\text{mol}^{-1}$$

$$\Delta_r S_m^{\ominus} = \left[213.8+\frac{1}{2}\times191.6-197.7-210.8\right] = -98.9\ \text{J}\cdot\text{mol}^{-1}\cdot\text{K}^{-1}$$

$$\Delta_r G_m^{\ominus} = \Delta_r H_m^{\ominus}(298.15\ \text{K})-T\Delta_r S_m^{\ominus}(298.15\ \text{K})$$

$$= [-374.3-298.15\times(-98.9\times10^{-3})]\ \text{kJ}\cdot\text{mol}^{-1} = -344.81\ \text{kJ}\cdot\text{mol}^{-1}<0$$

该反应在 298.15 K 时自发进行,所以有可能。

这里需要指出的是,$\Delta_r G_m^{\ominus}$ 只能判断某一反应在标准状态时能否自发进行,但并不能说明反应将以怎样的速率进行。$\Delta_r G_m^{\ominus}<0$ 的反应可以自发进行,也可以无限小的速率进行。实际利用该反应净化汽车尾气是很困难的,其主要原因是化学反应速率问题,解决这个问题的方法是寻找低廉、高效的催化剂。

对于 $\Delta_r H_m^{\ominus}<0$,$\Delta_r S_m^{\ominus}>0$ 的反应来说,$\Delta_r G_m^{\ominus}$ 一定小于零,我们根据 ΔH 和 ΔS 就可判断一个化学反应能否自发。但对非标准情况,特别是有气态物质或有溶液参与反应,又 $\Delta_r S_m^{\ominus}<0$ 的情况,就较复杂,必须进行校正。怎样校正?

（2）非标准状态下的摩尔吉布斯函数变 $\Delta_r G_m(T)$　对于有气体参加或生成的反应及溶液中的反应,参与反应的每种物质的压力或浓度不是标准状态时,其吉布斯函数变 $\Delta_r G_m(T)$ 需要校正。

热力学研究表明,对于一化学反应 $pP+qQ \Longrightarrow yY+zZ$,在恒温恒压、任意状态下的 $\Delta_r G_m$ 与标准状态 $\Delta_r G_m^{\ominus}$ 有如下关系:

$$\Delta_r G_m = \Delta_r G_m^{\ominus}+RT\ln Q \tag{5.14}$$

式中,Q 称为反应商,如果 P,Q,Y,Z 均为气态,则 Q 用 Q_p 表示:

$$Q_p = \frac{[p(Y)/p^{\ominus}]^y[p(Z)/p^{\ominus}]^z}{[p(P)/p^{\ominus}]^p[p(Q)/p^{\ominus}]^q}$$

式中,$p^{\ominus}$ 表示标准压力,$p/p^{\ominus}$ 表示相对压力。

如果均为溶液,则 Q 用 Q_c 表示:

$$Q_c = \frac{[c(Y)/c^{\ominus}]^y[c(Z)/c^{\ominus}]^z}{[c(P)/c^{\ominus}]^p[c(Q)/c^{\ominus}]^q}$$

式中,$c^{\ominus}$ 表示标准浓度,$c/c^{\ominus}$ 表示相对浓度。

对任一化学反应的反应物和生成物来说,不可能都是气态或都是液态,往往有气态也有液态,还有固态。在实际反应中往往气态用相对分压,在溶液时用相对浓度,在纯液体、纯固体时因相对浓度是 100% 而不表达。

当组分压力和浓度均处于标准状态时,即反应商 Q 等于 1 时,$\Delta_r G_m(T) = \Delta_r G_m^{\ominus}(T)$。

例 5.11 已知空气中 CO_2 的分压为 0.04 kPa,问 298.15 K 时 $CaCO_3(s)$ 的分解反应在空气中能否自发进行? 若使该反应在空气中自发进行,温度应高于多少度?

解:在反应式 $CaCO_3(s) \rightleftharpoons CaO(s) + CO_2(g)$ 中,从例 5.9 可得

$$\Delta_r G_m^{\ominus}(298.15\ K) = \Delta_r H_m^{\ominus}(298.15\ K) - 298.15 \times \Delta_r S_m^{\ominus}(298.15\ K)$$
$$= (179.2 - 298.15 \times 160.2 \times 10^{-3})\ kJ \cdot mol^{-1} = 131.4\ kJ \cdot mol^{-1}$$

$CaCO_3$ 和 $CaO(s)$ 为纯固体,所以 $Q_p = 0.04\ kPa/100\ kPa$

$$\Delta_r G_m(298.15\ K) = \Delta_r G_m^{\ominus}(298.15\ K) + RT\ln Q_p$$
$$= 131.4\ kJ \cdot mol^{-1} + 8.314\ J \cdot mol^{-1} \cdot K^{-1} \times$$
$$10^{-3}\ kJ \cdot J^{-1} \times 298.15\ K \times \ln 0.0004$$
$$= 112.0\ kJ \cdot mol^{-1} > 0$$

所以,298.15 K 时在空气中 $CaCO_3(s)$ 不能自发进行分解反应。

若要使 $CaCO_3(s)$ 在空气中能自发进行分解反应,需 $\Delta_r G_m(T) < 0$,即

$$\Delta_r G_m(T) = \Delta_r G_m^{\ominus}(T) + RT\ln Q < 0$$
$$\Delta_r G_m^{\ominus}(T) = \Delta_r H_m^{\ominus}(T) - T \times \Delta_r S_m^{\ominus}(T) \approx \Delta_r H_m^{\ominus}(298.15\ K) - T \times \Delta_r S_m^{\ominus}(298.15\ K)$$
$$= (179.2 - T \times 160.2 \times 10^{-3})\ kJ \cdot mol^{-1}$$

所以 $\Delta_r G_m(T)/(kJ \cdot mol^{-1}) = 179.2 - T/K \times 160.2 \times 10^{-3} + 8.314 \times 10^{-3} \times T/K \times \ln 0.0004$
$$= 179.2 - 0.1602T/K - 0.065T/K = 179.2 - 0.2252T/K < 0$$

$$T > \frac{179.2}{0.2252}\ K = 795.7\ K$$

即 $CaCO_3(s)$ 在空气中能自发进行分解反应温度应高于 795.7 K。

从例 5.9 和例 5.11 可以看出:在标准状态下和在实际空气中 $CaCO_3$ 的分解温度是不一样的。因为这时 CO_2 的分压力不一样所致。

例 5.12 试问常温下金属锌的制件在大气中能否被空气氧化,若发生氧化,在理论上要求氧的最低压力是多少?

解:(1) 这是属于腐蚀和防护的问题,设锌为纯锌,取温度为 25 ℃,并假定大气为干燥空气,此时氧的压力为 0.21×100 kPa:

$$Zn(s) + \frac{1}{2}O_2(g) \Longrightarrow ZnO(s)$$

$\Delta_f H_m^\ominus/(kJ \cdot mol^{-1})$	0	0	-350.5
$\Delta_f S_m^\ominus/(J \cdot mol^{-1} \cdot K^{-1})$	41.6	205.2	43.7
$\Delta_f G_m^\ominus/(kJ \cdot mol^{-1})$	0	0	-320.5

因此 $\Delta_r H_m^\ominus = -350.5 \ kJ \cdot mol^{-1}$，$\Delta_r S_m^\ominus = -100.5 \ J \cdot mol^{-1} \cdot K^{-1}$

$$\begin{aligned}
\Delta_r G_m^\ominus(298.15 \ K) &= \Delta_r H_m^\ominus(298.15) - T\Delta_r S_m^\ominus(298.15) \\
&= (-350.5) \ kJ \cdot mol^{-1} - 298.15 \ K \times \\
&\quad (-100.5) \ J \cdot mol^{-1} \cdot K^{-1} \times 10^{-3} \ kJ \cdot J^{-1} \\
&= -320.5 \ kJ \cdot mol^{-1}
\end{aligned}$$

或

$$\Delta_r G_m^\ominus(298.15 \ K) = \sum_B \nu_B \Delta_f G_m^\ominus(B) = -320.5 \ kJ \cdot mol^{-1}$$

按式(5.14)有

$$\begin{aligned}
\Delta_r G_m &= \Delta_r G_m^\ominus(298.15 \ K) + RT\ln\left[\frac{p(O_2)}{p^\ominus}\right]^{-1/2} \\
&= -320.5 \ kJ \cdot mol^{-1} + 8.314 \ J \cdot mol^{-1} \cdot K^{-1} \times \\
&\quad 10^{-3} \ kJ \cdot J^{-1} \times 298.15 \ K \times \ln(0.21)^{-1/2} \\
&= -318.6 \ kJ \cdot mol^{-1} \ll 0
\end{aligned}$$

故锌的制品在空气中都会生成一层氧化膜。

（2）根据 $\Delta_r G_m$ 判别反应能否自发进行的原则，当 $\Delta_r G_m \leqslant 0$ 时的反应才能发生，根据式（5.14），可算出此时氧的压力。

$$\Delta_r G_m = \Delta_r G_m^\ominus(298.15 \ K) + RT\ln[p(O_2)/p^\ominus]^{-1/2} \leqslant 0$$

$$\begin{aligned}
\ln[p(O_2)/p^\ominus]^{-1/2} &\leqslant -\Delta_r G_m^\ominus(298.15 \ K)/RT \\
&= -(-320.5) \ kJ \cdot mol^{-1}/(8.314 \ J \cdot mol^{-1} \cdot K^{-1} \times \\
&\quad 10^{-3} \ kJ \cdot J^{-1} \times 298.15 \ K) \\
&= 129.3
\end{aligned}$$

$$[p(O_2)/p^\ominus]^{-1/2} \leqslant 1.43 \times 10^{56}, \ p(O_2) \geqslant 4.89 \times 10^{-113} \times 10^5 \ Pa = 4.89 \times 10^{-108} \ Pa$$

要使 Zn 不被氧化生成 ZnO，其 $p(O_2)$ 必须小于 $4.81 \times 10^{-108} \ Pa$，即使真空系统也达不到。

大部分金属在大气中都能生成氧化物，像 Au（金）这样以单质形式稳定存在的金属是为数不多的。

练习题

1. 判断下列说法是否正确，正确的在后面括号内用"√"表示，错误的用"×"表示。

（1）因为 298.15 K 时，H_2 的 $\Delta_f H_m^\ominus = 0$，所以它的 $S_m^\ominus$ 也等于 0。（　　）

（2）孤立系统中，自发变化的 $\Delta_r S_m^\ominus$ 一定大于零。（　　）

（3）等温等压条件下 $\Delta_r S_m^\ominus > 0$ 的化学反应一定是自发反应。（　　）

（4）等温等压条件下 $\Delta_r H_m^\ominus < 0$ 的化学反应一定是自发反应。（ ）

（5）等温等压条件下 $\Delta_r G_m^\ominus < 0$ 的化学反应一定是自发反应。（ ）

（6）等温等压条件下 $\Delta_r G_m < 0$ 的化学反应一定是自发反应。（ ）

2. 不查表，试比较下列物质的标准摩尔熵值的大小。

（1）$H_2O(s)$，$H_2O(l)$，$H_2O(g)$；

（2）298.15 K，398.15 K，498.15 K 时的 $H_2O(g)$；

（3）同一温度下的 Fe，FeO，Fe_2O_3。

3. 计算反应 $C(s) + CO_2(g) \Longrightarrow 2CO(g)$ 在 298.15 K 时的标准摩尔吉布斯函数变。

4. 近似计算反应 $CaCO_3(s) \Longrightarrow CaO(s) + CO_2(g)$ 在 1222 K 时的 $\Delta_r G_m^\ominus$ 值，若此时的 $p(CO_2)$ 为 100 kPa，判断其能否自发进行。

5. 制取半导体材料硅，可用下列反应：$SiO_2(s) + 2C(s) \Longrightarrow Si(s) + 2CO(g)$

（1）估算上述反应的 $\Delta_r H_m^\ominus$（298.15 K）及 $\Delta_r S_m^\ominus$（298.15 K）。

（2）估算上述反应的 $\Delta_r G_m^\ominus$（298.15 K），在标准状态 298.15 K 下正反应可否自发进行？

（3）估算上述反应的 $\Delta_r G_m^\ominus$（1000 K），在标准状态 1000 K 下正反应可否自发进行？

（4）估算用上述反应制取硅时，自发进行的温度条件。

6. 试判断下列反应的 $\Delta_r S_m^\ominus$ 是大于零还是小于零：

（1）$Zn(s) + 2HCl(aq) \longrightarrow ZnCl_2(aq) + H_2(g)$

（2）$CaCO_3(s) \longrightarrow CaO(s) + CO_2(g)$

（3）$NH_3(g) + HCl(g) \longrightarrow NH_4Cl(s)$

（4）$CuO(s) + H_2(g) \longrightarrow Cu(s) + H_2O(l)$

7. 水煤气反应 $C(s) + H_2O(g) \Longrightarrow CO(g) + H_2(g)$，问：

（1）此反应在 298.15 K 时，$H_2O(g)$，$CO(g)$ 及 $H_2(g)$ 的分压均为 100 kPa 下能否向正方向进行？

（2）若升高温度，反应能否向正方向进行？

（3）在各气体分压均为 100 kPa 下多高温度时，此系统才能处在平衡状态？

8. 已知反应 $CaO(s) + SO_3(g) \Longrightarrow CaSO_4(s)$ 在 298.15 K 时 $\Delta_r H_m^\ominus = -402.0 \text{ kJ} \cdot \text{mol}^{-1}$，$\Delta_r G_m^\ominus = -345.7 \text{ kJ} \cdot \text{mol}^{-1}$，估算这个反应在 100 kPa 压力下，当 $\Delta_r G_m^\ominus(T) = 0$ 时的温度 T，并简述向燃烧高含量煤的炉中投入生石灰（CaO）可除去 SO_3，减少大气污染的理由。

思考题

1. 试从分子、原子层次的动能和势能两种能量形式说明 ΔH，$T\Delta S$ 和 ΔG 的物理意义。

2. 钢在热处理时易被氧化，已知反应 $Fe(s) + \dfrac{1}{2}O_2(g) \Longrightarrow FeO(s)$ 的 $\Delta_r G_m^\ominus(773.15 \text{ K}) = -16.97 \text{ kJ} \cdot \text{mol}^{-1}$，欲使钢件在 500℃ 的加热炉内进行热处理时不被氧化，应如何控制炉内 O_2 的分压？

3. 某些技术处理中,往往由 NH_3 分解产生的 H_2 做还原性气体,N_2 作保护性惰气:$2NH_3 \rightleftharpoons N_2 + 3H_2$。试问 298.15 K 时的标准摩尔吉布斯函数变 $\Delta_r G_m^{\ominus}$ 为多少?标准状态下,反应达极限的温度是多少?在 300℃ 和 25℃ 下,计算系统中的 $Q_p = \dfrac{[p(N_2)/p^{\ominus}][p(H_2)/p^{\ominus}]^3}{[p(NH_3)/p^{\ominus}]^2} = 1000$ 时的吉布斯函数变。

4. 金属铜制品在室温下长期暴露在流动的大气中,其表面逐渐覆盖一层黑色氧化铜 CuO。当此制品被加热超过一定温度后,黑色氧化铜就转变为红色氧化亚铜 Cu_2O。在更高的温度时,红色氧化物消失。如果想人工仿古加速获得 Cu_2O 红色覆盖层并将反应的 $\Delta_r H_m^{\ominus}$,$\Delta_r S_m^{\ominus}$ 近似视为常数,并创造反应在标准压力下进行的条件,试估算反应:

(1) $2CuO(s) \rightleftharpoons Cu_2O(s) + \dfrac{1}{2}O_2(g)$

(2) $Cu_2O(s) \rightleftharpoons 2Cu(s) + \dfrac{1}{2}O_2(g)$

自发进行时的温度,以便选择人工仿古温度。

§5.3 化 学 平 衡

 学习要求

1. 从 $\Delta_r G_m = \Delta_r G_m^{\ominus} + RT\ln Q$ 的表达式,了解 $\ln K^{\ominus} = \dfrac{-\Delta_r G_m^{\ominus}(T)}{RT}$ 的由来,掌握标准平衡常数 $K^{\ominus}$ 的表达式,明确从热力学数据或实验数据计算 $K^{\ominus}$ 的两种方法,了解 $K^{\ominus}$ 的简单应用。

2. 明确 $\ln K^{\ominus} \approx -\dfrac{\Delta_r H_m^{\ominus}(298.15\ K)}{RT} + \dfrac{\Delta_r S_m^{\ominus}(298.15\ K)}{R}$ 关系式中各项符号的意义,掌握吸热反应或放热反应时平衡常数 $K^{\ominus}$ 与温度 T 的关系。

3. 明确压力、浓度、温度对平衡移动的影响,掌握应用原理。

在研究化学反应时,人们除了注意反应自发进行的方向外,还非常关心化学反应进行的程度以及与时间的关系。本节讨论什么条件下反应达到平衡,怎样表达平衡,怎样提高转化率。

5.3.1 化学平衡和标准平衡常数

我们已经知道,反应吉布斯函数变 $\Delta_r G_m$ 可用来判断化学反应进行的方向。当

$\Delta_r G_m = 0$，即化学反应达到最大限度时，称为达到化学平衡。当一个化学反应达到平衡时，尽管系统内反应物和生成物物质的量不再改变，但从微观看，其正、逆反应没有停止，而从宏观看，其正、逆反应的速率相等。此时系统所处的状态叫作化学平衡状态。平衡状态时系统内各组分的压力或浓度均不再改变。也就是说，式（5.14）中的反应商 Q 为一常数 $K^\ominus$。因为平衡时系统中各物质均以各自的标准态为参考，故称 $K^\ominus$ 为标准平衡常数。对于任一反应 $pP + qQ \rightleftharpoons yY + zZ$，如果反应物和生成物都是气态，则有

$$K^\ominus = \frac{[p(Y)/p^\ominus]^y [p(Z)/p^\ominus]^z}{[p(P)/p^\ominus]^p [p(Q)/p^\ominus]^q} \qquad (5.15)$$

如果反应物和生成物都是液态：

$$K^\ominus = \frac{[c(Y)/c^\ominus]^y [c(Z)/c^\ominus]^z}{[c(P)/c^\ominus]^p [c(Q)/c^\ominus]^q} \qquad (5.15')$$

如果是多相反应，且 P，Q，Y，Z 各物中既有气态、又有溶液时，则气态物质用相对分压 $p/p^\ominus$；溶液中的物质用相对浓度 $c/c^\ominus$；纯固体和纯液体的相对分压或相对浓度都是 100%，故可将其省略。但必须注意，它们都是平衡时的浓度或分压。标准平衡常数 $K^\ominus$ 是一个量纲为 1 的量。

例如，实验室中制取 $Cl_2(g)$ 的反应

$$MnO_2(s) + 2Cl^-(aq) + 4H^+ \rightleftharpoons Mn^{2+}(aq) + Cl_2(g) + 2H_2O(l)$$

其标准平衡常数为

$$K^\ominus = \frac{[c(Mn^{2+})/c^\ominus][p(Cl_2)/p^\ominus]}{[c(Cl^-)/c^\ominus]^2 \cdot [c(H^+)/c^\ominus]^4}$$

综上所述，在书写和应用平衡常数表达式计算时必须注意：

（1）各组分的浓度（或分压）应是平衡状态时的浓度（或分压）；

（2）平衡常数 $K^\ominus$ 与化学反应计量方程式有关；当反应物与生成物都相同的化学反应，化学反应计量方程式中计量数不同，其 $K^\ominus$ 值也不同。

例如，合成氨反应：

$$N_2 + 3H_2 \rightleftharpoons 2NH_3; K_1^\ominus = [p(NH_3)/p^\ominus]^2 \cdot [p(H_2)/p^\ominus]^{-3} \cdot [p(N_2)/p^\ominus]^{-1}$$

$$\frac{1}{2}N_2 + \frac{3}{2}H_2 \rightleftharpoons NH_3; K_2^\ominus = [p(NH_3)/p^\ominus] \cdot [p(H_2)/p^\ominus]^{-3/2} \cdot [p(N_2)/p^\ominus]^{-1/2}$$

$$\frac{1}{3}N_2 + H_2 \rightleftharpoons \frac{2}{3}NH_3; K_3^\ominus = [p(NH_3)/p^\ominus]^{2/3} \cdot [p(H_2)/p^\ominus]^{-1} \cdot [p(N_2)/p^\ominus]^{-1/3}$$

显然 $K_1^\ominus = (K_2^\ominus)^2 = (K_3^\ominus)^3$。因此使用和查阅平衡常数时，必须注意它们所对应的化学反应计量方程式。不难理解，化学方程式相加，其平衡常数值为这两个反应的平衡常数之积；方程式相减，其平衡常数值为这两个反应的平衡常数之商。正逆反应的平衡常数互为倒数。例如，合成氨 $N_2 + 3H_2 \rightleftharpoons 2NH_3$ 的 $K_正^\ominus$ 和氨分解反应 $2NH_3 \rightleftharpoons N_2 + 3H_2$ 的 $K_逆^\ominus$ 互为倒数：

$$K_正^\ominus = \frac{1}{K_逆^\ominus}$$

5.3.2 标准平衡常数与标准摩尔吉布斯函数变的关系

上面我们介绍了平衡常数的表达式及其注意点,在此基础上进一步介绍从热力学数据来计算 $K^{\ominus}$ 值的方法。

我们已经知道,$\Delta_r G_m$ 是判断化学反应自发方向的判据。在恒温恒压的条件下:

$$\Delta_r G_m < 0 \qquad 反应正向自发进行;$$

$$\Delta_r G_m = 0 \qquad 反应达到平衡;$$

$$\Delta_r G_m > 0 \qquad 反应逆向自发进行。$$

由此看出,一个化学反应的平衡常数 $K^{\ominus}$ 与 $\Delta_r G_m$ 之间存在着密切的关系。从式(5.14)已经知道:

$$\Delta_r G_m = \Delta_r G_m^{\ominus} + RT \ln Q$$

Q 表示反应商。当反应达到平衡时,$\Delta_r G_m = 0$,$Q = K^{\ominus}$,因此有

$$\Delta_r G_m^{\ominus} = -RT \ln K^{\ominus} \tag{5.16}$$

或

$$\ln K^{\ominus} = \frac{-\Delta_r G_m^{\ominus}(T)}{RT} \tag{5.16'}$$

这就是化学反应的标准平衡常数与化学反应的标准摩尔吉布斯函数变之间的关系。因此,只要知道温度 T 时的 $\Delta_r G_m^{\ominus}$,就可求得该反应的平衡常数 $K^{\ominus}$。$\Delta_r G_m^{\ominus}$ 值可从热力学数据计算。这样,任一反应的标准平衡常数均可从 $\Delta_r G_m^{\ominus}$ 值通过式(5.16)计算。显然,在一定温度下,$K^{\ominus}$ 值越大,反应的 $\Delta_r G_m^{\ominus}$ 值越小(负值越大),反应进行的可能性越大,就进行得越完全;$K^{\ominus}$ 值越小,$\Delta_r G_m^{\ominus}$ 值越大,反应进行的可能性越小,进行的程度亦越小。这与我们上节讨论的完全一致。

例 5.13 乙苯($C_6H_5C_2H_5$)脱氢制苯乙烯有两个反应:

(1) 氧化脱氢 $\quad C_6H_5C_2H_5(g) + \frac{1}{2}O_2(g) \Longrightarrow C_6H_5CH{=}CH_2(g) + H_2O(g)$

(2) 直接脱氢 $\quad C_6H_5C_2H_5(g) \Longrightarrow C_6H_5CH{=}CH_2(g) + H_2(g)$

若反应在 298.15 K 进行,计算两反应的平衡常数,试问哪一个反应进行的可能性大? 已知 $\Delta_f G_m^{\ominus}(C_6H_5C_2H_5, g) = 130.6 \ \text{kJ} \cdot \text{mol}^{-1}$,$\Delta_f G_m^{\ominus}(C_6H_5CH{=}CH_2, g) = 213.8 \ \text{kJ} \cdot \text{mol}^{-1}$。

解: 对反应(1) $\qquad C_6H_5C_2H_5(g) + \frac{1}{2}O_2(g) \Longrightarrow C_6H_5CH{=}CH_2(g) + H_2O(g)$

$\Delta_f G_m^{\ominus}(298.15K)/(\text{kJ} \cdot \text{mol}^{-1}) \quad 130.6 \qquad 0 \qquad\qquad 213.8 \qquad -228.6$

$$\Delta_r G_m^{\ominus} = \sum_B \nu_B \Delta_f G_m^{\ominus}(B)$$

$$= (213.8 - 228.6 - 130.6) \ \text{kJ} \cdot \text{mol}^{-1}$$

$$= -145.4 \ \text{kJ} \cdot \text{mol}^{-1} < 0$$

由 $\Delta_r G_m^{\ominus} = -RT \ln K^{\ominus}$ 得

$$\ln K^{\ominus} = -\Delta_r G_m^{\ominus}/RT = 145.4 \times 10^3/(8.314 \times 298.15) = 58.66$$

$$K^{\ominus} = 2.98 \times 10^{25}$$

对反应(2)
$$\Delta_r G_m^\ominus = \sum_B \nu_B \Delta_f G_m^\ominus(B)$$
$$= (213.8 - 130.6) \text{ kJ} \cdot \text{mol}^{-1}$$
$$= 83.2 \text{ kJ} \cdot \text{mol}^{-1} > 0$$
$$\ln K^\ominus = -\Delta_r G_m^\ominus / RT$$
$$= -83.2 \times 10^3 / (8.314 \times 298.15)$$
$$= -33.56$$
$$K^\ominus = 2.65 \times 10^{-15}$$

反应(1)进行的可能性大。如果升高温度,又怎样呢? 学生可自行计算。它们的反应速率实际如何,还要看催化剂、反应温度等具体条件。

5.3.3 影响化学平衡移动和平衡常数的因素

影响化学平衡
移动的因素

维持平衡的条件的因素(如浓度、压力、温度等)一旦发生了变化,原有的平衡将被破坏,代之以新的平衡。这种因外界条件的改变而使化学反应从一种平衡状态向另一种平衡状态转变的过程称为化学平衡的移动。从式(5.14)和式(5.16)得出 $\Delta_r G_m = -RT\ln K^\ominus + RT\ln Q$,据此可分析这些因素对平衡的影响。

1. 浓度的影响

对于一个在一定温度下进行的化学反应,各组分的浓度的改变不会改变其平衡常数,只能改变其转化率。增加反应物的浓度或降低生成物的浓度,则 $Q < K^\ominus$,此时系统不再处于平衡状态,$\Delta_r G_m < 0$,反应要向正方向进行,以减少反应物的浓度同时增加生成物的浓度,直至使 $\Delta_r G_m = 0$,$Q = K^\ominus$,即系统建立起新的平衡为止。在新的平衡系统中虽然 $\Delta_r G^\ominus$ 和 $K^\ominus$ 没有变,但各组分的平衡浓度已发生了变化。同理,若降低反应物浓度或增加生成物浓度,平衡将向逆反应方向移动,调整生成物和反应物的浓度,直到建立新的平衡。

通过浓度对化学平衡的影响,人们可以充分利用某些不易得的、高价值的反应原料,使这些反应物有高的转化率。如制备水煤气的反应:

$$C(s) + H_2O(g) \rightleftharpoons CO(g) + H_2(g)$$

为了充分利用 C(焦炭),可增加 $H_2O(g)$ 的浓度,使其过量,从而提高 C(s)的利用率。

2. 压力的影响

改变组分气体分压与上述改变浓度的情况相似,上述水煤气制备中 $H_2O(g)$ 的浓度也可理解为 $H_2O(g)$ 的分压。但总压力的变化对化学平衡的影响应视化学反应的具体情况而定。对只有液体或固体参与的反应而言,改变总压力对平衡常数和平衡移动影响很小,可以不予考虑。

但对于有气态物质参与的平衡系统,系统总压力的改变对平衡是否产生影响要视具体情况而定。如合成氨反应:

$$N_2(g) + 3H_2(g) \rightleftharpoons 2NH_3(g)$$

在一定温度、总压力下达到平衡,平衡常数为 $Q = K^\ominus$。可以计算,增加总压后,$Q < K^\ominus$,反应向正方向进行,平衡向右移动;降低总压后,$Q > K^\ominus$,反应向逆反应方向进行,平衡向左移动。也

就是说,增加压力,平衡向气体分子数较少的一方移动;降低压力,平衡向气体分子数较多的一方移动。显然,如果反应前后气体分子数没有变化,$\sum \nu_B(g) = 0$,则改变总压对化学平衡没有影响。

3. 温度的影响

温度对化学平衡的影响与浓度、压力的影响有本质上的区别。浓度、压力改变时,平衡常数不变,只是由于系统中组分发生变化而导致反应商 Q 发生变化,使得 $Q \neq K^{\ominus}$,导致平衡的移动;而温度改变使平衡常数的数值发生变化,使得 $K^{\ominus} \neq Q$,从而引起平衡的移动。

根据式(5.10)和式(5.16)有 $\Delta_r G_m^{\ominus} = \Delta_r H_m^{\ominus} - T\Delta_r S_m^{\ominus} = -RT\ln K^{\ominus}$。可从数学关系推得温度与平衡常数之间的关系为

$$\ln K^{\ominus} = -\frac{\Delta_r H_m^{\ominus}}{RT} + \frac{\Delta_r S_m^{\ominus}}{R} \tag{5.17}$$

因无相变时有 $\Delta_r H_m^{\ominus}(T) \approx \Delta_r H_m^{\ominus}(298.15 \text{ K})$,$\Delta_r S_m^{\ominus}(T) \approx \Delta_r S_m^{\ominus}(298.15 \text{ K})$,所以有

$$\ln K^{\ominus} = -\frac{\Delta_r H_m^{\ominus}}{RT} + \frac{\Delta_r S_m^{\ominus}}{R} \approx -\frac{\Delta_r H_m^{\ominus}(298.15 \text{ K})}{RT} + \frac{\Delta_r S_m^{\ominus}(298.15 \text{ K})}{R}$$

因为式(5.17)中,$\Delta_r S_m^{\ominus}/R$ 为与温度 T 无关的常数,温度 T 与平衡常数的关系从 $-\Delta_r H_m^{\ominus}/RT$ 就可清楚看出:对 $\Delta_r H_m^{\ominus}(T) > 0$ 的吸热反应,$-\Delta_r H_m^{\ominus}(T)/RT$ 为负值,温度 T 升高,其值变大,$K^{\ominus}$ 值增大,即平衡向吸热反应方向移动;反之,温度降低,$K^{\ominus}$ 值也降低,反应向放热方向移动。例如,吸热反应:

$$C(s) + CO_2(g) \rightleftharpoons 2CO(g); \Delta_r H_m^{\ominus}(298.15 \text{ K}) = 172.5 \text{ kJ} \cdot \text{mol}^{-1}$$

它的 $K^{\ominus}$ 值随着温度的升高而升高,见表5.1。同理,对于 $\Delta_r H_m^{\ominus}(T) < 0$ 的放热反应,温度升高,$K^{\ominus}$ 值降低;温度降低,$K^{\ominus}$ 值升高。例如,放热反应:

$$N_2(g) + 3H_2(g) \rightleftharpoons 2NH_3(g); \Delta_r H_m^{\ominus}(298.15 \text{ K}) = -91.8 \text{ kJ} \cdot \text{mol}^{-1}$$

它的 $K^{\ominus}$ 值随着温度的升高而降低,见表5.2。

表5.1　反应 $C(s) + CO_2(g) \rightleftharpoons 2CO(g)$ 的 $K^{\ominus}$ 与 T 的关系

T/K	773.15	873.15	973.15	1073.15
$K^{\ominus}$	3.24×10^{-3}	7.6×10^{-2}	0.89	6.6

表5.2　反应 $N_2(g) + 3H_2(g) \rightleftharpoons 2NH_3(g)$ 的 $K^{\ominus}$ 与 T 的关系

T/K	473.15	573.15	673.15	773.15
$K^{\ominus}$	41.3×10^{-2}	3.87×10^{-3}	1.7×10^{-4}	1.4×10^{-5}

在温度变化不大时,$\Delta_r H_m^{\ominus}$ 和 $\Delta_r S_m^{\ominus}$ 可看作常数。若反应在 T_1 和 T_2 时的平衡常数分别为 $K_1^{\ominus}$ 和 $K_2^{\ominus}$,并认为在 T_1 至 T_2 范围内 $\Delta_r H_m^{\ominus}$ 和 $\Delta_r S_m^{\ominus}$ 的数值不变,则近似地有

$$\ln K_1^{\ominus} = -\frac{\Delta_r H_m^{\ominus}}{RT_1} + \frac{\Delta_r S_m^{\ominus}}{R}$$

$$\ln K_2^{\ominus} = -\frac{\Delta_r H_m^{\ominus}}{RT_2} + \frac{\Delta_r S_m^{\ominus}}{R}$$

两式相减有

$$\ln \frac{K_1^{\ominus}(T_1)}{K_2^{\ominus}(T_2)} = -\frac{\Delta_r H_m^{\ominus}}{R}\left(\frac{1}{T_1} - \frac{1}{T_2}\right) \tag{5.17'}$$

例 5.14　反应 $CO(g) + H_2O(g) \rightleftharpoons CO_2(g) + H_2(g)$，在 500 K 时，平衡常数 $K^{\ominus} = 126$，判断反应在 800 K 时的平衡常数有什么变化？并说明温度升高对此反应的平衡的影响。

解：设 $\Delta_f H_m^{\ominus}$ 不随温度变化，

$$CO(g) + H_2O(g) \rightleftharpoons CO_2(g) + H_2(g)$$

$\Delta_f H_m^{\ominus}/(kJ \cdot mol^{-1})$　　　　　-110.5　-241.8　　　-393.5　　　0

反应的标准摩尔焓变 $\Delta_r H_m^{\ominus} = [(-393.5)-(-110.5)-(-241.8)]\ kJ \cdot mol^{-1} = -41.2\ kJ \cdot mol^{-1}$。该正反应为放热反应，其逆反应则为吸热反应。从式 (5.17) 可定性判断温度升高，其平衡常数 $K^{\ominus}$ 是减小的，平衡向着减少生成物的方向移动。

如果要进一步估算 800 K 时的 $K^{\ominus}$，可按式 (5.17') 估算如下：

$$\ln \frac{K_1^{\ominus}(T_1)}{K_2^{\ominus}(T_2)} = -\frac{\Delta_r H_m^{\ominus}}{R}\left(\frac{1}{T_1} - \frac{1}{T_2}\right)$$

$$\ln \frac{126}{K_2^{\ominus}} = -\frac{-41.2 \times 10^3}{8.314}\left(\frac{1}{500} - \frac{1}{800}\right)$$

$$K_2^{\ominus} = 3.12$$

由计算知，温度升高，K 变小，表明温度升高平衡向生成反应物方向移动。

例 5.15　化学热处理中高温气相渗碳中存在这样的反应：$2CO(g) \rightleftharpoons C(s) + CO_2(g)$。试分别计算 298.15 K 和 1173 K 时的标准平衡常数，并简单说明它们在渗碳过程中的意义。

解：

$$2CO(g) \rightleftharpoons C(s) + CO_2(g)$$

$\Delta_f H_m^{\ominus}(298.15\ K)/(kJ \cdot mol^{-1})$　　　　　-110.5　　　　0　-393.5

$S_m^{\ominus}(298.15\ K)/(J \cdot mol^{-1} \cdot K^{-1})$　　　　　197.7　　　5.7　213.8

$\Delta_r H_m^{\ominus}(298.15\ K) = [(-393.5)-2\times(-110.5)]\ kJ \cdot mol^{-1} = -172.5\ kJ \cdot mol^{-1}$

$\Delta_r S_m^{\ominus}(298.15\ K) = [(213.8+5.7)-2\times197.7]\ J \cdot mol^{-1} \cdot K^{-1}$

$$= -175.9\ J \cdot mol^{-1} \cdot K^{-1}$$

(1) 298.15 K 时：

$$\Delta_r G_m^{\ominus} = [-172.5 - 298.15\times(-175.9\times10^{-3})]\ kJ \cdot mol^{-1} = -120.1\ kJ \cdot mol^{-1}$$

$$\ln K^{\ominus} = -\Delta G_m^{\ominus}(298.15\ K)/RT$$

$$= 120.1\times10^3\ J \cdot mol^{-1}/(8.314\ mol^{-1} \cdot K^{-1} \times 298.15\ K) = 48.45$$

$$K^{\ominus} = 1.10\times10^{21}$$

(2) 1173 K 时：

$$\Delta_r G_m^{\ominus}(1173\ K) = [(-172.5) - 1173\times(-175.9\times10^{-3})]\ kJ \cdot mol^{-1} = 33.8\ kJ \cdot mol^{-1}$$

$$\ln K^{\ominus} = -\Delta G_m^{\ominus}(1173\ K)/RT$$

$$= (-33.8)\times10^3\ J \cdot mol^{-1}/(8.314\ J \cdot mol^{-1} \cdot K^{-1} \times 1173\ K) = -3.466$$

$$K^{\ominus} \approx 3.12\times10^{-2}$$

从上述计算可以看出：高温时平衡反应强烈地向左移动，但达到平衡时仍有相当多的可计量的 C 渗入，而且高温有利于反应速率加快，有利于平衡的到达。虽然低温时有利于 CO 分解，但其反应速率很慢。若比 1173 K 更高，则渗入的碳量过少，相反会有利于脱碳，也是不合适的。所以热力学的估算为渗碳工艺提供了理论依据。

4. 勒夏特列原理

综上所述，在 1884 年，法国化学家勒夏特列(Le Chatelier)归纳、总结出了平衡移动的普遍规律：当体系达到平衡后，若改变平衡状态的任一条件(如浓度、压力或温度)，平衡就向着能减弱这个改变的方向移动。这就是著名的勒夏特列原理。

必须注意，勒夏特列原理仅适用于平衡系统，但理想的平衡系统是不存在的，而近似的平衡系统却普遍存在。

练 习 题

1. 试写出下列两个反应的标准平衡常数表达式：

（1）$2N_2O_5(g) \Longrightarrow 4NO_2(g) + O_2(g)$

（2）$ZnS(s) + 2H^+(aq) \Longrightarrow Zn^{2+}(aq) + H_2S(g)$

2. 在什么样的条件下储存 $CO_2(g)$，才能使如下吸热反应的 CO_2 的分解最少？

$$CO_2(g) \Longrightarrow CO(g) + \frac{1}{2}O_2(g)$$

3. 反应 $CO_2(g) + H_2(g) \Longrightarrow CO(g) + H_2O(g)$ 在 973 K，1072 K，1173 K，1273 K 时的平衡常数分别为 0.618，0.905，1.29，1.66，试问此反应是吸热反应还是放热反应？

4. 在 1000℃时，反应 $FeO(s) + CO(g) \Longrightarrow Fe(s) + CO_2(g)$ 的平衡常数等于 0.5，如果 CO 和 CO_2 的初时浓度均为 $0.05 \ mol \cdot dm^{-3}$，求它们平衡时的浓度。

5. 工业上乙醇是由乙烯的气相水合制成的，$C_2H_4(g) + H_2O(g) \Longrightarrow C_2H_5OH(g)$，定性地推断获得乙醇的最大平衡产量，应怎样选择温度和压力，为了获得最经济的产量，还必须考虑哪些因素？

物质	$\Delta_f H_m^{\ominus}(298.15 \ K)/(kJ \cdot mol^{-1})$
$C_2H_4(g)$	52.4
$H_2O(g)$	−241.8
$C_2H_5OH(g)$	−277.6

6. 利用热力学数据，计算反应 $2NO(g) + 2CO(g) \Longrightarrow N_2(g) + 2CO_2(g)$ 在 25℃ 和 500℃时的 $K^{\ominus}$ 值。

思 考 题

1. 近似计算反应 $CaCO_3(s) \Longrightarrow CaO(s) + CO_2(g)$ 在什么温度下达到平衡时，使 $p(CO_2) = 100 \ kPa$？ 这个温度下的平衡常数是多少？

2. 将 Ag_2CO_3 放在烘箱内,在 110℃ 温度下干燥,问通入的空气中必须含有百分之几的 CO_2 才能避免 Ag_2CO_3 的分解?已知在此温度下 $K^{\ominus}=9.51\times10^{-3}$。提示:$[p(CO_2)/p^{\ominus}]\times100\%$ 即为空气中 CO_2 的百分含量。

3. 水煤气生成反应 $C(s)+H_2O(g)\Longrightarrow CO(g)+H_2(g)$ 是一个强烈的吸热反应,通入空气有什么影响?水煤气中 CO 热值较低且有毒,一般不宜作城市燃料。能否将其甲烷化,获得高发热值的合成天然气 $CO(g)+3H_2(g)\Longrightarrow CH_4(g)+H_2O(l)$?

§ 5.4　化学反应动力学基础

 学习要求

1. 掌握反应速率、反应级数、半衰期、活化分子、活化能、催化剂的概念及其应用。
2. 掌握基元反应和基元反应质量作用定律。
3. 掌握零级反应和一级反应动力学方程及其应用。
4. 了解浓度、温度与反应速率的定量关系,掌握改变化学反应速率对工程实际的意义及方法原则。

从热力学角度看,很多反应是可能发生的,但实际上在我们有生之年并没有看到它发生,如大自然中的 H_2 和 O_2,NO 和 O_2 反应具有显著的自发倾向(ΔG 很小,$K^{\ominus}$ 很大),但实际上氢和氧的混合气体在室温下可以长期存在而不发生显著变化,汽车尾气中的 NO 和 CO 没有催化剂作用依然污染空气。制备化学物质或消除有害物质时,我们总希望它加速;而在使用化学物质时,又要尽量避免与介质如空气、H_2O 等发生反应或抑制它的速度。这些都涉及化学反应的速率问题,需要化学动力学的原理和方法来解决。

5.4.1　化学反应速率

对于任一化学反应:

$$0=\sum_B \nu_B B$$

它的反应进度被定义为 $\xi=\Delta n_B/\nu_B$。反应进度随时间的变化率称为反应的转化速率 $\dot{\xi}$,$\dot{\xi}=\mathrm{d}\xi/\mathrm{d}t$;单位体积的反应转化速率是熟知的反应速率 v,$v=\dot{\xi}/V$,它与习惯用单位时间反应物浓度的消耗或生成物浓度的增加表示反应速率的关系为

$$v=\frac{\dot{\xi}}{V}=\frac{1}{\nu}\times\frac{\mathrm{d}n_B}{V\mathrm{d}t}=\frac{1}{\nu_B}\times\frac{\mathrm{d}c(B)}{\mathrm{d}t} \tag{5.18}$$

反应速率的单位为 $mol\cdot L^{-1}\cdot s^{-1}$;时间单位可采用 s(秒),min(分),h(小时)或 a(年)等;

浓度的单位为 $mol \cdot dm^{-3}$ 等；ν_B，$dc(B)$ 分别表示反应物或生成物的化学计量数和浓度变化。例如，合成氨反应，反应物为 N_2 和 H_2，它们的化学计量数分别为 -1 和 -3；生成物只有 NH_3，它的化学计量数是 2。

$$N_2 + 3H_2 \Longrightarrow 2NH_3$$

$$v = -\frac{dc(N_2)}{dt} = -\frac{dc(H_2)}{3dt} = \frac{dc(NH_3)}{2dt}$$

式 (5.18) 中的反应速率涉及的反应时间极短，被称为在某时刻的瞬时反应速率。如果在一定的时间段内（Δt），参加反应的物质 B 的浓度变化为 $\Delta c(B)$，平均反应速率可以表示为

$$\bar{v} = \frac{1}{\nu_B} \times \frac{\Delta c(B)}{\Delta t} \qquad (5.18')$$

实际上，化学反应速率是随着反应的进行在不断地发生变化，反应物的浓度不断减少，以"$-$"表示；生成物的浓度不断增加，以"$+$"表示。实验测定反应速率的方法就是测出各不同时刻 t 时某反应物 P 的浓度 $c(P)$ 或某生成物 Y 的浓度 $c(Y)$，则可绘出如图 5-4 所示的 c-t 曲线。某时刻 t 曲线的斜率 $-dc(P)/dt$ 或 $dc(Y)/dt$ 即为 t 时反应物 P 的消耗速率或生成物 Y 的生成速率。用反应进度表示的转化速率与实验测定的某物质的消耗或生成速率关系如式 (5.18) 所示。

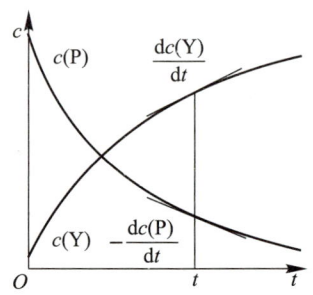

图 5-4　反应物或产物浓度随时间的变化曲线

化学反应是分子原有的化学键断裂、新的化学键形成的过程。实际的化学反应大多是由多个基元反应过程构成的复杂反应。如 H_2 与 Cl_2 反应生成 $HCl(g)$ 的反应包含如下的基元反应过程：

$$Cl_2 \Longrightarrow Cl \cdot + Cl \cdot$$
$$H_2 + Cl \cdot \Longrightarrow HCl + H \cdot$$
$$H \cdot + Cl_2 \Longrightarrow HCl + Cl \cdot$$
$$\cdots\cdots$$

所谓基元反应，是指反应中一步就能直接转化成产物的反应。在 $H_2 + Cl_2 \Longrightarrow 2HCl$ 的反应过程中，Cl_2 分子在某些因素（如光照）的激发下，分裂成两个 Cl 原子，又称 $Cl \cdot$ 自由基。自由基是一种含有不成对电子的原子或基团，具有强氧化性或高反应活性（如氢自由基 $H \cdot$，甲基自由基 $CH_3 \cdot$ 等）。高反应活性的 $Cl \cdot$ 自由基与 H_2 分子反应直接生成 HCl 和 H 原子（自由基），$H \cdot$ 自由基又与 Cl_2 分子反应生成 HCl，同时产生一个新的 Cl 原子。这样反复进行，一个一个地生成 HCl 分子。研究反应机理（又称反应历程）就是要分析反应的基元反应步骤及其相互关系。对于基元反应的速率，早在 1836 年，瓦格（Woage P）等在前人工作基础上，提出了基元反应的质量作用定律：基元反应的速率正比于反应物浓度的幂函数（以反应式中化学计量数为指数）之积。例如，对基元反应：

$$pP + qQ \Longrightarrow yY + zZ$$

的反应速率与浓度关系为

$$v_{正} = k_{正} c^p(P) c^q(Q)，v_{逆} = k_{逆} c^y(Y) c^z(Z)$$

式中，$v_{正}$，$v_{逆}$，$k_{正}$，$k_{逆}$ 分别是正逆反应的反应速率和相应的速率常数。反应速率常数 k 是

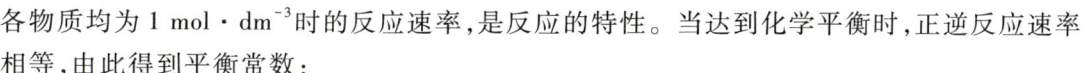

各物质均为 $1\ mol \cdot dm^{-3}$ 时的反应速率,是反应的特性。当达到化学平衡时,正逆反应速率相等,由此得到平衡常数:

$$k_{正}\, c^{p}(P)\, c^{q}(Q) = k_{逆}\, c^{y}(Y)\, c^{z}(Z)$$

$$K = \frac{c^{y}(Y)\, c^{z}(Z)}{c^{p}(P)\, c^{q}(Q)} = \frac{k_{正}}{k_{逆}} \tag{5.19}$$

关于反应速率的问题涉及测试中时间的确定技术和结合态单元的确定技术,十分复杂。这是化学动力学研究的前沿内容,有兴趣者可参考有关书刊。

5.4.2　化学反应级数

1. 反应级数

对于某反应 $a\mathrm{A} + b\mathrm{B} \longrightarrow$ 生成物,其反应速率与各反应物的浓度都有关系。在一般情况下,反应速率与各反应物浓度幂函数的乘积成正比,反应动力学方程可以表示为

$$v = k c_{\mathrm{A}}^{\alpha} \cdot c_{\mathrm{B}}^{\beta} \tag{5.20}$$

式中,k 称为反应速率常数,α 和 β 分别称为反应物 A 和 B 的分级数,该反应总的反应级数 $n = \alpha + \beta$。当 $n = 0$,该反应为零级反应;当 $n = 1$,该反应为一级反应;$n = 2$,该反应为二级反应(以此类推)。反应级数也可以是分数或小数。化学反应速率除了与反应物的浓度有关,还与反应物的种类、反应的温度等因素有关。一般把反应物浓度之外的影响反应速率的其他因素都合并在反应速率常数中。后面章节会讲到,反应温度的变化或催化剂的使用,会改变反应速率常数的大小。

对于基元反应,反应级数与其化学计量数是一致的。而对于非基元反应,反应级数就不一定与计量数一致了。如下面的非基元反应:

对于反应 $2\mathrm{NO} + 2\mathrm{H}_2 \Longrightarrow \mathrm{N}_2 + 2\mathrm{H}_2\mathrm{O}$,实验测得该反应速率方程为

$$v = k c^{2}(\mathrm{NO}) \cdot c(\mathrm{H}_2) \qquad (三级反应)$$

对于反应 $\mathrm{H}_2 + \mathrm{Cl}_2 \longrightarrow 2\mathrm{HCl}(g)$,其反应速率方程为

$$v = k c(\mathrm{H}_2) \cdot c^{0.5}(\mathrm{Cl}_2) \qquad (1.5\ 级反应)$$

对于反应 $\mathrm{H}_2 + \mathrm{I}_2 \Longrightarrow \mathrm{HI}(g)$,其反应速率方程为

$$v = k c(\mathrm{H}_2) \cdot c(\mathrm{I}_2) \qquad (二级反应)$$

反应速率方程可以通过反应机理推导,也可以通过实验测得。当基于反应机理推导的反应速率方程与实验测得的结果一致时,说明所提出的反应机理是合理的。

2. 零级反应动力学方程

零级反应的反应速率与反应物的浓度无关。常见的零级反应主要有表面催化反应和酶催化反应。一般情况下,这些反应的反应物总是过量的,反应速率决定于固体催化剂的有效表面活性位或酶的浓度。

对于零级反应　$\mathrm{A} \longrightarrow$ 生成物,其反应动力学方程可以表示为

$$\frac{-\mathrm{d}c_{\mathrm{A}}}{\mathrm{d}t} = k(c_{\mathrm{A}})^{0} = k$$

如果在反应起始($t = 0$)时反应物 A 浓度为 $c_{\mathrm{A,0}}$,在 t 时刻 A 的浓度为 c_{A},则有

$$-\int_{c_{A,0}}^{c_A} dc_A = \int_0^t k dt$$
$$c_{A,0} - c_A = kt$$

当反应物的浓度减少到其初始浓度的一半时,所需要的时间称为半衰期(用 $t_{1/2}$ 表示)。对于零级反应,半衰期与反应物的初始浓度成正比,反应速率常数的单位为 $\text{mol} \cdot \text{dm}^{-3} \cdot \text{s}^{-1}$。

$$t_{1/2} = \frac{c_{A,0}}{2k}$$

3. 一级反应动力学方程

一级反应的反应速率与反应物浓度的一次方成正比。例如,放射性元素的蜕变和某些药物的分解或代谢过程就是一级反应。

对于一级反应 $A \longrightarrow$ 生成物,其反应动力学方程可以表示为

$$\frac{-dc_A}{dt} = kc_A \tag{5.21}$$

如果在反应起始时($t=0$)反应物 A 浓度为 $c_{A,0}$,在 t 时刻 A 的浓度为 c_A,则有

$$-\int_{c_{A,0}}^{c_A} \frac{dc_A}{c_A} = \int_0^t k dt$$

积分后得到

$$\ln \frac{c_{A,0}}{c_A} = kt \text{ 或 } c_A = c_{A,0} e^{-kt} \tag{5.22}$$

如果在反应进行的不同时刻,测得反应物 A 的浓度,然后以 $\ln c_A$ 对时间 t 作图,可以得到一条直线,该直线的斜率就是 $-k$。这也是实验测量化学反应速率常数的常用方法。

对于一级反应,当反应物浓度减少到其初始浓度的一半时,其半衰期为

$$t_{1/2} = \frac{\ln 2}{k} \tag{5.23}$$

可见,一级反应的半衰期与反应速率常数 k 成反比,而与反应物的初始浓度无关。这是一级反应的一个重要特点。另外,基于一级反应的动力学方程,一级反应的速率常数的量纲应该是[时间$^{-1}$],若时间采用 s 或 min 作单位,则 k 的单位为 s^{-1} 或 min^{-1}。这是一级反应另外一个特点。因此,如果某反应的速率常数的量纲为[时间$^{-1}$],则该反应就是一级反应。

大多数同位素衰变是一级反应。利用同位素衰变的一级化学动力学特点可以测定古生物遗骸的大致年代,甚至估算地球的大致年龄。如 ^{238}U 的衰变为一级反应,其半衰期为 4.5×10^9 年,可用于地球的年龄估算。碳同位素 ^{14}C 的衰变也是一级反应,其半衰期为 5730 年,利用 ^{14}C 的衰变可以测定古生物遗骸等文物的大致年代。

例 5.16　遗址考古过程中,测得某文物中 ^{14}C 含量下降了 46.4%,试估算该文物距今约多少年?已知 ^{14}C 的衰变为一级反应,其半衰期为 5730 年。

解:　$t_{1/2} = \frac{\ln 2}{k} = 5730$ 年,$k = 1.21 \times 10^{-4}$ 年$^{-1}$

$\ln(c_A/c_{A,0}) = \ln(0.536/1) = -kt$

解得: $t = 5153$ 年(约五千年)

5.4.3 活化分子和活化能

为什么有的化学反应进行得很快,有些化学反应进行得很慢,甚至察觉不到它们的发生?

众所周知,原子及其结合态单元粒子处于不断的运动中;运动中的原子或结合态单元粒子会发生作用。早期认为物体必须碰撞才能发生反应;气体动理论进一步指出,只有足够能量的反应物分子(或原子)的碰撞才可能发生化学反应。这种能发生反应的碰撞叫作有效碰撞。我们把具有较高能量,能发生有效碰撞的分子叫活化分子。只有活化分子在碰撞时才能发生反应。非活化的普通分子转变为活化分子需吸收的能量称为活化能。进一步的研究认为,两个或几个反应物分子不是简单碰撞就生成产物,而是形成一种不稳定的活化配合物,称为过渡态,即活化状态,然后再转化为产物。例如,反应:

$$A + BC \Longleftrightarrow A\cdots B\cdots C \longrightarrow AB + C$$

图 5-5 表示上述反应途径的能量变化。纵坐标表示反应系统的能量,横坐标表示反应历程。图中 a 点和 b 点分别代表基态反应物(A+BC)和基态生成物(AB+C)的能量,c 点为活化配合物的能量。图中的 E_{a1},E_{a2} 分别表示正、逆反应的活化能,即表示反应物分子与活化配合物,活化配合物与生成物分子的能量差。

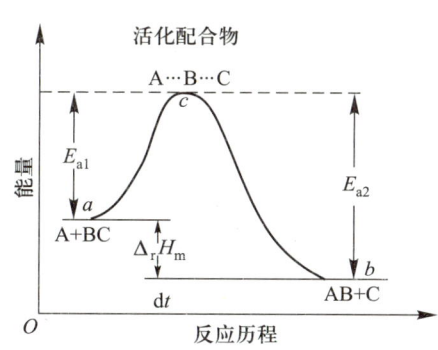

图 5-5 反应途径的能量变化

在过渡态理论中,所谓正反应的活化能,其实质就是反应物分子翻越活化配合物的能垒,即 E_{a1}。E_{a2} 为逆向反应的活化能,即生成物分子翻越活化配合物的能垒。而正逆反应的活化能差 $E_{a1} - E_{a2}$,认为是反应热。很明显,如果反应的活化能越大,能峰就越高,能越过能峰的反应物分子比例就越小,反应速率也就越慢;如果反应的活化能越小,则能峰越低,反应速率越快。

5.4.4 阿伦尼乌斯方程

1889 年,在大量实验事实的基础上,阿伦尼乌斯(Arrhenius S)对式(5.19)中的 k 进行研究,提出了速率常数与温度关系的经验式,称为阿伦尼乌斯方程:

$$\ln k = -\frac{E_a}{RT} + \ln A \tag{5.24}$$

式中,A 为常数,称为指前因子(又称频率因子),A 与温度、浓度无关,仅与反应有关;R 为摩尔气体常数;T 为热力学温度;E_a 为活化能。对某一给定反应,E_a 为定值,在反应温度区间变化不大时,E_a 和 A 不随温度而改变。式(5.24)定量地表明:

(1) 反应速率常数 k 与反应时的温度有关。因为活化能一般是正值,所以若温度增加，k 值增加。

若已知反应的活化能，在温度 T_1 时有

$$\ln k_1 = -E_a/RT_1 + \ln A$$

在温度 T_2 时：

$$\ln k_2 = -E_a/RT_2 + \ln A$$

两式相减得

$$\ln \frac{k_1}{k_2} = -\frac{E_a}{R}\left(\frac{1}{T_1} - \frac{1}{T_2}\right) \quad\quad\quad (5.25)$$

例 5.17 根据实验结果，在高温时焦炭中碳与二氧化碳的反应为 $C + CO_2 \longrightarrow 2CO$，其活化能为 167.36 $kJ \cdot mol^{-1}$，计算自 900 K 升高到 1000 K 时，反应速率的变化。

解： 已知 $E_a = 167.36$ $kJ \cdot mol^{-1}$，$T_1 = 900$ K，$T_2 = 1000$ K，$R = 8.314$ $J \cdot mol^{-1} \cdot K^{-1}$。

将以上值代入式 (5.25)，得

$$\begin{aligned}
\ln \frac{k_1}{k_2} &= -\frac{E_a}{R}\left(\frac{1}{T_1} - \frac{1}{T_2}\right) \\
&= -\frac{167.36 \times 10^3}{8.314}\left(\frac{1}{900} - \frac{1}{1000}\right) \\
&= -2.237 \\
\frac{k_2}{k_1} &= 9.37
\end{aligned}$$

此反应的温度自 900 K 升高到 1000 K 时，其反应速率增加到原来的 9.37 倍。

（2）反应速率常数 k 还与活化能 E_a 的关系极大，活化能稍微降低，k 值就显著增大。

联系阿伦尼乌斯方程，从活化分子和活化能的观点看，增加反应速率的具体措施有以下几种：

① 对于一确定的化学反应，一定温度下，反应物分子中活化分子所占的百分数是一定的，因此单位体积内的活化分子的数目与单位体积内反应物分子的总数成正比，也就是与反应物的浓度成正比。当反应物浓度增大时，单位体积内分子总数增加，活化分子的数目相应也增多，单位体积、单位时间内的分子有效碰撞的总数也就增多，因而反应速率加快。反之亦然。

② 保持浓度（或组分气体压力）不变，对于单位体积来说，即保持了分子总数不变。升高温度能使更多的分子因获得能量而成为活化分子，从而使活化分子的百分数显著增加。经验指出，温度每增加 10 K，反应速率可增加 2～3 倍。

③ 在保持温度、分子总数不变的前提下，降低反应的活化能，能使更多的分子成为活化分子，从而使活化分子总数显著增加。通常采用催化剂来实现活化能降低，使反应急速加快。

5.4.5 催化剂与化学反应速率

催化剂是一种只要少量存在就能显著改变反应速率，但在反应结束时，其自身的质量、组成和化学性质基本不变的物质。通常把能加快反应速率的催化剂简称为催化剂。

众所周知，能使 H_2 和 O_2 发生反应的铂粉，合成氨生产中使用的铁，SO_2 氧化成 SO_3 反应中使用的 V_2O_5，以及促进生物体化学反应的各种酶（如淀粉酶、蛋白酶、脂肪酶等）均为催化剂。催化剂是当代化学学科研究的热点，新的催化剂层出不穷，不胜枚举。

催化剂之所以能显著地加快化学反应速率，是因为在反应过程中催化剂与反应物之间形成一种能量较低的原子结合态单元粒子，它被称为活化配合物。这样改变了反应的途径；与无催化反应的途径相比较，所需的活化能显著降低（如图 5-6 所示），从而使活化分子百分数和有效碰撞次数增多，导致反应速率加快。例如，反应 $2H_2O_2(aq) \rightleftharpoons 2H_2O(l) + O_2(g)$ 在室温无催化剂时，反应的活化能为 75.3 $kJ \cdot mol^{-1}$；当用 I^- 作催化剂时，反应的活化能为 56.5 $kJ \cdot mol^{-1}$，活

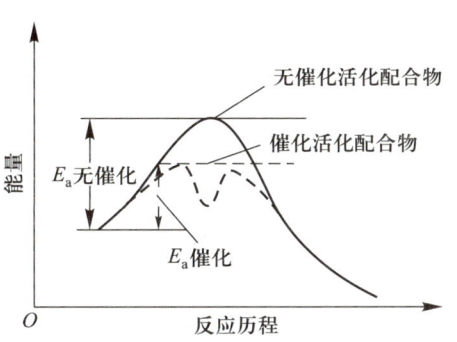

图 5-6　催化剂改变反应途径示意图

化能降低了 18.8 $kJ \cdot mol^{-1}$，因而使反应速率大大加快；若使用过氧化氢酶，更能把反应速率提高到 10^{23} 倍以上。

生物体内几乎所有的化学反应都是由酶催化的。酶是生物体内特殊的催化剂，在新陈代谢活动中起着重要的作用，几乎一切生命现象都与酶有关。酶的化学本质是蛋白质或复合蛋白质，它在生物体内所起的催化作用，称为酶催化。

酶作为生物催化剂，除具有一般催化剂的特点外，还有以下特点：① 高效。如食物中的蛋白质的水解（即消化），在体外需在强酸（或强碱）条件下煮沸相当长的时间，而在人体内正常体温下，在胃蛋白酶的作用下短时间内即可完成。② 专一性更强。如淀粉酶催化淀粉水解，磷酸酶催化磷酸脂的水解。③ 酶对反应的条件（温度和 pH）要求是很苛刻的，动物体内的酶的最适宜温度为 37～40℃。植物里酶的最适宜温度为 40～50℃。若温度不在这个范围内，酶的活性就比较低。pH 对酶的活性影响也十分显著，每种酶都有它的最适 pH 范围。例如，胃蛋白酶的最适 pH 范围为 1.5～2.5，过氧化氢酶为 7.0，脲酶为 6.4～6.9，胰蛋白酶为 7.8 等。如果超过这个范围，就会使酶分子结构受到破坏而失去活性。若遇到高温、强酸、强碱、重金属离子或紫外线照射等因素，也会使酶失去活性。

除了加快反应的催化剂外，还有一类能降低反应速率的催化剂称为负催化剂，它对抑制一些不希望发生的化学反应是十分有用的，但习惯上不用"催化剂"名称，而给予特殊的名称，如缓蚀剂、防老剂和阻化剂等。不过我们通常所说的催化剂一般是指正催化剂。

催化剂能缩短平衡到达的时间，但不能改变平衡状态，反应的平衡常数不受影响。因为催化剂不能改变反应的摩尔吉布斯函数变 $\Delta_r G_m$。所以催化剂不能启动热力学证明不能进行的反应（即 $\Delta_r G_m > 0$ 的反应）。

按催化剂与反应物所处的状态来分，有均相催化和多相催化。如在钢样中 Mn 含量的测定时，用在液相中进行 $Ag^+(aq)$ 催化 Mn^{2+} 成 $MnO_4^-(aq)$，属均相催化反应，Ag^+ 是均相催化剂；催化剂与反应物处于不同相中的反应属多相反应，其催化剂叫多相催化剂，如在合成氨工业过程中采用铁；实验室中分解 $KClO_3$ 所加的 MnO_2，在植物叶子中能使其发生的光合作用的叶绿素都是多相催化剂。

人们常说,催化剂能改变反应速率的原因是改变了反应的历程,降低了反应的活化能,起到了活化中心的作用。它是怎样改变反应历程,怎样起到活化中心的作用,怎样降低活化能的呢? 这是当前研究的一个热点。

5.4.6　光对化学反应速率的影响

从物质层次角度来分析,通过前面关于物质结构的讨论可知道,原子及其结合态单元的改变,其根源是电子运动状态的改变,而电子运动状态的改变又能吸收或放出光子。所以讨论反应速率还必须了解光对化学反应和反应速率的影响。

众所周知,光是一种电磁波,具有一定的能量。在光的作用下发生的化学反应,被称为光化学反应。例如,植物的光合作用、胶片的感光和阳光下染料的退色等都属于光化学反应。对于前面学过的热反应,其反应发生是靠分子间的碰撞,且只有碰撞动能大于活化能时,才能发生热反应,这种碰撞动能来源于热运动。因此,温度对反应速率有明显的影响。光化学反应的活化则来源于光的辐射能,所以光化反应的速率主要取决于光子的能量和光的强度,而受温度的影响很小。热是无序的能量,光则是有序的能量。热反应只能进行吉布斯函数变小于零的反应,而在光作用下(系统吸收了光的能量),某些吉布斯函数增加的化学反应也能进行。有些自发反应可以发光,将化学能转变为光能,或系统加入光能使其逆过程的反应也可以进行,将光能转变为化学能。由于光化反应比热反应具有许多独特的优点,所以,它在化工生产、材料合成等领域中逐渐得到更多的应用。

系统被光照射是发生光化学变化的必要条件。但是,照射到系统的光对发生光化学反应是否都有效呢? 格罗塞斯-德雷珀(Grotthus-Draper)认为:只有被系统吸收的光,对于发生光化学变化才是有效的。这就是光化学反应第一定律。光化学反应从反应物吸收光开始,称为光化学的初级过程,随后进行的一系列过程,被称为次级过程。爱因斯坦光化当量定律(又称光化学第二定律)指出:在光化学反应初级过程中,系统每吸收一个光子能量,则活化一个分子(或原子)。对于具体的光化学反应,只吸收具有一定频率或一定频率范围内的光能量。如 TiO_2 作为光催化剂,主要吸收紫外光的能量。

利用激光的单色光的激发能量,可以设计化学反应。因此,光化学反应比热化学反应具有更好的选择性。如有机化学中可选择恰当频率的红外激光使(反应物)结合态单元中的化学键或官能团活化,实现定向反应,这就是所谓的“分子裁剪”。

泽韦尔(Zewail A H)利用激光闪烁技术,通过对波长(也是时间)的精心选择,在 $ICN \longrightarrow I+CN$ 的实验中,第一次测得了光解反应的过渡态寿命约为 200 fs($1\ \mathrm{fs}=10^{-12}\mathrm{s}$);在另一个 $NaI \longrightarrow Na+I$ 的光解反应实验中,又一次观察到了反应的过渡态在势能面上的震荡和解离的全过程。他还研究了一系列从简单到复杂的化学反应和生物系统中各种类型的反应,其中有异构化、解离、电子转移、质子转移和结合态内部的弛豫过程(由非平衡态达到平衡态的过程)。他在实验观察的基础上,也从理论上对这些过程进行了计算,并给出了很好的解释。1999 年他获得了诺贝尔化学奖。

如果说自 1889 年阿伦尼乌斯提出活化分子和活化能的概念,建立反应速率方程和以后众多科学家逐步努力探讨基元反应和过渡态理论是人类认识化学机理的一个缓慢渐变过程的话,那么,泽韦尔用激光闪烁技术发现 ICN 分解过程进而进行系列实验,把化学反应机理推进到飞秒时间间隔,这对搞清化学反应历程就是一个突变过程。

如果我们把化学反应常用的催化剂的催化作用局限于有静质量的原子及其结合态单元粒子的热运动,那么泽韦尔的工作和发现仅仅是技术性的。如果我们用爱因斯坦的相对论原理和质能相当原理,接受钱学森提出的物质层次的定量观点,就能从微观粒子运动的波粒二象性特征来确定"原子及其结合态单元"不是微观粒子,而是介观粒子;承认光子、电子等尚未确定其静止时间和静止质量的微观粒子也是物质,那么泽韦尔的发现对光催化无疑在认识上起了开创性的作用,科学和技术就是这样互相渗透、交错互动地发展。

光化学反应在气相和液相、固相表面比热化学速率更快。自然界中充满着各种辐射(或称能量子、光子),它和地球大气的平流层和对流层存在着的空气(分子和原子)中的电子不断发生作用,产生光化学反应并达成平衡。一旦人类活动破坏这种平衡就会带来灾难性后果。比如前面提到的烟雾事件就是污染物形成的气溶胶所致;温室效应是人为的燃油、燃煤产生的 CO_2 过多和乱砍滥伐森林使消除 CO_2 的能力下降所致;臭氧层空洞是 NO 和氟氯烃(CFC)所致。大自然的辐射通过一定能量的光子,激发原子及其结合态单元中的电子,使电子的运动状态改变来变成另一种原子的结合态或使这种结合态更具活性。比如农业上的太空育种和核辐射改良作物品种都是对辐射的利用。SARS 和新型冠状病毒等病毒离开动物体和人体后在被自然界中的光和氧杀灭也是这个道理,材料的光氧老化原理也是如此。

除了前面讨论的浓度(压力)、温度、催化剂和光能对化学反应速率的影响,还有其他因素(如电场、磁场、重力场和微波等)对某些化学反应及其速率也有明显的影响。

练 习 题

1. 某反应从 30℃升到 37℃时,反应速率加快到原来的 10 倍,试估算反应的活化能。

2. 反应 $2NO_2(g) \rightleftharpoons 2NO(g)+O_2(g)$ 的速率方程符合质量作用定律, $\Delta_f H_m^\ominus(NO_2,g) = 33.9\ kJ \cdot mol^{-1}$, $\Delta_f H_m^\ominus(NO,g) = 90.4\ kJ \cdot mol^{-1}$,反应的活化能为 $114\ kJ \cdot mol^{-1}$。

(1)写出正反应的速率方程式,并估算逆反应的活化能。

(2)在 600 K 达到平衡后,将温度升高至 700 K,分别计算正逆反应速率增加的倍数,并由此说明平衡移动的方向。

3. 某基元反应 A+B ——→产物,当溶液中反应物 A 的浓度为 $3.33\ mol \cdot L^{-1}$,B 的浓度为 $2.50\ mol \cdot L^{-1}$,该反应的反应速率为 $0.0042\ mol \cdot L^{-1} \cdot s^{-1}$。写出该基元反应的速率方程,并计算其反应速率常数。

4. 某一级反应,若反应物浓度从 $1.0\ mol \cdot L^{-1}$ 下降到 $0.20\ mol \cdot L^{-1}$ 需要 30 min。求该反应的速率常数 k。如果反应物浓度从 $0.20\ mol \cdot L^{-1}$ 下降到 $0.040\ mol \cdot L^{-1}$,请计算还需要用多少分钟。

5. 碳同位素 ^{14}C 蜕变的半衰期为 5730 年。考古过程中测得某地古墓中木质材料样品中 ^{14}C 的含量为原来的 63.8%。问此古墓距今已有多少年?

6. 已知某药物的分解反应为一级反应,在 37℃时其分解反应的活化能为 $84.8\ kJ \cdot mol^{-1}$,指前因子 A 为 $4.2 \times 10^{12}\ h^{-1}$,求在 37℃时该药物分解反应的速率常数和半衰期？如果该药物分解达到 40%，计算所需要的时间？

思 考 题

增加反应物浓度、升高温度和使用催化剂都能加快反应的速率其原因是否相同？为什么？它们对平衡常数各有什么影响？

第六章

水溶液中的化学反应和水体保护

人类的生存离不开阳光、空气和水。水有固、液、气三种聚集状态。水溶液中的化学反应，无论对工程技术中的材料制备和保护，还是对合理利用和保护水资源，乃至生命健康，都具有很重要的实际意义。本章将在第五章基础上，进一步拓宽讨论范围，从化学反应原理出发，讨论与溶液密切相关的酸碱反应、沉淀反应、配位反应，以及这些反应在水体保护中的一些应用，同时简单介绍非水溶液中的化学反应，以适应科学技术的不断发展。

§6.1　弱酸弱碱解离平衡

 学习要求

1. 了解酸碱理论的发展，掌握酸碱质子理论，明确电子理论。
2. 掌握酸碱解离平衡和酸碱溶液 pH 的计算、酸碱强度的比较。
3. 熟悉同离子效应，掌握缓冲溶液 pH 的计算、配制原则及应用。
4. 学会 pH 的测定方法、了解 pH 试纸(剂)变色原理。

许多工程上的清洗剂、电镀电解液的配制，生产过程腐蚀的控制，农业灌溉，人体的生理和病理现象等都与水溶液中的酸碱反应有关，因而溶液的酸碱性及酸碱反应是人们关注的重要方面。本节将介绍酸碱知识及在水溶液中的应用。

6.1.1　酸碱理论

1887 年由阿伦尼乌斯提出的酸碱电离理论认为：溶于水解离出的阳离子都是水合氢离子的物质称为酸；溶于水解离出的阴离子全部是氢氧根离子的物质称为碱。根据该理论，酸碱中和反应的实质是 H^+ 和 OH^- 中和生成 H_2O。但氨(NH_3)属于碱；NH_3 与 HCl 在气态时生成 NH_4Cl，在苯溶剂中也生成 NH_4Cl，但这些反应都不是在水溶液中进行的，应用电离理论就无法解释。因为在气相和苯溶剂中，NH_3 并没有解离出 OH^-，HCl 也没有解离出 H^+，反应后也无 H_2O 生成。显然局限于水溶液的电离理论已无法解释大量非水体系中的酸碱反应。

1923 年由布朗斯特(Brϕnsted J N)和劳里(Lowry T M)提出了酸碱质子理论,该理论认为:凡是能够提供质子的分子或离子都是酸;凡是能够接受质子的分子或离子都是碱。简单地说,酸是质子给予体,碱是质子接受体。该理论扩大了酸碱的物种范围,使其适用范围扩展到非水体系甚至无溶剂的气相中。例如,上面所说的 HCl 和 NH_3,不仅在水溶液中,而且在以苯为溶剂的液相中或无溶剂的气相中,都是 HCl 给出质子,NH_3 接受质子而生成 NH_4Cl。

根据酸碱质子理论,酸可以是中性分子,如 HAc、HCl 等;也可以是负离子($H_2PO_4^-$)或正离子(NH_4^+),它们都是含有质子 H^+ 的结合态单元。而碱,可以是分子 NH_3;也可以是负离子 Cl^-、HPO_4^{2-},如 NH_3、Cl^-、HPO_4^{2-},接受质子后的结合态单元则成为酸 NH_4^+、HCl 和 $H_2PO_4^-$。酸给出质子便成为碱,碱接受质子则成为酸,这种酸和碱相互依存、相互转化的关系称为酸碱共轭关系,酸(或碱)与它共轭的碱(或共轭的酸)一起被称为共轭酸碱对。酸及其共轭碱之间的相互关系可用以下反应通式表示:

$$\begin{array}{c} \underset{\xrightarrow{\;+\,H^+\;}}{\overset{-\,H^+}{\rightleftharpoons}} \\ \text{酸}_1 + \text{碱}_2 \rightleftharpoons \text{酸}_2 + \text{碱}_1 \end{array} \rightleftharpoons \begin{array}{l} H^+ + OH^- \rightleftharpoons H_2O \\ H^+(aq) + H_2O \rightleftharpoons H_3O^+ \end{array}$$

如在 $HAc + H_2O \rightleftharpoons H_3O^+ + Ac^-$ 和 $H_2O + Ac^- \rightleftharpoons OH^- + HAc$ 两个关系式中,$HAc-Ac^-$、$H_3O^+-H_2O$、H_2O-OH^- 均互称为共轭酸碱对。因为酸碱质子理论的基础是质子的给予和接受,因此对那些不含质子的物质,如酸性 SO_3 和碱性 CaO 等,参加的酸碱反应就无法解释。这又是酸碱质子理论的局限性。

质子理论提出的同年,路易斯(Lewis G N)还提出了酸碱电子理论一说。该学说把凡是具有可供利用的孤对电子的物质都称为碱,如 NH_3、CaO;并把能与这孤对电子结合的物质都称为酸,如 HCl、SO_3 等。显然电子理论的基础是孤对电子的给予和接受。它不仅可解释电离理论、质子理论所能解释的物质的酸碱性,而且还可以解释 CO_2 和 CaO 等氧化物的酸碱性,以及 CO_2 与 CaO 反应生成 $CaCO_3$ 属酸碱反应的现象,更扩大了酸碱的范围。路易斯理论在有机化学中应用更为普遍,孤对电子是一个虚构概念,常用于区分可溶有机物是亲核还是亲电的试剂。

6.1.2　弱酸、弱碱的解离平衡及解离常数

除少数强酸、强碱外,大多数酸碱物质在水溶液中只能部分解离,属于弱电解质。当某弱电解质解离和重新结合的速率相等时,就达到了动态平衡,这种平衡称为酸碱解离平衡,它的标准平衡常数称为酸或碱的标准解离常数,分别用 $K_a^{\ominus}$,$K_b^{\ominus}$ 表示。如一元弱酸醋酸的解离平衡式为

$$HAc + H_2O \rightleftharpoons H_3O^+ + Ac^-$$

达平衡时,其标准解离常数的表达式为

$$K_a^{\ominus} = \frac{[c(H_3O^+)/c^{\ominus}][c(Ac^-)/c^{\ominus}]}{[c(HAc)/c^{\ominus}]} \tag{6.1}$$

式中,$c(H_3O^+),c(Ac^-),c(HAc)$ 分别为平衡时 H_3O^+,Ac^-,HAc 的浓度,$c^\ominus$ 为标准浓度,表示 $1\ mol\cdot dm^{-3}$。这是在 HAc 解离反应时的具体应用。

同理,对于 HAc 的共轭碱 Ac^- 的解离平衡式为

$$Ac^- + H_2O \rightleftharpoons HAc + OH^-$$

其标准解离常数 $K_b^\ominus$ 的表达式为

$$K_b^\ominus = \frac{\left[c(HAc)/c^\ominus\right]\left[c(OH^-)/c^\ominus\right]}{\left[c(Ac^-)/c^\ominus\right]} \tag{6.2}$$

无论是 $K_a^\ominus$ 或 $K_b^\ominus$,其数值与电解质溶液的浓度无关,与温度有关。一定温度时,同类型,如同为 HA 或 H_2A 型,弱电解质可用 $K_a^\ominus$(或 $K_b^\ominus$)定量地比较其酸性(或碱性)的强弱,$K_a^\ominus$(或 $K_b^\ominus$)越大,酸性(或碱性)越强。

由 HAc、Ac^- 与 H_2O 作用的平衡常数表达式可推出:

$$K_a^\ominus \cdot K_b^\ominus = \frac{\left[c(H_3O^+)/c^\ominus\right]\left[c(Ac^-)/c^\ominus\right]}{\left[c(HAc)/c^\ominus\right]} \cdot \frac{\left[c(HAc)/c^\ominus\right]\left[c(OH^-)/c^\ominus\right]}{\left[c(Ac^-)/c^\ominus\right]}$$

$$= \left[c(H_3O^+)/c^\ominus\right] \cdot \left[c(OH^-)/c^\ominus\right]$$

$$= K_w^\ominus$$

即
$$K_a^\ominus \cdot K_b^\ominus = K_w^\ominus \tag{6.3}$$

或写成
$$pK_a^\ominus + pK_b^\ominus = pK_w^\ominus \tag{6.3'}$$

其中,$pK_a^\ominus = -\lg K_a^\ominus$;$pK_b^\ominus = -\lg K_b^\ominus$;$pK_w^\ominus = -\lg K_w^\ominus$。

这就是说,一般共轭酸碱对的 $K_a^\ominus$ 与 $K_b^\ominus$ 的乘积等于水的离子积 $K_w^\ominus$,且共轭酸碱强度互成反比,即酸的酸性越强,则其共轭碱的碱性越弱;反之,若碱的碱性越强,则其共轭酸的酸性越弱。一些共轭酸碱的标准解离常数列于书末附表 3,本章表 6.1 中还列出了一些弱酸弱碱的强度情况。一般化学手册中找不到离子酸或碱的 $K_a^\ominus$ 或 $K_b^\ominus$,可以通过查其共轭碱的 $K_b^\ominus$ 或共轭酸的 $K_a^\ominus$,根据式(6.3)计算得到。

表 6.1　一些共轭酸碱的解离常数（25℃）

	酸	$K_a^\ominus$	碱	$K_b^\ominus$	
酸 性 增 强	HNO_2	5.62×10^{-4}	NO_2^-	1.78×10^{-11}	碱 性 增 强
	HF	6.31×10^{-4}	F^-	1.58×10^{-11}	
	HAc	1.74×10^{-5}	Ac^-	5.75×10^{-10}	
	H_2CO_3	4.47×10^{-7}	HCO_3^-	2.24×10^{-8}	
	H_2S	8.9×10^{-8}	HS^-	1.12×10^{-7}	
	$H_2PO_4^-$	6.17×10^{-8}	HPO_4^{2-}	1.62×10^{-7}	
	NH_4^+	5.59×10^{-10}	NH_3	1.79×10^{-5}	
	HCN	6.17×10^{-10}	CN^-	1.62×10^{-5}	
	HCO_3^-	4.68×10^{-11}	CO_3^{2-}	2.14×10^{-4}	
	HS^-	1.1×10^{-12}	S^{2-}	9.1×10^{-3}	
	HPO_4^{2-}	4.79×10^{-13}	PO_4^{3-}	2.09×10^{-2}	

弱酸或弱碱的标准解离平衡常数可用热力学数据计算求得,也可由实验测定;利用酸碱标准平衡常数也可求出一定浓度时某酸碱溶液的酸碱度(pH)。举例如下:

例 6.1　利用热力学数据,计算分子酸 HAc 在水溶液中的 $K_a^{\ominus}$。

解:先写出 HAc 在水溶液中和 H_2O 反应的关系式,并在附表 1 和表 2 中查得有关数据,写在各对应的物质下面,然后进行计算:

$$HAc \ + \ H_2O \ \Longrightarrow \ H_3O^+ \ + \ Ac^-$$

$\Delta_f G_m^{\ominus}(298.15\ K)/(kJ \cdot mol^{-1}) \quad -396.82 \quad -237.1 \quad -237.2 \quad -369.3$

$$\Delta_r G_m^{\ominus}(298.15\ K) = [\ (-369.3) + (-237.2) - (-396.82) - (-237.1)\ ]\ kJ \cdot mol^{-1}$$
$$= 27.42\ kJ \cdot mol^{-1}$$

将 $\Delta_r G_m^{\ominus}(298.15\ K)$ 值代入式(5-14),达平衡时有

$$\lg K_a^{\ominus}(HAc) = \frac{-\Delta_r G_m^{\ominus}}{2.303RT}$$

$$= \frac{-27.42\ kJ \cdot mol^{-1} \times 10^3\ J \cdot kJ^{-1}}{2.303 \times 8.314\ J \cdot mol^{-1} \cdot K^{-1} \times 298.15\ K}$$

$$= -4.803$$

$$K_a^{\ominus}(HAc) = 1.57 \times 10^{-5}$$

例 6.2　利用热力学数据,计算离子碱 Ac^- 在水溶液中的 $K_b^{\ominus}$,并计算 $0.10\ mol \cdot dm^{-3}$ NaAc 水溶液的 pH。

解:(1) Ac^- 与 H_2O 质子交换反应式如下,并将由附录表查得的有关数据写在各对应物质下面,

$$Ac^- \ + \ H_2O \ \Longrightarrow \ HAc \ + \ OH^-$$

$\Delta_f G_m^{\ominus}(298.15\ K)/(kJ \cdot mol^{-1}) \quad -369.3 \quad -237.1 \quad -396.82 \quad -157.2$

$$\Delta_r G_m^{\ominus}(298.15\ K) = [\ (-157.2) + (-396.82) - (-369.3) - (-237.1)\ ]\ kJ \cdot mol^{-1}$$
$$= 52.38\ kJ \cdot mol^{-1}$$

$$\lg K_b^{\ominus}(Ac^-) = \frac{-\Delta_r G_m^{\ominus}}{2.303RT}$$

$$= \frac{-52.38\ kJ \cdot mol^{-1} \times 10^3\ J \cdot kJ^{-1}}{2.303 \times 8.314\ J \cdot mol^{-1} \cdot K^{-1} \times 298.15\ K}$$

$$= -9.175$$

$$K_b^{\ominus}(Ac^-) = 6.68 \times 10^{-10}$$

即离子碱 Ac^- 在水溶液中的解离平衡常数为 6.68×10^{-10}。

(2) 设平衡时 $c(OH^-)$ 为 $x\ mol \cdot dm^{-3}$

$$Ac^- + H_2O \ \Longrightarrow \ HAc + OH^-$$

起始浓度/$(mol \cdot dm^{-3})$ 　　0.10　　　　　　0　　0

平衡浓度/$(mol \cdot dm^{-3})$ 　　0.10-x　　　　　x　　x

$$\approx 0.10$$

$$K_b^{\ominus}(Ac^-) = \frac{[\ c(HAc)/c^{\ominus}\ ] \cdot [\ c(OH^-)/c^{\ominus}\ ]}{c(Ac^-)/c^{\ominus}} = \frac{x^2}{0.10} = 6.68 \times 10^{-10}$$

$$x = c(\text{OH}^-) = 8.17 \times 10^{-6} \text{ mol} \cdot \text{dm}^{-3} \text{（该值} \ll 0.10，\text{所以} 0.10 - x \approx 0.10 \text{ 合理）}$$

$$\text{pOH} = 5.09$$

$$\text{pH} = 14 - \text{pOH} = 8.91$$

例 6.3　测得 $0.10 \text{ mol} \cdot \text{dm}^{-3}$ 的 HAc 溶液的 pH 为 2.88，求 HAc 的 $K_a^{\ominus}$。

解：因 $\text{pH} = -\lg c(\text{H}^+)/c^{\ominus}$，故 pH = 2.88 时溶液的 $c(\text{H}^+) = 1.32 \times 10^{-3} \text{ mol} \cdot \text{dm}^{-3}$。此时的 H^+ 浓度就是平衡时的 H^+ 浓度：

	HAc	$\rightleftharpoons$	H^+	$+$	Ac^-
起始浓度/$(\text{mol} \cdot \text{dm}^{-3})$	0.10		0		0
平衡浓度/$(\text{mol} \cdot \text{dm}^{-3})$	$0.10 - 1.32 \times 10^{-3}$		1.32×10^{-3}		1.32×10^{-3}

因 HAc 解离出来的 $c(\text{H}^+)$ 很小，平衡时 $c(\text{HAc})$ 可近似认为是 $0.10 \text{ mol} \cdot \text{dm}^{-3}$，根据平衡常数表达式：

$$K_a^{\ominus}(\text{HAc}) = \frac{[c(\text{H}^+)/c^{\ominus}] \cdot [c(\text{Ac}^-)/c^{\ominus}]}{c(\text{HAc})/c^{\ominus}} \approx \frac{(1.32 \times 10^{-3})^2}{0.10} = 1.74 \times 10^{-5}$$

由于例 6.1 与例 6.3 采用的计算方法不同，数据来源不同，造成 $K_a^{\ominus}(\text{HAc})$ 数据稍有出入，该误差在实际计算中是允许的。

大自然的水体中，物质多为多元弱电解质，对于酸碱则为多元弱酸、多元弱碱。例如，二元弱酸 H_2CO_3 和二元弱碱 CO_3^{2-}，同时还有 H_2S 和 S^{2-} 等。

多元弱酸或弱碱在水溶液中是分级解离的。以 H_2CO_3 为例，

H_2CO_3 的一级解离为 $\text{H}_2\text{CO}_3 + \text{H}_2\text{O} \rightleftharpoons \text{H}_3\text{O}^+ + \text{HCO}_3^-$；$K_{a1}^{\ominus} = 4.47 \times 10^{-7}$

二级解离为 $\text{HCO}_3^- + \text{H}_2\text{O} \rightleftharpoons \text{H}_3\text{O}^+ + \text{CO}_3^{2-}$；$K_{a2}^{\ominus} = 4.68 \times 10^{-11}$

可见 $K_{a1}^{\ominus} \gg K_{a2}^{\ominus}$，故酸的强度 $\text{H}_2\text{CO}_3 \gg \text{HCO}_3^-$，相应的共轭碱的强度 $\text{CO}_3^{2-} \gg \text{HCO}_3^-$。

CO_3^{2-} 的一级解离为 $\text{CO}_3^{2-} + \text{H}_2\text{O} \rightleftharpoons \text{HCO}_3^- + \text{OH}^-$；$K_{b1}^{\ominus} = 2.14 \times 10^{-4}$

二级解离为 $\text{HCO}_3^- + \text{H}_2\text{O} \rightleftharpoons \text{H}_2\text{CO}_3 + \text{OH}^-$；$K_{b2}^{\ominus} = 2.24 \times 10^{-8}$

综上所述，H_2O 和 HCO_3^- 既可作为酸，又可作为碱，这类物质称为 两性物质。像这样的两性物质，在自然界还有很多。

对多元弱酸（或弱碱）的解离，由于 $K_{a1}^{\ominus} \gg K_{a2}^{\ominus}$（或 $K_{b1}^{\ominus} \gg K_{b2}^{\ominus}$），溶液中的 H^+（或 OH^-）浓度则主要是由第一步解离产生，第二步解离出的 H^+（或 OH^-）在计算中可以忽略。因此对多元弱酸或弱碱溶液，计算 H^+（或 OH^-）浓度时，常忽略它的二级解离，只考虑它的一级解离。

6.1.3　同离子效应和缓冲溶液

和所有的化学平衡一样，弱电解质在水溶液的解离平衡也会随着温度、浓度条件的改变而发生移动。当弱酸、弱碱在溶液中达到解离平衡后，如果加入含有相同离子的电解质时，则原先的平衡就会遭到破坏，平衡将向降低这种离子浓度的方向移动。

例如，在醋酸溶液中存在解离平衡：$\text{HAc} + \text{H}_2\text{O} \rightleftharpoons \text{H}_3\text{O}^+ + \text{Ac}^-$。当向醋酸溶液中加入 NaAc 后，$\text{Ac}^-$ 浓度增加，则 HAc 的解离平衡向左移动，结果降低了 HAc 的解离度。同样，在氨水溶液中存在解离平衡：$\text{NH}_3 + \text{H}_2\text{O} \rightleftharpoons \text{NH}_4^+ + \text{OH}^-$，如果在此溶液中加入少量

NH_4Cl,由于 NH_4^+ 浓度增大,NH_3 的解离平衡则向生成 NH_3 的方向移动,结果也就降低了 NH_3 的解离度。这种在弱酸或弱碱等弱电解质溶液中,加入与弱酸或弱碱解离后具有相同离子的易溶强电解质,使弱电解质解离度降低的现象称为同离子效应。

同离子效应不仅有理论意义,而且有十分重要的实际意义。25℃时,纯水的 pH 应该等于 7,但空气中往往含有 CO_2、NH_3 等,它们溶于水后形成溶液,就会改变溶液的 pH;如果加入少量强酸或强碱于纯水中,则 pH 的变化会更为显著。但如果在 HAc-NaAc 混合溶液中加入少量强酸或强碱,则该溶液的 pH 基本不变。像 HAc-NaAc 这类能抵抗外加少量强酸、强碱或适当稀释的影响,保持其 pH 不变的溶液叫作缓冲溶液。缓冲溶液对强酸强碱或适当稀释的抵抗作用叫缓冲作用。

在 HAc-NaAc 缓冲溶液中,存在如下平衡:

$$HAc + H_2O \rightleftharpoons H_3O^+ + Ac^-$$

Ac^- 来自 HAc 和 NaAc。NaAc 是强电解质,它完全以 Na^+ 和 Ac^- 状态存在;而 HAc 是弱电解质,主要以分子形态存在;所以溶液中抗酸成分 Ac^- 和抗碱成分 HAc 的浓度都很高。当在上述平衡系统中,加入少量强酸时,H_3O^+ 与 Ac^- 结合生成 HAc,平衡向左移动,这在一定程度上抵消了由于强酸加入而增加的 H_3O^+,使 H_3O^+ 浓度不发生显著变化。当加入少量强碱时,OH^- 和 H_3O^+ 结合,使平衡向着 HAc 解离方向移动,溶液中的 H_3O^+ 浓度增加,这也抵消了部分由于强碱加入而减少的 H_3O^+,结果导致溶液中 H_3O^+ 浓度也不发生显著变化。

若用 HA 表示共轭酸,A^- 表示共轭碱,则缓冲溶液中共轭酸碱之间平衡关系可用如下通式表示:

$$HA + H_2O \rightleftharpoons A^- + H_3O^+ \tag{6.4}$$
$$\text{共轭酸} \qquad \text{共轭碱}$$

由于缓冲溶液中同时存在足量的共轭酸 HA(能与强碱反应,起抗碱作用)和共轭碱 A^-(能与强酸反应,起抗酸作用),两者之间存在质子转移平衡,故能抵抗外加少量强酸、强碱及适当稀释等的影响而使溶液的 pH 不发生显著变化。这种共轭酸碱对共存的系统又称为缓冲系,这对共轭酸碱对称为缓冲对,除 $HAc-Ac^-$ 外,在 $NH_4^+-NH_3$,$H_2PO_4^- - HPO_4^{2-}$,$HCO_3^- - CO_3^{2-}$ 等缓冲系中,NH_4^+、$H_2PO_4^-$、HCO_3^- 等是共轭酸,NH_3、HPO_4^{2-}、CO_3^{2-} 是共轭碱。

根据式(6.4),可得

$$K_a^\ominus = \frac{[c(H_3O^+)/c^\ominus][c(A^-)/c^\ominus]}{[c(HA)/c^\ominus]}$$

$$c(H_3O^+)/c^\ominus = K_a^\ominus \frac{c(HA)/c^\ominus}{c(A^-)/c^\ominus}$$

等式两边取负对数　$-\lg[c(H_3O^+)/c^\ominus] = -\lg K_a^\ominus - \lg \frac{c(HA)/c^\ominus}{c(A^-)/c^\ominus}$

即

$$pH = pK_a^\ominus + \lg \frac{c(A^-)/c^\ominus}{c(HA)/c^\ominus} \tag{6.5}$$

此式即为缓冲溶液 pH 的计算公式。式中 $K_a^\ominus$ 为缓冲系中共轭酸的解离常数,$c(A^-)$ 和 $c(HA)$ 为缓冲溶液中共轭碱 A^- 和共轭酸 HA 在平衡时的浓度。由于共轭酸 HA 为弱

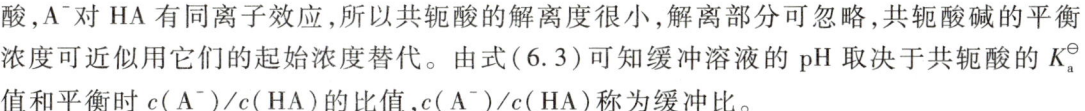

酸,A^- 对 HA 有同离子效应,所以共轭酸的解离度很小,解离部分可忽略,共轭酸碱的平衡浓度可近似用它们的起始浓度替代。由式(6.3)可知缓冲溶液的 pH 取决于共轭酸的 $K_a^\ominus$ 值和平衡时 $c(A^-)/c(HA)$ 的比值,$c(A^-)/c(HA)$ 称为缓冲比。

下面,通过实例来说明缓冲溶液 pH 的计算方法。

例 6.4　某温度时,NH_3 在水溶液中的解离常数 $K_b^\ominus(NH_3) = 1.79 \times 10^{-5}$,试计算 750 cm^3 的 0.10 $mol \cdot dm^{-3}$ 氨水和 250 cm^3 的 0.10 $mol \cdot dm^{-3}$ 的 HCl 溶液相混合后的 pH。

解:混合前 NH_3 和 HCl 的物质的量分别为

$$n(NH_3) = c(NH_3)V(NH_3)$$

$$= 0.10 \text{ mol} \cdot dm^{-3} \times \frac{750 \text{ cm}^3}{1000 \text{ cm}^3 \cdot dm^{-3}}$$

$$= 0.075 \text{ mol}$$

$$n(HCl) = c(HCl)V(HCl)$$

$$= 0.10 \text{ mol} \cdot dm^{-3} \times \frac{250 \text{ cm}^3}{1000 \text{ cm}^3 \cdot dm^{-3}}$$

$$= 0.025 \text{ mol}$$

混合后发生化学反应,反应后生成 0.025 mol 的 NH_4Cl,NH_3 过量了 0.050 mol,NH_4Cl 与过量 NH_3 组成缓冲溶液。在该 NH_3–NH_4Cl 缓冲系统中,

$$c(NH_4^+) = 0.025 \text{ mol} \times \frac{1000 \text{ cm}^3 \cdot dm^{-3}}{(750+250) \text{ cm}^3} = 0.025 \text{ mol} \cdot dm^{-3}$$

$$c(NH_3) = 0.050 \text{ mol} \times \frac{1000 \text{ cm}^3 \cdot dm^{-3}}{(750+250) \text{ cm}^3} = 0.050 \text{ mol} \cdot dm^{-3}$$

NH_3 的 $pK_b^\ominus = 4.75$,NH_4^+ 的 $pK_a^\ominus = pK_w^\ominus - pK_b^\ominus = 14 - 4.75 = 9.25$

代入式(6.5),有

$$pH = 9.25 + \lg\frac{0.050}{0.025} = 9.55$$

如果在上述缓冲溶液中加入少量的酸或碱,$c(NH_3)$ 和 $c(NH_4^+)$ 值将发生改变,此时仍可按式(6.5)计算,计算结果表明溶液的 pH 改变不大。

从式(6.5)可以看出,当缓冲比越接近 1,缓冲溶液的 pH 越接近于 $pK_a^\ominus$。当缓冲溶液的总浓度(指共轭酸与共轭碱浓度之和)一定,缓冲比为 1 时,缓冲能力最强,即其耐受外加酸碱量的能力也越大;而当缓冲比一定时,总浓度越大,则抗酸、抗碱成分越多,缓冲能力就越强;当缓冲溶液稀释时,其 pH 几乎不变,但因总浓度降低,缓冲能力也随之降低。当缓冲比小于 1/10 或大于 10 时,缓冲溶液的 pH 与 $pK_a^\ominus$ 相差将超过 1 个 pH 单位,一般认为此缓冲溶液已失去缓冲作用。所以 $pH = pK_a^\ominus \pm 1$ 为缓冲作用的有效区间,该区间称为缓冲溶液的缓冲范围。不同缓冲体系因其共轭酸的 $pK_a^\ominus$ 不同,所以各自的缓冲范围也不相同。

根据缓冲溶液 pH 的计算公式及其性质,我们可知一般配制缓冲溶液的方法:首先选择适当的缓冲系,使所配缓冲溶液的 pH 在所选择的缓冲系的缓冲范围之内,并尽可能与其共轭酸的 $pK_a^\ominus$ 接近,以保证缓冲系在总浓度一定时,具有较大缓冲能力;其次要有适当大的总浓度(一般为 0.05~0.2 $mol \cdot dm^{-3}$),以使所配缓冲溶液有较大

缓冲能力。

缓冲溶液不仅在工程技术中有重要应用,而且与人类生命活动也有重要关系。在电子半导体器件加工处理中,常用 HF-NH$_4$F 混合液来除去硅片表面多余的氧化物(SiO$_2$);电镀金属所用的电镀液常用缓冲溶液来控制其 pH;在农业改良土壤或施肥过程中,必须考虑不破坏土壤中的天然缓冲溶液;人体的各种体液更是先天的、精确的缓冲溶液,它们的 pH 必须在一定范围内才能使相应机体的各项生理活动保持正常,如人体的唾液、血液和尿液的 pH 分别在 6.5~7.5,7.35~7.45 和 4.8~8.4 才是正常的。

6.1.4 pH 的测定

测定 pH 最简单、最方便的方法是使用 pH 试纸。pH 试纸是用滤纸浸渍某种混合酸碱指示剂而制成的。酸碱指示剂一般都是结构复杂的弱有机酸或有机碱,指示剂的酸式 HIn 及其共轭碱式 In$^-$ 在水溶液中存在如下平衡:

$$HIn \rightleftharpoons H^+ + In^-$$

显酸式色　　　　显碱式色

它们的酸式结构和碱式结构显示不同的颜色。当溶液酸度改变时,平衡发生移动,使酸碱指示剂由一种结构变为另一种结构,从而使溶液的颜色发生相应的改变。这就是酸碱指示剂的变色原理。

市售的 pH 试纸有广范 pH 试纸和精密 pH 试纸两类。广范 pH 试纸可用来粗略检测溶液的 pH;精密 pH 试纸在 pH 变化较小时就有颜色的变化,它可用来较准确地检测溶液的 pH。每类 pH 试纸,按测量范围和变色间隔,又可分为很多种,可视需要选用。

比较精确地测定 pH 的方法是使用 pH 计。目前一般 pH 计测定精度可达小数点后二位,精密 pH 计则可达小数点后三位。

用 pH 计测定溶液的 pH 时,必须首先使用已知 pH 的标准缓冲溶液作为基准来定位。一般采用邻苯二甲酸氢钾、磷酸二氢钾和磷酸氢二钠、硼砂三种标准溶液来定位。它们的浓度和 15~25℃时的 pH 如表 6.2 所示。

表 6.2　三种标准缓冲溶液的 pH

$t/℃$	溶液		
	邻苯二甲酸氢钾 (KHC$_8$H$_4$O$_4$) 0.05 mol·dm^{-3}	磷酸二氢钾(KH$_2$PO$_4$) 0.025 mol·dm^{-3} 磷酸氢二钠(Na$_2$HPO$_4$) 0.025 mol·dm^{-3}	硼砂 (Na$_2$B$_4$O$_7$·10H$_2$O) 0.01 mol·dm^{-3}
15	4.00	6.90	9.27
20	4.00	6.88	9.22
25	4.01	6.86	9.18

 练 习 题

1. 用酸碱质子理论,指出下述物质哪些是酸,哪些是碱?哪些是两性物质?并写出其相对应的共轭酸或碱。

H_2S S^{2-} HS^- NH_3 CN^- HCN H_2O OH^- NH_4^+

2. 试用热力学数据计算氨在水溶液中的标准解离常数。

3. 求 0.20 $mol \cdot dm^{-3}$ 的 NH_4Cl 溶液的 pH。

4. 比较浓度为 0.10 $mol \cdot dm^{-3}$ 的 HAc,HF,NH_3,H_3PO_4 在 25℃ 时酸性的强弱。

5. 已知下列物质解离常数 $K_a^\ominus$ 或 $K_b^\ominus$ 值,欲配制 pH = 3 的缓冲溶液,问选择哪种物质最合适?

（1）$HCOOH$,$K_a^\ominus = 1.77 \times 10^{-4}$

（2）HAc,$K_a^\ominus = 1.74 \times 10^{-5}$

（3）$NH_3 \cdot H_2O$,$K_b^\ominus = 1.79 \times 10^{-5}$

6. 计算含有 0.10 $mol \cdot dm^{-3}$ 的 HAc 与含有 0.100 $mol \cdot dm^{-3}$ 的 $NaAc$ 的缓冲溶液的 pH。若在 100 cm^3 上述缓冲溶液中加入 1.00 cm^3 1.00 $mol \cdot dm^{-3}$ 的 HCl 溶液,则溶液 pH 是多少?

7. 在 0.20 $mol \cdot dm^{-3}$ 的氨水中,溶入 NH_4Cl 晶体,使 NH_4^+ 浓度达到 0.20 $mol \cdot dm^{-3}$,求该溶液的 pH。若在 1000 cm^3 此溶液中加入 10 cm^3 0.10 $mol \cdot dm^{-3}$ 的 $NaOH$,则溶液 pH 是多少?

8. 现有 125 cm^3 1.0 $mol \cdot dm^{-3}$ 的 $NaAc$ 溶液,欲配制 250 cm^3 pH 为 5.0 的缓冲溶液,需加 6.0 $mol \cdot dm^{-3}$ 的 HAc 溶液多少立方厘米?

思 考 题

1. 用电离理论、酸碱质子理论、电子理论简述酸碱概念。

2. 用文字说明下列符号的意义。

$$pOH \qquad pK_a^\ominus \qquad pK_w^\ominus \qquad pK_b^\ominus$$

3. 欲配制 pH = 6.80 的 $KH_2PO_4 - Na_2HPO_4$ 标准缓冲溶液 500 cm^3,并使溶液中 KH_2PO_4 的浓度为 0.0500 $mol \cdot dm^{-3}$,问需 KH_2PO_4 和 Na_2HPO_4 各多少克?如何配制?

4. 在血液中,$H_2CO_3 - HCO_3^-$ 缓冲液的功能之一是从细胞组织中快速除去运动之后所产生的乳酸 HL（HL 的 $K_a^\ominus = 8.4 \times 10^{-4}$）

（1）求反应:$HL + HCO_3^- \rightleftharpoons H_2CO_3 + L^-$ 的平衡常数;

（2）在正常血液中,$c(H_2CO_3) = 0.0014$ $mol \cdot dm^{-3}$,$c(HCO_3^-) = 0.027$ $mol \cdot dm^{-3}$,如果血液中仅含 H_2CO_3,HCO_3^-,能维持正常血液的 pH 吗?

（3）求在加入 0.0050 $mol \cdot dm^{-3}$ 的 HL 之后的 pH。

§6.2 水溶液中的沉淀溶解反应

 学习要求

1. 理解沉淀溶解平衡及溶度积概念、掌握溶度积与溶解度之间的换算。
2. 掌握溶度积规则,能正确判断沉淀的生成与溶解,理解分步沉淀含义。
3. 掌握溶度积规则在锅炉清洗、沉淀法处理废水等方面的应用。

6.2.1 沉淀溶解平衡

不同的电解质在水中有不同的溶解度,按其溶解度大小可分为易溶和难溶两类,通常将溶解度小于 $0.1\ \mathrm{g\cdot dm^{-3}}$ 的电解质称为难溶电解质。

1. 溶度积

在难溶电解质 $A_mB_n(s)$ 的饱和水溶液中,存在着溶解和沉淀两动态过程之间的平衡:

$$A_mB_n(s) \Longleftrightarrow mA^{n+} + nB^{m-} \tag{6.6}$$

这种未溶固体和解离的离子之间的动态平衡称沉淀溶解平衡,这是一种多相离子平衡。其平衡常数表达式为

$$K_{sp}^{\ominus} = [c(A^{n+})/c^{\ominus}]^m \cdot [c(B^{m-})/c^{\ominus}]^n \tag{6.7}$$

式中,$K_{sp}^{\ominus}$ 称溶度积。它表示一定温度时在难溶电解质的饱和溶液中,其离子平衡浓度(以该离子在平衡关系中的化学计量数为指数)的乘积为一常数。对未饱和溶液,式(6.7)不成立。

$K_{sp}^{\ominus}$ 数值可由实验测定。例如,欲测定 25℃ 时 $BaSO_4$ 的溶度积 $K_s^{\ominus}$ 值,可将纯固体 $BaSO_4$ 溶于热水中,待冷至室温,过滤得 $BaSO_4$ 饱和溶液,然后测定 Ba^{2+} 或 SO_4^{2-} 浓度,再按 $K_{sp}^{\ominus}(BaSO_4) = [c(Ba^{2+})/c^{\ominus}] \cdot [c(SO_4^{2-})/c^{\ominus}]$,计算出 $K_{sp}^{\ominus}(BaSO_4)$ 值。

例 6.5 25℃ 时,测得 $BaSO_4$ 饱和溶液中,$c(Ba^{2+}) = 1.03\times10^{-5}\ \mathrm{mol\cdot dm^{-3}}$,求 $BaSO_4$ 的溶度积。

解: $BaSO_4$ 在溶液中的沉淀溶解平衡关系式为

$$BaSO_4(s) \Longleftrightarrow Ba^{2+} + SO_4^{2-}$$

平衡浓度/$(\mathrm{mol\cdot dm^{-3}})$ $\qquad\qquad 1.03\times10^{-5} \quad 1.03\times10^{-5}$

$$K_{sp}^{\ominus}(BaSO_4) = [c(Ba^{2+})/c^{\ominus}] \cdot [c(SO_4^{2-})/c^{\ominus}]$$
$$= 1.03\times10^{-5} \times 1.03\times10^{-5}$$
$$= 1.06\times10^{-10}$$

$K_{sp}^{\ominus}$数值也可由热力学数据计算得到。

例 6.6　计算 25℃ 时 AgCl 的溶度积 $K_{sp}^{\ominus}(AgCl)$。

解:　查附表可知

$$AgCl(s) \Longrightarrow Ag^+ \quad + \quad Cl^-$$

$\Delta_f H_m^{\ominus}(298.15\ K)/(kJ \cdot mol^{-1})$　　-127.0　　　105.6　　-167.2

$S_m^{\ominus}(298.15\ K)/(J \cdot mol^{-1} \cdot K^{-1})$　　96.3　　　72.7　　56.5

$$\Delta_r H_m^{\ominus}(298.15\ K) = [105.6 + (-167.2) - (-127.0)]\ kJ \cdot mol^{-1}$$
$$= 65.4\ kJ \cdot mol^{-1}$$

$$\Delta_r S_m^{\ominus}(298.15\ K) = [(72.7 + 56.5) - 96.3]\ J \cdot mol^{-1} \cdot K^{-1}$$
$$= 32.9\ J \cdot mol^{-1} \cdot K^{-1}$$

$$\Delta_r G_m^{\ominus}(298.15\ K) = \Delta_r H_m^{\ominus}(298.15\ K) - T\Delta_r S_m^{\ominus}(298.15\ K)$$

$$= 65.4\ kJ \cdot mol^{-1} - 298.15\ K \times \frac{32.9\ J \cdot mol^{-1} \cdot k^{-1}}{1000\ J \cdot kJ^{-1}}$$

$$= 55.59\ kJ \cdot mol^{-1}$$

$$\lg K_{sp}^{\ominus} = -\Delta_r G_m^{\ominus}(298.15\ K)/(2.303RT)$$

$$= \frac{-55.59\ kJ \cdot mol^{-1} \times 10^3\ J \cdot kJ^{-1}}{2.303 \times 8.314\ J \cdot mol^{-1} \cdot K^{-1} \times 298.15\ K}$$

$$= -9.74$$

$$K_s^{\ominus} = 1.82 \times 10^{-10}$$

若已知 25℃ 时的标准摩尔吉尔斯函数变数据,即可直接由 $\Delta_r G_m^{\ominus}(298.15\ K)$ 计算 $K_{sp}^{\ominus}$ 值。一些难溶电解质的溶度积 $K_{sp}^{\ominus}$ 列于附录表 4 中。

2. 溶度积和溶解度的关系

溶度积 $K_{sp}^{\ominus}$ 和溶解度(s)一样,都表示物质在溶剂中溶解能力的大小,但要注意它们的区别。溶度积 $K_{sp}^{\ominus}$ 仅对难溶电解质而言。在温度相同时,对同类型的难溶电解质,溶度积 $K_{sp}^{\ominus}$ 越小,其溶解度 s 值也越小;但对不同类型的难溶电解质必须要通过计算才能比较,否则会得出错误的结论。例如:

$$K_{sp}^{\ominus}(AgCl) = 1.77 \times 10^{-10} > K_{sp}^{\ominus}(Ag_2CrO_4) = 1.12 \times 10^{-12}$$

而它们的溶解度 s(以 $mol \cdot dm^{-3}$ 表示)大小却刚好相反,计算如下:

对 AgCl(s),设其饱和溶液中溶解度为 $x\ mol \cdot dm^{-3}$,则

$$AgCl(s) \Longrightarrow Ag^+ \quad + \quad Cl^-$$

平衡浓度/($mol \cdot dm^{-3}$)　　　　　　　x　　　　x

$$s(AgCl) = x = \sqrt{K_{sp}^{\ominus}(AgCl)} \cdot c^{\ominus} = \sqrt{1.77 \times 10^{-10}}\ mol \cdot dm^{-3}$$
$$= 1.33 \times 10^{-5}\ mol \cdot dm^{-3}$$

对 Ag_2CrO_4,设 Ag_2CrO_4 饱和溶液中溶解度为 $y\ mol \cdot dm^{-3}$,则

$$Ag_2CrO_4(s) \Longrightarrow 2Ag^+ \quad + \quad CrO_4^{2-}$$

平衡浓度/($mol \cdot dm^{-3}$)　　　　　　　$2y$　　　　y

$$s(Ag_2CrO_4) = y = \sqrt[3]{\frac{K_{sp}^{\ominus}(Ag_2CrO_4)}{4}} \cdot c^{\ominus} = \sqrt[3]{\frac{1.12 \times 10^{-12}}{4}}\ mol \cdot dm^{-3}$$
$$= 6.54 \times 10^{-5}\ mol \cdot dm^{-3}$$

即结果是 Ag_2CrO_4 的溶解度大于 $AgCl$ 的溶解度。

一般手册上查得的溶解度数据都是指纯水中的。在实际溶液中，计算某种难溶电解质的溶解还必须考虑溶液中存在的其他物质对沉淀溶解平衡的影响。例如，$AgCl$ 在纯水中的溶解度是 1.33×10^{-5} $mol \cdot dm^{-3}$，但在 1 $mol \cdot dm^{-3}$ 的 $NaCl$ 溶液中，Cl^- 的同离子效应使 $AgCl$ 的溶解度只有 1.77×10^{-10} $mol \cdot dm^{-3}$，而在 6.0 $mol \cdot dm^{-3}$ 氨溶液中由于形成 $[Ag(NH_3)_2]^+$，$AgCl$ 的溶解度可达 0.245 $mol \cdot dm^{-3}$。

3. 溶度积规则

在一定温度下，某给定难溶电解质的沉淀是否生成或溶解，可以根据溶度积规则判断。在难溶电解质的溶液中，其离子浓度（以该离子的化学计量数为指数）的乘积称为离子积，用 Q_i 表示。对难溶电解质 $A_mB_n(s)$，其离子积表达式为 $Q_i = \{c(A^{n+})/c^{\ominus}\}^m \cdot \{c(B^{m-})/c^{\ominus}\}^n$。对任何一个给定的溶液，可能存在以下三种情况：

$Q_i < K_{sp}^{\ominus}$ 溶液未饱和，沉淀溶解；

$Q_i = K_{sp}^{\ominus}$ 溶液达饱和，沉淀与溶解处于平衡状态；

$Q_i > K_{sp}^{\ominus}$ 溶液过饱和，会有沉淀析出，直到 $Q_i = K_{sp}^{\ominus}$，建立平衡达到饱和状态为止。根据上述离子积与溶度积的关系，可以判断沉淀的生成和溶解，该规则称溶度积规则。

注意，离子积和溶度积两者表达形式相同，但概念不同。$K_{sp}^{\ominus}$ 在一定温度下是一常数，表示难溶电解质已达到沉淀溶解平衡；而 Q_i 则表示是在任何情况下离子浓度幂的乘积，它不是一个常数。可见 $K_{sp}^{\ominus}$ 是 Q_i 中的一个特例。

4. 分步沉淀和共同沉淀

对于同一种金属阳离子（如 Ag^+），当与两种或两种以上能与其生成难溶电解质的阴离子（如 Cl^-，CrO_4^{2-}）同时存在时，两种或两种以上的难溶电解质沉淀都有可能产生，但阳离子浓度与阴离子浓度幂的乘积先达到溶度积的先沉淀出来。例如，在不断振荡的条件下，向含有 Cl^-，CrO_4^{2-} 的混合溶液中逐滴加入 $AgNO_3$ 溶液，由于 Ag^+ 和 Cl^- 浓度的乘积首先达到 $K_{sp}^{\ominus}(AgCl)$，所以溶液中先析出白色 $AgCl$ 沉淀。随着沉淀析出，溶液中 Cl^- 的浓度减小。当继续滴加 Ag^+ 时，若 Ag^+ 和 Cl^- 浓度的乘积小于 $K_{sp}^{\ominus}(AgCl)$ 值，则 $AgCl$ 不再沉淀。但当 Ag^+ 浓度的平方与 CrO_4^{2-} 浓度的乘积达到 $K_{sp}^{\ominus}(Ag_2CrO_4)$ 值时，砖红色的 Ag_2CrO_4 就会沉淀出来，这种现象称为分步沉淀。如果在静止的条件下逐滴加入 $AgNO_3$ 溶液，由于 Ag^+ 局部过浓，白色的 $AgCl$ 和砖红色的 Ag_2CrO_4 可能会同时沉淀出来（砖红色可掩盖白色），这种现象称为共同沉淀。如果两种难溶电解质（比如 $AgCl$ 和 AgI）的溶解度差别很大，可用分步沉淀来进行分离。在一般分离过程中，当一种离子在溶液中的残留量小于 1.0×10^{-6} $mol \cdot dm^{-3}$ 时，可以认为该离子已沉淀完全。若一种离子已沉淀完全，另一种离子还未开始沉淀，则称这两种离子可以完全分离。

在环境治理中，则是以国家规定的排放标准来衡量某种离子是否沉淀完全。

5. 沉淀的转化

在一种溶液中，如果有两种难溶电解质同时存在，那么这两种难溶电解质就有可能相互转化。一般来说，难溶电解质容易转化成更难溶的电解质；而相反的过程则要具体分析。例如：

$$AgCl + I^- \rightleftharpoons AgI + Cl^-$$

AgCl 可以转化成 AgI 沉淀，AgI 则不可能转化成 AgCl 沉淀。因为上述反应平衡常数

$$K = \frac{c(\mathrm{Cl}^-)}{c(\mathrm{I}^-)} = \frac{K_{\mathrm{sp}}^{\ominus}(\mathrm{AgCl})}{K_{\mathrm{sp}}^{\ominus}(\mathrm{AgI})} = \frac{1.77 \times 10^{-10}}{8.52 \times 10^{-17}} \approx 2.08 \times 10^{6}$$

即欲使上面反应逆向进行，必须满足：$c(\mathrm{Cl}^-) \geqslant 2.08 \times 10^6 c(\mathrm{I}^-)$ 才能使 AgI 沉淀转化成 AgCl 沉淀，但欲使 $c(\mathrm{Cl}^-) \geqslant 2.08 \times 10^6 c(\mathrm{I}^-)$ 是一件很难的事情。

因此，沉淀转化的方向是由溶解度大的沉淀向溶解度小的沉淀转化。

6.2.2 沉淀溶解反应应用举例

锅炉或蒸气管内锅垢的存在，不仅阻碍传热、浪费燃料，而且还有可能引起爆裂，造成事故。锅垢的主要组分 $CaSO_4$ 沉淀不溶于酸，难以除去，但可以用 Na_2CO_3 溶液处理，使其转化成更难溶的 $CaCO_3$ 沉淀：

$$CaSO_4 + CO_3^{2-} \Longrightarrow CaCO_3 + SO_4^{2-}$$

$$K^{\ominus} = \frac{c(\mathrm{SO}_4^{2-})/c^{\ominus}}{c(\mathrm{CO}_3^{2-})/c^{\ominus}} = \frac{c(\mathrm{SO}_4^{2-})/c^{\ominus}}{c(\mathrm{CO}_3^{2-})/c^{\ominus}} \cdot \frac{c(\mathrm{Ca}^{2+})/c^{\ominus}}{c(\mathrm{Ca}^{2+})/c^{\ominus}} = \frac{K_{\mathrm{sp}}^{\ominus}(\mathrm{CaSO}_4)}{K_{\mathrm{sp}}^{\ominus}(\mathrm{CaCO}_3)}$$

$$= \frac{4.93 \times 10^{-5}}{3.36 \times 10^{-9}} = 1.47 \times 10^{4}$$

由于 $CaCO_3$ 沉淀易溶于稀酸，所以可用"酸洗"除去。

用盐酸清洗锅炉内或其他器械上的难溶电解质附着物，就是利用 H^+ 和难溶物解离出来的 CO_3^{2-} 或 OH^- 等生成 H_2CO_3（进一步分解成 CO_2 和 H_2O）或 H_2O 等弱酸弱碱，使溶液中 $c(\mathrm{CO}_3^{2-})$ 或 $c(\mathrm{OH}^-)$ 与金属离子浓度的乘积小于该难溶物的溶度积而使其溶解的。但在实际清洗中应注意以下几点：对被清洗设备，必须进行防护处理后才能进行清洗，同时对锈块等污物进行预处理；正确选择缓蚀剂；控制好温度；注意消除死角"气垫"及清洗废液的处理等。

对于某些要求较高的锅炉给水，往往在给水进入高炉前先用 Na_2CO_3 处理，再用 Na_3PO_4 补充处理。因为 $Ca_3(PO_4)_2$ 的 $K_{\mathrm{sp}}^{\ominus}$ 值为 2.07×10^{-33}，其溶解度为 1.92×10^{-7} mol·dm^{-3}，比 $CaCO_3$ 更难溶，更易生成 $Ca_3(PO_4)_2$ 沉淀而除去。

环境保护中常用可溶性氢氧化物或其他沉淀剂来去除工业废水中的 Cr^{3+}，Zn^{2+}，Pb^{2+}，Cd^{2+} 等有害物质。

例 6.7 某厂排放的废水中含有 96 mg·dm^{-3} 的 Zn^{2+}，用化学沉淀法应控制 pH 为多少时才能达到排放标准（5 mg·dm^{-3}）？

解：Zn^{2+} 排放标准（5 mg·dm^{-3}）换算成物质的量浓度为 7.7×10^{-5} mol·dm^{-3}，此时应控制的 OH^- 浓度可用溶度积规则估算如下：

$$[c(\mathrm{OH}^-)/c^{\ominus}]^2 \cdot [c(\mathrm{Zn}^{2+})/c^{\ominus}] \geqslant K_{\mathrm{sp}}^{\ominus}[\mathrm{Zn}(\mathrm{OH})_2]$$

$$c(\mathrm{OH}^-) \geqslant \sqrt{\frac{K_{\mathrm{sp}}^{\ominus}[\mathrm{Zn}(\mathrm{OH})_2]}{c(\mathrm{Zn}^{2+})/c^{\ominus}}} \cdot c^{\ominus} = \sqrt{\frac{3.0 \times 10^{-17}}{7.7 \times 10^{-5}}} \ \mathrm{mol·dm}^{-3} = 6.2 \times 10^{-7} \ \mathrm{mol·dm}^{-3}$$

$$\mathrm{pOH} \leqslant 6.21$$

$$\mathrm{pH} \geqslant 7.79$$

即应控制 pH 大于 7.79 时,才能达到排放标准。

因为实际废水中还含有其他金属离子,溶有 CO_2 等酸性气体,这不仅影响离子之间的相互作用,而且也能产生其他金属氢氧化物而消耗 NaOH,因此实际的 pH 还会高一些。

练习题

1. 下列物质中,常用溶度积来表示其溶解能力大小的是_____。

A. $AgNO_3$ 　　　　B. $AgCl$ 　　　　　C. $C_6H_{12}O_6$

D. Ag_2CrO_4 　　　E. C_6H_6

2. 25℃ 时,在饱和的 $PbCl_2$ 溶液中 Pb^{2+} 的浓度为 3.74×10^{-5} mol·dm^{-3},试估算 25℃ 时 $PbCl_2$ 的溶度积。

3. 在不断振荡下,在 $10cm^3$ 浓度均为 0.10 mol·dm^{-3} 的 Cl^- 和 I^- 溶液中逐滴加入 0.05 mol·dm^{-3} $AgNO_3$。

(1)定性说明将有什么现象产生?

(2)当 AgI 沉淀完全析出[即 $c(I^-) < 1.0 \times 10^{-6}$ mol·dm^{-3}]时,溶液中 Ag^+ 浓度将为多少? 此时能否产生 AgCl 沉淀?(不计 $AgNO_3$ 溶液体积)

(3)若使 AgCl 沉淀完全析出,共需 0.05 mol·dm^{-3} $AgNO_3$ 溶液多少立方厘米?

4. 废水中含 Cr^{3+} 的浓度为 0.01 mol·dm^{-3},加 NaOH 溶液使其生成 $Cr(OH)_3$ 沉淀,计算开始生成沉淀时,溶液的最低 OH^- 浓度应为多少(以 mol·dm^{-3} 表示)? 若 Cr^{3+} 浓度小于 4 mg·dm^{-3} 可以排放,此时溶液的 pH 最小应为多少?

5. FeS 粉末投入含 Cu^{2+},Cd^{2+},Pb^{2+} 等离子的溶液中,能否将 Cu^{2+},Cd^{2+},Pb^{2+} 等离子除去? 请说明理由。

6. 比较 $CaCO_3$ 在(a)纯水、(b)0.1 mol·dm^{-3} 的盐酸、(c)1.0 mol·dm^{-3} 的盐酸、(d)1.0 mol·dm^{-3} Na_2CO_3 中的溶解度大小。

思考题

1. 茶壶内壁覆盖 13.6 g $CaSO_4$,如以 1.0 dm^3 纯水洗涤此茶壶,问能洗去多少沉淀? 如果要除去一半 $CaSO_4$,需要多少升水(假定每次都以 1.0 dm^3 纯水去洗,并都洗至纯水成 $CaSO_4$ 饱和溶液)?

2. 茶壶壁内覆盖 10.0 g $CaCO_3$,如以 0.1 mol·dm^{-3} 的盐酸洗涤此茶壶,问至少需要多少体积盐酸?

3. 酸性过氧化氢(作氧化剂)清洗液(纯水与 30% 过氧化氢与 37% 浓盐酸的体积比为 $6:1:1 \sim 8:2:1$)对许多金属、金属氧化物、硫化物和碳酸盐等无机杂质,及一些有机杂质都有较好的清洗能力。试述它的清洗作用。

4. 若溶液中同时含有 Cr^{3+},Cd^{2+},Zn^{2+},欲用氢氧化物将它们全部沉淀出来,使溶液合乎排放标准(见例 6.7),应怎样控制溶液的 pH?

§6.3 水溶液中的配位解离平衡

学习要求

1. 理解配位解离平衡及稳定常数 $K_f^{\ominus}$ 等重要基本概念,了解分级解离、不稳定常数 $K_d^{\ominus}$ 的含义,及 $K_f^{\ominus}$ 与 $K_d^{\ominus}$ 关系。

2. 掌握配位平衡的计算,理解配合物及反应的应用。

3. 掌握判断沉淀溶解平衡与配位解离平衡竞争反应方向的方法。

6.3.1 配位解离平衡

可溶性配位化合物在溶液中可以发生解离。在解离时,外界和内界间全部解离成内界离子和外界离子,这与强电解质类似;而内界配离子中的中心体和配位体间,则与弱电解质相似,在溶液中或多或少地解离出中心体和配位体,并存在配位解离平衡。

1. 稳定常数

例如,将氨水加到 $AgNO_3$ 溶液中,将生成 $[Ag(NH_3)_2]^+$,其反应为

$$Ag^+ + 2NH_3 \longrightarrow [Ag(NH_3)_2]^+$$

这种能生成配离子或配分子的反应称配位反应。如向此溶液中加少量 NaCl 溶液,并没有白色 AgCl 沉淀生成,这似乎可以说明溶液中的 Ag^+ 已全部形成 $[Ag(NH_3)_2]^+$。但若再向此溶液中加少量 KI 溶液,却有黄色 AgI 沉淀生成,这说明溶液中确实还存在着 Ag^+。Ag^+ 由 $[Ag(NH_3)_2]^+$ 解离出来:

$$[Ag(NH_3)_2]^+ \longrightarrow Ag^+ + 2NH_3$$

这类反应称为配合物的解离反应。在一定温度下,当配位与解离速度相等时,在中心离子、配位体和配合物之间就建立了动态平衡,该平衡称为配位解离平衡,简称配位平衡。即

$$Ag^+ + 2NH_3 \rightleftharpoons [Ag(NH_3)_2]^+$$

此反应的标准平衡常数为

$$K_f^{\ominus} = \frac{c([Ag(NH_3)_2]^+)/c^{\ominus}}{[c(Ag^+)/c^{\ominus}] \cdot [c(NH_3)/c^{\ominus}]^2} \tag{6.8}$$

$K_f^{\ominus}$ 称为配离子的稳定常数或生成常数,也常用 $K_{稳}^{\ominus}$ 表示。

配离子的稳定常数表示配离子在溶液中的相对稳定性,它与配位化合物的结构有一定关系。对同类型的配离子,$K_f^{\ominus}$ 越大,配离子越稳定。书末附录表 5 列出了一些配离子的稳定常数 $K_f^{\ominus}$ 的数值。对不同类型的配离子,其稳定性须通过计算说明。

2. 不稳定常数

对 $[Ag(NH_3)_2]^+$,在水中存在以下的解离平衡:

$$[Ag(NH_3)_2]^+ \rightleftharpoons Ag^+ + 2NH_3$$

其解离常数为

$$K_d^\ominus = \frac{[c(Ag^+)/c^\ominus] \cdot [c(NH_3)/c^\ominus]^2}{\{c([Ag(NH_3)_2]^+)/c^\ominus\}}$$

$[Ag(NH_3)_2]^+$ 在溶液中的解离与多元弱电解质的解离一样,也是分级进行的。其一级解离为

$$[Ag(NH_3)_2]^+ \rightleftharpoons [Ag(NH_3)]^+ + NH_3$$

$$K_{d1}^\ominus = \frac{\{c([Ag(NH_3)]^+)/c^\ominus\} \cdot [c(NH_3)/c^\ominus]}{\{c([Ag(NH_3)_2]^+)/c^\ominus\}}$$

二级解离为

$$[Ag(NH_3)]^+ \rightleftharpoons Ag^+ + NH_3$$

$$K_{d2}^\ominus = \frac{[c(Ag^+)/c^\ominus] \cdot [c(NH_3)/c^\ominus]}{\{c([Ag(NH_3)]^+)/c^\ominus\}}$$

总的解离为

$$[Ag(NH_3)_2]^+ \rightleftharpoons Ag^+ + 2NH_3$$

$$K_d^\ominus = K_{d1}^\ominus \cdot K_{d2}^\ominus$$

对同类型的配合物来说,$K_d^\ominus$ 越大,配合物越易解离,即配合物越不稳定,所以 $K_d^\ominus$ 也叫作不稳定常数,可写成 $K_{不稳}^\ominus$。

显然,$K_稳^\ominus$ 和 $K_{不稳}^\ominus$ 成倒数关系:

$$K_稳^\ominus = \frac{1}{K_{不稳}^\ominus} \tag{6.9}$$

例 6.8　25℃时,在 40 cm³ 0.100 mol·dm⁻³ 的 $AgNO_3$ 溶液中,加入 10 cm³ 15 mol·dm⁻³ 的氨水,求此溶液中 Ag^+ 和 NH_3 的浓度。

解: $AgNO_3$ 溶液和氨水混合后的体积为 50 cm³。在混合溶液中,配位反应前的 Ag^+ 浓度和 NH_3 浓度分别为

$$c(Ag^+) = 0.100 \text{ mol} \cdot dm^{-3} \times \frac{40 \text{ cm}^3}{50 \text{ cm}^3}$$

$$= 0.080 \text{ mol} \cdot dm^{-3}$$

$$c(NH_3) = 15 \text{ mol} \cdot dm^{-3} \times \frac{10 \text{ cm}^3}{50 \text{ cm}^3}$$

$$= 3.0 \text{ mol} \cdot dm^{-3}$$

混合后即发生配位-解离反应。设达到平衡时 Ag^+ 浓度为 x mol·dm⁻³,则

	Ag^+	+	$2NH_3$	$\rightleftharpoons$	$[Ag(NH_3)_2]^+$
起始浓度/(mol·dm⁻³)	0.08		3.0		0
平衡浓度/(mol·dm⁻³)	x		3.0−0.080×2+2x		0.080−x
			≈2.84		≈0.080

可得

$$K_f^{\ominus}([Ag(NH_3)_2]^+) = \frac{\{c([Ag(NH_3)_2]^+)/c^{\ominus}\}}{[c(Ag^+)/c^{\ominus}]\cdot[c(NH_3)/c^{\ominus}]^2}$$

$$\approx \frac{0.080}{x(2.84)^2}$$

$$= 1.12\times10^7$$

$$c(Ag^+)/(mol\cdot dm^{-3}) = x = 8.9\times10^{-10}$$

$$c(NH_3)/(mol\cdot dm^{-3}) = 3.0-0.080\times2+2x \approx 2.84$$

3. 配位平衡的转化

与前述沉淀的转化相类似,当在配合物溶液中加入另一种配位剂或另一种金属离子,可根据两种配离子稳定性的相对大小来讨论配离子的转化。

例6.9 判断下列配位反应的方向和程度:

$$[HgCl_4]^{2-}+4I^- \Longrightarrow [HgI_4]^{2-}+4Cl^-$$

解:查表知 $K_f^{\ominus}([HgCl_4]^{2-}) = 1.17\times10^{15}$,$K_f^{\ominus}([HgI_4]^{2-}) = 6.76\times10^{29}$

上述反应的平衡常数

$$K^{\ominus} = \frac{\{c([HgI_4]^{2-})/c^{\ominus}\}\cdot[c(Cl^-)/c^{\ominus}]^4}{\{c([HgCl_4]^{2-})/c^{\ominus}\}\cdot[c(I^-)/c^{\ominus}]^4}$$

$$= \frac{\{c([HgI_4]^{2-})/c^{\ominus}\}\cdot[c(Hg^{2+})/c^{\ominus}]\cdot[c(Cl^-)/c^{\ominus}]^4}{\{c([HgCl_4]^{2-})/c^{\ominus}\}^4\cdot[c(Hg^{2+})/c^{\ominus}]\cdot[c(I^-)/c^{\ominus}]^4}$$

$$= \frac{K_f^{\ominus}([HgI_4]^{2-})}{K_f^{\ominus}([HgCl_4]^{2-})} = \frac{6.76\times10^{29}}{1.17\times10^{15}} = 5.78\times10^{14}$$

由 $K^{\ominus} > 10^6$ 可知,上述反应正向自发进行,且进行得很彻底。即向含有 $[HgCl_4]^{2-}$ 的溶液中加入足够的 I^-,则 $[HgCl_4]^{2-}$ 将解离并转化生成 $[HgI_4]^{2-}$。

对于同类型的配合物,通常可根据配合物的 $K_f^{\ominus}$ 来判断反应进行的方向:配合物间的转化将向着生成更难解离的方向移动,即生成 $K_f^{\ominus}$ 大的配合物方向移动。

4. 配位解离平衡与沉淀溶解平衡的竞争

对于一方面能生成配离子而使难溶电解质溶解,而另一方面又能生成难溶电解质而使配离子解离的反应系统,其沉淀-溶解平衡移动及转化方向则要视难溶电解质的溶度积 $K_{sp}^{\ominus}$ 及配离子的 $K_{稳}^{\ominus}$ 做具体分析。例如,AgCl 溶于氨水的反应:

$$AgCl+2NH_3 \Longrightarrow [Ag(NH_3)_2]^++Cl^-$$

其平衡常数 $K^{\ominus}$ 值可推算如下:

$$K^{\ominus} = \frac{\{c[Ag(NH_3)_2]^+/c^{\ominus}\}\cdot[c(Cl^-)/c^{\ominus}]}{[c(NH_3)/c^{\ominus}]^2}$$

$$= \frac{\{c([Ag(NH_3)_2]^+)/c^{\ominus}\}\cdot[c(Cl^-)/c^{\ominus}]\cdot[c(Ag^+)/c^{\ominus}]}{[c(NH_3)/c^{\ominus}]^2\cdot[c(Ag^+)/c^{\ominus}]}$$

$$= K_{sp}^{\ominus}(AgCl)\cdot K_{稳}^{\ominus}([Ag(NH_3)_2]^+)$$

$$= 1.77\times10^{-10}\times1.22\times10^7$$

$$= 2.16\times10^{-3}$$

一般的难溶电解质在配位剂中的溶解量都可通过类似 AgCl 溶于氨水的反应,先推算出该反应的平衡常数 $K = K_{sp}^{\ominus} \cdot K_{稳}^{\ominus}$,再根据该反应的平衡常数表达式来计算出难溶电解质的溶解量。

例 6.10 求在 25℃ 时氯化银在 6.0 mol·dm^{-3} 的氨水中的溶解度(以 mol·dm^{-3} 计)。

解:视 AgCl 溶解后溶液的体积不变。设 AgCl 的溶解度为 x mol·dm^{-3},则

$$AgCl + 2NH_3 \Longrightarrow [Ag(NH_3)_2]^+ + Cl^-$$

起始浓度/(mol·dm^{-3})	6	0	0
平衡浓度/(mol·dm^{-3})	$6-2x$	x	x

$$K^{\ominus} = \frac{\{c[Ag(NH_3)_2]^+/c^{\ominus}\} \cdot [c(Cl^-)/c^{\ominus}]}{[c(NH_3)/c^{\ominus}]^2}$$

$$= K_{sp}^{\ominus}(AgCl) \cdot K_{稳}^{\ominus}([Ag(NH_3)_2]^+)$$

$$= 2.16 \times 10^{-3}$$

即

$$2.16 \times 10^{-3} = \frac{x^2}{(6-2x)^2}$$

$$x = 0.255$$

故 25℃ 时,AgCl 在 6.0 mol·dm^{-3} 的氨水溶液中的溶解度为 0.255 mol·dm^{-3}。

我们以同样的方法计算 25℃ 时,AgBr 和 AgI 在 6.0 mol·dm^{-3} 的氨水中的溶解度分别为 1.47×10^{-2} mol·dm^{-3} 和 1.85×10^{-4} mol·dm^{-3};也可算得在 25℃ 时,AgI 在 3.0 mol·dm^{-3} 的氨水、3.0 mol·dm^{-3} 的 Na$_2$S$_2$O$_3$ 溶液和 3.0 mol·dm^{-3} 的 NaCN 溶液中的溶解度分别为 9.26×10^{-5} mol·dm^{-3},0.135 mol·dm^{-3} 和 1.5 mol·dm^{-3}。

6.3.2 配位反应应用实例

1. 利用配离子的特殊颜色来鉴别物质

将白色的无水硫酸铜晶体投入"无水酒精"中,如果硫酸铜晶体变成浅蓝色,说明酒精中还有水,因为 $[Cu(H_2O)_4]^{2+}$ 显浅蓝色。对可溶性配位化合物进行光谱分析可以确定其组成,因为每种配合物都有自己的特征谱线。

2. 用于溶解难溶电解质

在照相技术中,可用硫代硫酸钠作定影剂洗去溴胶版上未曝光的溴化银,这是因为 AgBr 能溶于配位剂 Na$_2$S$_2$O$_3$ 溶液,并形成可溶性的 $[Ag(S_2O_3)_2]^{3-}$ 配离子。

3. 改变和控制离子浓度的大小

电镀液中,常加配位剂来控制被镀离子的浓度。例如,采用 CuSO$_4$ 溶液作电镀液时,由于 Cu^{2+} 浓度过大,Cu 沉淀过快,将使镀层粗糙、厚薄不匀,且底层金属附着力差。但若采用配合物 K[Cu(CN)$_2$] 溶液就能有效地控制 Cu$^+$ 浓度:

$$[Cu(CN)_2]^- \Longrightarrow Cu^+ + 2CN^-$$

这样 Cu 沉淀速率不会过快,可利用的 Cu$^+$ 总浓度又没有减少。同样,采用焦磷酸钾 (K$_4$P$_2$O$_7$) 为配位剂的电镀液也可达到这个目的,而且 P$_2$O$_7^{4-}$ 无毒,这是近年来发展很快的无氰电镀液。

$$CuSO_4+2K_4P_2O_7 \Longrightarrow K_6\left[Cu(P_2O_7)_2\right]+K_2SO_4$$

4. 掩蔽有害物质

利用配合物的稳定性,在分析测定溶液中某种离子时,常把干扰测定的其他离子用配位剂掩蔽起来。例如,在可能含有 Cu^{2+},Ni^{2+},Co^{2+},Zn^{2+} 的溶液中鉴定是否有 Cd^{2+} 存在,先用氨水调节 pH,再用 KCN 掩蔽干扰离子,然后再加入足量的 Na_2S,若有黄色沉淀,则表示有 Cd^{2+} 存在。因为 Cu^{2+},Ni^{2+},Co^{2+},Zn^{2+} 的氰配合物要比它们的氨配合物稳定,CdS 沉淀不能转化成 Cd 的氰配合物。在环境保护方面,配合物的形成对污染治理、保护人体健康等方面也有很多用处。例如,氰化物(如 NaCN)极毒,接触 CN^- 的操作人员在工作结束后要用 $FeSO_4$ 溶液洗手,就是利用下述反应:

$$6NaCN+3FeSO_4 \Longrightarrow Fe_2\left[Fe(CN)_6\right]\downarrow+3Na_2SO_4$$

使毒性极大的 CN^- 变成毒性很小的六氰合铁(Ⅱ)酸亚铁(俗名亚铁氰化亚铁)配合物,以沉淀的形式除去。

练 习 题

1. Ag^+ 与吡啶(Pyridine,缩写 py)形成配离子的反应为

$$Ag^+ + 2py \Longrightarrow \left[Ag(py)_2\right]^+$$

如果溶液起始时 $AgNO_3$ 的浓度为 $0.1 \ mol \cdot dm^{-3}$,吡啶的浓度为 $1.0 \ mol \cdot dm^{-3}$,求 Ag^+、py 及配离子在平衡时的浓度。

2. 187.8 g 的 AgBr 完全溶解时至少需要 $2.0 \ mol \cdot dm^{-3}$ 的 $Na_2S_2O_3$ 溶液多少升? 此溶液中未配位的 Ag^+ 和 $S_2O_3^{2-}$ 的浓度各为多少?

3. 试通过计算,说明:

(1) 在 $100 \ cm^3 \ 0.15 \ mol \cdot dm^{-3} \ AgNO_3$ 溶液中加入 $50 \ cm^3 \ 0.10 \ mol \cdot dm^{-3} \ KI$ 溶液,是否有 AgI 沉淀产生?

(2) 在上述混合溶液中加入 $100 \ cm^3 \ 0.20 \ mol \cdot dm^{-3} \ KCN$ 溶液,是否有 AgI 沉淀产生?

4. 写出下列反应的化学方程式:

(1) 用硫氰酸钾溶液在白纸上写字或画图,待干后,喷射氯化铁溶液会出现血红色字画。

(2) 用六氰合铁(Ⅱ)酸钾溶液在白纸上写字或画图,待干后,喷射氯化铁溶液,会出现蓝色字画。

(3) 用硫酸铜溶液在白纸上写字或画图,待干后,喷射浓氨水,会出现蓝色字画。

5. 在水溶液中,配位解离平衡与沉淀溶解平衡竞争的平衡常数是_____。

A. $K_{sp}^{\ominus}/K_{稳}^{\ominus}$　　　　B. $K_{稳}^{\ominus}/K_{sp}^{\ominus}$　　　　C. $K_{sp}^{\ominus} \cdot K_{稳}^{\ominus}$

思 考 题

1. 过氧化氢(作氧化剂)是在清洗中常用的清洗液,试述碱性过氧化氢清洗液(如纯水与30%过氧化氢和27%浓氨水的体积比为 5:2:1)在去除材料或器件上的 Cu,Ag,

Co,Ni 等杂质时的清洗作用。

2. 比较 $Mg(OH)_2$ 在纯水、$0.1\ mol\cdot dm^{-3}$ 的 NH_4Cl 溶液及 $0.1\ mol\cdot dm^{-3}$ 的氨水中的溶解度。

3. 判断下列配位反应进行的方向,并作简单说明。

（1） $[Cu(NH_3)_2]^+ + 2CN^- \Longrightarrow [Cu(CN)_2]^- + 2NH_3$

（2） $[Cu(NH_3)_4]^{2+} + Zn^{2+} \Longrightarrow [Zn(NH_3)_4]^{2+} + Cu^{2+}$

（3） $[Ni(en)_3]^{2+} + 6NH_3 \Longrightarrow [Ni(NH_3)_6]^{2+} + 3en$

（4） $[Ag(NH_3)_2]^+ + Cu^+ \Longrightarrow [Cu(NH_3)_2]^+ + Ag^+$

4. 利用配位反应和配位化合物的性质,写出能达到下列要求所用的物质、反应式并指出产生的现象:

（1） 在电镀废水中除去 CN^-;

（2） 检测无水酒精是否含有少量水;

（3） 配制无氰镀铜液。

§6.4　水质与水体保护

学 习 要 求

> 1. 了解水资源的重要性。理解纯水、超纯水的含义和用途,了解水质分类和用途。
> 2. 联系 As_2O_3,CH_3Hg^+,$BaSO_4$ 等实例,理解重金属元素的化学形态与毒性的关系。
> 3. 了解水体中溶解氧的来源和影响溶解的因素,理解 DO,COD,BOD 表示的意义。
> 4. 了解水体污染的控制和治理方法。
> 5. 了解非水溶液中的化学反应。

如同阳光、空气和土壤一样,水也是人类和其他生物生存所必需的物质基础。

6.4.1　水资源概况

地球上的水资源是极其丰富的。海洋、江河、湖泊、沼泽、冰雪等地表水几乎覆盖地球表面的四分之三,还有蕴藏量极大的地下水。地表水和地下水总称天然水,估计其总体积是 $1.4\times10^{18}\ m^3$,但其中 97.3% 以海水形式存在,是咸水。在另外有限的 2.7% 的淡水中,77.2% 以冰帽、冰川、冰雪的形式存在于极地和高地,22.4% 为地下水和土壤水,其中 2/3 的地下水深藏在 750 m 以下。仅有 0.35% 的淡水存在于湖泊、沼泽中,0.04% 在大气中,0.01% 在河流中。大约 90% 的淡水是不易被利用的。

人类的生活和生产用水,基本上都是淡水。人类的饮用水是淡水,每人每天约需 5 L 水;水约占人体体重的 2/3,是人体中含量最多的一种物质。水在其他生物体中也是含

量最多的一种物质。生物体以水作为进行新陈代谢的介质,从环境中吸收养分,通过水将养分输送到机体的各个部分,经生化反应又通过水将代谢产物排出体外。水参与机体内的生理生化反应,产生能量,维持生命活力;散发热量,调节体温。人类清洁自身,浇灌农田作物,改良盐碱地等都要用淡水。工业上的清洗器件、冷却、加热大多也用淡水,因为咸水会腐蚀器件。水资源除有上述使用功能外,还能作能源,用作水力发电,因此它又被称为二次能源。

人类年用水量已近 4×10^{16} m³,全球有 60% 的陆地面积淡水供应不足,近 20 亿人饮用水短缺。联合国早在 1977 年就向全世界发出警告:水源不久将成为继石油危机之后的另一个更为严重的全球性危机。近年来,全世界多种渠道的报道都在告诫我们,人类将面临水源危机。

我国水资源丰富,占世界第五位,但按人均计算,则只有世界人均占有量的 1/4。而且我国水资源的分布极为不均,自东南向西北减少。

水资源是宝贵的资源。我们要珍视它,合理地使用它。水资源是自然资源,有时也还会给人类的生活和生产造成一定危害,如水灾。因此我们还必须科学地管理它,重视水利建设,加固堤坝、建造水库等都是有效的措施。

6.4.2　水体质量

水体是指以相对稳定的陆地为边界的天然水域,如江河、湖海、沼泽、水库、地下水、冰川等的总称。水体不仅包括水,还包括水中的悬浮物、底泥及水生生物等。水体质量简称水质。不同的使用目的对水质有不同的要求。

例如,高压或超高压锅炉、高绝缘材料制造和电子工业部门等,都要使用纯水或高纯水,它们要求其含盐量分别降到 1.0 mg·dm⁻³ 和 0.1 mg·dm⁻³,此时电导率降至 $10^{-5} \sim 10^{-4}$ S·m⁻¹ 范围或 10^{-5} S·m⁻¹ 以下,这种水不仅除去了强电解质,还除去了大部分硅酸和碳酸等弱电解质,而且水体中的气体、有机物、细菌等杂质都降到了最低限度。因为发电厂中的高压或超高压锅炉,要求产生的蒸气驱动汽轮机,水蒸气的温度、压力越高,能量利用率也越高,如果水质中含有钙、镁、铜、铁等金属离子,就会结垢、腐蚀,引起加热管破裂、爆炸,或使叶片增加质量而腐蚀断裂,严重时会堵塞喷嘴而发生事故。在电子工业器件中,稍有杂质就会严重影响其性能,如果水中含有杂质,清洗后将会残留在表面,进一步处理时有进入器件材料内部的可能。高纯水含杂质少,电阻率大,电绝缘性能好,用它清洗电子管、固体电路等产品的零件,可大大提高产品质量,减少废品的生成、降低成本。因此,高纯水是电子工业生产中大量使用的"清洗剂"。目前,生产上和实验室中,制备高纯水常用方法有蒸馏法,离子树脂交换法和电渗析法、高纯电渗析法等。

对一般的工业用水就没有这么高的要求。只要符合地面水环境质量标准即可,对农业用水要求更低。对生活饮用水(自来水厂)的要求包括:① 色度、浑浊度、异味、肉眼可见物等感官性状指标;② pH、总硬度(钙镁含量)、铁、锰、铜、锌、挥发酚类、阴离子合成洗涤剂等化学指标;③ 氟化物、氮化物、砷、硒、汞、镉、铬(六价)、铅等毒理学指标;④ 细菌总数、大肠杆菌等细菌学指标。

对于地面水的环境质量标准,在 GB3838—2002 中按使用目的和保护目标将其分成五类水域:

Ⅰ类　主要适用于源头水、国家自然保护区。

Ⅱ类　主要适用于集中式生活饮用水地表水源地一级保护区、珍稀水生生物栖息地、鱼虾类产卵场、仔稚幼鱼的索饵场等。

Ⅲ类　主要适用于集中式生活饮用水地表水源地二级保护区、鱼虾类越冬场、洄游通道、水产养殖区等渔业水域及游泳区。

Ⅳ类　主要适用于一般工业用水区及人体非直接接触的娱乐用水区。

Ⅴ类　主要适用于农业用水区及一般景观要求水域。

具体标准如附录表 7 所述。

6.4.3　水体污染和自净

天然水体的组成是很复杂的,除水以外,还有① 溶解物质,如钙、镁、钠、铁、锰等的可溶性盐,氧、氮、硫化氢、二氧化碳等溶解气体;② 胶体、悬浮物,如硅、铝、铁的水合氧化物胶体,黏土、矿物胶体物质或颗粒物质,腐殖质等有机高分子化合物;③ 水生生物组成的水生生态系统,如藻类、多种浮游动物、细菌、微生物等。特别是 1840 年以后,大规模的工业生产、高科技产物给人类带来福利的同时,也产生了更严重的污染,超过了自然自净能力,给人类带来了危害。人类的生活、生产、科学研究等产生的废物排入水体,使水和水体的物理、化学性质发生变化而降低了水体的使用价值,造成水体污染,众所周知的"水俣病""骨痛病"主要是由金属汞(Hg)和镉(Cd)污染造成的。

据世界工业组织报道,全世界 75% 左右的疾病与水污染有关,常见的伤寒、霍乱、胃炎、痢疾和传染性肝炎的发生和传播都是直接饮用污染水造成的;工业上,溶剂水、清洗水、作为介质的水对工艺过程和产品的质量影响极大,水体污染还会腐蚀船舶、水上建筑;农业上,水产养殖、浇灌用水的污染也会对水产、农作物造成不可估量的损失。水体污染物种类很多,情况复杂,归纳起来主要有以下几种:

1. 重金属及其化合物的污染

工厂、矿山排出的污染物中,常有重金属通过各种途径进入水体。目前普遍注意的是汞(Hg)、镉(Cd)、铬(Cr)、铅(Pb)及砷(As)。这些元素的化合物的生产与应用广泛,在局部地区可能出现高浓度污染;重金属污染物经过"虾吃浮游生物,小鱼吃虾,大鱼吃小鱼"的水中食物链富集,浓度逐渐加大,处于食物链终端的人将其摄入,若不易排出就在体内积蓄,引起慢性中毒。1955 年,日本富山县的"骨痛病"就是由于 Cd^{2+} 的积累所造成。烟叶中 Cd 的含量也出奇的高,比食品及蔬菜高近百倍,Cd 本身无毒,但其大多数化合物毒性都是很大的。

重金属元素的化学形态对毒性影响很大。化学形态是指某一元素在环境中以某种离子或分子存在的实际形式,例如,碘在水溶液中可能以一种或更多种的形式存在,如 I_2,I^-,I_3^-,HIO,IO^-,IO_3^- 及离子对,配合物或有机碘化物等。对不同形态的同一元素,由于其价态、结合态和结构态不同,则表现出的生物毒性和环境行为也不同。$Cr(Ⅲ)$ 是维持生物体内葡萄糖平衡及脂肪蛋白质代谢的必需元素,缺铬将引起动脉粥样硬化性心脏病,胆固醇增高及主动脉中脂肪量增多,而 Cr(Ⅵ)是水体中的重要污染元素,有致癌等毒性。Cr(Ⅵ)易被肠道吸收而透过细胞膜,使某些重要生物分子氧化,并与其结合产生致毒作用。

汞在河水、海水和生物体内存在形式分别是 $Hg(OH)_2$、$[HgCl_4]^{2-}$ 和甲基汞($\cdot CH_3Hg$)。有机汞的毒性比无机汞大得多,甲基汞的毒性大于苯基汞和乙基汞。"水俣病"就是所食鱼中含有人体不易排泄的氯化甲基汞(CH_3HgCl)所致。几乎所有的海藻中都含有砷,其存在形态以有机砷和无机砷共存,有机砷在大多数海藻占绝对比例。海藻可以将摄入的无机砷还原、甲基化成毒性较小的非挥发性甲基砷化物,并将其排出,释放入周围环境。海水中,砷主要以砷酸盐 As(Ⅴ)、亚砷酸盐 As(Ⅲ)、甲砷酸和二甲基次砷酸四种形式存在,其中以砷酸盐占优,因此,海水中的砷具有较高的毒性。不同形态的砷,其毒性大小顺序为:砷化氢>亚砷酸>三氧化二砷>砷酸盐>砷酸>砷,所以在砷的化合物中,As_2O_3(砒霜)毒性还不是最强的。

物质毒性除与化学形态有关外,还与其物理形态有关,如溶解度。毒物水溶性或脂溶性越大,毒性越大。因为以水溶性有机酸盐或以硝酸盐、氯化物等无机盐形式存在的重金属,其迁移能力比难溶性盐或牢固吸附于细胞壁的重金属大得多,所以其毒性效应也更为显著,即溶解度越小的无机盐毒性越小。如砷的化合物中,As_2O_3 毒性大于 As_2S_3;钡盐中 $BaSO_4$ 因其溶解度小而无毒性,$BaCO_3$ 虽难溶于水,但能溶于胃酸(HCl),而与 $BaCl_2$ 毒性相同。

另外,元素毒性也与其化学活性及其在自然界中的丰度有关,活泼性越大,毒性越大,丰度越高,毒性越低。元素的毒性具有相对性,即当其含量超过人体的平衡量(适应量)时,人体才会出现中毒症状;化合物氧化性或还原性越强,一般其毒性也越强,如氧化剂 $KMnO_4$,O_3 等有毒,还原剂 H_2S,NH_2-NH_2 有毒;对于变价化合物,离零价态越远毒性越强,如 $H_2S>S<SO_2<SO_3$,$NH_3>N_2<NO<N_2O_3<NO_2<N_2O_5$;强酸性和强碱性化合物的毒性大于中性化合物,如 Na_2S,$NaOH>NaHCO_3$,$HF>NaF$。

2. 有机物的污染

有毒的有机污染物,主要包括有机氯农药、多氯联苯、多环芳烃等,它们难降解。它们在水中的含量虽不高,但因在水体中残留时间长,有蓄积性,脂溶性大,如苯类化合物可溶于脂肪和类脂质中进入神经系统,从而产生毒性,造成人体中毒、致癌、致畸等生理危害。

在石油的开采、炼制、贮运、使用过程中,原油及其制品进入河、海等水体,因其密度比水小又不溶于水而覆盖在水面上形成薄膜层,既阻碍了大气中氧在水中的溶解,又因油膜的生物分解和自身的被氧化而消耗水体中大量的溶解氧,致使水体缺氧。另外油膜会堵塞水生生物的表皮或腮部,使之呼吸困难,导致鱼类死亡,植物枯死。

城市生活污水及食品、造纸、印刷等工业废水中含有大量碳氢化合物、蛋白质、脂肪、纤维素等有机质,本身无毒性,但溶解后需要消耗水中的溶解氧,最终转化为 CO_2 和 H_2O,故称它们为需氧(或耗氧)有机物。溶解氧多少,可以用来反映水体中有机污染物或生物污染物的多少和水受污染的程度。溶解氧简称 DO(dissolved oxygen),它主要来源于空气或藻类的光合作用。氧在水中的溶解度与氧的分压、水的温度、水中盐分有关。海水中的溶解氧一般仅为淡水中的 80% 左右;随着温度的升高和氧的分压的降低,水中氧的溶解度也会降低。标准压力下,当水温为 0℃,5℃,10℃,20℃,25℃,30℃,40℃时,氧在清洁

水中的溶解度分别为 14.6 mg·dm^{-3}，13.8 mg·dm^{-3}，11.3 mg·dm^{-3}，9.2 mg·dm^{-3}，8.4 mg·dm^{-3}，7.6 mg·dm^{-3}，6.5 mg·dm^{-3}。

核电站、电厂、钢铁工业等排出的冷却水，都能造成 35~40℃ 的温水区，使水体中溶解氧降低。这种污染称热污染。若水体中的溶解氧低于 5 mg·dm^{-3} 时，各类浮游生物便不能生存；低于 4 mg·dm^{-3} 时，鱼类就不能生存；低于 2 mg·dm^{-3} 时，水体就要发臭。溶解氧越低，水体污染越严重。

水体污染中有机物污染的程度，还可用化学需氧量衡量，简称 COD(chemical oxygen demand)表示。COD 的测定是用强氧化剂，如重铬酸钾等，在银离子催化作用下加热回流，氧化有机物，把反应中氧化剂的消耗量换算成氧气量即可。这种方法迅速简便，可使大多数有机物氧化达 85%~95%，某些碳水化合物可以 100% 氧化。但它也有局限性，如氧化的范围只包括有机物中的碳氢部分，不包括含氮有机物(如蛋白质)中的氮。对长链有机物也只能部分氧化，对许多芳烃和吡啶完全不能氧化。水体中的许多还原态无机物却能包含在化学需氧量之中。例如，Cl$^-$ 的存在严重干扰测定的准确度。

衡量水体中有机物的污染程度也可用生化需氧量，简称 BOD(biochemical oxygen demand)。BOD 是指在好氧条件下，水中有机物由于微生物的作用进行生物氧化，在一定时间内所消耗溶解氧的量。因为微生物的活动与温度和时间有关，所以必须规定一个温度和时间，一般以 20℃ 作为测定温度，以 5 天作为生化氧化的时间，这样的测定结果，称为 5 日生化需氧量，记为 BOD$_5$，除此外还有 2 日、20 日，分别记为 BOD$_2$，BOD$_{20}$ 等。严格地说，彻底氧化需 100 天以上，但 20 天后一般已经变化不大。在实际工作中为了方便，常用 BOD$_5$ 作为统一控制指标，用 BOD$_{20}$ 作为最终生化需氧量。对于生活污水和许多工业废水而言，BOD$_5$ 为总 BOD$_{20}$ 的 70%~85%。BOD 氧化范围一般也是不含氮有机物和含氮有机物的碳素部分。总的说来，生物氧化不如化学氧化彻底。例如，葡萄糖和木质素等理论上都可化学氧化完全，故排污标准中 COD 常比 BOD 高。但 BOD 却是唯一能反映水体中可生化有机物含量的指标。清洁水体的 COD 一般应小于 1 mg·dm^{-3}，BOD$_5$ 应小于 60 mg·dm^{-3}。一般工业废水地排放浓度 COD 不大于 100 mg·dm^{-3}，BOD$_5$ 不大于 60 mg·dm^{-3}。公共供水水源 BOD$_5$ 不能超过 4 mg·dm^{-3}，BOD$_5$ 超过 10 mg·dm^{-3} 的水体就有发生恶臭的可能。在同一水体中，BOD 和 COD 之间也有一定相关性：一般认为 BOD$_5$ 与 COD 的比值大于 0.2，同时 BOD$_5$ 大于 100 mg·dm^{-3} 的废水属于可生化废水；若比值小于 0.2，同时 BOD$_5$ 小于 100 mg·dm^{-3} 的废水属不可生化废水。家庭生活污水的 BOD$_5$ 一般在 200 mg·dm^{-3} 左右，是比较容易生化的。COD 和 BOD 都是表示水体中有机污染物的重要指标，虽不能代表有机污染物的具体品质，但却能相当清楚地代表水体受有机污染物污染的程度，是水质管理中两个极重要的参数。

除 COD，BOD 外，衡量水体污染程度的还有总需氧量和总有机碳，它们分别简称 TOD(total oxygen demand)和 TOC(total organic carbon)。前者是水体中有机物完全氧化所需要的氧量，后者是水体中有机碳元素总的含量。两者的测定方法却都是在特殊的燃烧器中，以铂为催化剂，在 900℃ 的高温下，使一定量的水样汽化，其中有机物燃烧，然后测定气体载体中氧的减少量作为有机物完全氧化所需的氧量，即 TOD；测定其中 CO$_2$ 的增加量，即 TOC。DO，COD，BOD，TOD 和 TOC 等综合指标，虽都能表示水体被有机物污染的相对程度，但都不能区别有机物绝对毒性。

3. 水体的自净作用

水体内各物质、能量变化以及水体和大气、土壤等环境间,乃至整个自然界的物质和能量基本上保持平衡。19世纪以前,虽然人类的生活活动也会污染环境,但环境有着很强的自净作用,人与自然一直保持和谐的关系。所谓自净作用,是指进入环境的污染物质或污染因素,依靠自然界本身所具有的功能发生一系列的物理变化、化学变化和生物变化,使污染物质或污染因素被清除掉的作用。

氧对水体的自净作用是巨大的,"流水不腐"的道理就在于,流动着的水因波浪,撞击物体,与大气接触,不断补充着氧气,水便成"活水";静止的水易成"死水",易失去自净能力,就成"污水"。

6.4.4　水体污染的控制和治理

和大气污染、固体废弃物污染、噪声污染的防治一样,水体污染的防治应予重视。水体污染的防治也是一个系统工程。首先要考虑的是如何控制污染源。对大气,我们不是消极地限制排放,而是积极地寻找完全燃烧,减少CO的排放量并充分利用热能;开展以废治废,寻找两种有毒物质相互反应变成无毒的物质,如NO与CO在催化下变成N_2。对固体废弃物,我们已讨论了它的综合利用,变废为宝的思路。同样,在水体防治中首先要考虑的也不是消极限制排放,而是怎样采用先进工艺,合理排放,例如,在清洗时,使用含有表面活性剂的水剂与使用有机溶剂相比,在处理难度上可能差不多,但从经济效益、使用效果上看,使用表面活性剂更好,特别在规模生产、集中处理中。

在城市中,建造污水废水处理厂、废水处理中心,能发挥浓度大、废水集中、协同作用和拮抗作用迅速等规模化、集约化的优势。比如,一厂家排放含酸性很高或氧化性很强的废水,另一厂家排放碱性很高或还原性很强的废水,将他们集中处理就能达到中和或氧化还原拮抗作用。如Cr^{3+}与$NaClO$,集中处理时有浓度大的优势,要比分散排放、浓度稀释容易处理得多。

集中起来的工业废水和生活污水,在处理方法上归纳起来有四类:

第一类为物理法,例如,通过使用表面活性剂和鼓气等使污染物上浮,通过离心、加热、盐析等使污染物沉淀,通过蒸发、结晶使污染物浓缩。

第二类为化学法,例如,前面用了较多篇幅讨论的酸碱中和反应,沉淀溶解反应,配位反应,氧化还原反应,还有通过使用聚合氯化铝、聚合硫酸铁、聚丙烯酰胺等化学试剂将污染物混凝除去。

第三类为物理化学法,例如,通过活性炭、硅胶、白土等对污染物进行吸附,通过有机溶剂对污染物进行萃取,通过树脂、分子筛等对污染物进行离子交换,通过半透膜对污水进行反渗透。

第四类为生物化学法,例如,利用活性污泥中的各类细菌来消化分解含碳、含硫、含氮的多种污染物,利用生物膜来净化污水,在氧化池中使用光合细菌,用污水来灌溉作物,让作物和土壤中的微生物来净化污水。

这四类处理方法都需要投资。人们为了生存和发展的同时也在破坏着生存和发展的环境,限制甚至堵死了生存和发展道路。为了可持续发展,环境保护刻不容缓,环保意识

要不断提高。

近年来,鉴于城市内涝、干旱等现象频发,人们提出了"海绵城市"的设想。所谓"海绵城市",要具有"自然积存、自然渗透、自然净化"的海绵体特性。降雨时可就地或就近吸收、存蓄降水,并经渗透、净化处理后补充地下水,在一定程度上缓解内涝;干旱时即可补充水资源。

6.4.5 非水溶液中的反应

在 §6.1—§6.3 中讨论的许多化学反应都是在水溶液中进行的,但实际上许多化学反应都是在非水溶剂的系统中进行的。如定量分析抗风湿病药物水杨酸钠,通常可选用冰醋酸为溶剂,用 $HClO_4$ 进行滴定,因为水杨酸钠在水中的碱性很弱,不能用强酸直接滴定分析。而醋酸的给质子能力强于水,在冰醋酸中水杨酸钠的碱性大大增强。这类在非水溶剂中进行的反应常见的溶剂有液氨、冰醋酸和二甲基亚砜(DMSO)等。

在水溶液中,二价过渡金属离子和氯离子的配位能力很弱,而在二甲基亚砜中,则能生成一氯、二氯、三氯、四氯等一系列氯的配合物。碱金属在水溶液中极不稳定,反应生成氢气和氢氧化物,而碱金属溶于液氨中则为蓝色溶液,随着液氨中碱金属溶入量的增加,溶液全部转为青铜色,这种碱金属液氨溶液具有特殊的物理性质和化学性质。该溶液具有超常的导电性,如钠在液氨中的电导率为 $5047\ S \cdot m^{-1}$,钾的相应值为 $4569\ S \cdot m^{-1}$,这些数值均接近各金属本身的电导率值,比任何其他电解质在任何溶剂中的电导率都高。从理论上还可以证明,像这类强还原剂碱金属可以在液氨中稳定存在。碱金属溶于其他胺类或醚类,也都能生成导电的蓝色溶液,在稀溶液时,都具有良好导电性,在高浓度时,接近于纯金属,被称为"稀释金属"。此类金属非水溶液的超常导电性能在导体领域将显示出它的特殊地位和作用。

再如,由于铝及其合金具有很高的机械强度,优良的导热性、导电性,好的反射性,无磁性,密度小,腐蚀产物无色无毒等优良性质,镀铝层可以说是一种完美的镀层。但由于铝是活泼性较强的金属,在水溶液中稳定性较差,很难从水溶液中被沉积出来。因此要实现这种铝的电镀,就必须在没有水存在的溶液中才能实现。在电镀铝工艺中,最简单的溶质为卤化铝,较好的非水溶剂是乙基苯类溶剂。

练习题

1. 查阅有关数据表,确定一般鱼类适宜生存的六价铬、总锰、溶解氧、COD 的水环境质量标准。

2. "水体中的溶解氧值越高,COD 也越高"这句话对不对,为什么?

3. "水体中的 COD 高,BOD_5 也一定高"这句话对不对,为什么?

4. 举一个用化学沉淀法处理重金属离子的实例(要求有简单计算或文字说明)。

5. 举一个用化学配位反应消除氰根离子毒性的实例(要求写出反应方程式)。

思 考 题

1. 地球上的水大量存在于哪些地方？人类怎样利用水资源？我国的水资源状况如何？

2. 纯净水、高纯水的电导率范围分别是多少？它们有什么应用？饮用水为什么不用纯净水？去自来水厂调查或去图书馆查阅我国饮用水水质标准。

3. 举例简单说明重金属及其化合物对水体污染产生的危害。

4. 举例简单说明有机污染物对水体污染产生的危害。

5. 曝气是水处理工艺之一，就是向水中不断鼓入空气，使污染水体充分地接触空气，使其中的 Fe^{2+} 氧化成 Fe^{3+}，并形成 $Fe(OH)_3$ 沉淀而除去，其反应为

$$4Fe^{2+}+8HCO_3^-+O_2+2H_2O \Longrightarrow 4Fe(OH)_3+8CO_2$$

问利用它能否增加溶解氧，为什么？

第七章
氧化还原反应与能源的开发和利用

从元素原子得失电子的角度,一般把化学反应分为两大类:一类是在反应过程中,反应物之间没有电子的转移,如酸碱反应、沉淀反应及配位反应等;另一类是在反应过程中,反应物之间发生了电子的转移,这一类反应就是氧化还原反应。此类反应对于制备新物质、获取电能以及进行能量转换都有重要的意义。

§7.1　氧化还原反应和原电池的能量变化

学习要求

　　1. 理解氧化还原反应和原电池的关系,理解吉布斯函数变 ΔG 与原电池电动势 E 之间的关系,掌握 $\Delta G^{\ominus}$、$E^{\ominus}$ 和 $K^{\ominus}$ 间的换算,了解原电池的组成及表示。
　　2. 了解电极电势的产生,知晓绝对电极电势和相对电极电势及参比电极。
　　3. 掌握电极反应(电池半反应)方程式的写法;掌握氧化还原电对的表示方法及平衡电极电势的计算和应用。

7.1.1　氧化还原反应与原电池

在盛有 $CuSO_4$ 溶液的保温瓶中(如图 7-1)加入锌粉并不断振荡,就会看到插在密封橡皮塞中的温度计的水银柱显著上升,这表明溶液中 $Cu^{2+}(aq)$ 和 $Zn(s)$ 反应并放出热量。该反应为氧化还原反应,反应中 Zn 失去电子被氧化,Cu^{2+} 得到电子被还原,发生如下氧化还原反应,产生的热量 ΔH 和吉布斯函数变 ΔG 可分别计算如下:

氧化还原反应
与原电池

$$Zn(s)+Cu^{2+}(aq) \Longrightarrow Zn^{2+}(aq)+Cu(s)$$

$\Delta_f H_m^{\ominus}(298.15\ K)/(kJ \cdot mol^{-1})$　　　　0　　64.8　　　　-153.9　　0

$S_m^{\ominus}(298.15\ K)/(J \cdot mol^{-1} \cdot K^{-1})$　　41.6　-99.6　　　　-112.1　　33.2

$$\Delta_r H_m^{\ominus}(298.15\ K)=[(-153.9)-64.8]\ kJ \cdot mol^{-1}=-218.7\ kJ \cdot mol^{-1}$$

$$\Delta_r S_m^{\ominus}(298.15\ K)=[-112.1+33.2-(-99.6)-41.6]\ J \cdot mol^{-1} \cdot K^{-1}$$

$$=-20.9\ J \cdot mol^{-1} \cdot K^{-1}$$

$$T\Delta_r S_m^\ominus(298.15\ \text{K}) = 298.15\ \text{K}\times(-20.9)\ \text{J}\cdot\text{mol}^{-1}\cdot\text{K}^{-1}\times10^{-3}\ \text{kJ}\cdot\text{J}^{-1}$$
$$= -6.23\ \text{kJ}\cdot\text{mol}^{-1}$$

$$\Delta_r G_m^\ominus(298.15\ \text{K}) = \Delta_r H_m^\ominus(298.15\ \text{K})-T\Delta_r S_m^\ominus(298.15\ \text{K})$$
$$= [-218.7-(-6.23)]\ \text{kJ}\cdot\text{mol}^{-1}$$
$$= -212.47\ \text{kJ}\cdot\text{mol}^{-1}$$

事实上，人们可以利用上述反应，装配成原电池，将化学能转化为电能。

　　原电池是通过氧化还原反应将化学能转换成电能的装置，如图 7-2 所示。电池所做的功，完全来自系统的吉布斯函数变。这与化学热力学研究结果完全一致：在恒温、恒压，无限缓慢和可逆条件下，原电池输出的最大电功 W_e 等于电池反应过程吉布斯函数变，则有 $-\Delta G = W_e$。而电功 W_e 等于电池中流经的总的电子电荷量和原电池电动势 E 的乘积。F 是法拉第常数，即 1 mol 电子所带的电荷量，其值为 96500 C·mol^{-1}，若流经 n mol电子就有 nF 电荷量，这时它所做的电功 $W = nFE$，与 ΔG 的关系为

$$-\Delta G = nFE \tag{7.1}$$

式(7.1)把热力学和电化学联系起来了，只要测出原电池的电动势 E，就可以根据这一关系式计算出电池中进行氧化还原反应的吉布斯函数变 ΔG；反之，通过计算氧化还原反应的吉布斯函数变 ΔG，也可求出相应原电池的电动势 E。

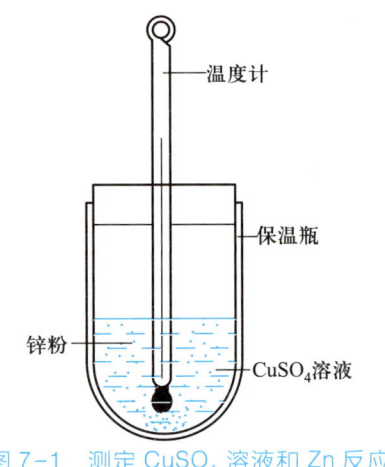

图 7-1　测定 $CuSO_4$ 溶液和 Zn 反应
热效应的装置

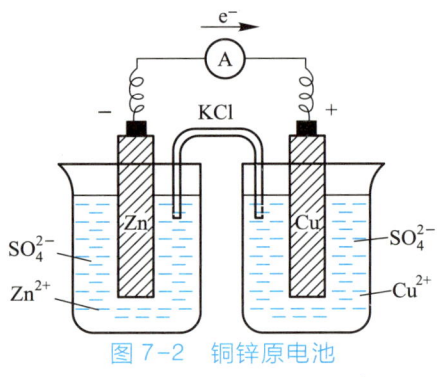

图 7-2　铜锌原电池

　　如果电池的反应物和生成物都处于标准状态，有关离子浓度为 1 mol·dm^{-3}，气体压力为 100 kPa 时，这个关系式可以写为

$$\Delta G^\ominus = -nFE^\ominus \tag{7.1'}$$

　　原电池的标准电动势 $E^\ominus$ 以 V 为单位，$\Delta G^\ominus$ 以 J·mol^{-1} 为单位，则

$$\Delta G^\ominus = -n\times96500E^\ominus$$

　　不难推出，铜锌电池在 298.15 K 下的标准电动势为 1.101 V。式(7.1)是电化学的重要公式，它由可逆电池导出。可逆电池须具备下列两个必要条件：① 电池在放电之后再充电时，必须恢复原状，即在充电时，两极上的反应正好是放电时两极上反应的逆反应；② 电池在放电或充电时，所通过的电流都无穷小。只有这样，电池才能始终处在平衡状态，符合热力学可逆过程的要求。在微电子工业中，电流一般不大，电阻损耗较小，可以用此

估算。

当反应达到平衡时,即原电池没有电流通过时,$E=0$,$\Delta G=0$,将式(5.16)代入式(7.1′):

$$\ln K^{\ominus} = \frac{-\Delta_r G_m^{\ominus}}{RT} = \frac{nFE^{\ominus}}{RT} \qquad (7.2)$$

式中,$E^{\ominus}$,$K^{\ominus}$和$\Delta_r G_m^{\ominus}$均与温度T有关。当T为298.15 K,R为8.314 J·mol·K^{-1}时,并把自然对数换算成常用对数,即$\ln K = 2.303\lg K$时,则有

$$\lg K^{\ominus} = \frac{nE^{\ominus}}{0.059} \qquad (7.2′)$$

原则上任何氧化还原反应都可装配成原电池。

7.1.2 原电池的组成和电极反应

在上例中,氧化剂(Cu^{2+})与还原剂(Zn)若直接接触交换电子,就会产生热量,能量利用不经济。若把它们装配成原电池,则氧化态$Cu^{2+}(aq)$作氧化剂,从铜片得到电子变成还原态Cu沉积在铜片上;而还原态Zn作还原剂在锌片上失去电子变成氧化态$Zn^{2+}(aq)$而使电子通过导线迅速传给铜片,其能量损耗小,利用率高。过程中,因Cu^{2+}在铜片析出而使$CuSO_4$中的负离子$SO_4^{2-}(aq)$浓度过大而失去电荷平衡;同样因锌片不断溶出,$Zn^{2+}(aq)$析出而使Zn^{2+}正离子过大,与负离子SO_4^{2-}不足而失去电荷平衡;中间插入倒置的U形玻璃管,在其中灌满琼脂与饱和KCl溶液的胶冻作盐桥,用以调节正、负离子,保持电流畅通,如图7-2所示。这时如果用一个灵敏电流计(A)将两金属片连接起来,可以观察到:电流表指针发生偏移,说明有电流发生;经过一段时间,就能看见在铜片上有金属铜沉积上去,而锌片被溶解。取出盐桥,电流表指针回至零点;放入盐桥时,电流表指针又发生偏移。说明盐桥有使整个装置构成电通路的作用。

在原电池中,电子流出的电极称为负极,负极上发生氧化反应;电子进入的电极称为正极,正极上发生还原反应。例如,在铜锌原电池中:

负极(Zn): $Zn(s) - 2e^- \longrightarrow Zn^{2+}(aq)$发生氧化反应

正极(Cu): $Cu^{2+}(aq) + 2e^- \longrightarrow Cu(s)$发生还原反应

铜锌原电池的反应: $Zn(s) + Cu^{2+}(aq) \longrightarrow Zn^{2+}(aq) + Cu(s)$

在铜锌原电池中所进行的电池反应和Zn置换Cu^{2+}的化学反应是一样的。前者通过一定装置把价电子从原子中分离出来交换,而后者通过价电子所依附的原子运动直接交换。

上述原电池可以用下列电池符号表示:

$$(-)Zn \mid ZnSO_4(c_1) \; \vdots \vdots \; CuSO_4(c_2) \mid Cu(+)$$

习惯上把负极(-)写在左边,正极(+)写在右边。其中"|"表示金属和溶液两相之间的接触界面,"⋮⋮"表示盐桥,c表示溶液的浓度。

整个电池由两个"半电池"组成,每一个"半电池"又都是由同一种元素不同价态的两种物质所构成的。一种是处于低价态的可作为还原剂的物质(称为还原态物质),如锌半电池中的Zn、铜半电池中的Cu;另一种是处于高价态的可作为氧化剂的物质(称为氧化态

物质），如锌半电池中的 Zn^{2+}、铜半电池中的 Cu^{2+}。

这种同一种元素不同价态的组合形式，称为 氧化还原电对。氧化还原电对习惯上常用符号 [氧化态(Ox)]/[还原态(Red)] 来表示。例如，金属元素的 Cu^{2+}/Cu，Zn^{2+}/Zn 和 $Cr_2O_7^{2-}/Cr^{3+}$，非金属元素的 H^+/H_2 和 O_2/OH^- 等。当 Fe^{3+}/Fe^{2+}，Cl_2/Cl^-，O_2/OH^- 等电对组成电极时，需将一种固体惰性电极材料如铂或石墨等作为电子载体。以氢电极为例，可表示为 $(Pt)H_2(g)\mid H^+(c)$。

氧化还原电对的氧化态物质和还原态物质通过交换电子互相转化反应，通式为

$$氧化态 + ne^- \rightleftharpoons 还原态$$

式中，n 表示互相转化时的得失电子数。这种表示氧化态物质和还原态物质之间相互转化的关系，称为 半电池反应 或 电极反应。电极反应包括参加反应的所有物质，如电对 $Cr_2O_7^{2-}/Cr^{3+}$，对应的电极反应为

$$Cr_2O_7^{2-} + 14H^+ + 6e^- \rightleftharpoons 2Cr^{3+} + 7H_2O$$

在描述某一平衡电极反应方程式时，习惯上将氧化态的物质和电子写在方程式的左侧，而将还原态物质写在右侧。电极反应方程式也需要配平，以满足质量守恒和电荷守恒。

7.1.3　电极电势的产生与能斯特方程

电极电势的
产生与能斯
特方程

1. 电极电势的产生

在原电池中，正极上的氧化态物质发生得电子的还原反应，即有还原趋势；在负极的还原态物质发生失电子的氧化反应，有氧化趋势；我们称这种趋势为 电极电势，用符号 E（氧化态/还原态）表示。如在铜锌原电池中，正极的电极电势 $E(Cu^{2+}/Cu)$ 和负极的电极电势 $E(Zn^{2+}/Zn)$ 不相等，便产生了电流趋势，我们称之为 原电池的电动势 E（电池），其数值为电池正极与负极平衡电极电势的差值。电极电势是怎样产生的呢？为什么构成原电池的两个电极的电极电势不相等？

在第二章中我们已经知道，金属晶体由金属原子、金属离子和自由电子所组成。把金属浸入它的盐溶液中，因金属元素本身的电离能不同以及金属元素原子与溶剂物质间的作用不同，就可能发生两个不同的过程：或金属表面的正离子受极性溶剂（比如水分子）的吸引而进入溶液；或溶液中的水合金属离子受到金属表面的自由电子吸引而重新沉积在金属表面。当这两种方向相反的过程进行的速率相等时，即达到动态平衡：

$$M(s) \rightleftharpoons M^{n+}(aq) + ne^-$$

不难理解，如果金属越活泼或溶液中金属离子浓度越小，金属表面的正离子溶入溶液的趋势就大于溶液中金属离子沉积到金属表面的趋势，金属表面因此而带负电荷；金属表面与盐溶液的接触界面处因溶液中金属正离子带正电荷就构成了双电层，如图 7-3(a) 所示。相反，如果金属越不活泼或溶液中金属离子浓度越大，金属离子进入溶液趋势就越小于金属离子沉淀的趋势，金属表面带正电荷；金属表面与盐溶液的接触界面处因溶液中负离子的趋向而构成了正电荷与负电荷的双电层，如图 7-3(b) 所示。金属侧和溶液侧的内电势（以 ϕ 表示）之差（$\Delta\phi$）就是 电极电势。电极电势的绝对值（即绝对电极电势）目前还无法确定。

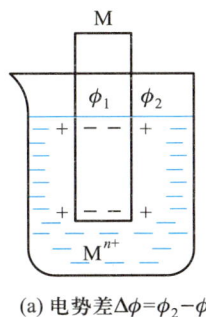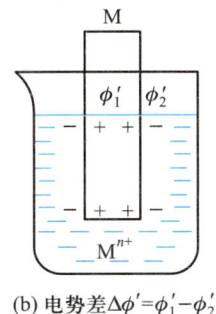

(a) 电势差 $\Delta\phi = \phi_2 - \phi_1$ (b) 电势差 $\Delta\phi' = \phi_1' - \phi_2'$

图 7-3　金属的电极电势

2. 标准电极电势

凡电对中的氧化态和还原态都是标准态,即组成电极的离子其浓度都为 1 mol·dm^{-3},气体的分压为 100 kPa,液体和固体都是纯净物质,这时的电极电势称为标准电极电势。标准电极电势的符号用 $E^{\ominus}$(氧化态/还原态)表示,例如,Cu(s) 和浓度为 1 mol·dm^{-3} 的 Cu^{2+}(aq) 组成标准电极时的电极电势可用符号 $E^{\ominus}$(Cu^{2+}/Cu) 表示。

解决绝对电极电势不可测的办法是规定标准氢电极的电极电势为零,即 $E^{\ominus}$(H$^+$/H$_2$) = 0.0000 V,以此为基准就可确定其他电极的电势(也称"相对电极电势")。标准氢电极如图 7-4 所示,可表示为

$$(Pt)\,H_2(100\ kPa)\,\big|\,H^+(1\ mol\cdot dm^{-3})$$

标准氢电极是将铂片镀上一层蓬松的铂黑,并把它浸入 H$^+$ 浓度为 1 mol·dm^{-3} 的稀硫酸溶液中制成,在 298.15 K 时不断通入压力为 100 kPa 的纯氢气流,这时氢被铂黑所吸附,被氢饱和了的铂片浸在酸液中,就像由 H$_2$(g) 和 H$^+$(aq) 构成的电极一样。铂片在标准氢电极中只作为电子的导体和氢气的载体,并未参加反应。电极上的 H$_2$ 电极与溶液中的 H$^+$ 建立了如下平衡:

$$2H^+(aq) + 2e^- \rightleftharpoons H_2(g)$$

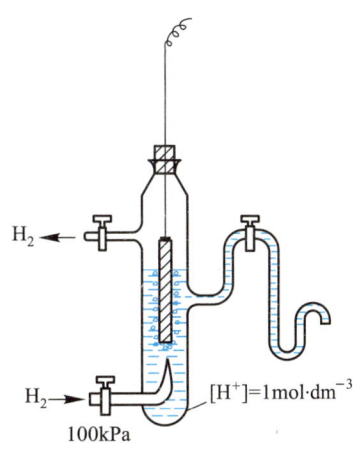

图 7-4　标准氢电极

以标准氢电极作为负极,以被测电极作为正极组成原电池,测得该原电池的电动势 E 就可以计算各种电极的电极电势:

$$E = E(正极) - E^{\ominus}(负极) = E(正极)$$

上述测得的电极电势即为被测电极相对于标准氢电极的相对电极电势,也称标准氢电极为参比电极。若不特别指明,电极电势一般指的是相对于标准氢电极所测得的数值。298.15 K 时相关电极反应的标准电极电势的数值可在书末附表查到。

例如,欲测定铜电极的标准电极电势,则应组成如下电池:

$$(-)Pt\,\big|\,H_2(100\ kPa)\,\big|\,H^+(1\ mol\cdot dm^{-3})\,\|\,Cu^{2+}(1\ mol\cdot dm^{-3})\,\big|\,Cu(+)$$

从电势(位)计指针偏转方向,可判断出电流是由铜电极通过导线流向氢电极(电子由氢电极流向铜电极)。所以可以确定氢电极是负极,铜电极为正极。测得此电池的标准电动势 $E^{\ominus}$ 为 0.3419 V。则

$$E^{\ominus} = E^{\ominus}_{正} - E^{\ominus}_{负} = E^{\ominus}(Cu^{2+}/Cu) - E^{\ominus}(H^+/H_2) = 0.3419\ V$$

因为 $\qquad\qquad\qquad\qquad E^{\ominus}(H^+/H_2) = 0.0000\ V$

所以 $\qquad\qquad\qquad\qquad E^{\ominus}(Cu^{2+}/Cu) = 0.3419\ V$

从物理学角度看:电池的正、负极是根据参与电池反应的各电极的电势大小来定义的,电极电势高(更正)的电极为正极,电极电势低(更负)的电极为负极。由于电子总是自发地从电势低的一侧向电势高的一侧运动,因此,在电池工作(放电)时电子通过外电路从负极流向正极。而从化学角度看,由于电池在工作时负极发生失电子的氧化反应,故为阳极;而正极发生得电子的还原反应,故为阴极。用类似的方法可以测得一系列电对的标准电极电势,虽然标准氢电极具有准确度高的优点,但制备困难且难以控制,因而一般不常用作参比电极。一般常用稳定性更好,使用更方便的参比电极,如图 7-5 所示的甘汞电极。常用的甘汞电极因 KCl 溶液的浓度分成三类,即饱和溶液、$1.0\ mol \cdot dm^{-3}$ 溶液和 $0.1\ mol \cdot dm^{-3}$ 溶液三类,使用时应注意。

甘汞电极是常用的参比电极,它由金属汞和 Hg_2Cl_2 及 KCl 溶液组成,其构造如图 7-5 所示。内玻璃管中封接一根铂丝,铂丝插入纯汞中(厚度为 $0.5 \sim 1\ cm$),下置一层甘汞(Hg_2Cl_2)和汞的糊状物,外玻璃管中装入 KCl 溶液,即构成甘汞电极。电极下端与待测溶液接触部分是熔结陶瓷芯或玻璃砂芯等多孔物质或是一毛细管通道。

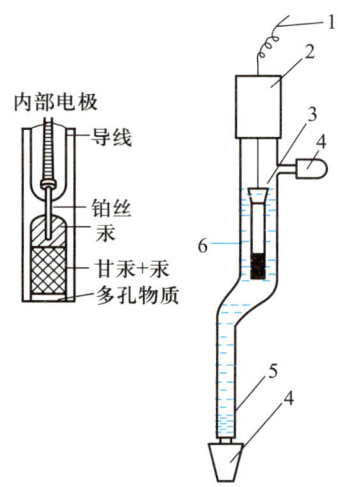

1—导线;2—绝缘体;3—内部电极;4—橡胶帽;5—多孔物质;6—饱和 KCl 溶液

图 7-5　甘汞电极示意图

甘汞电极可以写成

$$(Pt)Hg,Hg_2Cl_2(s)\,|\,KCl$$

电极反应为

$$Hg_2Cl_2(s) + 2e^- \rightleftharpoons 2Hg(l) + 2Cl^-(aq)$$

当温度一定时,不同浓度的 KCl 溶液使甘汞电极的电势具有不同的恒定值,如表 7.1 所示(298.15 K)。

表 7.1　甘汞电极的电极电势（298.15 K）

KCl 溶液浓度	饱和	1 mol·dm^{-3}	0.1 mol·dm^{-3}
电极电势 E/V	+0.2445	+0.2830	+0.3356

3. 能斯特方程

电极电势的高低，不仅取决于电对本性，还与反应温度、氧化态物质和还原态物质的浓度、压力等有关。对于一个任意给定的电极，其电极反应的通式为

$$a\text{ 氧化态}+ne^- \rightleftharpoons b\text{ 还原态}$$

$$E = E^{\ominus} + \frac{RT}{nF}\ln\frac{c(\text{氧化态})^a}{c(\text{还原态})^b} \tag{7.3}$$

式中，R 为摩尔气体常数；F 为法拉第常数；T 为热力学温度；n 为电极反应得失的电子数。在温度为 298.15 K 时，将各常数值代入式（7.3），其相应的浓度对电极电势的影响的通式为

$$E = E^{\ominus} + \frac{0.059\text{ V}}{n}\lg\frac{c(\text{氧化态})^a}{c(\text{还原态})^b} \tag{7.3'}$$

此方程式称为电极电势的能斯特方程式，简称能斯特方程。方程中标准电极电势 $E^{\ominus}$ 的数值可从书后附录表 6 查得。

应用能斯特方程时，应注意以下问题。

① 如果组成电对的物质为纯固体或纯液体时，则它们在方程式 $c(\text{氧化态})/c(\text{还原态})$ 中不表达。如果是溶液，则溶质 B 用相对浓度 $c(\text{B})/c^{\ominus}$；如果是气相中的气态物质 B，则用相对压力 $p(\text{B})/p^{\ominus}$ 表示。例如，在 298.15 K 下：

$$\text{Zn}^{2+}(\text{aq}) + 2e^- \rightleftharpoons \text{Zn}$$

$$E(\text{Zn}^{2+}/\text{Zn}) = E^{\ominus}(\text{Zn}^{2+}/\text{Zn}) + \frac{0.059\text{ V}}{2}\lg[c(\text{Zn}^{2+})/c^{\ominus}]$$

$$\text{Br}_2(\text{l}) + 2e^- \rightleftharpoons 2\text{Br}^-(\text{aq})$$

$$E(\text{Br}_2/\text{Br}^-) = E^{\ominus}(\text{Br}_2/\text{Br}^-) + \frac{0.059\text{ V}}{2}\lg\frac{1}{[c(\text{Br}^-)/c^{\ominus}]^2}$$

$$2\text{H}^+ + 2e^- \rightleftharpoons \text{H}_2(\text{g})$$

$$E(\text{H}^+/\text{H}_2) = E^{\ominus}(\text{H}^+/\text{H}_2) + \frac{0.059\text{ V}}{2}\lg\frac{[c(\text{H}^+)/c^{\ominus}]^2}{p(\text{H}_2)/p^{\ominus}}$$

② 如果在电极反应中，除氧化态、还原态物质外，还有参加电极反应的其他物质如 H$^+$、含氧负离子（OH$^-$，Cr$_2$O$_7^{2-}$）等存在，则应把这些物质的浓度也在能斯特方程中表示出来。

例 7.1　已知反应：O$_2$(g)+4H$^+$+4e$^- \rightleftharpoons$ 2H$_2$O，$E^{\ominus}$(O$_2$/H$_2$O) = 1.229 V。计算当 H$^+$ 浓度为 1.0×10^{-7} mol·dm^{-3}，$p(\text{O}_2)$ = 100 kPa 时，求组成电对的电极电势。

解：$E(\text{O}_2/\text{H}_2\text{O}) = E^{\ominus}(\text{O}_2/\text{H}_2\text{O}) + \dfrac{0.059\text{ V}}{4}\lg\dfrac{[p(\text{O}_2)/p^{\ominus}][c(\text{H}^+)/c^{\ominus}]^4}{[c(\text{H}_2\text{O})/c^{\ominus}]^2}$

$$= 1.229\text{ V} + \frac{0.059\text{ V}}{4}\lg(1.0\times10^{-7})^4 = 0.816\text{ V}$$

可见,O_2 在水溶液中作为氧化态时的氧化能力随酸度的降低而降低。所以 O_2 在酸性溶液中氧化能力强,而在中性、碱性溶液中氧化能力减弱。

需要指出的是,能斯特方程是热力学方程,由该方程计算得到的为电极的平衡电极电势。一旦电极偏离平衡条件,发生净的氧化或还原反应,方程便不再适用。

7.1.4　电极电势的应用

1. 比较氧化剂和还原剂的相对强弱

自发进行的氧化还原反应总是强氧化剂和强还原剂反应生成弱的氧化剂和弱的还原剂。

例 7.2　制印刷电路底板,常用 $FeCl_3$ 溶液刻蚀铜箔,已知此反应能自发进行,不查表比较 Cu^{2+} 和 Fe^{3+} 的氧化能力强弱?

解:反应方程式为

$$2FeCl_3 + Cu \rightleftharpoons CuCl_2 + 2FeCl_2 \quad 或 \quad 2Fe^{3+} + Cu \rightleftharpoons Cu^{2+} + 2Fe^{2+}$$

因为反应正向自发进行,电极电势大的氧化态物质相对于电极电势小的氧化态物质来说是更强的氧化剂;电极电势小的还原态物质相对于电极电势大的还原态物质来说是更强的还原剂。从反应方向可以看出电极电势大小;从电极电势大小又可知道氧化剂或还原剂的相对强弱。所以,Fe^{3+} 和 Cu 分别是较强的氧化剂与较强的还原剂,而 Cu^{2+} 和 Fe^{2+} 分别是较弱的氧化剂和还原剂,因此,Fe^{3+} 的氧化能力大于 Cu^{2+}。

2. 判断氧化还原反应进行的方向

例 7.3　根据标准电极电势 $E^{\ominus}(MnO_2/Mn^{2+}) = 1.224\ V$,$E^{\ominus}(Cl_2/Cl^-) = 1.358\ V$,可以判断反应:$MnO_2(s) + 4HCl(aq) \rightleftharpoons MnCl_2(aq) + Cl_2(g) + 2H_2O(g)$ 在标准状态下不能自发进行,但为什么实验室常用浓盐酸和 MnO_2 反应来制取氯气?[设 $c(Mn^{2+}) = 1\ mol \cdot dm^{-3}$]

解:首先分析这个反应。在标准状态下因 $E^{\ominus}(Cl_2/Cl^-) > E^{\ominus}(MnO_2/Mn^{2+})$,但它们的差值仅为 $1.358\ V - 1.224\ V = 0.134\ V$。如果增加反应物 HCl 的浓度,根据能斯特方程,就可改变半反应:$MnO_2(s) + 4H^+(aq) + 2e^- \rightleftharpoons Mn^{2+}(aq) + 2H_2O$ 的电极电势,则有

$$E(MnO_2/Mn^{2+}) = E^{\ominus}(MnO_2/Mn^{2+}) + \frac{0.059\ V}{2} \lg \frac{[c(H^+)/c^{\ominus}]^4}{c(Mn^{2+})/c^{\ominus}}$$

$$= 1.224\ V + 0.059\ V \lg[c(H^+)/c^{\ominus}]^2$$

对于半反应:$Cl_2 + 2e^- \rightleftharpoons 2Cl^-$,根据能斯特方程,同样有

$$E(Cl_2/Cl^-) = E^{\ominus}(Cl_2/Cl^-) + \frac{0.059\ V}{2} \lg \frac{p(Cl_2)/p^{\ominus}}{[c(Cl^-)/c^{\ominus}]^2}$$

$$= 1.358\ V + \frac{0.059\ V}{2} \lg \frac{p(Cl_2)/p^{\ominus}}{[c(Cl^-)/c^{\ominus}]^2}$$

欲使 $p(Cl_2) \geqslant p^{\ominus}$ 逸出,至少要求 $1.224\ V + 0.059\ V \lg[c(H^+)/c^{\ominus}]^2 > 1.358\ V - 0.059\ V \lg[c(Cl^-)/c^{\ominus}]$,因为在此反应中,加入 HCl 溶液,其 $c(H^+) = c(Cl^-)$。所以解得结果为 $c(H^+) = c(Cl^-) > 6.0\ mol \cdot dm^{-3}$。

也就是说,所用的 HCl 溶液的浓度大于 $6.0\ mol \cdot dm^{-3}$ 时,反应就可以向右进行。实际

上为使反应以一定的速率进行,通常采用 12 $mol \cdot dm^{-3}$ 的浓盐酸,并在加热的条件下制取氯气。

3. 计算原电池的电动势

例 7.4 煤的燃烧反应为

$$C(石墨)+O_2 \Longrightarrow CO_2$$

反应的标准吉布斯函数变 $\Delta_r G_m^\ominus = -394.5$ kJ $\cdot mol^{-1}$,如果把该反应设计成燃料电池,其标准电动势是多少?(以这个反应为基础的燃料电池目前还没有设计成功。)

解: 由式(7.1′)得 $\Delta G^\ominus = -nFE^\ominus$,电池的标准电动势为

$$E^\ominus = -\frac{\Delta G^\ominus}{nF} = \frac{394500 \text{ J} \cdot mol^{-1}}{4 \times 96500 \text{ C} \cdot mol^{-1}} = 1.02 \text{ V}$$

4. 计算氧化还原反应平衡常数

例 7.5 计算下列反应:

$$Sn(s)+Pb^{2+}(aq) \Longrightarrow Pb(s)+Sn^{2+}(aq)$$

在 298.15 K 时的标准平衡常数 $K^\ominus$;如果反应开始时,$c(Pb^{2+}) = 2.0$ mol $\cdot dm^{-3}$,求达到平衡时的 Sn^{2+} 浓度和 Pb^{2+} 浓度。

解: ① $E_正^\ominus = E^\ominus(Pb^{2+}/Pb) = -0.1262$ V,$E_负^\ominus = E^\ominus(Sn^{2+}/Sn) = -0.1375$ V。

因 $n=2$,所以 $\lg K^\ominus = \frac{(E_正^\ominus - E_负^\ominus) \times n}{0.059 \text{ V}} = \frac{[-0.1262-(-0.1375)] \times 2}{0.059} = 0.38$,故

$$K^\ominus = 2.40$$

② 设达到平衡时 $c(Sn^{2+}) = x$ mol $\cdot dm^{-3}$

$$Sn(s)+Pb^{2+}(aq) \Longrightarrow Pb(s)+Sn^{2+}(aq)$$

初始浓度/(mol $\cdot dm^{-3}$)	2.0	0
平衡浓度/(mol $\cdot dm^{-3}$)	2.0−x	x

$$K^\ominus = \frac{c(Sn^{2+})}{c(Pb^{2+})} = \frac{x}{2.0-x} = 2.40$$

$$c(Sn^{2+}) = x \text{ mol} \cdot dm^{-3} = 1.4 \text{ mol} \cdot dm^{-3}, c(Pb^{2+}) = 0.6 \text{ mol} \cdot dm^{-3}$$

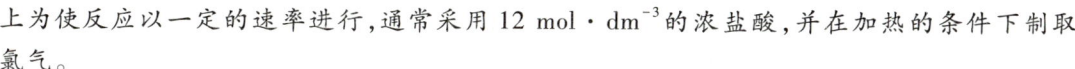 练习题

1. 判断下列说法正确与否,正确的用"√",错误的用"×"。

(1)标准电极电势规定了温度条件等于 298.15 K。(　　)

(2)标准电极电势规定了组分气体压力条件为 $p^\ominus$。(　　)

(3)标准电极电势规定了气体总压力条件为 $p^\ominus$。(　　)

(4)标准电极电势规定了浓度条件为 $c^\ominus$。(　　)

2. 选择适当标号填入空格内。

(1)当 $c(Sn^{2+}) = 1.0$ mol $\cdot dm^{-3}$,而 $c(Pb^{2+})$ 分别为下述数值组成原电池时,欲使 Sn 成正电极的 $c(Pb^{2+})$ 浓度应为_____。

A. 1.0 mol $\cdot dm^{-3}$　　　B. 2.0 mol $\cdot dm^{-3}$　　　C. 0.1 mol $\cdot dm^{-3}$

(2)在标准状态下,下述电对的各物质中,氧化性最强的是_____。

A. Fe^{3+}/Fe^{2+} 　　　　　B. Ag^+/Ag 　　　　　C. Cu^{2+}/Cu

3. 下面两个反应均为正向进行,比较各氧化还原电对的电极电势大小:

（1）$2Fe^{3+}+Cu \Longrightarrow Cu^{2+}+2Fe^{2+}$ 　　　（2）$Cu^{2+}+Fe \Longrightarrow Fe^{2+}+Cu$

4. 在 pH=5 时,比较 $0.01\ mol \cdot dm^{-3}\ KMnO_4$,$100\ kPa\ Cl_2$ 和 $0.01\ mol \cdot dm^{-3}\ K_2Cr_2O_7$ 的氧化性强弱$[$假定反应时 $c(Mn^{2+})=c(Cr^{3+})=c(Cl^-)=1.0\ mol \cdot dm^{-3}]$。

5. 计算下列反应:$Ag^+(aq)+Fe^{2+}(aq) \Longrightarrow Ag(s)+Fe^{3+}(aq)$

（1）在 298.15 K 时的平衡常数 $K^\ominus$;

（2）如果反应开始时,$c(Ag^+)=1.0\ mol \cdot dm^{-3}$,$c(Fe^{2+})=0.10\ mol \cdot dm^{-3}$,求达到平衡时的 Fe^{3+} 浓度。

6. 将银棒插入 $AgNO_3$ 溶液中,将铂片插入含有的 $FeSO_4$ 和 $Fe_2(SO_4)_3$ 的溶液中,并用盐桥连接,组成原电池。已知

（1）$c(Ag^+)=c(Fe^{2+})=c(Fe^{3+})=1\ mol \cdot dm^{-3}$

（2）$c(Ag^+)=0.01\ mol \cdot dm^{-3}$,$c(Fe^{2+})=c(Fe^{3+})=1\ mol \cdot dm^{-3}$

试分别写出电池符号表示式、电极反应和总反应式,并计算其电动势。

7. 查表求

（1）反应 $MnO_4^-+8H^++5e^- \Longrightarrow Mn^{2+}+4H_2O$,当 $c(MnO_4^-)=c(H^+)=0.10\ mol \cdot dm^{-3}$ 和 $c(Mn^{2+})=0.010\ mol \cdot dm^{-3}$ 时的电极电势值;

（2）反应 $MnO_4^-+8H^++5Fe^{2+} \Longrightarrow Mn^{2+}+4H_2O+5Fe^{3+}$ 的平衡常数 $K^\ominus$ 和 $\Delta_r G_m^\ominus$（用标准电极电势求算）;

（3）当 $c(MnO_4^-)=c(Fe^{2+})=c(H^+)=0.10\ mol \cdot dm^{-3}$ 和 $c(Mn^{2+})=c(Fe^{3+})=0.010\ mol \cdot dm^{-3}$ 时,计算 $\Delta_r G_m$ 并判断（2）题给出反应进行的方向。

8. 已知下列电池电动势为 0.436 V,试求 Ag^+ 浓度:

$Cu|Cu^{2+}(0.01\ mol \cdot dm^{-3}) \Vert Ag^+(x\ mol \cdot dm^{-3})|Ag$

思考题

1. 根据电极电势解释下列现象。

（1）金属铁能置换 Cu^{2+},而 $FeCl_3$ 溶液又能溶解铜;

（2）H_2S 溶液久置会变浑浊;

（3）H_2O_2 溶液不稳定,易分解;

（4）硫酸亚铁溶液存放过久会变黄。

2. 铬酸洗液是很强的氧化剂,玻璃、石英器皿和金属用具都能用它去污,很多污物作为还原剂,将 $Cr_2O_7^{2-}$ 还原为 Cr^{3+},其本身则被氧化成高价态物质。试写出铬酸洗液（起作用的是 $Cr_2O_7^{2-}$）清洗某物件上的污物 CuS（CuS 中 -2 价 S^{2-} 被氧化成 S 沉淀）的反应方程式。

§7.2　能源的开发和利用

学习要求

1. 了解能源的分类,知晓新能源的主要种类。
2. 理解太阳能发电对实现"双碳"目标的战略性意义,了解几种电能存储的化学方法。

能源是社会存在与发展的基础,任何国家发展生产,巩固国防,提高人民生活水平,都离不开能源的支撑。现代地球上存在着多种能源,人们根据其成因、性质和使用状况进行了分类,如表 7.2 所示。

表 7.2　能源的分类

类别		常规能源	新能源
一次能源	非再生能源	化石能源:煤炭、石油、天然气、油页岩	核燃料:铀、钍、钚、氘等原子能
	再生能源	水力能 生物质能	风能、太阳能、海洋温差能、海流能、潮汐能、地热能
二次能源		电力、汽油、柴油、重油、焦炭、煤气、水蒸气、氢能、醇类燃料、沼气	

目前已被人类广泛应用,在生产生活中起到重要作用的能源包括煤炭、石油、天然气、水力能、太阳能、风能、地热能、生物质能、核能等一次能源,以及电力、成品油(重油、柴油、汽油等)等从一次能源中衍生出来的二次能源。在一次能源中,煤炭、石油、天然气等又称化石能源,为不可再生能源;而水力能、太阳能、风能等则为可再生能源。长期以来,化石能源是人类消耗的主要能源类型,但是地球上化石能源的储量是有限的,而且化石燃料燃烧时产生大量的温室气体 CO_2 和粉尘,危害环境。据统计,2020 年全球一次能源消费量中化石能源占 83.1%,由此产生的 CO_2 排放量占人类活动总排放量的 84%。因此,为了人类可持续发展,未来必须改变依赖化石能源的能源消费格局,建立新的能源体系。我国政府向世界承诺实现"双碳"目标,正是在这样的背景下提出的。

开发新能源体系,就是将以化石能源体系逐渐向非化石能源体系(水力能、太阳能、风能、地热能、海洋能、生物质能、氢能、核能等)转变,从而从根本上解决能源危机和环境危机。

地球上常用的能源多来自太阳能。全世界的能量消耗仅占太阳辐射到地球表面的能量微不足道的部分,因此,如何直接开发和利用太阳能是新能源开发的主要目标。除了直接利用太阳能,地球上丰富的风力、水力和海洋潮汐能、地热能等也是新能源的重要来源。核能是另一种清洁能源,如果可控核聚变变为现实,大海中丰富的核聚变资源氘(氢的同位素元素)可为人类提供长久的能量来源。

将上述提到的太阳能、风能、水力能、地热能、核能等转变为电能,在各个领域全面实现电气化,是解决能源问题和环境问题进而实现"双碳"目标的基本路径。除了发电本身,所发出的电能如何高效存储和利用是关键,除了采用抽水储能电站等物理储能技术外,化学储能具有独特的优势,是未来电能存储和再利用的主流技术。将资源丰富的水通过电解制氢,可将电能转化为化学能,实现电能的存储。与传统制氢路线(如煤制氢和天然气制氢)相比,电解水制氢由于无碳排放的特征被称为"绿氢"。将绿氢气作为燃料,通过燃烧或燃料电池发电又可实现氢能的利用,这一过程的产物为水,对环境无污染。目前逐渐发展成熟的高压储氢和"储氢合金"技术,使得氢气的储存和输送有了保证。利用可充电的二次电池,是另一常用的电能储存与再利用的有效手段;同时,电容器也是一类高效储能装置,在电能利用中发挥重要作用。

对于能源,不仅需要开发,而且还需要节能。节能不是该用而不用,而是怎样充分利用能源的问题。集中供电、集中供热等集约化大生产是有效的节能举措;综合利用也是节能的一个重要方面。在充分利用化学能转变成热能、电能过程中或热能、电能转变成化学能过程中,合理的催化反应也是有效的节能措施。发电厂、输电系统用电器件的选材是否合理也与节能有密切关系。

 **练 习 题**

1. 晶体硅是常用的太阳能电池材料。在高温条件下,用焦炭还原石英砂(主要成分是 SiO_2)可制得粗硅,其反应的化学方程式为:$SiO_2(s) + 2C(s) \Longrightarrow Si(s) + 2CO(g)$。试计算该反应的 $\Delta_r G_m^{\ominus}(298.15\ K)$;若要使该反应在大气气氛下自发进行,所需的最低温度是多少?

2. 以氮化镓(GaN)为代表的第三代半导体材料在太阳能发电领域有广泛的应用前景。若用化学气相沉积法制备氮化镓,以 $GaCl_3$ 与 NH_3 为原料,在一定条件下反应生成氮化镓和氯化氢(HCl),写出该反应的化学方程式。

3. 电解水制氢,是将电能转化成化学能的过程。试根据相关标准电极电势数据,计算电解 1 mol 水制得 2 mol 氢气最少需要消耗多少电能。然而,实际生产时所消耗的电能会更多,这是为什么? 同理,再将电解生成的氢气通过燃料电池(电池的总反应为:$2H_2+O_2 \Longrightarrow 2H_2O$)进行发电,所发出的电能也总小于原先电解水制氢时所消耗的电能,这又是为什么?

思 考 题

1. 通过查阅相关文件和文献,深入理解我国提出的"双碳"目标既是解决环境问题也是解决能源问题的长远目标。

2. 如何理解太阳能发电和电能的存储和利用对未来世界发展的重要性；如何理解化学在太阳能发电和电能存储和利用所起的关键核心作用。

3. 太阳能是取之不尽用之不竭的能源，试通过文献调研，了解几种常用的太阳能发电技术，特别需要关注利用化学原理进行太阳能发电的技术及相关原理。

4. 除了化学方法外，还有物理方法实现电能的存储，如抽水电站（即利用夜晚的电能将水抽储至高水位，然后在白天将其通过水电站发电，实现电能的再利用）、压缩气体储能技术、飞轮储能技术等。试比较物理储能和化学储能间的优缺点。

§7.3　化学电源与氢能

 学习要求

1. 掌握一次电池和二次电池的概念，了解常见一次电池和二次电池的特点及其工作原理。
2. 了解氢气的制备方法及其相应的特点，以及电解水制氢的工作原理。
3. 了解燃料电池的工作原理及其优点。

化学电源（又称电池）是一种将化学能转换成电能的装置，具有能量转化效率高的特点，突破了热机最大理论转化效率值的限制。1800 年由意大利人伏打（A. Volta）发明了世界上第一个电池（伏打电池），该电池由铜片（正极）和锌片（负极）交替叠成，中间用浸透盐水（或稀酸）的绒布隔开。1836 年丹聂尔（J. F. Daniell）对伏打电池进行了改进，发明了丹聂尔电池。图 7-2 是丹聂尔电池的示意图，它采用了硫酸锌溶液和硫酸铜溶液两种电解质，解决了伏打电池的氢气泡问题。自伏打电池发明的二百多年来，不同的化学电源（如铅酸电池、锌锰电池、镍镉电池、镍氢电池和锂离子电池等）先后被发明，其技术和性能也不断得到提升，电池产品得到了广泛应用。如铅酸电池可作为各种汽车、摩托车、坦克和舰艇等的启动电源，也可以作为电瓶车等的动力电源；特殊设计和制造的镉镍蓄电池可以用于飞机和卫星；镍氢电池和锂离子电池被普遍用于电动工具、录像机、移动电话和家用电器，以及新能源汽车和储能系统等。随着信息技术的快速发展和通信技术产品开发的日新月异，人们迫切需要电池小型化、轻便化，对电池的能量密度和使用寿命等性能提出了更高的要求。为消除汽车尾气造成严重大气污染的弊端，当前迫切要求发展新型再生能源（如太阳能电池等）和高效清洁的燃料电池。高性能的化学电源在国民经济和全球环境保护等各领域，以及对实现"双碳"目标都有着极其重要的地位和作用。

从使用角度考虑，化学电源可分为一次电池（又称原电池）、蓄电池（又称储能电池或二次电池等）和燃料电池。原电池是一次性将化学能转化成电能；二次电池可认为是一种电化学能量储存与转换装置，可实现化学能与电能的可逆转换；燃料电池是一种以氢气、

化学电源

甲醇等作为燃料,通过电化学反应进行发电的装置。

7.3.1　一次电池

一次电池又被称为原电池(primary cell),是指在放电后不能再通过充电使活性物质恢复原状态的电池。常见的一次电池主要包括锂一次电池、锌-空气电池、锌锰干电池和碱性锌锰电池等。一次电池放电结束后,不能再通过充电后重复使用。一次电池主要用于遥控器、计算器等低功耗的不需要频繁更换电池的设备。

1. 锂一次电池

锂一次电池又称锂原电池。锂电极具有最低的电极电势(-3.04 V),作为负极可以使电池具有高的电压和高的能量。但是由于金属锂的化学活性很高,不能用水等含有活泼氢的溶剂作为锂电池的电解质溶剂,通常使用有机溶剂或固态电解质。根据不同的正极材料,锂一次电池主要有锂二氧化锰电池、锂二氧化硫电池、锂亚硫酰氯电池和锂碘电池等。

锂二氧化锰电池(Li/MnO_2电池,简称锂锰电池)是一种常见的应用广泛的锂一次电池。它以锂为负极、二氧化锰为正极,电解质通常采用 $1\ mol\cdot L^{-1}$ 的 $LiClO_4$ 有机电解液(碳酸丙烯酯和乙二醇二甲醚的混合溶剂)。放电时,负极锂失去电子被氧化成锂离子;在正极,锂离子嵌入二氧化锰的晶格中。其电极反应和电池反应可以表示为

负极反应 $\qquad\qquad Li-e^- \Longrightarrow Li^+$

正极反应 $\qquad\qquad MnO_2+xLi^++xe^- \Longrightarrow Li_xMnO_2$

电池反应 $\qquad\qquad MnO_2+xLi \Longrightarrow Li_xMnO_2$

Li/MnO_2 电池具有电压高、比能量大、自放电率低(年自放电率≤2%),及工作温度范围宽(-20~60℃)等特点,其理论电压约 3.5 V,放电时工作电压在 2.0~3.1 V,且放电电压稳定,质量比能量达到 280 $W\cdot h\cdot kg^{-1}$。Li/MnO_2 电池的结构外形主要有纽扣形(扣式)、圆柱形和方形三种。

2. 锌锰电池

锌二氧化锰电池简称锌锰电池,是常用的一次电池。它以金属锌为负极,二氧化锰(MnO_2)为正极,并采用适宜的隔膜及电解液组成原电池。普通的锌锰电池的电解质溶液通常为凝胶状或吸附在其他载体上而呈现不流动状态,故又称锌锰干电池。锌锰电池是在 1865 年法国科学家勒克朗谢(G. Leclanché)设计的以氯化铵为电解质的锌二氧化锰湿电池的基础上发展起来的。一百多年来,锌锰电池在材料和技术工艺等方面总是在不断地进步和创新,从最初的湿电池到干电池,从 NH_4Cl 型到 $ZnCl_2$ 型,再到最近的碱性锌锰电池,其性能得到了显著提升。锌锰电池通常可作为收音机、录音机、照相机和电动玩具等电源,还可以作为军用背负式通信机的电源。

锌锰干电池可表示为:$(-)\ Zn|NH_4Cl,ZnCl_2|MnO_2,C(+)$,开路电压约 1.5 V。锌锰干电池在放电时,负极锌失去电子被氧化为+2 价锌离子;正极二氧化锰得到电子,锰由+4价还原为+3 价,正极附近的 pH 会升高。电极反应和电池反应可以表示为:

负极(阳极)反应 $\qquad Zn+2NH_4Cl-2e^- \Longrightarrow Zn(NH_3)_2Cl_2\downarrow+2H^+$

正极(阴极)反应 $\qquad 2MnO_2+2H_2O+2e^- \Longrightarrow 2MnOOH+2OH^-$

电池总反应 $\qquad$ $Zn+2MnO_2+2NH_4Cl \xlongequal{\hspace{1cm}} 2MnOOH+Zn(NH_3)_2Cl_2\downarrow$

因放电条件的不同,在放电过程中还会发生其他副反应,正极和负极上实际发生的反应会比较复杂。

作为锌锰电池发展的第四代产品,碱性锌锰电池与普通锌锰干电池相比,它具有比能量高、可储存时间长、连续放电能力强和使用寿命长,以及低温性能好等优点。另外,碱性锌锰电池通常为无汞设计,对环境影响较小,符合环保要求。碱性锌锰电池的缺点是生产工艺和技术要求较高,其制造成本高于传统的锌锰干电池,以及其使用的电解质具有较强的腐蚀性。碱性锌锰电池可以表示为$(-)Zn|KOH(30\%\sim40\%)+ZnO|MnO_2+$石墨$(+)$,其正极采用高纯度的电解二氧化锰,并加入一定比例的片状石墨导电剂和少量黏结剂压制而成;负极用高纯度的金属锌粉制成锌膏,并添加适当的缓蚀剂,防止锌负极在储存和放电过程中自放电;电解液为$30\%\sim40\%$的KOH水溶液,并用ZnO将其饱和,以抑制锌负极的腐蚀。碱性锌锰电池的工作原理为

负极反应 $\qquad$ $Zn+4OH^--2e^- \xlongequal{\hspace{1cm}} ZnO_2^{2-}+2H_2O$

正极反应比较复杂,第一步反应可表示为

$$MnO_2+H_2O+e^- \xlongequal{\hspace{1cm}} MnOOH+OH^-$$

第二步反应为MnOOH进一步还原为$Mn(OH)_2$,可表示为

$$MnOOH+H_2O+e^- \xlongequal{\hspace{1cm}} Mn(OH)_2+OH^-$$

碱性锌锰电池主要利用的是第一步放电。碱性锌锰电池的开路电压为1.52 V。

7.3.2 二次电池

二次电池又称可充电电池或蓄电池,是指在放电后可以通过充电使正极负极电化学活性物质复原,能多次重复使用的电池,其充放电循环使用的次数可以达到几百到几千次,甚至万次以上。二次电池要求在放电和充电过程中,正、负极电极反应具有高度的可逆性。常见充电电池主要有铅酸电池、镍镉电池、锂离子电池等。二次电池主要用于需要频繁充电的设备,如电动汽车、电瓶车、手机、笔记本电脑等。二次电池在清洁可再生能源利用和航空航天等领域也具有非常广泛的应用。高性能的可充电电池(如锂离子电池)在新能源汽车、储能等领域具有广泛的应用,对于"双碳"目标的实现具有重要的意义。下面介绍几种常用的二次电池。

1. 铅酸蓄电池

铅酸蓄电池是一种常见和广泛应用的可充电电池。铅酸蓄电池的基本结构主要由正负极板、电解液、隔膜(或板)和电池槽等构成。正负极板由铅基合金板栅和活性物质构成。板栅主要起到了支持活性物质和导电的作用。正极活性物质为二氧化铅,负极活性物质为海绵状铅。在放电过程中,正极和负极的活性物质都转化为硫酸铅。根据不同的用途,采用室温密度在$1.20\sim1.28$ $kg\cdot L^{-1}$的硫酸溶液作为电解液。铅酸电池可表示为:$(-)Pb|H_2SO_4|PbO_2(+)$。其电极反应和电池总反应可以表示为

负极反应 $\qquad$ $Pb+HSO_4^--2e^- \underset{充电}{\overset{放电}{\rightleftharpoons}} PbSO_4+H^+$

正极反应 $\qquad$ $PbO_2+3H^++HSO_4^-+2e^- \underset{充电}{\overset{放电}{\rightleftharpoons}} 2PbSO_4+2H_2O$

电池总反应 $$Pb+PbO_2+2H^++2HSO_4^- \underset{充电}{\overset{放电}{\rightleftharpoons}} 2PbSO_4+2H_2O$$

铅酸蓄电池的优点是工作电压高（开路电压 2.0 V）、高倍率放电性能良好、工作温度宽（可在 −40~60℃ 条件下工作）、安全可靠，寿命较长，以及原材料易得，价格低廉，且可以回收利用。但是，铅酸电池还存在着比能量较低、过充电时易析出气体等缺点。自从法国科学家普兰特（G. Plante）1859 年发明铅酸蓄电池以来，铅酸电池从材料、技术和工艺上有了很大发展，电池的性能有了较大的提升。如添加少量稀土元素的多元板栅铅基合金具有良好的耐腐蚀性能及高的析氢过电势，抑制了充电过程中氢气的析出，延长了铅酸电池的使用寿命；石墨烯等新型材料在铅酸电池的使用进一步改善了电池的大电流充放电性能。铅酸电池以其较高的性价比、大电流充放电性能好、工作温度宽及安全可靠性高等优势，作为动力电源、储能电源及备用电源等仍然被广泛地应用。

2. 镉镍蓄电池

镉镍碱性蓄电池，简称镉镍电池，是寿命最长的蓄电池系列之一。世界上第一颗太阳能电池——蓄电池供电的长寿命卫星，用的就是全密封镉镍电池。镉镍电池正极活性物质是高价氢氧化镍，负极活性物质是海绵状金属镉，电解液是氢氧化钾或氢氧化钠的水溶液。其工作原理，充放电时的电池反应如下：

正极反应 $$2NiOOH+2H_2O+2e^- \underset{充电}{\overset{放电}{\rightleftharpoons}} 2Ni(OH)_2+2OH^-$$

负极反应 $$Cd+2OH^- \underset{充电}{\overset{放电}{\rightleftharpoons}} Cd(OH)_2+2e^-$$

电池总反应 $$Cd+2NiOOH+2H_2O \underset{充电}{\overset{放电}{\rightleftharpoons}} Cd(OH)_2+2Ni(OH)_2$$

电池的工作原理如图 7-6 所示。

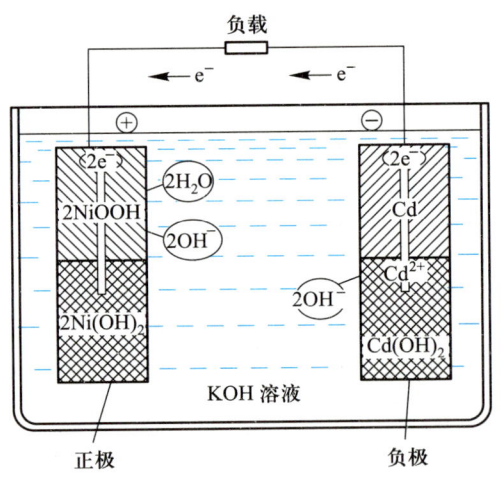

图 7-6 镉镍电池的工作原理

镉镍电池容易充电、寿命长、维护方便，可以制成无须维护的密封和全密封结构的电池。空间飞行经验证明，镉镍电池作为长寿命卫星的储能装置，是卫星在轨道工作寿命的限制因素之一。例如，原用全密封镉镍电池作储能电源的国际 IV 通信卫星，设计寿命 7

年,实际在轨工作 5 年半,已满足不了卫星电力要求,不得不关闭部分星载设备,以减少蓄电池的供电功率。20 世纪 70 年代初,美国和苏联及后来的西欧与我国,均相继在燃料电池和全密封镉镍蓄电池的技术基础上开发出氢镍蓄电池。

3. 镍氢蓄电池和镍金属氢化物电池

用改进的氢氧燃料电池的氢电极代替镉电极,负极活性物质氢气充满全部电池空间,电池壳体是贮存氢气的高压容器,制成第二代空间用蓄电池——镍氢蓄电池,已广泛用于同步轨道(GEO)和低轨道(LEO)卫星。镍氢电池与镍镉电池相比,可以深放电使用。比能量高,寿命长,并且耐过充电和过放电,长时间大电流过放电于电池无害;电池内部的氢气压力可以直接反映电池的荷电状态,可方便地作为电池的充放电控制信号。镍氢蓄电池是个全密封体系,正极为氧化镍电极,活性物质为 NiOOH 和 $Ni(OH)_2$,负极是 Pt 催化电极,活性物质是 H_2,电解液是氢氧化钾水溶液。工作原理如下:

正极反应
$$NiOOH + H_2O + e^- \underset{\text{充电}}{\overset{\text{放电}}{\rightleftharpoons}} Ni(OH)_2 + OH^-$$

负极反应
$$\frac{1}{2}H_2 + OH^- \underset{\text{充电}}{\overset{\text{放电}}{\rightleftharpoons}} H_2O + e^-$$

电池总反应
$$NiOOH + \frac{1}{2}H_2 \underset{\text{充电}}{\overset{\text{放电}}{\rightleftharpoons}} Ni(OH)_2$$

如果把氢气储存在合金中作为负极,就发明了镍金属氢化物电池(MH-Ni 电池,有时又简称镍氢电池)。1970 年代初,荷兰飞利浦公司发明了 $LaNi_5$ 储氢合金。1990 年代初,日本索尼公司开始商业化生产 MH-Ni 电池。我国科学家在 1983 年开始研究 MH-Ni 电池,并在 1990 年代中期实现了 MH-Ni 电池的商业化。目前商业化 MH-Ni 电池主要使用混合稀土基的储氢合金作为负极,电解液为 $6 \text{ mol} \cdot L^{-1}$ KOH + $1 \text{ mol} \cdot L^{-1}$ LiOH,其工作原理可以表示为

正极反应
$$Ni(OH)_2 + H_2O + e^- \underset{\text{充电}}{\overset{\text{放电}}{\rightleftharpoons}} NiOOH + OH^-$$

负极反应
$$MH + OH^- - e^- \underset{\text{充电}}{\overset{\text{放电}}{\rightleftharpoons}} M + H_2O$$

电池总反应
$$NiOOH + MH \underset{\text{充电}}{\overset{\text{放电}}{\rightleftharpoons}} M + Ni(OH)_2$$

MH-Ni 电池的电压与镍镉电池的相同(1.2 V),它具有环境友好和无记忆效应等优点。随着相关技术的进步,MH-Ni 电池在能量密度、安全性、循环寿命等方面不断改善,其应用领域逐渐扩大,在移动通信和互联网的发展中得到了广泛应用。近年来,MH-Ni 电池作为动力电池在电动工具、电动汽车和混合电动汽车中也得到了应用。

4. 银锌蓄电池

由于锌银电池内阻小、放电功率大、电压平稳、电性能稳定、使用安全可靠、比能量高(是铅酸蓄电池的 5 倍,镉镍蓄电池的 3 倍),因此多用于通信、激光武器、水中兵器、航空、航天、战略核武器等军事装备,军体器材。遥控航模,新闻摄影和特殊电子仪器设备做配套电源。目前国内外已有多种不同结构特性的电池组正在各种军事武器装备上服役。

锌银电池根据使用要求可制成原电池、纽扣电池、人工激活一次电池、蓄电池和自动激活电池。其工作原理为

负极反应 $\qquad$ $Zn+2OH^- \underset{充电}{\overset{放电}{\rightleftharpoons}} ZnO+H_2O+2e^-$

正极反应 $\qquad$ $AgO+H_2O+2e^- \underset{充电}{\overset{放电}{\rightleftharpoons}} Ag+2OH^-$

电池总反应 $\qquad$ $Zn+AgO \underset{充电}{\overset{放电}{\rightleftharpoons}} Ag+ZnO$

5. 锂离子电池

尽管金属锂作为负极可以使电池具有高的电压和大的能量密度,但是在充电时,由于金属锂沉积的不均匀易导致锂枝晶的产生,锂枝晶刺破隔膜会引起电池的内短路,从而引起有机电解液着火,甚至电池的爆炸,存在极大的安全隐患。从 20 世纪 70 年代开始,人们经过不断地研究,发现用石墨作为负极,锂离子可以可逆地嵌入石墨的层状结构中,避免了充电过程中锂枝晶的产生。1991 年,日本 SONY 公司首次实现了锂离子电池的商品化。锂离子电池的出现被认为是二次电池发展史上的一次飞跃。2019 年诺贝尔化学奖授予美国固体物理学家古迪纳夫(J. B. Goodenough)、英裔美国化学家惠廷厄姆(S. Whittingham)和日本化学家吉野彰(Akira Yoshino),以表彰他们在锂离子电池方面做出的贡献。目前,商业化锂离子二次电池的负极主要采用石墨类碳材料,正极材料主要有 $LiCoO_2$、$LiFePO_4$ 和三元正极材料($LiNi_xCo_yMn_{1-x-y}O_2$),电解液通常采用六氟磷酸锂($LiPF_6$)的混合有机溶液(常用的有机溶剂为碳酸乙烯酯、碳酸二乙酯和碳酸二甲酯),隔膜主要是具有微孔结构的聚合物膜(如聚乙烯和聚丙烯等)。

图 7-7 所示的是锂离子二次电池工作原理图。锂离子电池的工作原理为:负极由可嵌入锂离子的石墨层组成,正极由 $LiCoO_2$ 组成。锂离子电池在充电或放电条件下,锂离子往返于正、负极之间。外界输入电能(充电),锂离子由能量较低的正极材料迁移到石墨材料的负极层间而成为高能态;放电时,锂离子由能量高的负极材料间迁回能量低的正极材料层间,同时通过外电路释放电能,即电子通过外线路由负极到正极。

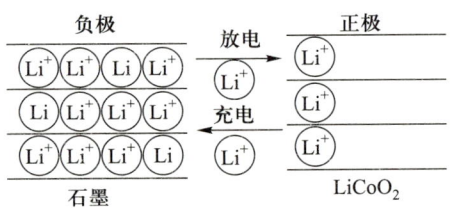

图 7-7 锂离子二次电池工作原理图

负极反应 $\qquad$ $Li_xC_6 \underset{充电}{\overset{放电}{\rightleftharpoons}} xLi^+ +6C+xe^-$

正极反应 $\qquad$ $xLi^+ +Li_{1-x}CoO_2+xe^- \underset{充电}{\overset{放电}{\rightleftharpoons}} LiCoO_2$

锂离子电池具有能量密度大、放电功率高、循环寿命长、无记忆效应和环境友好等特点,被认为是新一代的无污染绿色可充电电池。单体电池的输出电压一般在 3.2~3.7 V。锂离子电池主要用于摄像机、手机和笔记本电脑等便携式电子设备,以及电动工具、电动汽车、航空航天和其他军工国防等领域。随着新能源汽车和新能源技术等快速发展,对锂离子电池在性能和安全可靠性等方便提出了更高的要求,采用高比容量的硅基复合材料作为锂离子负极可以较显著提高锂离子电池的能量密度。近年来,新型的固态电解质锂离子电池研发也取得突破,有望显著提升锂离子电池的能量密度和安全性能。由于钠比锂具有更丰富的资源和价格优势,钠离子电池研发也得到了人们的重视。

7.3.3 氢能和燃料电池

氢是地球上分布非常广泛的一种元素。氢作为能源载体,具有高能清洁、资源丰富和可持续发展的特点。氢的燃烧热值是汽油的 3 倍,酒精的 3.9 倍,焦炭的 4.5 倍。氢燃烧的产物是水,不会产生有害排放物,对环境友好。通过水分解可以制氢,可以实现氢能利用的可持续循环。氢能作为一种重要的战略新兴能源,对实现"双碳"目标具有极其重要的意义。

氢气的制备
与燃料电池

按氢气的制备方法,氢能主要被分为三种,即灰氢、蓝氢和绿氢。灰氢是通过化石燃料(如天然气和煤)制取的氢气,制备过程中有大量的碳排放(如煤制氢,1 kg 氢会有 10 kg 碳排放)。天然气的主要成分为甲烷(CH_4),工业上采用便宜易得的水蒸气、氧气介质与甲烷反应,生成富含氢气的合成气(CO/H_2),再经化学转化与分离,制得氢气,主要的化学反应为:$CH_4+H_2O(g) \Longrightarrow CO+3H_2$,$CO+H_2O(g) \Longrightarrow CO_2+H_2$。煤气化制氢的主要反应包括:$C(s)+H_2O(g) \Longrightarrow CO+H_2$,$CO+H_2O(g) \Longrightarrow CO_2+H_2$。蓝氢是在灰氢的基础上,采用碳捕捉、利用与封存技术(CCUS),实现低碳排放制氢。绿氢是利用太阳能光伏发电、风电等可再生清洁能源电解水制氢,其过程中基本没有温室气体排放,符合"清洁低碳"的原则。另外,还有生物制氢和光催化制氢等其他途径。

电催化分解水制氢既是电化学传统的研究领域,也是目前新能源研究领域的热点和前沿。电解水制氢是通过外加电源,将水电催化分解产生氧气和氢气,阴极上发生析氢反应,阳极上发生析氧反应。在酸性溶液或碱性溶液中所发生的电极反应各不相同。在酸性溶液中,阴极反应为:$2H^++2e^- \Longrightarrow H_2(E^\ominus=0 \text{ V})$;阳极反应为:$H_2O-4e^- \Longrightarrow O_2+4H^+$($E^\ominus=1.23$ V)。在碱性溶液中,阴极反应为:$2H_2O+2e^- \Longrightarrow H_2+2OH^-$($E^\ominus=-0.828$ V);阳极反应为:$4OH^--4e^- \Longrightarrow O_2+2H_2O$($E^\ominus=0.401$ V)。无论在酸性或碱性电解液中,电催化分解水的理论电压均为 1.23 V,实际电解时需要施加大于 1.23 V 的电压。高效低成本的电催化剂是电解水制氢的一个关键。如果采用太阳能发电、风电等可再生清洁能源电解水制氢,不仅可以实现绿氢的制备,同时也将太阳能和风力发电产生的电能长时间存储起来。另外,可以将太阳能发电产生的电能电解水制得的氢气与二氧化碳通过催化过程转化为甲醇等液体燃料,这种甲醇被称为"绿色甲醇",又被称为§4.4 中提到的"液态阳光",其制备过程中碳排放极低或几乎为零。

通过燃料电池将化学能转化为电能是氢能利用的一种重要途径。氢氧燃料电池是一种以氢气作为燃料,直接把化学能转换成电能的发电装置,具有转化效率高、环境友好等特点。空气或氧气是其发电工作时常用的氧化气体。

图 7-8 是碱性氢氧燃料电池的基本结构和工作原理示意图,它由两片电极(正极与负极),以及电解质 KOH 溶液所组成,工作时电极反应和电池总反应为:

负极反应　　　　　$2H_2+4OH^--4e^- \Longrightarrow 4H_2O$

正极反应　　　　　$O_2+2H_2O+4e^- \Longrightarrow 4OH^-$

电池总反应　　　　$2H_2+O_2 \Longrightarrow 2H_2O$

若按 H_2,O_2 的分压均为 100 kPa,KOH 溶液的浓度为 6.9 mol·dm^{-3},则

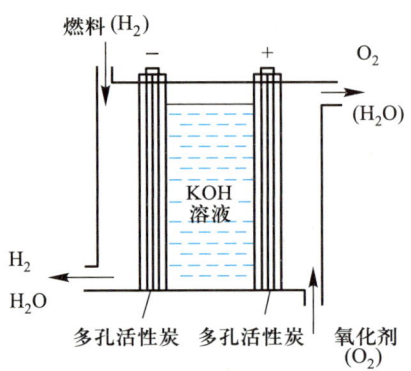

图 7-8　氢氧燃料电池示意图

负极　$E(H_2O/H_2) = E^{\ominus}(H_2O/H_2) + \dfrac{0.059\ V}{4}\lg\dfrac{1}{[p(H_2)/p^{\ominus}]^2[c(OH^-)/c^{\ominus}]^4}$

　　　　　$= -0.8277\ V + \dfrac{0.059\ V}{4}\lg\dfrac{1}{(6.9)^4} = -0.8773\ V$

正极　$E(O_2/OH^-) = E^{\ominus}(O_2/OH^-) - \dfrac{0.059\ V}{4}\lg\dfrac{[c(OH^-)/c^{\ominus}]^4}{[p(O_2)/p^{\ominus}]}$

　　　　　$= 0.401\ V - \dfrac{0.059\ V}{4}\lg(6.9)^4 = 0.352\ V$

电动势　　　$E = E_{正} - E_{负} = [0.352 - (-0.8773)]\ V = 1.23\ V$

该电池通常采用碳负载的 Pt 及其合金纳米粒子作为电催化剂,在负极发生氢气的氧化,在正极发生氧气的还原,电子通过外电路经过负载从负极到正极,电池的标准电动势为 1.23 V,其优点是生成的产物是水,实现了碳的零排放,且具有非常高的能量转化效率。

　　除了上面的碱性燃料电池外,还有采用熔融的碳酸盐溶液作为电解质的熔融碳酸盐燃料电池,采用磷酸电解质溶液的磷酸燃料电池,采用固体氧化物作为电解质的固体氧化物燃料电池,以及采用质子交换膜作为电解质的质子交换膜燃料电池。另外还有用甲醇或甲酸等作为燃料的直接甲醇燃料电池或直接甲酸燃料电池等。

7.3.4　超级电容器

　　传统电容器(简称电容)是一种容纳电荷的器件,是电子设备中大量使用的电子元件之一,广泛应用于电路中的隔直通交、耦合、旁路、滤波、调谐回路、能量转换、控制等方面。广义上任何两个彼此绝缘且相隔很近的导体(包括导线)间都构成一个电容器,它和可充放电的原电池一样,都是储能器件。电容器容纳电荷的本领为电容,用字母 C 表示,单位为 F(法拉)。典型的平板电容器如图 7-9(a)所示,其电容 C 和板间电场强度 E 的计算公式分别为

$$C = \dfrac{Q}{U}\ ;\ E = \dfrac{U}{d}$$

式中,Q 为金属板表面所带电荷的绝对值,U 为两块金属板之间的电势差,d 为板间距。

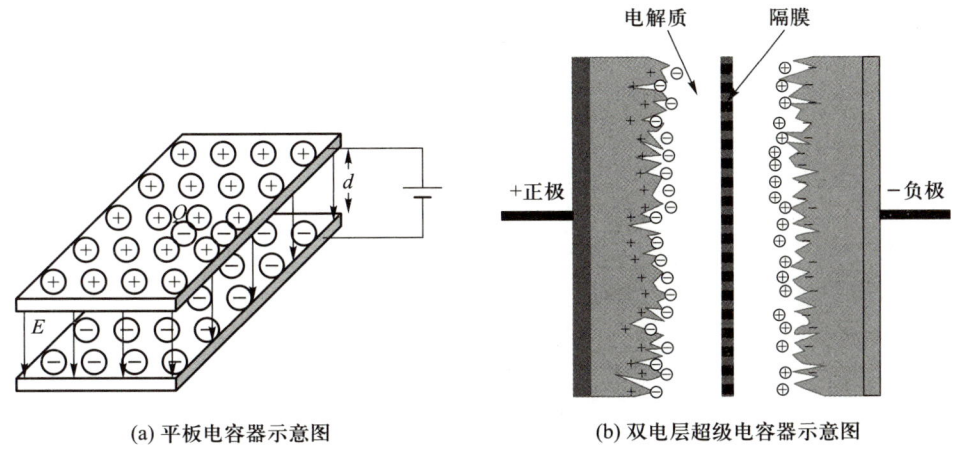

(a) 平板电容器示意图　　　　　　(b) 双电层超级电容器示意图

图 7-9 典型的平板电容器及双电层超级电容器

随着能源危机和环境问题的日益严峻,20 世纪 60 年代发展起来的超级电容器作为潜在的能量存储装置,引起了研究人员的广泛关注。超级电容器相比传统电容器具有更高的能量密度;相比二次电池具有更高的功率密度。其主要特点是:充放电时间短(从几十秒到几百秒)、能量密度高(5~50 W·h·kg^{-1},为普通电容器 50 倍以上)、功率密度大(>10 kW·kg^{-1},为二次电池的 20~150 倍)、循环寿命长(>10 万次,为二次电池的 500 倍以上)。典型的双电层超级电容器如图 7-9(b)所示,其单位面积的双电层电容为

$$C = \frac{\varepsilon S}{4\pi d}$$

式中,S 为双电层电容器电极的有效比表面积,d 是双电层的距离,即为电解质溶剂的离子半径,一般为 0.5 nm 或以下。由此,采用增大电极比表面积或缩小电极间距离均可得到极大的电容量。现在对超级电容器电极材料的研究主要集中在提高多孔碳材料的比表面积、合理孔径分布及减小内阻或碳材料改性上。

练习题

1. 利用太阳能发电和风力发电等清洁可再生能源电解水制得的氢气被称为绿氢,该制氢过程中没有 CO$_2$ 产生。因此,绿氢被认为是实现碳中和最理想的能源载体。

(1) 写出在 0.5 mol·L^{-1} H$_2$SO$_4$ 电解液中电解水制氢的阴极和阳极反应的方程式,并计算在该酸性电解液中,电催化分解水制氢所需要的理论电压;

(2) 如果用 0.1 mol·L^{-1} NaOH 溶液作为电解液,写出电化学分解水制氢的阴极和阳极反应的方程式,并计算所需要的理论电压。

(说明:电极上产生的氧气或氢气的压力都为 1 个标准压力)

2. 具有典型层状结构(层间距为 0.33 nm)的石墨材料作为锂离子电池负极,在充放电过程中锂离子可以可逆地从石墨的层状结构中嵌入和脱出,每 6 个碳原子最多可以容纳 1 个锂原子,形成 LiC$_6$ 插层化合物。请写出石墨负极电化学储锂的方程式,并计算石墨材料电化学储锂的理论质量比容量(最后用 mA·h·g^{-1} 单位表示)。

3. 金属-空气电池是用电极电位较负的金属（如镁、铝、锌等）作为负极，以纯氧气或空气中的氧气作为正极活性物质，正极涂有电催化剂层。锌-空气电池是研究最多且已广泛应用的一种金属-空气电池，具有比能量高、价格便宜、性能稳定等特点。商业化的锌-空气电池采用粉状多孔锌负极，$6 \ mol \cdot L^{-1}$ 的 KOH 水溶液为电解液。

（1）请写出锌-空气电池电极反应和电池反应方程式，计算室温下该电池的标准电动势；

（2）如果用常压下的空气作为正极活性物质，计算该锌-空气电池的电动势。

（提示：在使用碱性电解液条件下，+2 价的 Zn 以 ZnO 形式存在）

4. 液流电池是一种电化学储能装置，具有储能容量大、循环寿命长等特点，其容量和功率可独立设计，特别适用于大规模长时储能应用。液流电池通过正极和负极电解液中活性物质在电极上的氧化还原可逆反应，实现电能和化学能的相互转化。正、负极电解液分开储存在外部储罐中，通过泵和管路循环输送到电池内部进行电极反应。1974 年 Thaller 首次提出了液流电池概念并发明了铁铬液流电池，该电池负极的酸性电解液含有 Cr^{3+} 和 Cr^{2+}，正极的酸性电解液含有 Fe^{3+} 和 Fe^{2+}，充放电过程中通过这两个电对的氧化还原反应，可实现电能和化学能之间可逆转换。请写出这种铁铬液流电池的电极反应和电池反应，并计算室温下该电池的标准电动势。

5. 甲酸（HCOOH）燃料电池的总化学反应式可表示为

$$2HCOOH(l) + O_2(g) =\!=\!=\!= 2CO_2(g) + 2H_2O(l)$$

（1）写出该燃料电池的负极和正极的电极反应方程式；

（2）已知 $E^{\ominus}(CO_2/HCOOH) = -0.199 \ V$（相对于 SHE），试计算该燃料电池的标准电动势 $E^{\ominus}$；

（3）如果溶液的 pH 改变，问正极、负极的电极电势，以及电池的电动势是否随溶液的 pH 改变而变化？说明其原因。假设除了 pH 外，电池反应中的其物质的浓度保持不变。

思考题

1. 氢能利用中的一个很大的问题是如何对氢气进行高效储运，试通过文献查阅，提出几种可行的氢气存储方法，并理解各种方法的物理化学原理。

2. 除了教材上提到的氢能、化学电源及电容器等，试从化学原理出发思考还有哪些方法可以实现电能的储存和利用，并分别从能源角度和环境角度加以分析可行性。

3. 全钒液流电池是由 Marria Kazacos 在 1985 年发明的一种电化学储能系统。该液流电池中，不同价态的钒离子存在硫酸电解液中，正极为 VO_2^+/VO^{2+}（$E^{\ominus} = 1.00 \ V$），负极为 V^{3+}/V^{2+}（$E^{\ominus} = -0.255 \ V$），正极和负极电解液间用离子膜交换隔开。电池工作时，电解液通过泵循环被送入电池，处于流动状态。充放电过程中，电解液中的钒离子在不同价态之间转换，从而实现化学能和电能之间的可逆转换。请你写出全钒液流电池的工作原理。（提示：可以查阅或参考相关资料）。

4. 基于教材学习的化学电源和氢能等相关知识，并查阅或参考相关的文献资料，简单阐述新型化学电源和氢能对我国实现"双碳"目标的重要意义。

第八章
化学反应与材料保护

从日常生活到机械、土建、交通、电子等现代工程技术,从尖端科学与技术研究到普通的工业、农业、教育、国防事业都会碰到材料的选择、使用和保护的问题。本章讨论金属材料的腐蚀与防腐蚀,高分子材料的老化与防老化,其中一些原理也可应用于功能陶瓷和复合材料,以对材料问题有一个更深、更全面的了解,更合理地选择、使用和保护材料。

§8.1 金属的腐蚀

学习要求

1. 理解化学腐蚀和电化学腐蚀的区别。联系碳(氮、硼)化物,通过渗碳体(Fe_3C)与高温水蒸气的反应,理解高温水蒸气对钢材的腐蚀和脱碳现象及其危害。

2. 深入理解电化学腐蚀原理,知晓腐蚀电势的物理意义,了解腐蚀原电池正、负极在腐蚀发生后的电势变化规律。

3. 掌握析氢和吸氧腐蚀的电化学机理。理解电偶腐蚀和差异充气腐蚀产生的原因。

4. 了解影响金属腐蚀速率的因素,理解水膜的厚度、霜露、介质气体的酸碱性在控制腐蚀中的重要作用。

金属和周围介质发生化学或电化学作用而引起的变质和破坏叫金属腐蚀。从热力学的观点来看,除少数的贵金属(如 Au,Pt)需要像"王水"那样的特殊介质外,其他各种金属都有与周围介质发生化学作用的倾向,也就是说金属腐蚀是自发的过程,因此腐蚀现象十分普遍。金属腐蚀直接或间接地造成巨大的经济损失,根据不同机构的调查研究,全世界每年因腐蚀造成的经济损失约占国民生产总值的 3%~5%。另据估计,世界上每年由于腐蚀而报废的钢铁设备相当于钢铁年产量的 25% 左右,甚至还会引起停工停产、环境污染、危及人身安全等严重的事故,但金属腐蚀有时也会给人类带来可利用之处,如不能用传统机械加工的工件可利用腐蚀方法进行加工。本节首先讨论金属腐蚀的产生原因,进而讨论腐蚀的速率问题。

根据金属腐蚀过程的不同特点,可将其划分为化学腐蚀、电化学腐蚀和生物腐蚀三

金属腐蚀
概述

大类。

8.1.1　化学腐蚀

金属与周围介质直接发生氧化还原反应而引起的破坏称为化学腐蚀。它发生在非电解质溶液中或干燥的气体中,在腐蚀过程中不产生电流。例如,电气绝缘油、润滑油、液压油及干燥的空气中的 O_2、H_2S、SO_2、Cl_2 等物质与电气、机械设备中的金属接触时,在金属表面生成相应的氧化物、硫化物、氯化物等,都属于化学腐蚀。金属发生化学腐蚀的可能性可采用吉布斯函数变来判断。如在例 5.12 中讨论了金属锌在空气中被氧化发生腐蚀的情况。尽管在大气中 $p(O_2)$ 一般均小于 $p^{\ominus}$,但从式(5.14)$\Delta_r G_m = \Delta_r G_m^{\ominus}$(298.15 K)$+RT\ln Q$ 可知,金属的氧化腐蚀还是能发生的,且 $\Delta_r G_m$ 值越负,发生化学腐蚀的可能性越大;再从温度与反应速率的关系来看,从式(5.24)可知,温度越高,化学腐蚀速率越大。

不仅与氧气反应如此,金属与高温水蒸气也能发生反应,这造成了锅炉和管道的严重腐蚀。例如,钢铁中 Fe 与 H_2O 蒸气的反应:

$$Fe+H_2O(g) \Longrightarrow FeO+H_2$$
$$2Fe+3H_2O(g) \Longrightarrow Fe_2O_3+3H_2$$
$$3Fe+4H_2O(g) \Longrightarrow Fe_3O_4+4H_2$$

在反应中生成一层由 FeO、Fe_2O_3、Fe_3O_4 组成的氧化物,同时还产生了氢气。如果是钢铁,其中有渗碳体(Fe_3C),它与高温水蒸气反应发生脱碳现象:

$$Fe_3C(s)+H_2O(g) \Longrightarrow 3Fe(s)+CO(g)+H_2(g)$$

在渗碳体与水蒸气的反应中,渗碳体从邻近的尚未反应的区域不断迁移到钢铁表面,使钢铁内部的 Fe_3C 逐渐减少,形成脱碳层如图 8-1 所示。腐蚀产生的氢气因扩散渗入钢铁内部,使钢铁产生脆性,这就是所谓的氢脆。钢铁的脱碳和氢脆会造成钢铁材料表面硬度和内部强度的降低,造成危害。

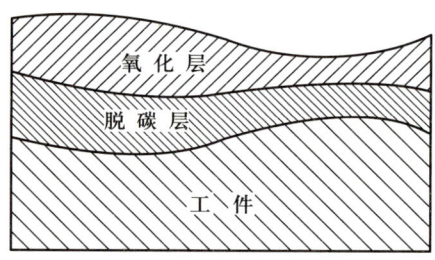

图 8-1　钢块表面氧化脱碳层

8.1.2　电化学腐蚀

1. 腐蚀原电池

由于大多数的金属腐蚀发生在电解质溶液环境(如水环境或潮湿大气),因此更常见的一种腐蚀类型是电化学腐蚀。当金属与腐蚀介质相接触后,在金属/腐蚀溶液界面上将同时发生两个电极反应,一个是金属(M)与其阳离子(M^{n+})间发生伴随电子得失的电化学反应(记为电极反应 1):

$$M^{n+} + ne^- \rightleftharpoons M$$

另一个为腐蚀溶液中的氧化性物质(记为 O,如 H^+)与其还原态(记为 R,如 H_2)间发生伴随电子得失的电化学反应(记为电极反应 2):

$$O + ne^- \rightleftharpoons R$$

当上述两个电极反应的平衡电势不同时[即 $E_e(M^{n+}/M) \neq E_e(O/R)$,下标"e"表示"平衡",用于区别非平衡电势],两个电极反应将构成一个原电池。若电极反应 1 的电势比后者更负,则该电极作为原电池的负极,在电池工作时发生净的阳极反应($M - ne^- \longrightarrow M^{n+}$),金属被氧化成阳离子,发生腐蚀;电极 2 则作为原电池的正极,发生净的阴极反应($O + ne^- \longrightarrow R$),即腐蚀性的物质被还原。总的电池反应方程式可写为

$$M + O \rightleftharpoons M^{n+} + R$$

上述电池反应的方向从左往右。可见,电极反应 1 的平衡电势低于电极反应 2 的平衡电势[即 $E_e(M^{n+}/M) < E_e(O/R)$]是金属发生电化学腐蚀的必要条件。

由于上述电池反应在同一电极表面上发生,负极产生的电子通过金属本体流向正极,是一个短路的原电池,若将此电池作为系统,则从环境角度上看该电池不对外界环境做电功,电池反应产生的能量完全通过热量的形式散发至环境。上述因金属的腐蚀而形成的原电池,称为腐蚀原电池,腐蚀原电池的本质是一个短路原电池。

图 8-2 中描述的某一金属的宏观腐蚀过程,是由千千万个腐蚀微电池构成的。除非金属表面各处存在明确的成分差异,否则每个腐蚀微电池的正、负极是随机分布的,这是金属表面发生均匀腐蚀的基本特征。但是,如果金属表面各处的成分存在差异,例如,常说的钢其实是以铁为主并含有碳及其他金属或非金属元素的合金,其表面就存在成分差异,由于一般来说铁碳合金在腐蚀溶液中的电势往往比纯铁相的电势要正,因此在形成腐蚀原电池时前者作为正极而后者作为负极。

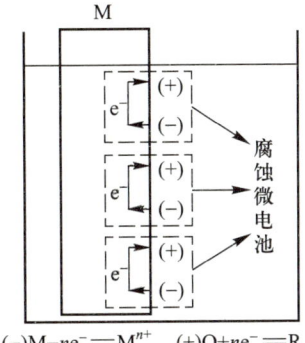

$(-)M - ne^- \rightleftharpoons M^{n+}$ $(+)O + ne^- \rightleftharpoons R$

图 8-2　金属表面发生腐蚀时形成的腐蚀微电池示意图

如果做这样的一个实验:在一块打磨好的铁片上,滴上含 NaCl、铁氰化钾和酚酞的混合溶液。几分钟后,人们会发现,在液滴周围溶液颜色逐渐变为粉红色,而在液滴中间溶液渐渐变为蓝色。根据实验现象可以判断,在溶液的边缘部位发生氧气得到电子被还原生成氢氧根离子的阴极反应;而在溶液的内部发生铁金属失去电子变成亚铁离子的阳极反应。上述现象很直观地说明金属的腐蚀是电化学过程,其中阳极发生了铁的氧化而阴极发生腐蚀剂的还原。

2. 腐蚀电位

由上述正负极反应构成的腐蚀原电池在未工作时输出的电池电压(即电动势)为正负极平衡电势之差,即 $E_e(O/R) - E_e(M^{n+}/M)$,是金属发生腐蚀的原始动力。但是,一旦腐蚀反应自发进行,正、负极的平衡均被打破,若金属表面的电阻可忽略不计,则实际发生腐蚀

时短路原电池的正、负极的实际电极电势的数值势必相等(假设其数值为 E_S),其数值将介于负极和正极的平衡电势之间,即

$$E_e(M^{n+}/M)<E_S<E_e(O/R)$$

可见,金属发生腐蚀是上述电极反应 1 和 2 相互耦合的结果,与未发生腐蚀时的平衡电势相比,一旦腐蚀反应发生,负极发生净的氧化反应从而电势上升,而正极发生净的还原反应从而电势下降,最终正、负极的电势相等,并达到某一稳定的数值,实际输出的电池电压为零。我们将金属通过正、负极耦合而最终达到的某一稳定的混合电势,称为腐蚀电势,习惯上称为腐蚀电位。腐蚀电位既不是金属离子/金属电对(电极反应 1)也不是氧化剂(腐蚀剂)/还原态电对(电极反应 2)的平衡电极电势,而是这两个电对相互耦合后的混合电势,腐蚀电位不是平衡电势。腐蚀电位一般用 E_{corr} 表示,下标"corr"为"腐蚀"一词的英文"corrosion"的缩写。

必须指出的是,电极反应一旦偏离平衡状态发生净的阳极或阴极反应,其电极电势势必偏离平衡电势,人们将该现象称为电极极化。若电极偏离平衡状态发生净的阳极反应,则电极电势上升,若发生净的阴极反应,则电极电势下降。电极极化的原因可参考相关电化学书籍加以理解,在本书中不再阐述。

3. 电偶腐蚀

不同的金属(如图 8-3 中的 M_1 和 M_2)在同种腐蚀溶液中具有不同的腐蚀电位(分别记为 E_{corr1} 和 E_{corr2}),若将它们用导线短接,则由于短接一始两个电极的腐蚀电位存在差异,电子将从腐蚀电位更负的金属通过外接导线流向腐蚀电位更正的金属,最终两个金属电极的电势达到相等,其数值(以 $E_{短接}$ 表示)介于 E_{corr1} 和 E_{corr2} 之间。若假设 $E_{corr1}<E_{corr2}$,有

$$E_{corr1}<E_{短接}<E_{corr2}$$

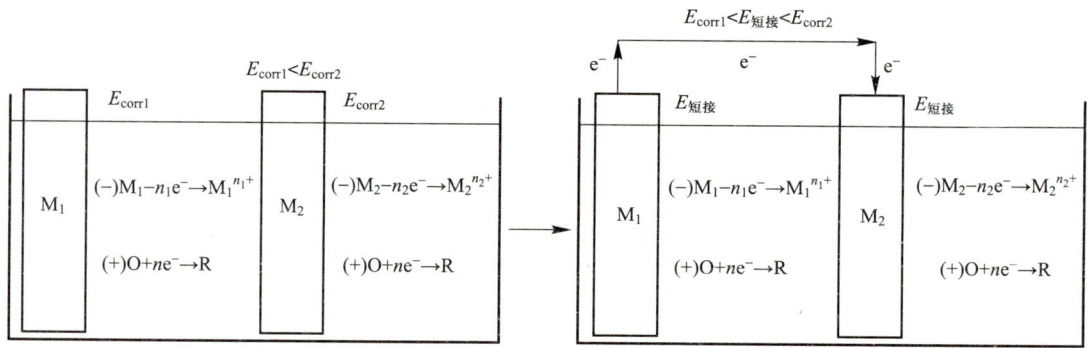

图 8-3 两种金属短接后发生电偶腐蚀的示意图

由于短接后有额外的电子从 M1 流向 M2,导致 M1 电极的电势升高而 M2 电极的电势下降,与未短接之前相比,M1 失去电子被氧化而发生腐蚀的速率加快,而 M2 的腐蚀速率减慢。同时,由于与未短接前相比 M1 电极的电势升高,因此电极表面腐蚀剂的还原速率发生下降,而 M2 电极由于电极电势下降,因此在电极表面腐蚀剂的还原速率上升。我们把由于同腐蚀电位更高的金属接触而引起的腐蚀速率增大的现象称为电偶腐蚀。通常,越活泼的金属在同种腐蚀溶液中的腐蚀电位越低,因此,电偶腐蚀总是发生在与更不活泼金属相接触时。在工程实践中,经常需要将不同材质的金属相互连接,此时,必须考

虑可能发生的电偶腐蚀。

有文献或书籍将电偶腐蚀定义为金属由于同更稳定的金属相接触而引起的腐蚀。这种说法是不正确的。事实上，同更稳定的金属接触只会加速腐蚀，而不是引起腐蚀的根本原因。即便不与其他金属相接触，只要满足金属腐蚀的基本原则 $[$ 即 $E_e(M^{n+}/M) < E_e(O/R)]$，金属与可以将其氧化的腐蚀剂相接触，就会发生腐蚀。

同一合金表面分布的不同组成相常导致合金发生电偶腐蚀。比如前面提到，由于纯铁相对活泼，因此，钢表面夹杂的碳化物相及其他稳定的合金相的存在会显著加快铁的腐蚀。

4. 析氢腐蚀

在酸洗或用酸侵蚀某种较活泼金属的工艺过程中常发生析氢腐蚀。例如，铁在酸性溶液中表面会同时发生两个电化学反应：Fe 发生失电子的氧化（阳极）反应，H^+ 发生得电子的还原反应：

阳极反应　　　　$Fe - 2e^- \rightleftharpoons Fe^{2+}$

阴极反应　　　　$2H^+ + 2e^- \rightleftharpoons H_2 \uparrow$

总反应　　　　　$Fe + 2H^+ \rightleftharpoons Fe^{2+} + H_2 \uparrow$

这种腐蚀过程中有氢气析出，所以称为析氢腐蚀，析氢腐蚀一般发生在酸性溶液，但也有极活泼的金属（如碱金属、碱土金属及 Al 等）在中性或碱性水溶液中也常发生析氢腐蚀。上述 Fe 表面的析氢腐蚀的热力学本质是 $E_e(Fe^{2+}/Fe) < E_e(H^+/H_2)$，所以在两个电极反应构成腐蚀原电池时，前者作为负极，而后者作为正极。

若工厂附近的空气中含有较多的 CO_2、NO_2、SO_2 等酸性气体，这些气体溶于水溶液中将存在下列平衡：

$CO_2 + H_2O \rightleftharpoons H_2CO_3 \rightleftharpoons H^+ + HCO_3^-$

$2NO_2 + H_2O \rightleftharpoons HNO_3 + HNO_2 \rightleftharpoons 2H^+ + NO_3^- + NO_2^-$

$3NO_2 + H_2O \rightleftharpoons 2HNO_3 + NO$

$HNO_3 \rightleftharpoons H^+ + NO_3^-$

$SO_2 + H_2O \rightleftharpoons H_2SO_3 \rightleftharpoons H^+ + HSO_3^-$

可见，由于酸性气体在水溶液中会解离出 H^+，可通过析氢腐蚀加速金属的腐蚀。

即便在中性溶液中 $[c(H^+) = 10^{-7} \text{mol} \cdot \text{dm}^{-3}]$，根据能斯特方程计算得（假设温度为 298.15 K）

$$E_e(H^+/H_2) = [0.0 + (0.059/2)\lg(10^{-7})^2] \text{ V} = -0.414 \text{ V}$$

而 (Fe^{2+}/Fe) 电对 $[$以腐蚀发生的最低 Fe^{2+} 浓度为 $c(Fe^{2+}) = 10^{-6} \text{mol} \cdot \text{dm}^{-3}$ 计$]$ 的平衡电极电势 $E(Fe^{2+}/Fe) = -0.587 \text{ V}$，$E_e(H^+/H_2) > E_e(Fe^{2+}/Fe)$，即理论上铁仍可以发生析氢腐蚀。但由于 H_2 在金属表面析出时的实际电势要比理论电势小，因此铁在中性溶液中的析氢腐蚀并不明显。

5. 吸氧腐蚀

对较不活泼的金属（如铜）而言，即便在 H^+ 浓度很高的酸性溶液中也不会发生析氢腐蚀。这是因为，以 $c(H^+) = 1.0 \text{ mol} \cdot \text{dm}^{-3}$ 为例，$E_e(H^+/H_2) = 0 \text{ V}$，而 $E_e(Cu^{2+}/Cu)$ $[$以 $c(Cu^{2+}) = 10^{-6} \text{mol} \cdot \text{dm}^{-3}$ 计$] = 0.168 \text{ V}$，$E_e(H^+/H_2) < E_e(Cu^{2+}/Cu)$，不符合腐蚀微电池的基

本条件，Cu 不会发生析氢腐蚀。但是在日常生活中我们经常看到，含铜的文物或雕塑其表面总是锈迹斑斑，说明铜发生了严重的腐蚀。这是什么原因呢？这是因为，氧气在水溶液和潮湿的大气中无处不在，铜在腐蚀时氧气作为腐蚀剂接受电子被还原，而铜失去电子被氧化，反应式如下：

阳极反应（负极）　　　$Cu - 2e^- \rightleftharpoons Cu^{2+}$

阴极反应（正极）　　　$O_2 + 4H^+ + 4e^- \rightleftharpoons 2H_2O$（酸性溶液）

　　　或　$O_2 + 2H_2O + 4e^- \rightleftharpoons 4OH^-$（碱性溶液）

总反应　　　　$2Cu + O_2 + 4H^+ \rightleftharpoons 2Cu^{2+} + 2H_2O$（酸性溶液）

　　　或　$2Cu + O_2 + 2H_2O \rightleftharpoons 2Cu(OH)_2$（碱性溶液）

由 7.1.2 节可知，不管是用 $E^\ominus(O_2/H_2O)$ 的数值（1.229 V）还是 $E^\ominus(O_2/OH^-)$ 的数值（0.401 V），通过能斯特方程计算上述阴极反应在某一 pH 下的平衡电势，所得到的计算结果是相同的。以温度为 298.15 K 的中性溶液 [假设 $p(O_2) = 0.2\ p^\ominus$] 为例，计算可得

$E_e(O_2/H_2O) = E^\ominus(O_2/H_2O) + (0.0591/4)\lg[0.2 \times (10^{-7})^4]\ V = 1.229\ V - 0.425\ V = 0.804\ V$

或 $E_e(O_2/OH^-) = E^\ominus(O_2/OH^-) + (0.0591/4)\lg[0.2/(10^{-7})^4]\ V = 0.401\ V + 0.403\ V = 0.804\ V$

此数值大于 $E_e(Cu^{2+}/Cu)$（0.168 V），因此上述的阴阳极反应能构成一个腐蚀微电池，该电池反应使得铜金属被腐蚀溶解，而氧气被还原。这种发生"吸收"氧气的电化学腐蚀称为吸氧腐蚀。由于在潮湿的大气环境下或水溶液中，大多数 M^{n+}/M 电对的平衡电势比 $E_e(O_2/H_2O)$ [或 $E_e(O_2/OH^-)$] 要小，所以大多数金属都可能发生吸氧腐蚀。由于 $E_e(O_2/H_2O)$ 或 $E_e(O_2/OH^-)$ 的数值随 pH 下降而增大，因此，在酸性较强的溶液中，金属在发生析氢腐蚀的同时，也发生吸氧腐蚀。

锅炉、铁制水管等都与大气相通，而且不是经常有水，无水时管道被空气充满，因此锅炉管道系统常含有大量的氧气，所以常有严重的吸氧腐蚀。

差异充气腐蚀是由金属表面氧气分布不均匀而引起的在氧气浓度较低表面的金属腐蚀加速现象。在土壤的颗粒间有许多弯曲的微孔（或称毛细管），土壤中的水分和空气可通过这些微孔深入土壤内部。于是，土壤的盐类就溶解在这些水中，成为电解质溶液。此外，土壤中的含氧量也与土壤的湿度、结构有密切关系，在干燥的沙土中，氧气容易通过，含氧量较高；在潮湿的沙土中，氧气难以通过，含氧量较低；在潮湿而又致密的黏土中，氧气的通过就更加困难，故含氧量更低。例如，钢管、铸铁管埋在地下，地下的土有沙土、黏土之分和压实不压实的区别，沙土或没有压结实黏土的部分氧气就比较充足，即氧气的分压或浓度要大一些，由氧电极的平衡电势表达式

$E_e(O_2/H_2O) = E^\ominus(O_2/H_2O) + (0.0591/4)\lg[p(O_2)/p^\ominus] - 0.0591pH$

可知，在氧气分压 $p(O_2)$ 大的地方，$E_e(O_2/H_2O)$ 值也大；$p(O_2)$ 小的地方，$E_e(O_2/H_2O)$ 值也小。当这两个地方的氧电极反应与金属的失电子氧化反应相耦合，导致金属在两处均发生吸氧腐蚀，并各自形成腐蚀电位，但 $E_e(O_2/H_2O)$ 值较大处的腐蚀电位较 $E_e(O_2/H_2O)$ 值较小处的腐蚀电位更高，在氧气分压不同的金属表面形成电势差，电子将通过金属内部从氧分压较低一侧向氧分压较高一侧传输，形成了一个因氧分压不同而产

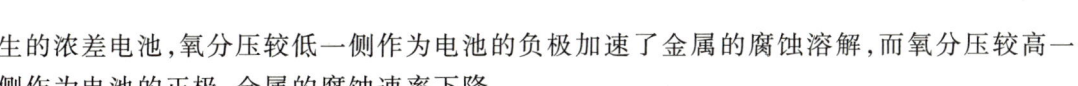

生的浓差电池,氧分压较低一侧作为电池的负极加速了金属的腐蚀溶解,而氧分压较高一侧作为电池的正极,金属的腐蚀速率下降。

有些文献或书籍将存在氧浓差归结为在氧分压较低部位金属发生腐蚀的起因,这显然也是不准确的。金属表面是否存在氧浓差,只要满足吸氧腐蚀的原则(即氧电极的平衡电势大于金属溶解反应的平衡电势),其在含氧环境中均会发生吸氧腐蚀,有氧浓差存在只不过加速了氧分压较低部位的腐蚀而已。

差异充气腐蚀对工程材料的影响必须予以足够重视。工件上的一条裂缝,一个微小的孔隙,往往会因差异充气腐蚀而使缝隙内的金属加速腐蚀而毁坏整个工件,造成事故。

8.1.3　生物腐蚀

藻类、贝壳类等生物,特别是微生物在土壤、天然水、自来水、石油及其产品等各种环境中都存在,它们在新陈代谢过程中,对金属材料所产生的腐蚀破坏作用都是生物腐蚀。生物腐蚀引发和加速电化学腐蚀。主要有下述三种情况:

1. 破坏防腐物

在使用有机物进行防腐蚀时,若这些有机物在生物作用下被消耗或破坏,则不能达到预期的防腐效果。例如,水中加入的缓蚀剂,被细菌消耗分解,则达不到防护作用。

2. 代谢产物的影响

碳氢化合物无论在厌氧菌还是好氧菌的作用下,都会产生酸或酸性物质,降低水体的pH,促进金属的腐蚀。目前认为,造成金属材料腐蚀的微生物主要是参与自然界 S 和 Fe 元素循环的细菌,即厌氧的硫酸盐还原菌和好氧的铁细菌及硫杆菌。在油田生产中这些菌的存在,使油管、套管和注水管造成严重堵塞、锈蚀穿孔。油井 80% 的管道腐蚀与硫酸盐还原菌有关。硫酸盐还原菌在其生命活动中,不断氧化存在于环境中的 H_2 或者设备腐蚀过程中因阴极反应而析出的 H_2,使硫酸盐、亚硫酸盐还原成硫化物。从而加速阴极反应和造成阴极溶解。这个过程可用下式表示:

$$SO_4^{2-} + 4H_2 \longrightarrow S^{2-} + 4H_2O$$

此外,硫酸盐还原菌作用产生的硫化氢造成局部微酸环境,这不仅加速金属的析氢腐蚀,更重要的是加剧了钢的渗氢作用,从而导致金属的氢脆。

一般厌氧菌的腐蚀只能在裸露的钢管和铸铁管上发生。所以当管外涂层失效和脱落时,就会发生这类腐蚀。

好氧菌如噬硫杆菌能将元素硫或含硫化合物氧化成硫酸,能产生局部浓度达 5%(质量分数)的硫酸,于是形成了局部腐蚀性极强的酸性环境。其反应为

$$2S + 3O_2 + 2H_2O \longrightarrow 2H_2SO_4$$

这类细菌需要元素硫或化合态硫以维持生存,因此它们常在硫矿、油田及处理含硫有机废物的排污管内及其附近出现,引起地下钢管的严重腐蚀。

3. 形成氧浓差电池

在有机物很多且活性细菌等生物活动的区域,因氧的消耗,使溶解氧浓度下降显著,这样的缺氧区域成了阳极区,而在细菌等生物少、氧充足的区域成为阴极区,因而形成了氧浓差电池,加速了金属的腐蚀。例如,铁细菌使铁生成三价 $Fe(OH)_3$ 沉淀后形成水

垢,而在水垢的里外便形成氧浓差电池,造成自来水管的加速腐蚀。

8.1.4　影响金属腐蚀速率的因素

对不同金属来说,在相同的环境条件下,金属越活泼电极电势越小,越易被腐蚀;反之,金属越不活泼,电极电势越大,越不易被腐蚀。就同种金属而言,腐蚀速率主要受环境介质的影响,影响因素大致有湿度、温度、空气中的污染物质、溶液状况及其他的人为因素等。现在对几种因素的影响予以讨论。

1. 大气相对湿度对腐蚀速率的影响

常温下,金属在大气中的腐蚀主要是吸氧腐蚀。吸氧腐蚀的速率主要取决于构成电解质溶液的水分。在某一相对湿度(称临界相对湿度)以下,多数金属即使长期暴露于大气中,也几乎不生锈。但如果超过某一相对湿度时,金属表面很快就会吸附水蒸气形成水膜而腐蚀。临界相对湿度随金属的种类及表面状态不同而有所不同。一般来说,钢铁生锈的临界相对湿度大约为75%。

不同物质或同一物质的不同表面状态对于大气中水分的吸附能力是不同的。例如,一块干净的玻璃和一堆粗盐,在同一湿度的空气中,玻璃表面没有发生变化,而粗盐却渐渐变成了一摊盐水。这是因为粗盐中所含的 $MgCl_2$ 晶体对空气中水分子的吸附能力很强,即使空气相对湿度很低,也有吸附;而玻璃对空气中水分子的吸附力较小,空气湿度达不到它的过饱和状态就看不到玻璃表面有水膜。同一种金属材料,如一块铁皮,在光洁处与粗糙不平处吸附水汽形成水膜的能力不同,一般粗糙处易形成水膜而加快锈蚀,光洁处不易形成水膜,能减缓腐蚀,这也是金属表面抛光处理防腐技术的原理之一。总之,物体本身的特性及表面状态决定了物体表面在多大湿度下才能形成水膜。

金属表面上的水膜厚度对金属腐蚀速率的影响很大。金属在水膜极薄的情况下腐蚀几乎不能发生,即使发生,反应速率也极小,因为这种情况下不能形成足够的电解质溶液供金属溶解和离子迁移运动;而水膜在 $10\ \mu m$ 左右时的腐蚀速率最大,因为这种情况相当于空气相对湿度较大时形成的水膜,此时,氧分子十分容易地透过水膜到达金属表面,使氧的浓度变大,也就是阴极电势增大,易得电子,阳极(金属)的失电子也快,因此腐蚀速率很快;如果水膜过厚,氧分子通过水膜到达金属表面的时间变得较长,致使水膜中氧的浓度变小,这使阴极得电子的还原反应变得迟缓,腐蚀速率也就会随之而降低。

如果金属表面有吸湿性物质(如灰尘、水溶性盐类等)污染,或其表面形状粗糙而多孔时,则临界相对湿度值就会大幅度下降,导致水膜的形成,加快金属的腐蚀。

2. 环境温度的影响

环境温度及其变化也是影响金属腐蚀的重要因素。因为它影响空气的相对湿度、金属表面水汽的凝聚、水膜中腐蚀性气体和盐类的溶解,以及水膜的电阻和腐蚀电池中阴、阳极反应过程的快慢。

温度的影响一般要和湿度条件综合起来考虑。当湿度低于金属的临界相对湿度时,温度对腐蚀的影响很小,此时无论气温多高,金属也几乎不发生电化学腐蚀。而当相对湿度在临界相对湿度以上时,温度的影响就会相应地增大。此时温度每升高10℃,锈蚀

速率提高约 2 倍,所以在雨季或湿热带,温度越高,生锈越严重。

温度的变化还表现在霜露现象上。例如,在大陆性气候地区,白天炎热、空气相对湿度虽低,但并不是没有水分,一到晚上,温度就剧烈下降,空气的相对湿度大大升高,这时空气中的水分就会在金属表面形成露水,形成了生锈的条件,从而导致加速腐蚀。在某些供暖时有时无的库房或车间,也会出现霜露现象。冬天将机器设备从室外搬到室内,冰冷的机器表面就会形成一层水珠。在潮湿的环境中用汽油洗涤零件,洗后由于汽油迅速挥发,而使零件变冷,表面会马上凝结一层水膜,所有这些都会引起金属生锈。所以,在金属制品的生产、放置和贮运中,应尽量避免温度的剧烈变化。

3. 氯化物的作用

对于金属表面钝化膜最具有破坏作用的是某些带有负电荷的阴离子,其中最为典型也最为重要的是氯离子。Cl^- 体积小,无孔不入,能穿透水膜,破坏金属表面的钝化膜,使钝化膜在若干个"点"上快速溶解,导致金属发生小孔腐蚀(即点蚀)。而且生成的 $FeCl_2$ 和 $CrCl_3$ 等又易溶于水,且溶入水膜后将大大提高水膜的导电能力。此外,Cl^- 也会破坏金属表面既成的钝化膜,进一步腐蚀内部金属。特别是在近海洋的大气中,能促进腐蚀的发生。钢铁材料在海滨大气及海洋运输中腐蚀速率较快的原因就是 Cl^- 的作用。一般情况下,金属在中性盐溶液中的腐蚀速率最初是随着盐浓度的增加而增加,达到某一高度后(一般 NaCl 的质量分数约为 3.5% 时,相当于海水中的浓度),由于氧在溶液中的溶解度随盐浓度的增加而减少,腐蚀速率反而下降,如图 8-4 所示,这里腐蚀速率与相对腐蚀是一致的,所以当 Cl^- 的含量在 2%~4% 时,对铁的腐蚀影响最大。

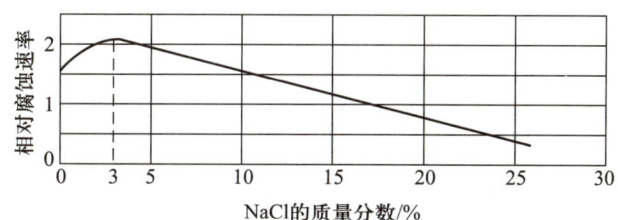

图 8-4　NaCl 浓度对铁腐蚀的影响

4. 空气中污染物质的影响

除氯化物外,SO_2、NO_x、Cl^- 和灰尘等污染物质,在工业城市大气中大量存在。例如,一个十万千瓦火力发电站,每昼夜从烟囱中排放出的 SO_2 就有 10 吨之多。2014 年,全国工业 SO_2 排放量为 1740.4 万吨,工业 NO_x 排放量为 1404.8 万吨。

SO_2、NO_x、CO_2 等都是酸性气体,它们溶于水膜,不仅增加了作为电解质溶液的水膜的导电性,而且使析氢腐蚀和吸氧腐蚀同时发生,从而加快了腐蚀速率。

$$Fe+2H^+ \Longrightarrow Fe^{2+}+H_2 \uparrow$$
$$2Fe+4H^++O_2 \Longrightarrow 2Fe^{2+}+2H_2O$$

Fe^{2+} 进一步被氧化成 Fe^{3+}。Fe^{3+} 在 pH = 2.3 时完全沉淀为 $Fe(OH)_3$:

$$4Fe^{2+}+O_2+2H_2O+8OH^- \Longrightarrow 4Fe(OH)_3$$

Fe 在大气中的腐蚀主要是吸氧腐蚀。Zn 也如此,它在大气中的吸氧腐蚀产物主要是 $Zn(OH)_2$,它与空气中的 CO_2 进行如下反应,生成碱式碳酸锌:

$$5Zn(OH)_2+2CO_2 \rightleftharpoons Zn_5(OH)_6(CO_3)_2+2H_2O$$

碱式碳酸锌可形成一种致密的覆盖层,使金属表面与氧、水隔离,即生成钝化膜。这就使腐蚀速率大大变慢,一般每年腐蚀深度只有几微米。这种情况下,腐蚀速率只取决于覆盖层按照下述反应所发生的溶解:

$$Zn_5(OH)_6(CO_3)_2 \rightleftharpoons 5Zn^{2+}+6OH^-+2CO_3^{2-}$$

这样,如果在锌表面经常有水出现,碱式碳酸锌就可能溶解而促使腐蚀得以继续。再加上工业区大气被 SO_2 严重污染, SO_2 可以通过多种途径(如光化学氧化和多相催化氧化等)与 O_2 和 H_2O 反应生成硫酸,而 H^+ 则使碱式碳酸锌的解离平衡强烈地向右移动,促进了覆盖层的溶解,加速了锌的腐蚀:

$$2SO_2+O_2+2H_2O \xrightarrow{\text{催化}} 4H^++2SO_4^{2-}$$

$$CO_2+H_2O \rightleftharpoons H_2CO_3 \rightleftharpoons H^++HCO_3^-$$

$$Zn_5(OH)_6(CO_3)_2 \rightleftharpoons 5Zn^{2+}+6OH^-+2CO_3^{2-}$$

$$OH^-+H^+ \rightleftharpoons H_2O$$

铅在大气中的腐蚀过程本质上与锌十分类似,但有一个重要差别。由 SO_2 所生成的硫酸与铅发生反应可产生硫酸铅,而硫酸铅是难溶于水的,所以起着抑制腐蚀继续进行的作用。铅在工业大气中具有较好的抗蚀性,原因就在于此。铅的腐蚀速率几乎与 SO_2 无关,仅取决于相对湿度。在某些化工厂区,大气中含有许多腐蚀性气体,如 H_2S,NH_3,Cl_2 和 HCl 等,这些气体都能不同程度地加速金属的腐蚀。

5. 其他因素的影响

金属制品在其生产过程中,可能带来很多腐蚀性因素。例如,机械加工冷却液,不同的金属对它的 pH 和氧化还原要求差别很大。Zn 或 Al 在一般的酸和碱溶液中都不稳定,因为它们都具有两性,其单质或氧化物在酸、碱中均能溶解。Fe 和 Mg 由于其氢氧化物在碱中一般不溶解,而在金属表面生成保护膜,因而使得它们在碱溶液中的腐蚀速率比在中性和酸性溶液中要小。Ni 和 Cd 在碱性溶液中较稳定,但在酸性溶液中易腐蚀。因此加工钢铁零件的冷却液,一般要呈弱碱性(pH = 8~9),但这种碱性冷却液用于Zn 或 Al 等金属就不行了。

盐类的影响比较复杂,一般着重考虑它们与金属反应所生成的腐蚀产物的溶解度。例如,可溶性碳酸盐、磷酸盐分别在钢铁表面的阳极区域生成不溶的碳酸铁、磷酸铁薄膜;硫酸锌则在钢铁表面的阴极区域生成不溶的氢氧化锌,因此钢铁和这些溶液接触时腐蚀速率都比较小。有一些盐类,如铬酸盐、重铬酸盐等能使金属表面氧化形成致密的保护膜。

介质流速对于腐蚀的影响较为复杂,它取决于金属及其所处的环境。当腐蚀过程受腐蚀剂(氧化剂)扩散控制时,搅拌和增加介质流速会使腐蚀速率增加,这种情况一般发生在氧化剂含量很少时,如酸或水中含有溶解氧,如 Fe、Cu 在 H_2O+O_2 的环境中就是如此。如果腐蚀过程受扩散过程控制而金属又容易钝化时,当搅拌和增加介质流速时,金属将由活性转变为钝性,通常易钝化的金属如不锈钢和钛的耐蚀性更高。例如,18Cr8Ni 在 $H_2SO_4+Fe^{3+}$ 的环境,Ti 在 $HCl+Cu^{2+}$ 的环境中就是如此。对于受电化学反应控制的腐蚀过程,搅拌和介质流速对腐蚀速率没有影响,如 Fe 在稀盐酸中的腐蚀就是一例。

还有很多不可避免的操作因素。例如,手工操作者用手与工件接触时,因汗水成分中含有较多的 Cl^-、乳酸及尿素等,这也易促进金属生锈。金属零件的热处理中,残盐洗涤不干净也是常见的腐蚀因素。铸件通过喷砂,表面变得新鲜而粗糙,这样与空气接触面积大,再加上表面吸附性能和反应活性的显著升高,也极易使铸件很快腐蚀。

除上述因素外,还有一些因时因地的各种因素,例如,金属原材料、半成品或成品,因保管不善而积满灰尘;用脏棉丝擦抹工件或用脚踏踩或不小心洒上水滴;蚁、蝇及各种小昆虫在金属表面上爬动,都会因脏物或排泄物等黏附在工件表面而引起腐蚀。

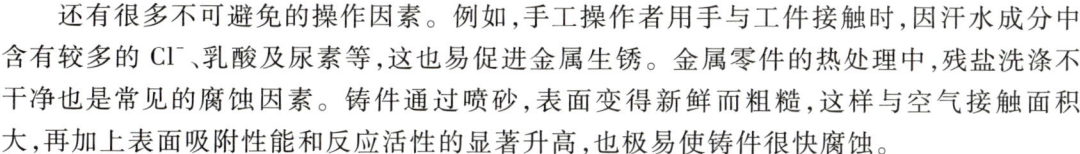

练习题

1. 利用热力学数据,估算反应:$Fe_3C(s) + O_2(g) \rightleftharpoons 3Fe(s) + CO_2(g)$ 在 298.15 K 和 975.15 K 时的 $\Delta_r G_m^\ominus$ 值,并比较在这两个温度下脱碳能力的大小和反应速率的大小〔已知 $\Delta_f H_m^\ominus(298.15\ \mathrm{K}, Fe_3C, s) = 21.0\ \mathrm{kJ \cdot mol^{-1}}$,$S_m^\ominus(298.15\ \mathrm{K}, Fe_3C, s) = 107.94\ \mathrm{J \cdot mol^{-1} \cdot K^{-1}}$〕。

2. 比较化学腐蚀与电化学腐蚀的异同。试写出铁与氧反应的两种不同腐蚀的反应方程式。这两种不同的腐蚀的腐蚀速率各受哪些因素影响?

3. 根据电极电势,比较 Ca, Mn, Zn, Fe, Ni, Sn, Pb, H_2, Cu, Hg 失电子变成 Ca^{2+}, Mn^{2+}, Zn^{2+}, Fe^{2+}, Ni^{2+}, Sn^{2+}, Pb^{2+}, H^+, Cu^{2+}, Hg^{2+} 的难易程度。

4. 析氢反应和吸氧反应都发生在腐蚀电池的哪个电极? 写出它们的电极反应式和电极电势的能斯特方程。

5. 根据吸氧腐蚀时氧还原的电极反应式,写出当氧分压为 21 kPa 时的 $E(O_2/H_2O)$–pH 关系式。

6. 根据吸氧腐蚀时氧还原的电极反应式,写出当 pH 等于 6.5 时的 $E(O_2/H_2O)$–$p(O_2)$ 关系式。

思考题

1. 原油在管道输送过程中,对金属制件产生的腐蚀一般属于什么腐蚀?

2. 钢铁的脱碳现象是怎样产生的? 分别写出有关 O_2 和 H_2O(气)与 Fe_3C 发生反应的化学方程式。

3. 你对"差异充气腐蚀导致在氧气浓度小的地方(或说裂缝深处)金属腐蚀速率加快",是怎样理解的?

4. 比较粗盐、钢铁、玻璃形成水膜时的相对湿度大小;比较玻璃、粗盐、钢铁对大气水分子的吸附能力;比较铸件经过喷砂的新鲜表面和不喷砂的表面对大气中水分的吸附能力大小。通过上面几种比较,你对吸附有怎样的认识?

5. 分别简述空气中 SO_2 气体对铁、锌、铅等金属腐蚀速率的影响,并写出有关的反应方程式。

6. 写出空气中 CO_2 对铁、锌、铅等金属腐蚀速率的影响,并写出有关的化学方程式。

7. 温度对金属腐蚀有哪些影响,是怎样影响的? 霜露现象是怎样产生的,对金属腐蚀有什么危害?

8. 溶液的 pH 对金属腐蚀有哪些影响,是怎样影响的?

9. 人体汗液对金属腐蚀有哪些影响?

§8.2　金属腐蚀的防护与利用

学习要求

1. 了解正确选用金属材料及代用材料的思路,理解根据具体情况选材的重要性,特别注意不锈钢、钢、镍及镍合金、钛及钛合金、钽的选用。

2. 了解隔绝金属材料与腐蚀性介质的接触、控制和改善环境气体和液体介质、使用缓蚀剂等的方法和意义。

3. 掌握电极电势的应用和明确电镀时两极发生的反应及金属在阴极的析出顺序,掌握含 $CoCl_2$ 硅胶的使用,了解缓蚀机理。

4. 理解牺牲阳极保护法、外加电流法等电化学保护法的应用。

5. 了解电化学腐蚀的应用;理解阳极氧化、电解抛光等装置的两极发生的反应;电解液的组成;理解化学铣切原理和应用,了解腐蚀液的选择。

金属腐蚀向我们提出了三个问题:如何选择耐腐蚀材料;如何防止腐蚀;腐蚀能否被利用。

8.2.1　耐腐蚀金属材料的选择

一般来说,金属的标准电极电势越负,越容易发生腐蚀。表 8.1 列出了一些常见金属的标准电极电势和可能发生的腐蚀。由表 8.1 可知,黄金作为货币和精密仪表的导电材料,就是因其具有优越的耐蚀性,但它价格昂贵。

表 8.1　根据金属的标准电极电势近似评定其热力学稳定性

金属的标准电极电势/V	热力学稳定性	可能发生的腐蚀	金属
<−0.414	不稳定	在含氧的中性水溶液中,能产生吸氧腐蚀,也能产生析氢腐蚀;在不含氧的中性水溶液中,有的也能产生析氢腐蚀	Li, Rb, K, Cs, Ra, Ba, Sr, Ca, Na, La, Mg, Pu, Th, Np, Be, U, Hf, Al, Ti, Zr, V, Mn, Nb, Cr, Zn, Ca, Fe
−0.414~0	不够稳定	在含氧或氧化剂中性水溶液中,能产生吸氧腐蚀;在酸性水溶液中产生析氢腐蚀	Cd, In, Co, Tl, Ni, Mo, Sn, Pb

金属的标准电极电势/V	热力学稳定性	可能发生的腐蚀	金属
0~+0.815	较稳定（半贵金属）	在不含氧的中性或酸性水溶液中不腐蚀，只在含氧介质中产生吸氧腐蚀	Bi,Sb,As,Cu,Rh,Hg,Ag
>+0.815	稳定（贵金属）	只在含氧的酸性介质中发生吸氧腐蚀，或在含有生存配合物的介质中才能发生腐蚀	Pd,Ir,Pt,Au

工程设计关系到生产，材料的选用将影响到设备在服役期间的腐蚀情况。在设计金属构件时，应注意避免两种电势（更准确地说是腐蚀电势）差很大的金属互相接触。例如，铝合金、镁合金不应当和铜、镍、铁等电极电势代数值较大的金属直接连接。当必须把这些不同的金属装配在一起时，应该设法采用加隔离层的办法把它们隔开来。例如，喷绝缘漆、衬塑料或橡胶垫，或通过适当的金属镀层隔离。若铝合金与钢铁件组合时，则需将铝合金进行阳极氧化处理，并将钢铁镀锌或镀镍后才可再组装在一起。

纯金属的耐蚀性能一般比含有杂质或少量其他元素的金属更好。例如，铝在相当纯的状态下（99.5%以上）价格并不贵，因此电气工业中使用较多。又例如，锆是原子能应用中非常重要的材料，轻微腐蚀都不允许，因此必须使用电弧熔炼所得的纯度非常高的锆。不过纯金属通常价格较贵，而且比较软，强度低，所以一般只用在极少的特殊场合，大多数情况下都使用合金材料。

选用材料时还应考虑材料使用时所处的介质种类和条件，如空气的湿度、溶液的浓度、温度等。例如，对接触还原性或非氧化性的酸和水溶液的材料，通常使用镍、铜及其合金。对于氧化性极强的条件，采用钛和钛合金。除了氢氟酸和烧碱溶液外，金属钽和非金属的玻璃几乎对所有介质都能耐蚀。许多年来，钽已被认为并已被用作"完全"耐蚀材料。

不锈钢并不是在所有情况下都不生锈，也并非是最耐腐蚀的材料。它是由含铬11.5%~30%，含镍低于22%，加上其他少量合金元素所组成的，包括30种以上不同合金系列的通称。不锈钢的耐蚀性随含碳量的增加而降低，因此大多数不锈钢的含碳量一般不超过1.2%。不锈钢虽然在耐腐蚀方面有着良好的性能，但并不耐所有腐蚀剂。在某些情况下，如含氯化物的介质或被用作受应力的结构时，不锈钢还不及普通结构钢耐腐蚀。有大量的腐蚀事故可以直接归结为对不锈钢选材的不慎或把它当作最好的万能材料之故，实际上不锈钢仅是耐蚀性较高而价格相对较低的一大类材料，使用时必须慎重。

在讨论耐腐蚀性时还可考虑下列五类非金属材料代替金属材料：天然橡胶和合成橡胶；塑料；陶瓷；碳素材料（如石墨）；木材。一般来说，橡胶和塑料与金属材料相比较，强度和硬度都低得多，但对氯离子和盐酸的耐蚀性却要强得多，对浓硫酸、硝酸等氧化性酸耐蚀性则较差，对有机溶剂的耐蚀性也较差，使用温度一般不能高于90℃。陶瓷的耐蚀和耐热性都很高，但主要缺点是太脆和抗拉强度太低。石墨的耐蚀性、导电性和导热性能都很好，但性脆，硬度低。木材在强腐蚀性环境中一般不耐蚀。

8.2.2　涂层保护法

涂层保护法是在材料表面涂覆一层耐蚀的覆盖层，将金属或合金与周围介质隔离开来，从而达到防腐蚀的目的。覆盖层可采用化学处理的方法，使金属表面形成一层保护层。目前，在常用工程材料如镁合金、铝合金和钢铁等表面制备耐蚀保护膜是一种低成本有效的方法。最常见的保护膜有氧化膜、磷化膜及铬酸盐钝化膜等。

钢铁发蓝，也称发黑，是使钢铁表面生成一层蓝黑色致密的四氧化三铁（Fe_3O_4）薄膜，牢固地与金属表面结合。这种氧化膜对干燥的气体抵抗力强，但在水中和湿气中抵抗力差。这种氧化膜具有较大的弹性及润滑性，广泛应用于机器零件、精密仪器、光学仪器、钟表零件和军械的制造中。常用的碱性发蓝工艺是将钢铁零件放入高浓度的碱（NaOH）和氧化剂（$NaNO_2$，$NaNO_3$）溶液中，在 140～150℃ 下进行处理，其反应主要是氧化还原反应和水解反应：

$$3Fe+NaNO_2+5NaOH = 3Na_2FeO_2+NH_3+H_2O$$

$$6Na_2FeO_2+NaNO_2+5H_2O = 3Na_2Fe_2O_4+NH_3+7NaOH$$

$$Na_2FeO_2+Na_2Fe_2O_4+2H_2O = Fe_3O_4\downarrow+4NaOH$$

（亚铁酸钠）（铁酸钠）

钢铁磷化是把钢铁制件放入磷酸盐溶液中进行浸泡，使其表面获得一层灰黑色不溶于水的磷酸盐薄膜（磷化膜）。磷化膜在大气中有较好的耐蚀性，一些磷化膜保护的钢铁零件即使与酸、碱等接触也不受腐蚀。在对钢铁制件进行涂料或喷塑、喷漆前使其覆盖一层磷化膜，能使涂膜更加牢固。覆盖了磷化膜的工件，更易润滑，耐磨损。磷化膜加工工艺简便，成本低廉。常用的磷酸盐是磷酸二氢锰铁盐，俗名马日夫盐，分子式为：$n\mathrm{Fe(H_2PO_4)_2}\cdot m\mathrm{Mn(H_2PO_4)_2}$，简写为 $M(H_2PO_4)_2$，其中 M 表示二价的锰、铁、锌等金属元素。由于磷酸溶液中存在下列解离平衡：

$$H_3PO_4 \rightleftharpoons H_2PO_4^-+H^+ \rightleftharpoons HPO_4^{2-}+2H^+ \rightleftharpoons 3PO_4^{3-}+3H^+$$

钢铁在该酸性溶液中反应生成 Fe^{2+}，Zn^{2+}，Mn^{2+} 等离子的 HPO_4^{2-} 与 PO_4^{3-} 的复合盐，结晶沉积于金属表面，形成磷化保护膜。其主要反应可用下列通式表示：

$$M^{2+}+HPO_4^{2-} = MHPO_4$$

$$3M^{2+}+2PO_4^{3-} = M_3(PO_4)_2$$

对铝合金或锌而言，以铬酸为氧化剂的铬酸盐钝化是常用的表面防护技术。以锌为例，主要反应如下：

$$3Zn+2CrO_3+6H^+ = 3Zn^{2+}+Cr_2O_3+3H_2O$$

锌与铬酸发生反应，锌作还原剂被氧化，铬酸作为氧化剂被还原。反应生成的 Cr_2O_3 等不溶性物质会在锌表面形成保护膜。同时，在钝化膜中残留的可溶性六价铬在金属使用过程中还可对钝化膜起到修复作用。

虽然磷化和铬酸盐钝化技术能为金属提供良好的保护效果，但是由于磷会对环境造成富营养化，铬对生命体有毒，它们已逐渐被限制或禁止使用。开发对环境友好并能为金属提供高效防护性能的保护层技术是当前学术界与工业界的共识。

覆盖层也可以用金属保护层。金属保护层是以另一种金属镀在被保护的金属制品表

面上所形成的保护层,保护层一般分为两种:一种是镀层金属比基体活泼,作为阳极 牺牲保护;另一种镀层耐蚀性比基体强,作为 屏障保护。制备金属保护层有电镀、电刷镀、渗镀、化学镀、溅射镀等方法。

电镀是应用电解原理在某些金属表面镀上一层其他金属或合金的过程,既可提高耐磨性、导电性、反光性、抗腐蚀性,又可起装饰的作用,不少硬币的外层采用了电镀工艺。在电镀时,将需要镀层的零件作为阴极(连接电源负极),而用作镀层的金属(如 Cu, Zn, Ni, Sn 等)作为阳极(连接电源正极)。阳极也可以是不溶性的金属,如镀铬时阳极用 Pb, Pb 仅起导电作用。两极置于欲镀金属的盐溶液中,外接直流电源,如图 8-5 所示。

在适当的电压下,阳极发生氧化反应,金属失去电子而成为正离子进入溶液中,即阳极溶解;阴极发生还原反应,金属正离子在阴极镀件上获得电子,析出沉积成金属镀层。金属离子析出的先后次序与溶解次序相反,是电极电势大的氧化态先得到电子还原析出,一些电极电势比电对 H^+/H_2 的大的金属电对中的金属离子,如 Cu^{2+}, Hg^{2+} 首先在阴极上被还原,一些电极电势比电对 H^+/H_2 的小的,如 Zn^{2+}, Fe^{2+} 等则由于这些金属表面的析氢速率较慢,所以在酸性较小时,仍比 H^+ 先还原。一般电镀层是靠镀层金属在基体金属上结晶并与基体金属结合形成的。

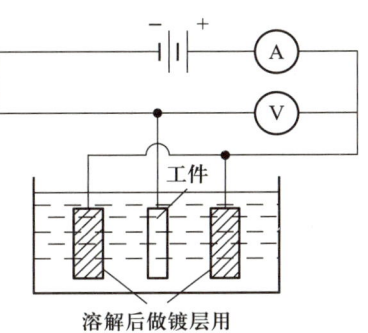

图 8-5 电镀装置示意图

电镀液(电解液)的选择直接影响着电镀质量。例如,镀铜工艺若用酸性镀铜液(基本成分为硫酸铜和硫酸),不仅镀层粗糙,而且与基体金属结合不牢。

若以氰化物为电解液(主要由 $CuCN$ 和 $NaCN$ 组成), $CuCN$ 和过量的 $NaCN$ 反应将生成配合物:

$$CuCN + NaCN \rightleftharpoons Na[Cu(CN)_2]$$

$Na[Cu(CN)_2]$ 是强电解质,在溶液中全部解离:

$$Na[Cu(CN)_2] \longrightarrow Na^+ + [Cu(CN)_2]^-$$

配离子 $[Cu(CN)_2]^-$ 很稳定($K_{稳} = 1 \times 10^{24}$),解离度很小,所以溶液中的 Cu^+ 浓度很低,而且在电镀过程中保持 Cu^+ 浓度稳定不变。Cu^+ 在阴极上放电(得电子)沉积,在被镀零件上形成致密的铜镀层。但由于氰化物剧毒,污染环境严重,正逐步被无氰铜液所取代。

无氰电镀可采用焦磷酸镀铜工艺,也能获得厚度均匀、结晶细致、抛光性能良好的镀铜层,而且具有操作简便、成本低廉、利于大量生产的特点。这种工艺的电镀液主要成分是硫酸铜和焦磷酸钾($K_4P_2O_7$)。硫酸铜和焦磷酸钾首先形成焦磷酸铜沉淀:

$$2CuSO_4 + K_4P_2O_7 \longrightarrow Cu_2P_2O_7 \downarrow + 2K_2SO_4$$

在过量焦磷酸钾溶液中再形成配合物焦磷酸铜钾:

$$Cu_2P_2O_7 + 3K_4P_2O_7 \longrightarrow 2K_6[Cu(P_2O_7)_2]$$

总反应为

$$CuSO_4 + 2K_4P_2O_7 \longrightarrow K_6[Cu(P_2O_7)_2] + K_2SO_4$$

配离子 $[Cu(P_2O_7)_2]^{6-}$ 较稳定($K_{稳} = 1 \times 10^9$),溶液中 Cu^{2+} 浓度很低。

在一些非导体基底上镀覆金属或合金覆盖层,通常采用化学镀。化学镀也称无电解镀或者自催化镀,是在无外加电流的情况下借助合适的还原剂,使镀液中金属离子还原成金属或合金,并沉积到零件表面的一种镀覆方法。由于化学镀技术废液排放少,对环境污染小以及成本较低,在许多领域已逐步取代电镀,成为一种环保型的表面处理工艺。目前,化学镀技术已在电子、阀门制造、机械、石油化工、汽车、航空航天等工业中得到广泛的应用。

覆盖层用含有相对低熔点的金属氧化物作釉料,涂覆在金属制件表面,然后在高温烧结炉中烧结,这能在金属表面形成所谓的搪瓷层。搪瓷层也可隔绝空气介质与金属的接触。

覆盖层还常用非金属作为保护层。非金属保护层是以非金属物质,如油漆、塑料等,涂覆在金属表面上形成的保护层。我国历史悠久的生漆(大漆)也是耐蚀性能很好的涂料,用其作保护层,能耐盐酸、硫酸的侵蚀。在现代工程中,常用喷塑和喷漆。

应用工程塑料喷涂金属表面,比喷漆更具先进性,因为喷塑是把塑料粉剂加热到熔点,喷射出来,熔敷在金属的表面,其附着力较强;而喷漆是液体,它是靠溶剂的帮助,使漆料黏附在金属上,附着力较差,而且溶剂一般都有毒。

8.2.3 控制和改善腐蚀环境

1. 控制和改善环境气体介质

易腐蚀的仪表、器件应尽量放在干燥、不接触腐蚀性气体或电解质溶液的地方。在空气中不可避免地含有水蒸气,因此,常用干燥剂来干燥放置仪表、器件周围的空气。干燥剂的种类很多,值得提及的是,含 $CoCl_2$ 的硅胶作干燥剂时,常用 $CoCl_2$ 的颜色变化能指示硅胶的干燥能力。$CoCl_2$ 因所含结晶水的不同而呈现不同的颜色:

$$CoCl_2 \cdot 6H_2O \underset{}{\overset{52.5℃}{\rightleftharpoons}} CoCl_2 \cdot 2H_2O \overset{90℃}{\rightleftharpoons} CoCl_2 \cdot H_2O \overset{120℃}{\rightleftharpoons} CoCl_2$$
　　　（粉红）　　　　　　　（紫红）　　　　　　（蓝紫）　　　　（蓝色）

当含 $CoCl_2$ 的硅胶加热时,失水呈蓝色;常温下,吸水由蓝色逐渐变为粉红,此时表面硅胶已无吸附能力。

在密封装置内使用干燥剂或直接充入干燥空气,然后装入欲保存的材料并密封容器,这就是一般所谓的干燥空气封存法或控制相对湿度法。这能使相对湿度控制在小于35%的程度。金属就不易生锈,非金属也不易发霉。

这种干燥空气封存技术的原理,不仅使用于产品封存上,还可通过空调设备,控制整个车间,使库房的相对湿度在规定的低限之内,从而防止产品在生产过程中生锈。

控制环境,还可采用惰性气体保护,例如,常用充氮封存的方法,因氮气的化学性质比较稳定。此外还有去氧封存的方法。

2. 控制和改善环境液体介质

发电厂热力系统中的锅炉、管道等的吸氧腐蚀、析氢腐蚀与给水中溶解氧、二氧化碳等气体的含量有关。所以必须去除给水中的氧和二氧化碳,如采用热力法煮沸给水,这不仅能去除水中的溶解氧,而且还会使一部分水中的碳酸氢根分解:

$$2HCO_3^- \xrightarrow{\text{沸腾}} CO_2\uparrow + CO_3^{2-} + H_2O$$

有时还借助于化学法,用联氨(N_2H_4,又叫肼)除氧。联氨具有还原性,特别在碱性水溶液中是一种很强的还原剂:

$$N_2H_4 + O_2 \rightleftharpoons N_2 + 2H_2O$$

反应产物 N_2 和 H_2O 对热力系统无任何危害。在高温(>200℃)水中,N_2H_4 可将 Fe_2O_3 还原成 Fe_3O_4 甚至 Fe,反应如下:

$$6Fe_2O_3 + N_2H_4 \rightleftharpoons 4Fe_3O_4 + N_2 + 2H_2O$$
$$2Fe_3O_4 + N_2H_4 \rightleftharpoons 6FeO + N_2 + 2H_2O$$
$$2FeO + N_2H_4 \rightleftharpoons 2Fe + N_2 + 2H_2O$$

N_2H_4 还能将氧化铜还原成氧化亚铜或铜。联氨的这些性质可以用来防止锅炉内结铁垢和铜垢。

控制和改善环境还有缓蚀剂法。缓蚀剂是指添加腐蚀性介质中能阻止金属腐蚀或降低腐蚀速率的物质,其用量很小(0.1%~1%),但效果显著。缓蚀剂的种类繁多,有用于酸性、碱性或中性液体介质中的缓蚀剂,有气相缓蚀剂等。习惯上常根据缓蚀剂的化学组成,把缓蚀剂分为无机和有机两类。

无机缓蚀剂,如具有氧化性的铬酸钾、重铬酸钾、硝酸钠、亚硝酸钠等,在溶液中能使钢铁钝化,使金属与介质隔开,从而减缓腐蚀。其中,亚硝酸钠常用作钢铁零件的短期防蚀,它是防锈水的主要成分。

有些非氧化性的无机缓蚀剂,如 $NaOH$、Na_2CO_3、Na_2SiO_3、Na_3PO_4 和 $Ca(HCO_3)_2$ 等,能与金属表面阳极部分溶解下来的金属离子结合成难溶的产物,覆盖在金属表面上形成保护膜,例如:

$$Fe^{2+} + 2OH^- \rightleftharpoons Fe(OH)_2\downarrow$$
$$3Fe^{2+} + 2PO_4^{3-} \rightleftharpoons Fe_3(PO_4)_2\downarrow$$

又如,$Ca(HCO_3)_2$ 能与阴极附近所形成的 OH^- 进行如下反应:

$$Ca^{2+} + HCO_3^- + OH^- \rightleftharpoons CaCO_3\downarrow + H_2O$$

生成的难溶碳酸覆盖于阳极表面,增强了电极的极化作用,阻滞了阳极反应,从而降低了金属的腐蚀速率。

在酸性介质中,通常加入有机缓蚀剂:琼脂、糊精、动物胶、胺类及含 N 和 S 的有机物质等。有机缓蚀剂对金属的缓蚀作用,一般认为是由于金属刚开始溶解时,表面带负电荷,所以能将有机缓蚀剂的离子或分子吸附在表面上,形成一层难溶而腐蚀性介质又很难透过的保护膜,增强电极的极化作用,从而阻碍了 H^+ 得电子,大大减少了析氢腐蚀。有机缓蚀剂在金属氧化物的表面不能被吸附,利用这个特性,有机缓蚀剂常被用于酸洗中,既达到除去金属上的氧化皮或铁锈的目的,又可以减缓金属在酸中的腐蚀速率。

8.2.4 电化学保护法

电化学保护法是将被保护的金属作为腐蚀电池或电解池的阴极。它一般分为牺牲阳极保护法和外加电流保护法。

　　牺牲阳极保护法是将较活泼的金属或其合金连接在被保护的金属上,形成腐蚀电池。这时较活泼的金属作为腐蚀电池的阳极而被加快腐蚀,电子从活泼金属流向被保护金属,被保护的金属作为阴极而达到腐蚀减缓的目的。一般常用的牺牲阳极的材料有铝、锌及它们的合金。牺牲阳极保护法可用于锅炉、海轮外壳等的防腐,如图8-6所示。

　　外加电流保护法是将被保护金属作为阴极与另一作为阳极的附加电极,在直流电的作用下使阴极受到保护。如图8-7所示,这种方法主要用于防止土壤、海水和河水中金属设备的腐蚀。

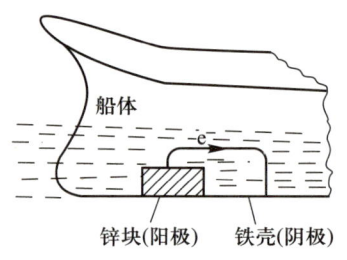
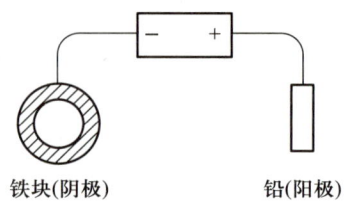

图8-6　牺牲阳极保护法示意图　　　　　图8-7　外加电流保护法示意图

8.2.5　金属腐蚀的利用

　　腐蚀破坏了金属材料,但任何事物都有两面性,利用金属的化学和电化学腐蚀,可以对金属材料进行加工和保护等。

　　1. 化学铣削

　　化学铣削是利用腐蚀来进行金属加工的一种方法,因此又叫腐蚀加工。它是把某一材料先用一保护层将不需要腐蚀的地方保护起来,然后浸入腐蚀液中进行腐蚀的一种方法。

　　化学铣削通常包括清洁处理、涂防蚀层、刻划防蚀层图形、腐蚀加工和从已加工完毕的零件或半成品上把防蚀层去掉。

　　所谓防蚀层,是一种涂在化学铣削零件表面上的包覆层,用来限定和保护零件表面上不需要腐蚀的部分。防蚀层必须在工作条件下仍能牢固地黏着在零件表面上,而且还要有足够的内在强度,以保护腐蚀区域的边缘,并使加工出来的凹槽或凸台轮廓整齐清晰。但黏附力过大,也会造成剥离的困难。此外,还应考虑用作防蚀层的高分子化合物的柔顺性,使化学铣削时产生的气体很容易从凹槽内排出。目前常用以氯丁橡胶为基体的合成橡胶或异丁烯异戊间二烯的共聚物作防蚀层。用于艺术品上的蚀刻和制造印刷图片的凹版,常用沥青、石蜡和松香为基体的防蚀层。

　　光刻工艺的防蚀层是感光胶防蚀层。把感光胶,如重铬酸铵和明胶或聚乙烯醇等组成的重铬酸盐胶,涂布在需蚀刻的器件表面,把不需蚀刻部分进行短时间光照,胶层见光后,重铬酸铵的 $Cr_2O_7^{2-}$ 在光的作用下被还原剂(如聚乙烯醇或明胶)还原,以聚乙烯醇为例:

$$—CH_2—CH—CH_2—CH—CH_2—CH—CH_2— +(NH_4)_2Cr_2O_7 \longrightarrow$$
$$\qquad\quad | \qquad\quad | \qquad\quad |$$
$$\qquad\quad OH \qquad\; OH \qquad\; OH$$

$$—CH_2—CH—CH_2—C—CH_2—CH—CH_2— +Cr^{3+}$$
$$\qquad\qquad\quad | \qquad\quad\| \qquad\quad |$$
$$\qquad\qquad\quad OH \qquad O \qquad\; OH$$

部分被氧化的聚乙烯醇作配体与 Cr^{3+} 发生配位反应:

$$2—CH_2—CH—CH_2—C—CH_2—CH—CH_2— +Cr^{3+} \longrightarrow$$
$$\qquad\qquad | \qquad\quad \| \qquad\quad |$$
$$\qquad\qquad OH \qquad O \qquad\; OH$$

聚乙烯醇中的亲水基团与 Cr^{3+} 结合,封住了亲水基,同时 Cr^{3+} 把聚乙烯醇交联成立体网状结构的不溶性物质,起到防蚀作用。

腐蚀液像机械铣削的刀一样重要。在制作印刷电路的过程中所使用的腐蚀液是 $FeCl_3$ 溶液,它对铜的腐蚀是相当有效的。因为在 298.15 K 下

$$E(Fe^{3+}/Fe^{2+}) = E^{\ominus}(Fe^{3+}/Fe^{2+}) + \frac{0.059\ V}{1}\lg\frac{c(Fe^{3+})/c^{\ominus}}{c(Fe^{2+})/c^{\ominus}}$$

$$E(Cu^{2+}/Cu) = E^{\ominus}(Cu^{2+}/Cu) + \frac{0.059\ V}{2}\lg\frac{c(Cu^{2+})}{c^{\ominus}}$$

由于 $E^{\ominus}(Fe^{3+}/Fe^{2+}) \gg E^{\ominus}(Cu^{2+}/Cu)$,而且 $c(Fe^{3+}) > c(Fe^{2+})$,在式中,$c(Fe^{3+})$,$c(Cu^{2+})$ 又是对数运算,所以反应过程中自始至终有

$$E(Fe^{3+}/Fe^{2+}) > E(Cu^{2+}/Cu)$$

这使铜成为腐蚀电池的阳极而失电子溶解,此时发生的腐蚀反应是

$$2FeCl_3 + Cu =\!=\!= 2FeCl_2 + CuCl_2$$

因为铝是两性的,所以铣削铝合金的腐蚀液,用酸、碱都可以。目前,最广泛使用的是碱性溶液,它是以氢氧化钠为基础的。其反应实质如下:

$$2Al + 2NaOH + 2H_2O =\!=\!= 2NaAlO_2 + 3H_2 \uparrow$$

为提高铣削质量,腐蚀液中除 NaOH 外还加一些添加剂。例如,能与金属离子发生配位的配体乙二胺四乙酸(EDTA)、柠檬酸盐等,能使铜、锌等合金元素产生硫化物沉淀的硫化钠、多硫化钠等。

可以使用的酸性腐蚀液如盐酸腐蚀液,其反应为

$$2Al + 6HCl =\!=\!= 2AlCl_3 + 3H_2 \uparrow$$

还可以采用含有硝酸、盐酸和氢氟酸的腐蚀液。

对于不锈钢、镍合金等,可用王水添加磷酸所组成的腐蚀液。王水是由浓盐酸和浓硝酸按体积比 3∶1 组成的混合液。王水中有 $NOCl, Cl_2, HClO$ 等多种氧化态物质存在,它们在反应中组成的氧化还原电对的电极电势值都较大,所以能对金属进行有效的腐蚀。钢铁受腐蚀的反应式为

$$Fe+3HCl+HNO_3 \Longrightarrow FeCl_3+NO+2H_2O$$

磷酸对金属离子有配位作用,可降低被腐蚀金属的电势。

钛、铌、钼、钽、钨等合金,一般都较耐腐蚀。但可以用氢氟酸为基础并添加硝酸等氧化剂来进行腐蚀。HF 的作用是生成氟化物或氟的配位化合物 $H_2[TiF_6]$,NbF_5,MoF_6,$H_2[TaF_6]$,WF_6 等,以进一步降低被腐蚀金属的离子浓度。

在腐蚀反应中,一般都放出热量,如每溶解 1 g 铝大约释放出 15.9 kJ 热量,这有利于化学铣削速率的提高。

化学铣削已成为一种有很高应用价值的加工方法。它能承担机械切削难以完成的加工,目前已铣削出凹槽厚度偏差不超过 ± 0.025 μm 的材料,并已用在阿波罗号等航天飞船上。

2. 阳极氧化

阳极氧化是用电化学的方法使金属表面形成氧化膜以达到防腐蚀目的的一种工艺。根据生产实践的观察和分析,这种电化学氧化膜的生成是两种不同的化学反应同时进行的结果。以铝为例,一种是 Al_2O_3 形成反应,另一种是 Al_2O_3 被电解液不断溶解的反应。当 Al_2O_3 的生成反应的速率大于溶解速率时,氧化膜就能顺利地生长,并保持一定的厚度。阳极氧化虽然不一定总是需要直流电源,在使用交流电源的情况下阳极和阴极在不断地交替变化,但 Al_2O_3 的形成反应总是在作为阳极时发生:

阳极(Al) 　　$2Al+3H_2O-6e^- \Longrightarrow Al_2O_3+6H^+$(主要反应)

　　　　　　$2H_2O-4e^- \Longrightarrow 4H^++O_2\uparrow$(次要反应)

阴极(Pb) 　　　　$2H^++2e^- \Longrightarrow H_2\uparrow$

阳极氧化可采用稀硫酸或铬酸或草酸溶液作为介质。

由于氧化膜的不断生成,电阻不断增大,为保持稳定的电流,需要不断地调整电压。

阳极氧化过程中的氧化膜,在靠近基体金属的一边,是纯度较高的 Al_2O_3 膜,致密而薄,厚度为 0.01~0.05 μm,硬度高,又称阻挡层。在靠近电解液的一边,是由 Al_2O_3 和 $Al_2O_3 \cdot H_2O$ 所形成的膜,硬度比较低,并由于化学溶解的作用而带疏孔。因为疏孔的存在能保证电解液的流通,使在铝基体上连续不断地获得氧化膜,如图 8-8 所示。

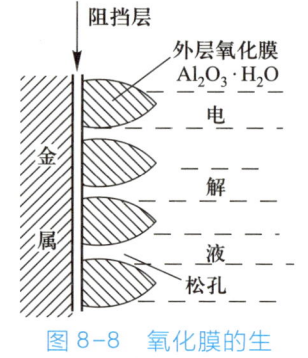

图 8-8　氧化膜的生成示意图

阳极氧化所得的氧化膜与金属基体结合得很牢固,因而大大提高了金属及其合金的耐腐蚀性能和耐磨性,并可提高表面电阻而增强绝缘性能。经过氧化的铝导线,可做电机和变压器的绕阻线圈。阳极氧化所得到的氧化膜富有多孔性,它具有很好的吸附能力,能吸附各种染料,实际中常根据不同需要用有机染料(如茜素红)及无机染料(如草酸铁铵,金色)染成各种颜色。对于不需要染色的表面孔隙,则要进行封闭处理,使膜层的疏孔缩小,以改善膜层的弹性、耐磨性和耐蚀性。封闭处理通常是将工件浸在重铬酸盐或铬酸盐溶液中,以使疏孔被生成的碱式盐 $Al(OH)(Cr_2O_7)$ 和 $Al(OH)(CrO_4)$ 所封闭。

本法还适用于钛、锆等其他能形成阳极氧化膜的金属及合金。

3. 电解抛光

电解抛光是以被抛光工件为阳极,不溶性金属为阴极,两极同时浸入到电解槽中,通以直流电反应而产生有选择性的阳极溶解,从而达到工件表面除去细微毛刺和光亮度增大的效果。电解抛光的原理是:在电解过程中,利用金属表面上凸出部分的溶解速率大于金属表面凹入部分的溶解速率这一特点,使金属表面达到平滑光亮的目的;平滑光亮的金属表面,既不易腐蚀又美观大方。以钢铁工件为例,具体过程一般认为是,阳极上工件铁溶解:

$$Fe-2e^- \Longrightarrow Fe^{2+}$$

然后 Fe^{2+} 与溶液中的 $Cr_2O_7^{2-}$(铬酐在酸性介质中形成 $Cr_2O_7^{2-}$)发生氧化还原反应:

$$6Fe^{2+}+Cr_2O_7^{2-}+14H^+ \Longrightarrow 6Fe^{3+}+2Cr^{3+}+7H_2O$$

Fe^{3+} 进一步与溶液中的磷酸氢根形成磷酸氢盐,如 $Fe_2(HPO_4)_3$ 等;和硫酸根形成硫酸盐,如 $Fe_2(SO_4)_3$。由于阳极附近盐的浓度不断增加,在金属表面形成一种黏性薄膜,如图 8-9 所示。由于离子间引力较大而影响扩散,使阳极反应受阻;同时在金属凹凸不平的表面上黏性薄膜厚度分布不均匀,凸起部分的膜较薄,凹入部分的膜较厚,因而阳极表面各处的溶解速度不同,凸起部分溶解速度较大,于是粗糙的表面变得平整。

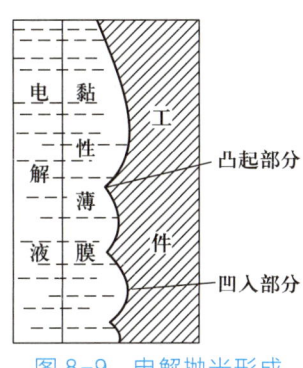

图 8-9 电解抛光形成薄膜示意图

一般用铅作阴极,阴极上的反应是

$$2H^++2e^- \Longrightarrow H_2\uparrow$$
$$Cr_2O_7^{2-}+14H^++6e^- \Longrightarrow 2Cr^{3+}+7H_2O$$

电解抛光用的电解液(抛光液),可以有磷酸、硫酸、铬酐(CrO_3)、高氯酸($HClO_4$)等。

抛光液中,磷酸是应用最广的一种。因为磷酸能跟金属或其氧化物反应,生成各种各样的盐,它们在过饱和溶液中都有较高的黏度,而且没有结晶趋向,易形成黏性薄膜。由于磷酸本身是中强酸,对大多数金属不起强烈的腐蚀作用,又无臭、无毒,因而大多数情况下都采用磷酸作抛光电解液。

硫酸主要用于提高溶液的导电性,因为它是强电解质,酸性很强。H_2SO_4 含量一般控制在 15% 以下,否则会使金属溶解加快,以致金属得不到光学平整的表面。H_2SO_4 很少单独用作电解液。

铬酐溶于水生成的重铬酸($H_2Cr_2O_7$)是一种强氧化剂。它在抛光溶液中能使大多数金属与合金处于钝化状态,并在其表面形成保护膜,保护金属表面不受腐蚀,进而得到光滑平整的表面。在使用铬酐时要注意浓度合适。此外,因 CrO_3 与有机物接触时,反应十分剧烈,操作时应当小心,不要和衣服、皮肤接触。六价铬具有高致癌性,对环境有持久危险性,随着人们环保意识和健康意识的增强,研究者正在探索更环保的替代物。

高氯酸能与许多金属及溶液中其他负离子生成高黏度、高电阻的配合物。高氯酸对许多金属都有很好的抛光作用,因此被广泛采用。纯的高氯酸为无色液体,很不稳定,在储藏中有时也会爆炸。在加热和高浓度时还会与有机物发生猛烈作用,因此在使用时要特别注意。但其水溶液很稳定,特别是使用低浓度的 $HClO_4$ 溶液没有上述危险。

电解抛光具有机械抛光所没有的优点,但是也有缺点,如往往在工件表面产生点状腐蚀和非金属薄膜,这多为电解液配制不当所致。实际工作中,往往电解抛光与机械抛光互相结合,以发挥各自优点,弥补各自的不足。

练习题

1. 何谓不锈钢? 如何正确选择和使用不锈钢材料?

2. 应用工程塑料喷涂金属表面比喷漆具有哪些优点?

3. 使用含 $CoCl_2$ 的硅胶作干燥剂时应注意什么问题?

4. 腐蚀原电池的两极名称各是什么? 各发生什么样的反应?

5. 某金属工件上需要镀镍,请设计一个镀镍装置,指出阴、阳两极和电解液各用什么物质,阴、阳两极与电源的连接方法。

6. 为防止铁制地下水管道或竖立在海港中的起重机钢架被腐蚀,请提出一种防护方法(以简图和文字说明)。

7. 阳极氧化的目的是什么? 氧化膜的生成是哪两种不同化学反应同时进行的结果?

8. 铜、铝合金、钢铁材料在进行化学铣削时各可选用什么腐蚀液? 并写出有关化学反应方程式。

思考题

1. 从防腐角度考虑,选取金属材料有哪些思路?

2. 铝合金与钢铁件必须组合在一起时,应采用什么措施?

3. 什么叫钢铁发蓝? 发蓝有什么作用? 用化学方程式表示发蓝过程的主要原理。

4. 钢铁磷化有什么作用? 马日夫盐的化学式怎样? 写出磷化过程的主要反应式。理解为什么磷化和铬酸盐钝化工艺已被限制和禁止使用。

5. 举例说明控制相对湿度在防腐工程技术中的应用。

6. 电厂锅炉用水中的氧、二氧化碳有什么危害,可用什么方法将其去除?

7. 防腐中的保护层有什么作用? 具体又有哪些保护层?

8. 试指出从哪几方面来考虑提高电镀质量。在焦磷酸镀铜工艺中和氰化物镀铜工艺中焦磷酸钾和氰化钠各起什么作用,写出有关反应方程式。

9. 常用的无机和有机缓蚀剂有哪些? 简述它们的作用原理。

10. 为什么在金属酸洗中经常使用有机缓蚀剂?

11. 防止金属材料腐蚀的阴极保护法常采用哪两种方法? 其原理是什么? 一般常用的牺牲阳极材料有哪些?

12. 化学抛光的原理是什么? 联系铝制零件予以说明。

13. 抛光液中常用哪些物质,它们的作用各是什么?

§8.3　生命体及高分子材料的老化

学习要求

1. 了解光合作用中，H_2O 与 CO_2 反应的条件及所生成的物质。
2. 掌握氧自由基的生成与对人类健康的关系，认识 SOD 的意义。
3. 了解人体和高分子材料的老化现象，理解老化的不可避免性。
4. 联系实例理解碳链高分子化合物易发生光氧老化及其过程，理解聚乳酸、聚羟基乙酸等杂链高分子化合物易发生水解、酸解反应并了解有关用途。

老化是自然界的普遍现象。凡是生命体都有出生到衰老的过程。生命体的衰老过程和高分子材料的老化过程，其原因众多，过程复杂，氧和氧自由基在其中起着重要作用，而氧和氧自由基的生成和消除，以及生命体、高分子材料的老化中的许多反应又与光的作用有着密切关系。

8.3.1　光合作用和氧源

人类利用的能量大多直接或间接地来自太阳能。光合作用是自然界将光能转变为化学能的主要途径。地球上每年由植物捕获的太阳能至少有 4.2×10^{17} kJ。

绿色植物吸收阳光能量，将 CO_2 和 H_2O 转化成有机物质并释放出氧气的过程称为光合作用。反应过程可表达如下：

$$n H_2O + n CO_2 \xrightarrow{\text{光、叶绿素}} (CH_2O)_n + n O_2$$

地球大气中的氧气，并非一开始就像现在这样体积分数达到 21% 的程度，这一状态的形成经历了一段漫长的过程。大约 25 亿年前，一种原始的海洋生物蓝藻大量繁殖，这种植物利用光合作用，把水分解为电子、质子和氧分子，此过程（机理）可表示为

$$2 H_2O \xrightarrow{h\nu} O_2 + 4H^+ + 4e^-$$

尽管植物不断地制氧，但产生的氧气要与地球上大量的金属等还原性物质发生氧化而消耗，因此，大气中氧始终只有 1% 左右。直到 17 亿年前，大气中的氧气体积分数才增加到 17% ~ 21%。同时，高空大气中一小部分氧气通过吸收太阳光中的紫外线辐射转变为臭氧，在平流层形成一层可以阻挡太阳光中能损伤生物有机体的紫外辐射的臭氧保护层。大气中高浓度的氧气的出现和臭氧层的形成，使大气由还原性变成氧化性。为适应这一环境，在生物演化过程中，有机体必须转变成用氧来获得能量。氧气成为维持地球上大多数生物的生命的必需物质。

8.3.2　氧自由基

氧分子有三电子 π 键结构。从这个结构和对自由基的一般认识,可把 O_2 视为一个带有未成对电子的分子。确实如此,氧的化学性质十分活泼,所以氧化物广泛存在。O_2 在有机物生命体系中,参与糖、脂肪及氨基酸的代谢过程,最终形成水,其释放的能量通过三磷酸腺苷(ATP)高能磷酸键的合成相偶联而被贮存。然后由 ATP 将能量传给需要能量的地方,随着能量的转移,它的末端磷酸基即被脱落下来,所以 ATP 是细胞能量的主要传递者。O_2 可以通过未成对电子接受反应,依次转变为超氧阴离子自由基 $O_2^- \cdot$、超氧酸 $HO_2 \cdot$、过氧化氢 HOOH 和羟自由基 $\cdot OH$ 等中间产物。由于这些物质都是直接或间接地由 O_2 分子转化来的,而且具有较分子氧更活泼的化学性质,所以统称为活性氧,亦称为氧自由基。O_2还可转化为 O_3。O_3 的化学性质更活泼,所以也是活性氧。潺潺流水溶解了氧便成为活水;鱼塘等养殖池的喷水、污水的曝气处理,都是人为地增加氧气,使它有可能通过微生物作用而增加活性氧。超氧阴离子自由基 $O_2^- \cdot$ 既可以作为还原剂供给电子,又可以作为氧化剂接受电子。$O_2^- \cdot$ 可以与 H^+ 结合生成 $HO_2 \cdot$,也可以在铁螯合物催化下与 H_2O_2 反应产生 $\cdot OH$:

$$O_2^- \cdot + H_2O_2 \xrightarrow{\text{铁螯合物}} O_2 + \cdot OH + OH^-$$

$\cdot OH$ 是化学性质最活泼的活性氧化物。几乎与生物体内所有物质,如糖、蛋白质、DNA、碱基、磷脂和有机酸等都能反应,且反应速率快,可以使非自由基反应物变成自由基。例如,$\cdot OH$ 与细胞膜及细胞内容物中的生物大分子 RH 作用:$\cdot OH + RH \longrightarrow H_2O + R \cdot$,生成新的有机自由基 $R \cdot$,$R \cdot$ 又可继续和 O_2 作用:$R \cdot + O_2 \longrightarrow RO_2 \cdot$,…。生物体内的活性氧和自由基由非酶反应及酶反应不断产生,又不断消除,在正常情况下两者保持平衡,既促进了新陈代谢,促进生长发育,又维持着生物体和人体的健康,例如白细胞吞噬细菌时需要产生活性氧来消灭细菌,合成前列腺素也需要活性氧参与。

人体内过多的 $O_2^- \cdot$ 可使生化反应加剧,能量过剩,产生炎症,甚至发生癌变,加速老化等等,$O_2^- \cdot$ 可以依靠 SOD 去消除。SOD 是超氧化物歧化酶英文名称的缩写,它具有特定生物催化功能,由蛋白质和金属离子组成,广泛存在于动、植物和一些微生物内。SOD 对于生物体内氧的正常代谢起着非常重要的作用,它能催化 $O_2^- \cdot$ 发生歧化反应:

$$2O_2^- \cdot + 2H^+ \xrightarrow{\text{SOD}} H_2O_2 + O_2$$

$O_2^- \cdot$ 和 H_2O_2 伤害机体,但机体内有过氧化氢酶能催化 H_2O_2 与还原性物质反应而被消除。体内已有一套完整的解毒系统。SOD 是体内 $O_2^- \cdot$ 的清除剂。体内的一些病变可反映在 SOD 与 $O_2^- \cdot$ 含量变化上,可人为控制 SOD 的量来进行药物治疗。但由于宇宙射线的存在,各种多样的自由基在人体不断积累,人类的个体永远不可能"长生不老";但对整个人类而言,由于 DNA 的不断合成,人类得以繁衍。

8.3.3　高分子材料的老化

高分子材料在使用过程中,由于环境的影响,其强度、弹性、硬度等性能逐渐变坏,这种现象称为高分子材料的老化。老化过程是十分复杂的过程,它是受到外力、热、光,接触到氧、水分、微生物及化学试剂等许多环境因素作用的综合结果。老化结果可因高分子链间发生交联作用而产生体型结构,致使高分子化合物进一步变硬、变脆而丧失弹性;也可以是大分子链断裂,分子量降低,致使高分子化合物变软、发黏并丧失机械弹性。这两种情况往往同时发生。高分子材料的老化情况和机理比生命体简单得多,大致有以下几种。

1. 光氧老化

高分子材料在光照下其化学单元发生了能级跃迁,空气中氧趁机介入,发生光氧反应,使其张力、强度和颜色发生变化的现象称高分子的光氧老化。分子链是否会断裂,取决于组成高分子材料的化学单元结构稳定性和光(光子)的能量。光的能量和波长有关,波长越短,能量越大,紫外线的波长为 $200\sim400$ nm,其能量为 $250\sim580$ kJ·mol^{-1};红外线的波长在 1000 nm 以上时,其能量小于 125 kJ·mol^{-1}。各种聚合物化学单元键的解离能在 $167\sim586$ kJ·mol^{-1}。由此可见,紫外线对聚合物的危害是严重的,虽然射到地球上的紫外线不多,但将材料直接暴露在阳光下,还是有害的,应尽量避免高分子材料与紫外线接触。

虽然可见光一般在 400 nm 以上,尚不足以使多数高分子化合物分子直接解离,但可使其处于激发状态;这时,氧有两个未配对的电子,实质上可以认为氧分子有两个自由基(·O—O·),两者结合会促进这种破坏作用,使高分子化合物解离。特别是聚烯烃 RH 中的 C—H 键在光作用下处于激发状态(R—H*·),此时又有氧(·O—O·)与之作用,就很容易地把氢拉出来,产生自由基和形成氢过氧化物:

$$RH \xrightarrow{h\nu} R—H^*· \xrightarrow{O_2} R· + ·O—OH$$

自由基和氧再进一步反应:

$$R· + ·O—O· \longrightarrow R—O—O· \xrightarrow{RH} R—O—O—H+R· \xrightarrow{\overset{C=C}{\diagup\diagdown}} ·C—C—O—O—R$$

在反应中所形成的自由基 R· 和过氧化物 ROOH 很不稳定,经过一系列的反应最后将变成酸、二氧化碳和水等。生物体表皮的老化情况与此相似。

微量的金属元素,特别是过渡金属及其化合物能明显地催化加速聚合物的光老化过程,H_2O 电离出来的 H^+ 也能起到催化作用。温度对光老化过程也有影响,特别是高温能加快光老化过程。

要防止光氧老化,不仅要避免阳光照射,而且要注意温度、湿度、过渡金属及其化合物等因素的影响。

顺便提及,自然界的光、氧气,特别是紫外线和臭氧在有机废水的处理中其作用与上述情况相类似。过渡金属及其化合物能催化有机废水中有机物的降解。

2. 热氧老化

热也是一种辐射。同样高分子材料在热的作用下其化学单元发生能级跃迁,氧的介入发生热氧老化,使其张力、强度和颜色发生变化的现象称为高分子的热氧老化。不同的是热辐射的能量较低,有一个能量积蓄过程,吸氧速率缓慢,图 8-10 表示纯高分子化合物吸氧曲线的特征。AB 线是诱导期,在此阶段随着时间的延长,吸氧量缓慢增加,积存了足够的过氧化物之后,使反应迅速加快,进入 BC 阶段。在此阶段反应物浓度很大,因此吸氧量很快增加,发生剧烈的氧化过程,曲线明显上升。此时聚合物已老化甚至丧失使用性能。随后由于反应物浓度的减少,以及表面已生成硬的氧化层,妨碍了氧的扩散,从而进入 CD 阶段。

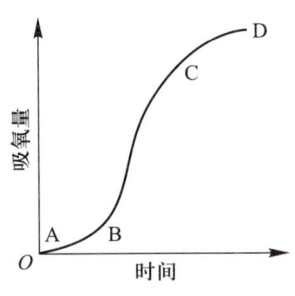

图 8-10　聚合物吸氧曲线

氧化过程首先形成自由基或氢过氧化物,然后进一步分解而产生活性中心。一旦形成自由基之后,其链式反应的特征就表现出来。生物体内细胞的新陈代谢也是这样的缘故,不断老化不断新生。

一些引入苯环、杂环,使其具有网状结构、体型结构的高分子化合物或用氟取代氢及用硅、硼、磷等元素改变主链上的碳原子的杂链高分子化合物,都具有较高的热稳定性。一些加入抗氧剂的高分子化合物也有良好的热稳定性。

3. 化学试剂作用下的老化

聚乙烯、聚丙烯及其他碳链高分子化合物,除了在光、热、氧作用下的老化外,一般对化学试剂是比较稳定的。但杂链高分子化合物,如聚酯、聚酰胺、聚缩醛、多糖和聚甲醛等对化学试剂是不太稳定的。有时,在高分子化合物的合成过程中,由于副反应或少量杂质带入的"副产物"及"杂质"进入大分子链中,形成所谓"弱键",也影响着高分子化合物的化学稳定性。当它们接触化学试剂时也是不稳定的。它们都能与水作用而发生老化现象,如果有酸存在,则更易发生老化。例如,聚酰胺的水解作用可表示如下:

$$\cdots NH-(CH_2)_m NH \Big| CO-(CH_2)_n CO\cdots \longrightarrow$$

$$H \Big| OH$$

$$\cdots NH-(CH_2)_m NH_2 + HOOC-(CH_2)_n CO\cdots$$

以羧酸代替水裂解高分子时,叫作酸解作用,此时羧酸中的酰基便相当于水中的氢原子:

$$\cdots NH-(CH_2)_m NH \Big| CO-(CH_2)_n CO\cdots \longrightarrow$$

$$RCO \Big| OH$$

$$\cdots NH-(CH_2)_m NHCOR + HOOC-(CH_2)_n CO\cdots$$

因此,高分子材料在使用过程中应避免能与其起化学反应的试剂接触,更不能与互溶的有机溶剂接触。

高分子化合物在与化学试剂接触中的不稳定性造成了对高分子化合物的破坏作用。例如,水解过程对杂链高分子化合物的老化作用影响很大,有些新型杂链高分子化合物,由于经受不了自然的水解作用而被淘汰。但也有一些材料,正是因为利用其容易水解这一特征而获得了特殊的应用价值。例如,有些羧基脂肪酸的聚合物,像聚乳酸、聚羟基乙酸等,虽然其力学性能好,但水解稳定性很差不宜做一般材料使用,然而,在医学上却发挥了其长处。例如,聚乳酸纤维、聚羟基乙酸纤维用于外科缝合线,伤口愈合后,不必拆线。因为在生物体内它们被水解为乳酸、羟乙酸等无害的分解物,然后参加到正常的代谢循环中去,被排出体外。

 **练 习 题**

1. 用化学式分别表述光合作用中 H_2O 与 CO_2 反应的生成物及反应条件。

2. 简述光氧化老化过程,指出何类高分子化合物易发生光氧化老化？如何防止？

3. 写出尼龙–610 的水解反应式和尼龙–610 被 CH_3COOH 酸解的反应式。

4. 聚甲基丙烯酸甲酯(有机玻璃)接触盐酸与接触乙酸乙酯(有机溶剂)情况有什么不同？各属什么现象？

5. 简述聚乳酸纤维、聚羟基乙酸纤维可用作外科缝合线的理由,并写出有关反应方程式。

 **思 考 题**

1. 用化学式表示氧自由基物质并简述其对生命体的功过。

2. ATP 是什么？SOD 是什么？

3. 从反应机理上分析,光老化和热老化有什么相似的地方？光和热起了什么作用？

4. 指出图 8–10 的吸氧曲线上,热老化反应速率最快的是哪一段？

5. 举例说出你所了解的具有良好光、热稳定性的高分子材料。

6. 举例说明高分子老化的危害和利用。

§8.4 高分子材料的保护

学习要求

1. 了解高分子材料与金属材料、陶瓷材料相比的优缺点,高分子材料的使用和保护。

2. 了解光稳定剂和抗氧剂的种类、作用机理。

3. 了解高分子材料的易燃性,理解氧指数、阻燃剂及阻燃作用等概念,掌握其在选材上的应用,了解偶联剂在高分子材料中的使用意义。

4. 了解塑料电镀,化学镀及其前处理中化学反应原理。

相对金属材料、陶瓷材料来说,高分子材料的熔点低、硬度小、密度亦小;我们可以选择一些轻质,但熔点、硬度和强度等性能很好的高分子材料作为航天工业中的结构材料。高分子材料一般不导电,作为电绝缘材料,它比陶瓷材料易加工,所以常使用高分子材料作绝缘器件,但必须注意它们的组成和结构。高分子材料容易老化,多由 C 和 H 等元素组成,因此易燃,易溶于有机溶剂,必须在使用中注意保护。本节将进一步讨论这些问题。

8.4.1 光稳定剂和抗氧剂

根据高分子的光老化和热老化机理,如在高分子材料加工成型前加入光稳定剂和抗氧剂,就能达到防止和延缓光老化和热老化的目的。

光稳定剂是抑制和延缓高分子光老化过程的试剂。光稳定剂按其作用特点有不同类型:

(1)紫外线吸收剂 能先于高分子吸收紫外线辐射能。目前常用的紫外线吸收剂是水杨酸酯类、二苯甲酮类、苯并三唑类、丙烯腈衍生物、三嗪类化合物等。它们能有效地吸收波长为 290~410 nm 的紫外线。具有较好的热、光稳定性和与高分子的相溶性,而且无毒、价廉。

(2)能量转移剂 能转移高分子受紫外光激发后的激发能,又称猝灭剂。它们主要是镍、钴的配合物,其有机部分是取代酚和硫代双酚等。它们能通过共振转移能量而起光稳定作用。例如,3,5-二叔丁基-4-羟苄基磷酸单乙酯镍、2,2-硫代双(4-叔辛基苯酚)镍-正丁基胺、二丁基二硫代氨基甲酸镍等。

(3)光屏蔽剂 能减少紫外光的透射。它们或者遮蔽或者反射紫外光,使光不能透入高分子内部,从而起到保护高分子的作用。例如,炭黑、氧化锌和氧化钛等一些无机颜料。

(4)自由基捕获剂 能抑制自由基的生成反应。它们是一类哌啶衍生物,也可看作胺类化合物,能捕获在高分子化合物中所生成的活性自由基。例如,4-苯甲酸基-2,2,6,6-四甲基哌啶、癸二酸(2,2,6,6-四甲基哌啶基)酯、三(1,2,2,6,6-五甲基哌啶基)亚磷酸酯等。

另外,还有能分解过氧化物的过氧化物分解剂、能使金属离子螯合的金属钝化剂、控制自由基再生的自由基再生抑制剂,等等。

抗氧剂是能延缓或阻止氧化过程的物质。通常有主抗氧剂和辅抗氧剂两种。主抗氧剂就是那种能释放氢原子捕获自由基的物质,包括胺类和酚类两大类型。主抗氧剂,如

2,6-二叔丁基对甲酚  ,在捕获自由基 R· 后也释放新的自由基

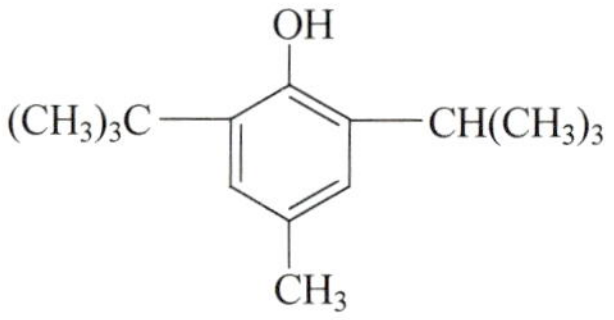

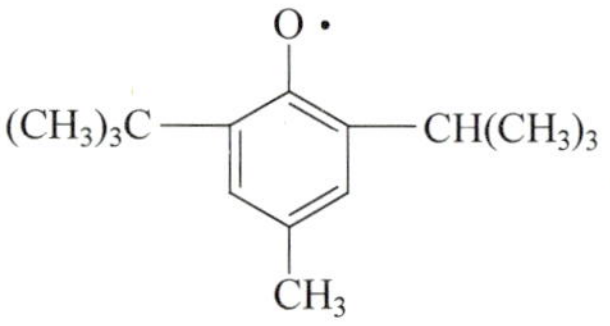

,但新的自由基活性不足以活化其他高分子链,只能使反应终止。辅抗氧剂起分解过氧化物,夺取其氧而不致生成自由基的作用,硫醇类、亚磷酸酯类及硫代二丙酸酯类物质都是辅抗氧剂。

抗氧剂、光稳定剂都是加工时掺入以延长高分子化合物使用寿命的助剂,所以又统称为寿命助剂。

8.4.2　氧指数和阻燃剂

通常,高分子材料都是可燃的,它的燃烧是一个非常激烈复杂的氧化过程,具有冒浓烟或产生炽烈火焰的特征。广泛应用的塑料、纤维、橡胶等高分子材料的燃烧而引起的火灾,不仅在经济上造成重大损失,而且危及人身安全。

众所周知,燃料、氧和温度是燃烧过程的三要素。高分子材料燃烧的一般过程是在外界热源的不断加热下,它先与空气中的氧发生自由基链式降解反应,产生挥发性可燃物,该物达到一定浓度和温度时就会燃烧起来,燃烧所放出的一部分热量供给正在降解的高分子材料,进一步加剧降解,产生更多的可燃性气体,火势在很短的时间内就会迅速蔓延而造成一场大火。

对于高分子材料的阻燃性能的评价目前常用极限氧指数(LOI)表示,简称氧指数。在标准状况下,材料样品在氧、氮混合气流中维持平稳燃烧所需的最低氧气浓度(以氧所占的体积分数表示)。可按下式求出:

$$氧指数 = \frac{V(O_2)}{V(O_2) + V(N_2)} \times 100\%$$

部分高分子化合物的 LOI 见表 8.2。

表 8.2　部分高分子化合物的 LOI

高分子化合物	LOI	高分子化合物	LOI
聚甲醛	15	聚碳酸酯	27
聚甲基丙烯酸酯	17	聚苯醚	29
聚丙烯腈	18	聚砜	30
聚丙烯	18	酚醛树脂	35
纤维素	19	聚氯乙烯	42
聚乙烯醇	22	聚偏氯乙烯	60
尼龙-66	23	聚四氟乙烯	95

一般说来,氧指数在 20 以下是很容易燃烧的,如果氧指数在 26 以上,即可认为材料在空气中不易燃烧,具有自熄性。从表 8.2 中可知,芳香族高聚物由于具有阻燃特性的芳香环,LOI 较大;高聚物中卤素含量较大,则氧指数越大,表示越难燃烧。

提高 LOI 的一个重要途径是在高分子材料成型加工前加入阻燃剂。一般说来,加入阻燃剂后的材料氧指数随着阻燃剂浓度的增加而增大且阻燃效果也越好。

阻燃剂是提高高分子材料阻燃性的一类助剂。它们大多数是周期表中 ⅢA,ⅤA,ⅦA 族元素的化合物,如 ⅤA 族的氮、磷、锑的化合物,ⅦA 族的氯、溴化合物和 ⅢA 族的硼、铝化合物。此外,硅和钼的化合物也可作为阻燃剂使用。其中最常用的和最重要的是磷、溴、氯、锑和铝的化合物,很多有效的阻燃剂配方都含有这些元素。它们的主要作用是在燃烧时,吸收热量,或隔绝氧气,或冲稀可燃物,或阻断自由基链反应,或四者兼有。理想的阻燃剂必须是价廉、毒性小和阻燃功能好的。例如,三水合氧化铝($Al_2O_3 \cdot 3H_2O$)是无机类阻燃剂,它受热将脱去三分子结晶水,放出水蒸气吸收热量,稀释可燃性气体产物,可以起到抑制燃烧、减少发烟的目的。又例如,四溴乙烷、十溴二苯醚等有机类卤素阻燃剂,在一定高的温度下会产生卤化氢(HX),而卤化氢能把燃烧过程中生成的高能量自由基($\cdot OH$),捕获转变成低能量的 $\cdot X$ 自由基和水,大大缓解了燃烧的剧烈程度而使燃烧终止。兼具几种功能的阻燃剂大多是复合型的阻燃剂。

添加型阻燃剂使用时简单地掺合于高分子材料中,其优点是使用方便,适用面广,但对高分子材料的使用性能有影响。而反应型阻燃剂在高分子化合物制备过程中作为原料单体之一,通过化学合成使它自己成为高分子化合物分子链的一部分,所以对高分子材料使用性能影响小,阻燃作用持久。

8.4.3 填充剂和偶联剂

填充剂又称填充物或填料。一般是指加入材料组成中作为基本组分以改变材料的性能,或降低其成本的固体物质。为了提高高分子材料的电绝缘性能,可在树脂加工成型前添加陶土、石棉、硅微粉等;为了增加导电、导热性和提高刚性、硬度、耐热性等,可在树脂加工成型前添加各类金属粉末;为了增加强度,又可加入玻璃纤维、碳纤维等,这类填充剂的价格一般都较便宜。但无机填料在树脂中添加后会导致难以与有机高分子化合物相融,两相分离而无法注射成型或表观质量不佳等情况。使用偶联剂能很好地解决这个问题。

偶联剂是一类能提高材料和树脂界面黏合力的物质。在它的分子结构中含有两种不同性质的基团:一种是强极性的、易和无机物形成化学键的亲无机物基团;一种极性弱或非极性的亲有机物基团,它能和有机物反应或互溶。偶联剂正是通过这两种基团把无机填料与有机高分子化合物"偶联"起来,起到了桥梁作用。常用的偶联剂有硅烷系和钛酸酯类两大系列。其作用机理可用硅烷系偶联剂来说明。硅烷系偶联剂的通式为

$$
Y\!-\!\underset{\underset{X}{|}}{\overset{\overset{X}{|}}{Si}}\!-\!X
$$

其中 X 是与 Si 原子相连且能水解的基团,如氯原子(—Cl)、烷氧基(—RO—)、乙酰氧基(—CO—O—)等;Y 表示能与有机基团反应的官能团,例如,乙烯基(—HC =CH$_2$)、环氧基$\left(\underset{O}{\overset{H_2C\!-\!-\!CH\!-}{\diagdown\diagup}} \right)$、氨基(—NH$_2$)、巯基(—SH)等。

由于硅烷系偶联剂在同一个分子中具有这两类化学基团,因此既能与无机物中的—OH作用,又能与有机物中的长分子链作用起到偶联的功效,从而增加了有机物(如塑料、橡胶)与其内部的无机物(如玻璃纤维)之间的结合力,起到增强和改善其性能的作用。例如,乙烯基三乙氧基硅烷($(CH_3CH_2O)_3SiCH$ =CH$_2$)是常用硅烷偶联剂中的一种,它的作用机理是 3 个乙氧基先水解成 3 个—OH,然后与玻璃等无机物表面存在的硅羟基 HO—Si—反应,生成—Si—O—Si—键。

8.4.4　化学镀和塑料电镀

非金属材料一般不导电,很难电镀,但因某种需要,有时要在其表面镀上一层金属,称之为化学镀。实现非金属材料上的金属镀层,其基本原理和方法早在100多年前就为人们了解。如银镜反应就是在非金属材料(玻璃)上沉积出金属银膜。20世纪30年代,许多新品种塑料诞生,促使人们产生了塑料电镀的设想。近年来,由于塑料工业的发展,工程技术中使用高分子合成材料,这使塑料电镀发展很快。

塑料制件电镀后,既保持了制件质量轻、抗腐蚀性能强的特点,又获得了金属的导电性、耐磨性、装饰性等优点。不仅可用作装饰品,而且还可用作某些具有特殊要求的工程材料,如聚四氟乙烯电镀铜、锡、铅、银以及其他合金后,可制造火箭技术工业中所需用的密封圈。

塑料制件在常规电镀前一般要经过除油、粗化、敏化、活化和化学镀等处理。

(1)粗化　粗化的目的是使塑料制件表面蚀刻出一些微观粗糙不平的状态,并使表层高分子链断裂,由长链变成短链,由憎水体变成亲水体,以利于粗化后各道工序的顺利进行,提高镀层与塑料的结合力。

(2)敏化　敏化是将粗化过的制件置于含有敏化剂的溶液中浸渍,使制件表面吸附一层易于氧化的(还原性)金属离子。常用的敏化剂为二价锡盐或三价钛盐。一般采用$SnCl_2$的酸性溶液。在酸性二氯化锡溶液中浸渍过的制件,表面附有一层敏化液,当移入清水槽时,由于清洗水的pH远较敏化液高,会发生如下水解作用:

$$SnCl_2 + H_2O \longrightarrow Sn(OH)Cl + H^+ + Cl^-$$

$$SnCl_2 + 2H_2O \longrightarrow Sn(OH)_2 + 2H^+ + 2Cl^-$$

反应生成的$Sn(OH)Cl$与$Sn(OH)_2$结合,生成微溶于水的凝胶状物质是$Sn_2(OH)_3Cl$。这种微溶产物凝聚沉积在制件表面上,形成一层薄膜,其厚度由几纳米至几百纳米不等。

(3)活化　为了加快化学镀的沉积速率并促使镀层均匀,利用二价金属离子Sn^{2+}的还原性将某些贵重金属离子(常用Ag^+或Pd^{2+})还原成具有催化活性的如Ag、Pd粒子,紧紧吸附在制件的表面,作为化学镀时的"晶种"。其反应式为

$$2Ag^+ + Sn^{2+} \longrightarrow Sn^{4+} + 2Ag \downarrow$$

$$Pd^{2+} + Sn^{2+} \longrightarrow Sn^{4+} + Pd \downarrow$$

(4)化学镀　化学镀主要借助于已溶解并吸附在塑料制件表面的还原剂,将化学镀配方中的金属离子还原成金属单质。常见的化学镀铜获得导电层的方法由于成本低、溶液稳定,在各种非导体电镀中得到广泛采用。常用的化学镀铜液主要由硫酸铜、乙二胺四乙酸钠、氢氧化钠、甲醛和少量稳定剂组成。其沉积机理可分为四步系统地表示出来:

$$Sn^{2+} + 催化金属离子(Ag^+ 或 Pd^{2+}) \longrightarrow Sn^{4+} + 催化金属(Ag 或 Pd) \tag{1}$$

$$HCHO + OH^- \xrightarrow{Ag 或 Pd} H_2 \uparrow + HCOO^- \tag{2}$$

$$Cu^{2+} + H_2 + 2OH^- \longrightarrow Cu + 2H_2O \tag{3}$$

$$HCHO + OH^- \xrightarrow{铜膜} H_2 \uparrow + HCOO^- \tag{4}$$

反应(1)为活化处理时的反应;反应(2)当以贵金属为催化剂时,方能进行,这就是塑料电

镀为什么要进行活化,吸附一层具有催化活性金属的原因;反应(3)为铜离子在碱性条件下被还原的反应;反应(4)则是以铜膜作自催化表面的自动催化反应过程。化学镀铜的沉积过程可用图 8-11 示意。

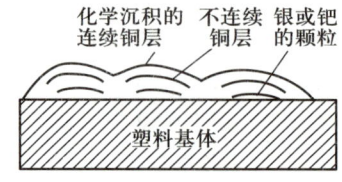

图 8-11　化学镀铜沉积过程示意图

化学镀铜的沉积机理,也可以用一个总的化学反应方程式来表示:

$$Cu^{2+} + 2e^- \longrightarrow Cu$$

$$2HCHO + 4OH^- - 2e^- \longrightarrow 2HCOO^- + H_2\uparrow + 2H_2O$$

$$\overline{Cu^{2+} + 2HCHO + 4OH^- \longrightarrow Cu + 2HCOO^- + 2H_2O + H_2\uparrow}$$

除化学镀铜外,还有化学镀钴、化学镀贵金属等。化学镀后,零件表面附着一层金属导电薄膜层,其厚度($0.052 \sim 0.20\ \mu m$)常常满足不了使用中的防腐、耐磨、导电等的要求,还需要进行常规电镀,以达到使用要求。

塑料镀铜的工艺步骤简单表示为:粗化、敏化、活化、化学镀、常规电镀。

化学镀镍层可以作为铝、钛、铍等轻金属零件的抗磨镀层,钢基体上化学镀镍具有优良的化学稳定性,可以耐某些物质的腐蚀,而且硬度高、润滑性好,在工程机械方面应用很广,也是石油、天然气、石油化工生产中最新的结构材料,还广泛用于印刷电路板、接插件、高能微波器件、电容器等计算机和电子工业元件。化学镀镍采用的还原剂有次磷酸盐(如NaH_2PO_2)、联氨及其衍生物等。

练习题

1. 填空:

相对金属材料、陶瓷材料来说,高分子材料的熔点_____,硬度_____,密度_____;作为绝缘材料,高分子材料比陶瓷材料_____;高分子材料容易_____,所以加工成型前要加寿命助剂;高分子材料多由 C 和 H 等元素组成,因此易_____,易_____。

2. 用一句话回答:

(1) 水杨酸酯类等紫外线吸收剂的作用原理;

(2) 取代酚和硫代双酚等的钴、镍配合物作为能量转移剂的作用原理;

(3) 炭黑、氧化钛等作为光屏蔽剂的作用原理;

(4) 胺类、酚类作为抗氧剂的作用原理。

3. 比较聚四氟乙烯、聚氯乙烯、聚丙烯的燃烧难易程度,并简要说明理由。

4. 简述偶联剂的作用原理。

5. 自己设计一个在塑料制件上镀镍的工艺步骤。

6. 联系 §3.3 从高分子材料中选择：

（1）高频绝缘材料；

（2）耐高温、耐高负荷的轴承材料；

（3）用作齿轮的材料；

（4）用作航空航天零部件的材料。

思 考 题

1. LOI 表示什么？从燃烧过程说明 LOI 的重要性。

2. 简述 $Al_2O_3 \cdot 3H_2O$ 阻燃剂的阻燃原理。

3. 简述 $C_2H_2Br_4$ 阻燃剂的阻燃原理。

4. 偶联剂能解决什么问题？举例说明它的分子结构有什么特点？

5. 塑料电镀敏化过程在酸性 $SnCl_2$ 溶液浸渍后为什么要移入清水槽？在清水槽中用力振荡和翻动是否合适，为什么？

6. 塑料电镀及其化学镀中涉及的化学反应哪些是氧化还原反应，哪些属非氧化还原反应？

附 录

表 1　一些物质的标准摩尔生成焓、标准摩尔生成吉布斯函数和标准摩尔熵（298.15 K）

物质	$\Delta_f H_m^{\ominus}$ kJ·mol^{-1}	$\Delta_f G_m^{\ominus}$ kJ·mol^{-1}	$S_m^{\ominus}$ J·mol^{-1}·K^{-1}	物质	$\Delta_f H_m^{\ominus}$ kJ·mol^{-1}	$\Delta_f G_m^{\ominus}$ kJ·mol^{-1}	$S_m^{\ominus}$ J·mol^{-1}·K^{-1}
Ag(s)	0.0	0.0	42.6	Co(s)	0.0	0.0	30.0
AgCl(s)	−127.0	−109.8	96.3	CoCl$_2$(s)	−312.5	−269.8	109.2
AgI(s)	−61.8	−66.2	115.5	Cr(s)	0.0	0.0	23.8
Al(s)	0.0	0.0	28.3	Cr$_2$O$_3$	−1139.7	−1058.1	81.2
AlCl$_3$(s)	−704.2	−628.8	109.3	Cu(s)	0.0	0.0	33.2
Al$_2$O$_3$ (s,α,刚玉)	−1675.7	−1582.3	50.9	CuO(s)	−157.3	−129.7	42.6
				Cu$_2$O(s)	−168.6	−146.0	93.1
Br$_2$(l)	0.0	0.0	152.2	F$_2$(g)	0.0	0.0	202.8
Br$_2$(g)	30.9	3.1	245.5	Fe(s)	0.0	0.0	27.3
C(s,金刚石)	1.9	2.9	2.4	*FeO(s)	−272.0	−251.4	60.75
C(s,石墨)	0.0	0.0	5.7	Fe$_2$O$_3$ (s,赤铁矿)	−824.2	−742.2	87.4
CO(g)	−110.5	−137.2	197.7				
CO$_2$(g)	−393.5	−394.4	213.8	Fe$_3$O$_4$ (s,磁铁矿)	−1118.4	−1015.4	146.4
CaCO$_3$ (s,方解石)	−1207.6	−1129.1	91.7	H$_2$(g)	0.0	0.0	130.7
CaO(s)	−634.9	−603.3	38.1	HCl(g)	−92.3	−95.3	186.9
Ca(OH)$_2$(s)	−985.2	−897.5	83.4	HF(g)	−273.3	−275.4	173.8
Cl$_2$(g)	0.0	0.0	223.1	H$_2$O(g)	−241.8	−228.6	188.8

续表

物质	$\dfrac{\Delta_f H_m^{\ominus}}{kJ \cdot mol^{-1}}$	$\dfrac{\Delta_f G_m^{\ominus}}{kJ \cdot mol^{-1}}$	$\dfrac{S_m^{\ominus}}{J \cdot mol^{-1} \cdot K^{-1}}$	物质	$\dfrac{\Delta_f H_m^{\ominus}}{kJ \cdot mol^{-1}}$	$\dfrac{\Delta_f G_m^{\ominus}}{kJ \cdot mol^{-1}}$	$\dfrac{S_m^{\ominus}}{J \cdot mol^{-1} \cdot K^{-1}}$
$H_2O(l)$	−285.8	−237.1	70.0	$O_3(g)$	142.7	163.2	238.9
$H_2S(g)$	−20.6	−33.4	205.8	$P(s,白)$	0.0	0.0	41.1
$Hg(g)$	61.4	31.8	175.0	$Pb(s)$	0.0	0.0	64.8
$Hg(l)$	0.0	0.0	75.9	$PbCl_2(s)$	−359.4	−314.1	136.0
$HgO(s,红)$	−90.8	−58.5	70.3	$PbO(s,黄)$	−217.3	−187.9	68.7
$I_2(g)$	62.4	19.3	260.7	$S(s,斜方)$	0.0	0.0	32.1
$I_2(s)$	0.0	0.0	116.1	$SO_2(g)$	−296.8	−300.1	248.2
$K(s)$	0.0	0.0	64.7	$SO_3(g)$	−395.7	−371.1	256.8
$KCl(s)$	−436.5	−408.5	82.6	$Si(s)$	0.0	0.0	18.8
$Mg(s)$	0.0	0.0	32.7	SiO_2 (s,石英)	−910.7	−856.3	41.5
$MgCl_2(s)$	−641.3	−591.8	89.6				
$MgO(s)$	−601.6	−569.3	27.0	$Ti(s)$	0.0	0.0	30.7
$Mn(s,\alpha)$	0.0	0.0	32.0	TiO_2 (s,金红石)	−944.0	−888.8	50.6
$MnO(s)$	−385.2	−362.9	59.7				
$N_2(g)$	0.0	0.0	191.6	$Zn(s)$	0.0	0.0	41.6
$NH_3(g)$	−45.9	−16.4	192.8	$ZnO(s)$	−350.5	−320.5	43.7
$NH_4Cl(s)$	−314.4	−202.90	94.6	$CH_4(g)$	−74.6	−50.5	186.3
$NO(g)$	91.3	87.6	210.8	$C_2H_2(g)$	227.4	209.9	200.9
$NO_2(g)$	33.2	51.3	240.1	$C_2H_4(g)$	52.4	68.4	219.3
$Na(s)$	0.0	0.0	51.3	$C_2H_6(g)$	−84.0	−32.0	229.2
$NaCl(s)$	−411.2	−384.1	72.1	$C_6H_6(g)$	82.9	129.7	269.2
$Na_2O(s)$	−414.2	−375.5	75.1	$C_6H_6(l)$	49.1	124.5	173.4
$Ni(s)$	0.0	0.0	29.9	$C_2H_5OH(l)$	−277.6	−174.8	160.7
*$NiO(s)$	−240.6	−211.7	38.00	*$C_{12}H_{22}O_{11}$ (s)	−2226.96	−1545.68	360.48
$O_2(g)$	0.0	0.0	205.2				

说明:本表数据主要摘自 David,R. Lide,Ph. D. CRC Handbook of Chemistry and Physics. 84th ed. 2003—2004,5−5−60 (10^5 Pa,298.15 K)。数据中打"＊"摘自 J. A. Dean. LANGE' Handbook of Chemistry. 15th ed. 世界图书出版公司北京公司,1999 年 10 月,6.81−123(10^5 Pa,298.15 K)。

表 2　水溶液中某些水合物质的标准摩尔生成焓、标准摩尔生成吉布斯函数和标准摩尔熵(298.15 K)

表 2　水溶液中某些水合物质的标准摩尔生成焓、标准摩尔生成吉布斯函数和标准摩尔熵（298.15 K）

在水溶液中的水合物质	$\Delta_f H_m^{\ominus}$ / kJ·mol⁻¹	$\Delta_f G_m^{\ominus}$ / kJ·mol⁻¹	$S_m^{\ominus}$ / J·mol⁻¹·K⁻¹	在水溶液中的水合物质	$\Delta_f H_m^{\ominus}$ / kJ·mol⁻¹	$\Delta_f G_m^{\ominus}$ / kJ·mol⁻¹	$S_m^{\ominus}$ / J·mol⁻¹·K⁻¹
H^+	0.0	0.0	0.0	$^*H_2S$	−38.6	−27.87	126.5
H_3O^+	−285.85	−237.2	69.96	HS^-	−17.6	12.1	62.8
OH^-	−230.0	−157.2	−10.8	S^{2-}	33.1	85.8	−14.6
Li^+	−278.5	−293.3	13.4	H_2SO_4	−909.3	−744.5	20.1
Na^+	−240.1	−261.9	59.0	HSO_4^-	−887.3	−755.9	131.8
K^+	−252.4	−283.3	102.5	SO_4^{2-}	−909.3	−744.5	20.1
Be^{2+}	−382.8	−379.7	−129.7	F^-	−332.6	−278.8	−13.8
Mg^{2+}	−466.9	−454.8	−138.1	HCl	−167.2	−131.2	56.5
Ca^{2+}	−542.8	−553.6	−53.1	Cl^-	−167.2	−131.2	56.5
$^*H_3BO_3$	−1072.8		162.4	ClO^-	−107.1	−36.8	42.0
$^*H_2BO_3^-$	−1053.5	−910.44	30.5	ClO_2^-	−66.5	17.2	101.3
$^*CO_2$	−413.26	−386.0	119.36	ClO_3^-	−104.0	−8.0	162.3
$^*H_2CO_3$	−699.65	623.16	187.4	ClO_4^-	−129.3	−8.5	182.0
HCO_3^-	−692.0	586.8	91.2	Br^-	−121.6	−104.0	82.4
CO_3^{2-}	−677.1	−527.8	−56.9	$^*I_2$	22.6	16.40	137.2
CH_3COO^-	−486.0	−369.3	86.6	I^-	−55.2	−51.6	111.3
CH_3COOH	−486.0	−396.82	86.6	$^*I_3^-$	−51.5	−51.5	239.3
NH_3	−80.34	−26.59	111.37	Cu^+	71.7	50.0	40.6
NH_4^+	−132.5	−79.3	113.4	$^*[Cu(CN)_2]^-$		257.91	
HNO_3	−207.4	−111.3	146.4	Cu^{2+}	64.8	65.5	−99.6
NO_3^-	−207.4	−111.3	146.4	$^*[Cu(NH_3)_4]^{2+}$	−348.5	−111.3	273.6
$^*H_3PO_4$	−1288.34	−1142.65	158.2	Zn^{2+}	−153.9	−147.1	−112.1
$H_2PO_4^-$	−1296.3	−1130.2	90.4	Pb^{2+}	−1.7	−24.4	10.5
HPO_4^{2-}	−1292.1	−1089.2	−33.5	Ag^+	105.6	77.1	72.7
PO_4^{3-}	−1277.4	−1018.7	−220.5	$^*Ag(NH_3)_2^+$	−111.29	−17.24	245.2

续表

在水溶液中的水合物质	$\Delta_f H_m^{\ominus}$ $kJ \cdot mol^{-1}$	$\Delta_f G_m^{\ominus}$ $kJ \cdot mol^{-1}$	$S_m^{\ominus}$ $J \cdot mol^{-1} \cdot K^{-1}$	在水溶液中的水合物质	$\Delta_f H_m^{\ominus}$ $kJ \cdot mol^{-1}$	$\Delta_f G_m^{\ominus}$ $kJ \cdot mol^{-1}$	$S_m^{\ominus}$ $J \cdot mol^{-1} \cdot K^{-1}$
Ni^{2+}	−54.0	−45.6	−128.9	* Cr^{2+}	−143.61	−176.1	
* $Ni(NH_3)_5^{3+}$		−254.4		Cr^{3+}		−215.5	−307.5
* $Ni(CN)_4^{2-}$	367.8	472.0	218	$Cr_2O_7^{2-}$	−1490.3	−1301.1	261.9
Mn^{2+}	−220.8	−228.1	−73.6	CrO_4^{2-}	−881.2	−727.8	50.2
MnO_4^-	−541.4	−447.2	191.2	$CoCl_2$	−392.5	−316.7	
MnO_4^{2-}	−653.0	−500.7	59.0	Co^{2+}	−58.2	−54.4	−113.0

说明：本表数据主要摘自 David，R. Lide，Ph. D. CRC Handbook of Chemistry and Physics. 84th ed. 2003—2004，5-85-88(10^5 Pa,298.15 K)。数据中打"*"摘自 J. A. Dean. LANGE' Handbook of Chemistry. 15th ed. 世界图书出版公司北京公司，1999 年 10 月，6.81-123(10^5 Pa,298.15 K)。

表3　一些常见弱电解质在水溶液中的解离常数(298.15 K)

电解质	解离平衡	解离常数 $K_a^{\ominus}$ 或 $K_b^{\ominus}$	$pK_a^{\ominus}$ 或 $pK_b^{\ominus}$
醋酸	$HAc \rightleftharpoons H^+ + Ac^-$	1.75×10^{-5}	4.756
硼酸	$(H_3BO_3 \rightleftharpoons) \ B(OH)_3 + H_2O \rightleftharpoons B(OH)_4^- + H^+$	5.37×10^{-10}	9.27
碳酸	$H_2CO_3 \rightleftharpoons H^+ + HCO_3^-$ $HCO_3^- \rightleftharpoons H^+ + CO_3^{2-}$	$(K_{a1}) 4.47 \times 10^{-7}$ $(K_{a2}) 4.68 \times 10^{-11}$	6.35 10.33
氢氰酸	$HCN \rightleftharpoons H^+ + CN^-$	6.17×10^{-10}	9.21
氢硫酸	$H_2S \rightleftharpoons H^+ + HS^-$ $HS^- \rightleftharpoons H^+ + S^{2-}$	$(K_{a1}) 8.9 \times 10^{-8}$ $(K_{a2}) 1.0 \times 10^{-19}$	7.05 19
草酸	$H_2C_2O_4 \rightleftharpoons H^+ + HC_2O_4^-$ $HC_2O_4^- \rightleftharpoons H^+ + C_2O_4^{2-}$	$(K_{a1}) 5.62 \times 10^{-2}$ $(K_{a2}) 1.55 \times 10^{-4}$	1.25 3.81
蚁酸	$HCOOH \rightleftharpoons H^+ + HCOO^-$	1.77×10^{-4}	3.75
磷酸	$H_3PO_4 \rightleftharpoons H^+ + H_2PO_4^-$ $H_2PO_4^- \rightleftharpoons H^+ + HPO_4^{2-}$ $HPO_4^{2-} \rightleftharpoons H^+ + PO_4^{3-}$	$(K_{a1}) 6.92 \times 10^{-3}$ $(K_{a2}) 6.17 \times 10^{-8}$ $(K_{a3}) 4.79 \times 10^{-13}$	2.16 7.21 12.32
亚硫酸	$H_2SO_3 \rightleftharpoons H^+ + HSO_3^-$ $HSO_3^- \rightleftharpoons H^+ + SO_3^{2-}$	$(K_{a1}) 1.41 \times 10^{-2}$ $(K_{a2}) 6.31 \times 10^{-8}$	1.85 7.2

表 4 一些物质的溶度积(298.15 K)

续表

电解质	解离平衡	解离常数 $K_a^\ominus$ 或 $K_b^\ominus$	$pK_a^\ominus$ 或 $pK_b^\ominus$
亚硝酸	$HNO_2 \rightleftharpoons H^+ + NO_2^-$	5.62×10^{-4}	3.25
氢氟酸	$HF \rightleftharpoons H^+ + F^-$	6.31×10^{-4}	3.20
硅酸	$H_2SiO_3 \rightleftharpoons H^+ + HSiO_3^-$ $HSiO_3^- \rightleftharpoons H^+ + SiO_3^{2-}$	$(K_{a1})\ 1.26 \times 10^{-10}$ $(K_{a2})\ 1.58 \times 10^{-12}$	9.9 11.80
氨水	$NH_3 + H_2O \rightleftharpoons NH_4^+ + OH^-$	1.79×10^{-5}	4.75
邻苯二甲酸	$(K_{a1})\ 1.14 \times 10^{-3}$ $(K_{a2})\ 3.70 \times 10^{-6}$	$(K_{a1})\ 1.14 \times 10^{-3}$ $(K_{a2})\ 3.70 \times 10^{-6}$	2.943 5.432

说明:本表数据主要摘自 David,R. Lide,Ph. D. CRC Handbook of Chemistry and Physics. 84th ed. 2003—2004,8-46-58(K_a,K_b 数据根据 pK_a 或 pK_b 算得)。

表 4 一些物质的溶度积(298.15 K)

难溶物质	分子式	$K_{sp}^\ominus$	难溶物质	分子式	$K_{sp}^\ominus$
氯化银	$AgCl$	1.77×10^{-10}	磷酸钙	$Ca_3(PO_4)_2$	2.07×10^{-29}
溴化银	$AgBr$	5.35×10^{-13}	氢氧化镉	$Cd(OH)_2$	7.2×10^{-15}
碘化银	AgI	8.52×10^{-17}	氢氧化铜	$Cu(OH)_2$	2.2×10^{-20}
氢氧化银	$AgOH$	2.0×10^{-8}	氢氧化铬	$Cr(OH)_3$	6.3×10^{-31}
铬酸银	Ag_2CrO_4	1.12×10^{-12}	硫化铜	CuS	6.3×10^{-36}
硫化银	Ag_2S	6.3×10^{-50}	氢氧化铁	$Fe(OH)_3$	2.79×10^{-39}
硫酸钡	$BaSO_4$	1.08×10^{-10}	氢氧化钴	$Co(OH)_2$	5.92×10^{-15}
碳酸钡	$BaCO_3$	2.58×10^{-9}	氢氧化亚铁	$Fe(OH)_2$	4.87×10^{-17}
铬酸钡	$BaCrO_4$	1.17×10^{-10}	氢氧化镍	$Ni(OH)_2$	5.48×10^{-16}
碳酸钙	$CaCO_3$	3.36×10^{-9}	硫化亚铁	FeS	6.3×10^{-18}
硫酸钙	$CaSO_4$	4.93×10^{-5}	碳酸镁	$MgCO_3$	6.82×10^{-6}

续表

难溶物质	分子式	$K_{sp}^{\ominus}$	难溶物质	分子式	$K_{sp}^{\ominus}$
氢氧化镁	$Mg(OH)_2$	5.61×10^{-12}	铬酸铅	$PbCrO_4$	2.8×10^{-13}
二氢氧化锰	$Mn(OH)_2$	1.9×10^{-13}	碳酸锌	$ZnCO_3$	1.46×10^{-10}
氢氧化锌(β)	$Zn(OH)_2$	3×10^{-17}	硫化锌	ZnS	1.6×10^{-24}
硫化锰	MnS	2.5×10^{-13}	硫化镉	CdS	8.0×10^{-27}
硫酸铅	$PbSO_4$	2.53×10^{-8}	硫化钴(α)	CoS	4.0×10^{-21}
硫化铅	PbS	8.0×10^{-28}	硫化钴(β)	CoS	2.0×10^{-25}
碘化铅	PbI_2	9.8×10^{-9}	硫化汞(黑)	HgS	1.6×10^{-52}
碳酸铅	$PbCO_3$	7.40×10^{-14}	硫化汞(红)	HgS	4×10^{-53}

说明:本表数据主要摘自 J. A. Dean. LANGE' Handbook of Chemistry. 15th ed. 世界图书出版公司北京公司,1999 年 10 月,8.6~17(10^5 Pa,298.15 K)。

表5 一些配离子的稳定常数(298.15 K)

配离子	$K_f^{\ominus}$	$\lg K_f^{\ominus}$	配离子	$K_f^{\ominus}$	$\lg K_f^{\ominus}$
$[Ag(CN)_2]^-$	1.26×10^{21}	21.1	$[Cu(P_2O_7)_2]^{6-}$	1×10^9	9.0
$[Ag(NH_3)_2]^+$	1.12×10^7	7.05	$[FeF_6]^{3-}$	2.04×10^{14}	14.31
$[Ag(S_2O_3)_2]^{3-}$	2.88×10^{13}	13.46	$[Fe(CN)_6]^{3-}$	1×10^{42}	42
$[AgCl_2]^-$	1.10×10^5	5.04	$[Hg(CN)_4]^{2-}$	2.51×10^{41}	41.4
$[AgBr_2]^-$	2.14×10^7	7.33	$[HgI_4]^{2-}$	6.76×10^{29}	29.83
$[AgI_2]^-$	5.5×10^{11}	11.74	$[HgBr_4]^{2-}$	1×10^{21}	21.00
$[Ag(py)_2]^{+*}$	2.24×10^4	4.35	$[HgCl_4]^{2-}$	1.17×10^{15}	15.07
$[Co(NH_3)_6]^{2+}$	1.29×10^5	5.11	$[Ni(NH_3)_6]^{2+}$	5.50×10^8	8.74
$[Cu(CN)_2]^-$	1×10^{24}	24.0	$[Ni(en)_3]^{2+}$	2.14×10^{18}	18.33
$[Cu(SCN)_2]^-$	1.51×10^5	5.18	$[Zn(CN)_4]^{2-}$	5.01×10^{16}	16.7
$[Cu(NH_3)_2]^+$	7.24×10^{10}	10.86	$[Zn(NH_3)_4]^{2+}$	2.88×10^9	9.46
$[Cu(NH_3)_4]^{2+}$	2.09×10^{13}	13.32	$[Zn(en)_2]^{2+}$	6.76×10^{10}	10.83

说明:本表数据主要摘自 J. A. Dean. LANGE' Handbook of Chemistry. 15th ed. 世界图书出版公司北京公司,1999 年 10 月,8.83~99(K 由 $\lg K_f$ 换算而得,298.15 K)。数据中打" * "的摘自其他手册。

表6 一些氧化还原电对的标准电极电势（298.15 K）

表6 一些氧化还原电对的标准电极电势（298.15 K）

电对（氧化态/还原态）	电极反应（氧化态+ne^- ⇌ 还原态）	$E^{\ominus}$（氧化态/还原态）/V
Li^+/Li	$Li^+ + e^- \rightleftharpoons Li$	-3.0401
K^+/K	$K^+ + e^- \rightleftharpoons K$	-2.931
Ca^{2+}/Ca	$Ca^{2+} + 2e^- \rightleftharpoons Ca$	-2.868
Na^+/Na	$Na^+ + e^- \rightleftharpoons Na$	-2.71
Mg^{2+}/Mg	$Mg^{2+} + 2e^- \rightleftharpoons Mg$	-2.372
Al^{3+}/Al	$Al^{3+} + 3e^- \rightleftharpoons Al$	-1.662
Mn^{2+}/Mn	$Mn^{2+} + 2e^- \rightleftharpoons Mn$	-1.185
H_2O/H_2	$2H_2O + 2e^- \rightleftharpoons H_2 + 2OH^-$	-0.8277
Zn^{2+}/Zn	$Zn^{2+} + 2e^- \rightleftharpoons Zn$	-0.7618
Fe^{2+}/Fe	$Fe^{2+} + 2e^- \rightleftharpoons Fe$	-0.447
Cd^{2+}/Cd	$Cd^{2+} + 2e^- \rightleftharpoons Cd$	-0.4030
Co^{2+}/Co	$Co^{2+} + 2e^- \rightleftharpoons Co$	-0.28
Ni^{2+}/Ni	$Ni^{2+} + 2e^- \rightleftharpoons Ni$	-0.257
Sn^{2+}/Sn	$Sn^{2+} + 2e^- \rightleftharpoons Sn$	-0.1375
Pb^{2+}/Pb	$Pb^{2+} + 2e^- \rightleftharpoons Pb$	-0.1262
H^+/H_2	$H^+ + e^- \rightleftharpoons \frac{1}{2}H_2$	0.00000
$S_4O_6^{2-}/S_2O_3^{2-}$	$S_4O_6^{2-} + 2e^- \rightleftharpoons 2S_2O_3^{2-}$	0.08
S/H_2S	$S + 2H^+ + 2e^- \rightleftharpoons H_2S(aq)$	0.142
Sn^{4+}/Sn^{2+}	$Sn^{4+} + 2e^- \rightleftharpoons Sn^{2+}$	0.151
SO_4^{2-}/H_2SO_3	$SO_4^{2-} + 4H^+ + 2e^- \rightleftharpoons H_2SO_3 + H_2O$	0.172
Hg_2Cl_2/Hg	$Hg_2Cl_2 + 2e^- \rightleftharpoons 2Hg + 2Cl^-$	0.26808
Cu^{2+}/Cu	$Cu^{2+} + 2e^- \rightleftharpoons Cu$	0.3419
O_2/OH^-	$\frac{1}{2}O_2 + H_2O + 2e^- \rightleftharpoons 2OH^-$	0.401
Cu^+/Cu	$Cu^+ + e^- \rightleftharpoons Cu$	0.521
I_2/I^-	$I_2 + 2e^- \rightleftharpoons 2I^-$	0.5355

电对(氧化态/还原态)	电极反应(氧化态+ne^- $\Longrightarrow$ 还原态)	$E^{\ominus}$(氧化态/还原态)/V
O_2/H_2O_2	$O_2+2H^++2e^- \Longrightarrow H_2O_2$	0.695
Fe^{3+}/Fe^{2+}	$Fe^{3+}+e^- \Longrightarrow Fe^{2+}$	0.771
Hg_2^{2+}/Hg	$\dfrac{1}{2}Hg_2^{2+}+e^- \Longrightarrow Hg$	0.7973
Ag^+/Ag	$Ag^++e^- \Longrightarrow Ag$	0.7996
Hg^{2+}/Hg	$Hg^{2+}+2e^- \Longrightarrow Hg$	0.851
NO_3^-/NO	$NO_3^-+4H^++3e^- \Longrightarrow NO+2H_2O$	0.957
HNO_2/NO	$HNO_2+H^++e^- \Longrightarrow NO+H_2O$	0.983
Br_2/Br^-	$Br_2+2e^- \Longrightarrow 2Br^-$	1.066
MnO_2/Mn^{2+}	$MnO_2+4H^++2e^- \Longrightarrow Mn^{2+}+2H_2O$	1.224
O_2/H_2O	$O_2+4H^++4e^- \Longrightarrow 2H_2O$	1.229
$Cr_2O_7^{2-}/Cr^{3+}$	$Cr_2O_7^{2-}+14H^++6e^- \Longrightarrow 2Cr^{3+}+7H_2O$	1.232
Cl_2/Cl^-	$Cl_2+2e^- \Longrightarrow 2Cl^-$	1.35827
MnO_4^-/Mn^{2+}	$MnO_4^-+8H^++5e^- \Longrightarrow Mn^{2+}+4H_2O$	1.507
H_2O_2/H_2O	$H_2O_2+2H^++2e^- \Longrightarrow 2H_2O$	1.776
$S_2O_8^{2-}/SO_4^{2-}$	$S_2O_8^{2-}+2e^- \Longrightarrow 2SO_4^{2-}$	2.010
F_2/F^-	$F_2+2e^- \Longrightarrow 2F^-$	2.866

说明:本表数据摘自 David,R. Lide,Ph. D. CRC Handbook of Chemistry and Physics. 84th ed. 2003—2004,8-23-28。

表 7　地表水环境质量标准 GB3838—2002(mg/L)

编号	参数		分类				
			I	II	III	IV	V
1	pH(量纲 1)		6~9				
2	溶解氧	≥	(饱和率)90%	6	5	3	2

表 7　地表水环境质量标准 GB3838—2002（mg/L）

续表

编号	参数		分类				
			I	II	III	IV	V
3	高锰酸盐指数	≤	2	4	6	10	15
4	化学需氧量（COD）	≤	15	15	20	30	40
5	五日生化需氧量（BOD_5）	≤	3	3	4	6	10
6	氨氮（NH_3-N）	≤	0.15	0.5	1.0	1.5	2.0
7	总磷（以 P 计）	≤	0.02（湖、库 0.01）	0.1（湖、库 0.025）	0.2（湖、库 0.05）	0.3（湖、库 0.1）	0.4（湖、库 0.2）
8	总氮（湖、库以 N 计）	≤	0.2	0.5	1.0	1.5	2.0
9	铜	≤	0.01	1.0	1.0	1.0	1.0
10	锌	≤	0.05	1.0	1.0	2.0	2.0
11	氟化物（以 F^- 计）	≤	1.0	1.0	1.0	1.5	1.5
12	硒	≤	0.01	0.01	0.01	0.02	0.02
13	砷	≤	0.05	0.05	0.05	0.1	0.1
14	汞	≤	0.00005	0.00005	0.0001	0.001	0.001
15	镉	≤	0.001	0.005	0.005	0.005	0.01
16	铬（六价）	≤	0.01	0.05	0.05	0.05	0.1
17	铅	≤	0.01	0.01	0.05	0.05	0.1
18	氰化物	≤	0.005	0.05	0.2	0.2	0.2
19	挥发酚	≤	0.002	0.002	0.005	0.01	0.1
20	石油类	≤	0.05	0.05	0.05	0.5	1.0
21	阴离子表面活性剂	≤	0.2	0.2	0.2	0.3	0.3
22	硫化物	≤	0.05	0.1	0.2	0.5	1.0
23	粪大肠菌群（个/L）	≤	200	2000	10000	20000	40000

主要参考书

[1]　浙江大学普通化学教研组.普通化学.6 版.北京:高等教育出版社,2011.

[2]　天津大学物理化学教研室.物理化学:上册.6 版.北京:高等教育出版社,2017.

[3]　天津大学无机化学教研室.无机化学.4 版.北京:高等教育出版社,2010.

[4]　武汉大学.分析化学(上册).6 版.北京:高等教育出版社,2016.

[5]　周公度.结构和物性.3 版.北京:高等教育出版社,2009.

[6]　陈军,陶占良.化学电源——原理、技术与应用.2 版.北京:化学工业出版社,2022.

索 引

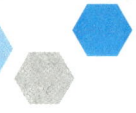

郑重声明

高等教育出版社依法对本书享有专有出版权。任何未经许可的复制、销售行为均违反《中华人民共和国著作权法》,其行为人将承担相应的民事责任和行政责任;构成犯罪的,将被依法追究刑事责任。为了维护市场秩序,保护读者的合法权益,避免读者误用盗版书造成不良后果,我社将配合行政执法部门和司法机关对违法犯罪的单位和个人进行严厉打击。社会各界人士如发现上述侵权行为,希望及时举报,我社将奖励举报有功人员。

反盗版举报电话　　(010)58581999　58582371

反盗版举报邮箱　　dd@hep.com.cn

通信地址　　北京市西城区德外大街 4 号
　　　　　　高等教育出版社知识产权与法律事务部

邮政编码　　100120

读者意见反馈

为收集对教材的意见建议,进一步完善教材编写并做好服务工作,读者可将对本教材的意见建议通过如下渠道反馈至我社。

咨询电话　　400-810-0598

反馈邮箱　　hepsci@pub.hep.cn

通信地址　　北京市朝阳区惠新东街 4 号富盛大厦 1 座
　　　　　　高等教育出版社理科事业部

邮政编码　　100029